제국과 검열

일제하 신문통제와
제국적 검열체제

제국과 검열 일제하 신문통제와 제국적 검열체제

초판 1쇄 발행 2020년 6월 25일
초판 2쇄 발행 2021년 10월 15일
지은이 이민주 **펴낸이** 박성모 **펴낸곳** 소명출판 **출판등록** 제13-522호
주소 서울시 서초구 서초중앙로6길 15, 2층
전화 02-585-7840 **팩스** 02-585-7848
전자우편 somyungbooks@daum.net **홈페이지** www.somyong.co.kr

값 24,000원
ISBN 979-11-5905-543-0 93900
ⓒ 이민주, 2020

이 책은 뉴스통신진흥자금을 지원받아 저술 · 출간되었습니다.

뉴스통신
진흥총서
31

이민주 지음

Empire and Censorship :
Newspaper control under Japanese colonial rule and imperialistic censorship system

제국과 검열

일제하 신문통제와 제국적 검열체제

책머리에

　3·1운동 및 대한민국 임시정부 수립이 100주년을 맞은 2019년, 이를 기념하는 행사가 여기저기서 활발히 개최되었다. 덕분에 나도 박사논문으로 집필했던 조선어 민간신문 검열에 대한 연구를 꺼내들었고, 뉴스통신진흥회의 저술출간지원사업의 일환으로 이를 학술저서로 출간할 수 있는 기회를 얻게 되었다.

　처음 검열에 대해 관심을 갖게 된 것은 미국 오리건대University of Oregon 저널리즘 스쿨School of Journalism and Communication에 방문학자Visiting Scholar로 잠시 체류하고 있을 무렵이었다. 초기엔 한국을 식민지로 만들었던 일본 제국주의에 대한 관심이었다. 도서관에 캐럴 하나를 얻어 틈만 나면 무슨 자료들이 있나 돌아보던 중에, 생각보다 많은 조선총독부 발간 자료들이 소장되어 있는 것을 보게 되었다. 일단 사료를 모으고 보자는 생각에 오리건대 도서관은 물론이고 시애틀의 워싱턴대University of Washington 도서관 자료들까지 빌려가며 관련자료를 수집했다. 그러던 중 저널리즘 스쿨에서 성과 보고 차원에서 작은 규모의 학술세미나를 제안했고, 일본인 검열관들이 이역異域의 식민지 조선에서 어떤 생각을 갖고 조선어 신문들을 검열했는가를 주제로 발표를 하게 되었다.(외국에 방문학자로 머물고 있었던 스스로의 상황도 영향을 미쳤던 것 같다) 서구 학자들은 조그마한 조선이라는 나라에서 이루어진 검열에 별 관심이 없을 것이라고 생각했던 나의 기대(?)는 시원하게 빗나갔다. 1920년대 식민지 조선에서 행해진 검열에 대해 호기심 어린 많은 질문을 받았고, 이러한 관심은 이후 ICA나 NCA와 같은 커뮤니케이션 국제 학술대회에서 발표를 할 때도 마찬가지였다. 서울대 일본연구소 지원으로 일본 현지에 자료 조사를 다녀온 후 학술적 관심은 조선총독부의 신문검열로 보다 구체화되었다.

본격적으로 일제의 신문검열을 주제로 박사논문을 집필한 후에는 여러 선생님들께서 먼저 검열에 대한 관심을 연구회로 발전시킨 '검열연구회'와 인연이 닿아 함께 발표도 하고 책의 한 챕터에 이름을 넣을 수 있는 좋은 기회도 얻을 수 있었다. 식민지→조선→신문으로 점점 좁아졌던 연구 관심을 신문이 아닌 다른 매체, 조선이 아닌 다른 식민지로 넓힐 수 있었던 계기가 되어 주었던 사건(?)이기도 했다.

이 책의 저술 계획이 뉴스통신진흥회의 번역·저술지원사업으로 선정된 이후는 좀 외로운 사료와의 분투였던 것 같다. 소가 되새김질하듯 이전에 수집해 둔 사료들을 모두 꺼내 다시 읽고, 마이크로필름들을 화면에 띄워 보며 안 보이는 글자들이 시력 때문인지 검열의 결과로 지워진 것인지 구분해 보려 애썼다. 권역을 넓혀 일본 국내와 식민지 대만의 검열 관련 사료들을 수집하자니 사료들을 들여다볼 때마다 새로운 사료들이 꼬리를 물고 나타났고, 조금만 더 사료를 찾아내고 싶은 마음이 굴뚝 같았지만 마감이 정해져 있었던 덕택에 부족하나마 마무리를 하게 되었다. 처음 의도했던, 제국 내 커뮤니케이션 통제의 핵심 기제로서 일제의 검열이 어떤 역할을 했는가에 대해서는 부족한 답밖에 이끌어내지 못했지만 어찌됐든 하나의 방점은 찍을 수 있어서 다행이라고 생각한다. 이러한 시도들이 모이고 모여서 어찌 보면 3·1운동이 낳은 최고의 성과

물이었다고 할 수 있는 조선어 민간신문의 창간과 역사, 검열을 통해 이를 통제하려고 했던 제국 일본의 책략 등을 속 시원히 들여다볼 수 있게 되기를.

진지하게 제국과 검열에 대한 이야기를 풀어놓기 이전에, 몇 글자 쓸 수 있는 이 공간을 빌려 부모님께 감사의 인사를 드리고 싶다. 자친 신정악 님, 가친 이정균 님. 수많은 글자가 지워지더라도 두 분의 이름만은 이 책에서라도 남아 감사의 마음을 전해드릴 수 있는 길이 되었으면 좋겠다. 더불어 절대 자신의 이름을 책에 넣지 말라는 아들 문석현에게도. 최고의 친구이자 선생님이라는 것을 녀석만 모르는 것 같다. 버젓이 존재하는, 지워질 염려를 하지 않아도 되는 수많은 감사 표현 중에서 전공을 살려 '글로 남기는' 길을 택해본다.

2020년 6월

이민주

부록

제1장

제국의 검열과 언론통제
제국의 검열이란 무엇인가

1. 제국과 검열의 문제

표현의 자유만큼 널리 인정받고 있는 권리도 드물지만 표현의 자유
만큼 빈번히 침해받고 있는 권리도 드물다. 인간의 표현의 자유는 사람
들이 읽고 쓰기 시작하면서부터 제한을 받아왔고 제한의 형식 또한 다
양했다. 그 중에서도 검열의 역사는 소크라테스가 그의 사상을 금지당한
고대로까지 거슬러 올라갈 수 있을 정도로 오래되었고, 인쇄술이 확산된
이후 카톨릭 교회가 검열주체로 등장하면서부터 제도화된 검열이 본격
적으로 시작되었다.[1] 검열에 대한 공식적인 문제제기가 이루어지고,[2] 표
현의 자유가 인간의 기본적인 권리로 인정된 이후에도 검열은 끊임없이

---

1 Scammell, Michael, "Censorship and Its History : A Personal View", Kevin Boyle Ed., *Information, Freedom, and Censorhsip (World Report),* Times Books, 1988, pp.1~18; Carefoote, P. J., *Forbidden Fruit : Banned, Censored, and Challenged Books from Dante to Harry Potter,* Lester : Mason & Begg Limited, 2007.

2 Milton, John, *Areopagitica,* Cambridge University Press, 1644/1918.

지속되어 왔다. 인쇄문자에 대한 공식적인 검열은 제1차 세계대전을 거치면서 새로이 고안된 정부의 무기로 인식되기도 했다.[3] 최근에 이르기까지도 전쟁이나 테러와 같은 국가비상시에 공공연히 검열이 이루어지고 있으며 어떤 정치체제도 완전히 자유로운 정보의 흐름과 공존하고 있지는 않다.

검열과 같은 사전제한에서 가장 문제시되는 점은 '발화' 자체를 미리 차단한다는 것이다. 발화를 미리 제한하는 것은 그것이 대중에게 유포되어 옳고 그름을 평가받을 기회를 박탈하는 것이기 때문에 특히 미국법에서는 사전제한prior restraint에 민감하게 반응해 왔다.[4] 따라서 검열을 연구하는 것은 표현의 자유를 침해하는 주요 기제를 밝히고 나아가 검열의 은밀한 기능을 드러냄으로써 검열을 예방하는 길이 된다.[5] 검열이 지속되는 한, 검열에 대한 연구는 계속되어야 하며 특히 억압적인 국가기구 아래에서의 검열은 검열의 분명한 형태를 보여준다는 점에서 눈여겨볼 필요가 있다.

그렇다면, 제국의 검열이란 무엇인가? 제국과 검열은 어떤 관계에 있으며 왜 지금 제국의 검열에 대해 살펴보아야 하는가? 이 책의 주요 명제인 제국과 검열에 접근해 보기 위해서는 먼저 '제국'에 대해 생각해 보지 않을 수 없다. 19세기 말 20세기 초를 '제국의 시대'라고 부를 때, 여기에

3   Rose, Tania, *Aspects of Political Censorship 1914-1918*, The University of Hull Press, 1995.

4   Blasi, Vincent, "Toward a Theory of Prior Restraint: The Central Linkage", *Minnesota Law Review* 66, 1981, pp.11~93.

5   Dassin, J. R., "Press censorship and the Military State in Brazil", J. L. Curry & J. R. Dassin Eds, *Press control around the world*, Praeger Publishers, 1982, pp.149~186.

서 말하는 '제국'이란 과연 무엇인가?

제국, 'empire'의 기원은 고대 로마시대에서 찾을 수 있다. 로마시대 라틴어 '임페리움imperium'에서 유래한 단어이기 때문이다. 로마를 '제국'이라고 불렀을 때 여기에 담긴 뜻은 '로마 지배자의 권위가 통용되는 영역'이었다. 로마가 벌인 정복활동으로 인해 전쟁을 통한 영토확장이라는 '팽창적 요소'가 여기에 함축되었고 근대에 들어 다시 등장한 '제국'이라는 말은 영토적 확장, 즉 다른 국가나 민족에 대한 지배를 필수불가결한 요소로 내포하게 되었다. 다시 말해 원래는 별개의 의미일 수 있는 '식민' 혹은 '식민지'의 개념을 제외하고는 '제국'을 생각할 수 없게 되었다. 이로 인해 '제국'이라는 개념은 단순한 정의로 끝나지 않는 훨씬 복잡한 성격을 띠게 되었는데, 예를 들어 '문명화'든 '자유주의의 전파'든 특정 명분을 갖고 다른 민족을 지배하게 된 제국 소속의 사람들에게 '제국'이란 '자비'이며 '영예'였지만 거꾸로 주권을 빼앗긴 식민지 사람들에게는 '폭력'이며 '굴욕'의 시대를 의미하게 되었던 것이다.

중요한 것은 19세기 말부터 20세기 초 사이, 전 세계에 유행처럼 나타난 제국들이 '팽창'적 요소를 지니고 있었다는 점이다. 다시 말해, 이 시기의 제국들은 다른 민족이나 국가의 영토를 무력으로 점령하고 이들의 이익이 아닌 식민 본국, 즉 제국의 이익을 위한 통치권을 행사하며 더 많은 영토를 식민지로 복속시키기 위해 팽창정책을 지속적으로 펼치는 특성을 지니고 있었다. 게다가 이 시기는 왕이나 귀족이 아닌 대중이 정치의 중심으로 부상한 시기이기도 했다. 정책결정은 이제 소수 정치인이나 고위 관리들의 전유물이 아니라 대중심리의 향방, 여론의 압력을 고려해야만 가능한 것이 되었다.[6] 그리고 제국들은 자생적인 여론에 따르기보다 치밀한 선전을 통해 이를 조작하고자 했고, 이를 위해서는 당시 부상하고 있었던 근대적 미디어를 제국주의자들의 통제 아래 두는 것이 무엇보다 중요했다. 다시 말해, 제국을 팽창시키고 팽창된 제국을 유지하기 위해서는 검열이라는 직접적인 언론통제 수단을 이용해 여론을 제국이 유리하다고 생각하는 방향으로 이끌거나 혹은 최소한 제국에게 불리한 여론을 차단할 필요가 있었던 것이다. 이는 팽창된 제국을 어떻게 통치할 것인가 하는 문제에서도 마찬가지였다. 확장된 영역에 걸쳐 있는 식민지 통치를 위해서는 무엇보다도 피지배 사회에 대한 정보와 원거리 통제를 가능하게 하는 통신망이 필요했기 때문이다.[7]

서구 유럽에 비해서는 늦게 제국의 대열에 합류한 일본은 한편으로는 서양 제국주의에 대항하는 개념으로서 스스로를 제국이라고 칭하고, 다른 한편으로는 '일본 중심의 새로운 동아시아 질서'를 표상하는 개념으로서 제국을 내세웠다.[8] 특히, 일본이 대륙진출을 본격화하게 되는 1930년대 이후, 일본과 식민지를 아우르는 제국의 개념은 일본에게 더욱 중요해졌다. 당연하게도, 제국에게 불리한 여론이 유포되는 것을 막고 제국의 팽창을 지지하기 위한 언론통제 즉 검열의 중요성은 더욱 커졌을 것이다.

20세기 초 새롭게 제국으로 부상한 일본에게 가장 중요한 식민지는

---

6   박지향, 『제국주의』, 서울대 출판부, 2000.
7   위의 책, 201면.
8   이삼성, 「제국과 식민지에서의 '제국'」, 『국제정치논총』 52-4, 한국국제정치학회, 2012, 7~40면.

역시 조선이었다. 섬나라를 본토로 하는 제국이 해외, 특히 대륙으로 영토를 넓히기 위한 교두보로서 반드시 필요했던 가장 가까운 식민지가 바로 조선이었기 때문이다. 일본은 조선을 병합한 초기부터 조선 내 언론을 통제하는 것에 많은 힘을 쏟았다. 병합과 동시에 식민정부의 기관지를 제외한 조선어 신문을 모두 없애버렸으며, 조선 내 민족적 저항에 부딪쳐 어쩔 수 없이 소수의 조선어 신문을 허용하게 되자 검열을 강화하여 이들을 통제하에 두고자 했다. 그리고 '제국'으로서 대륙침략을 본격화했을 때, 조선이나 대만과 같은 식민지에서의 검열을 보다 강화하는 동시에 일본 국내와 식민지의 검열을 별개가 아닌 제국적 검열망으로 엮어 제국 내로 유입되는 정보들을 철저히 통제하고자 했다. 바로 이것이 이 책에서 살펴보고자 하는 '제국과 검열'의 관계이다. 다시 말해, 이 책에서는 20세기 초반 스스로를 제국이라 칭하며 주변국을 식민지로 만들고 대륙침략을 일으킨 일본이 그 제국을 팽창, 유지하기 위해 언론통제의 특정형식, 즉 검열을 어떻게 이용했는지 살펴보고자 한다.

이를 위해 무엇보다 먼저 일제가 가장 강력하게 통제하고자 했던 식민지 조선의 언론검열, 특히 신문검열에 대해 알아볼 것이다. 식민지 조선의 검열을 연구한다는 것은 다양한 의미를 갖는다. 우선, 조선총독부에 의해 조선에서 시행된 검열이 '식민지' 검열이었다는 점에 주목할 필요가 있다. 역사적으로 볼 때 식민지 시기는 "타문화 출신 사람들에 의한 지배"가 이루어진 때로서,[9] 정권의 성격이 민주적이냐 권위적이냐 하는

---

9   위르겐 오스터함멜, 박은영·이유재 역, 『식민주의』, 역사비평사, 2006, 31면.

문제 이외에도 종속된 사회를 문화적으로 배려하지 않는 이민족의 지배자가 식민지가 아닌 자국의 이익을 위해 권력을 행사한다는 특성을 갖는다. 이러한 맥락에서 조선총독부가 시행한 검열은 한국인의 지적 활동과 문화제도를 통제하고 장악하기 위해 행해진 국가폭력으로서 식민지배를 유지하고 궁극적으로는 식민본국의 이익을 추구하기 위한 장치였다. 따라서 그 통제의 형태는 식민지의 사정을 고려하지 않은 매우 강압적인 것으로 한국의 역사에서 이보다 더 강력한 언론통제의 예는 없다고 해도 과언이 아니다. 또한 한국에서 언론·출판의 자유를 향한 운동과 사상, 그리고 한국인들의 근대적 글쓰기는 이 식민지 검열제도와 상호작용하면서 성장해 왔기 때문에[10] 일제에 의해 조선에서 행해진 검열을 연구하는 것은 매우 중요한 일이다.

또 다른 의미는 일제의 검열이 한국이 근대로 진입하는 역사적 시기에 행해졌다는 점에서 찾을 수 있다. 근대에 이루어진 검열제도는 이를 정당화하는 제도적 기반을 갖고 있다는 점에서 그 특성을 찾을 수 있다. 즉, 근대적 검열은 독자적인 법령과 기구, 전문화된 인력에 의해 검열이 지속적으로 수행된다는 특성을 갖고 있었고 한국에서 이러한 근대적 통제의 기틀이 마련된 것이 바로 일제 식민지 시기인 것이다. 게다가, 이는 한국사회에서 일간신문이나 잡지와 같은 근대적 매스미디어가 이제 막 생성되기 시작한 시기이기도 했다. 불행하게도 한국 사회의 매스미디어는 제대로 성장하기도 전에 '이민족'의 검열에 의해 족쇄가 채워졌던 것

---

10   정근식, 「일제하 검열기구와 검열관의 변동」, 『대동문화연구』 51, 대동문화연구원, 2005, 3면.

이다. 게다가 매스미디어 생성기에 식민정부에 의해 마련된 이 강압적인 언론통제의 기제는 해방 후에도 유산으로 남아 지속적으로 한국사회에 영향을 미쳤다.

일제 조선총독부에 의해 조선에서 시행된 검열에 대한 연구는 그 중요성에도 불구하고, 언론학계보다는 국문학이나 사회학 분야에서 활발히 이루어지고 있다. 위에서 언급한 바와 같이 일제시기가 한국에 본격적으로 근대적 매스미디어가 도입된 시기이며, 이 도입기가 일제의 지배와 교묘하게 맞물리면서 왜곡된 언론통제의 기조가 마련되어 해방 이후까지 영향을 미쳤다는 점을 고려한다면 언론학계에서 일제의 검열을 보다 직접적으로 연구할 필요가 있다. 그러나, 일제의 검열에 대한 언론학 분야의 포괄적인 연구가 부족함은 물론이고, 특히 논문 형태가 아닌 저술로 '검열'을 본격적으로 다룬 집필은 많이 이루어지지 못했다. 반면 국문학이나 사회학 분야에서는 논문집 형태로나마 최근 활발한 서적편찬이 이루어지고 있다.[11] 어느 분야에서든 일제 검열의 가장 직접적인 대상물이었던 조선어 민간신문을 대상으로 일제시기 전체에 걸쳐 검열이 어떻게 이루어졌고 이에 대한 기록이나 저항은 어떠한 형태로 이루어졌는지를 포괄적으로 다룬 학술서는 아직 찾아볼 수 없다. 본 저술의 가장 큰 목적은 바로 여기에 있다. 대표할 정부가 없었던 식민지 조선인들에게 '언론정부'라고 불릴 정도로 막강한 영향력을 행사했던 일제시기 조선어 민간

---

11 『식민지 검열, 제도·텍스트·실천』(검열연구회, 소명출판, 2011)이나 『검열의 제국 – 문화의 통제와 재생산』(정근식 외편, 푸른역사, 2016)과 같은 학술서가 대표적이다. 그러나 이들도 검열의 주요대상이었던 조선어 신문을 직접적으로 다루지는 못했다.

신문을 대상으로 당시 발행된 신문지면과 검열당국의 기록을 일제 전 기간에 걸쳐 살펴봄으로써 일제의 검열이 어떻게 언론에 작동했고, 조선어 언론은 어떻게 이에 대응했는가를 분석해 보고자 한다. 이와 더불어, 식민지 조선의 검열 사례를 일본 국내 및 대만과 같은 일본 제국의 다른 식민지로 확장함으로써 제국주의 시기 검열이 식민지 뉴스 유통에 어떤 영향을 미쳤는지를 보다 광범위하게 검토해 보고자 한다. 일제의 검열을 특정 식민지 지역에 한정된 것이 아닌 전제국적 '검열 네트워킹'으로 파악한 연구는 지금까지 거의 이루어지지 못했으며, 이를 통해 보다 거시적인 시각에서 일본, 대만, 조선을 하나로 묶어 제국적 검열 양상과 제국 내 뉴스유통에 접근해 볼 수 있을 것이다. 다시 말해, 본 연구는 미시적 차원의 신문지면 분석과 함께, 식민지 조선에서의 검열이 전체 일본 제국 내에서의 검열과 맞물리는 지점을 탐색해 보는 거시적 차원의 접근도 함께 시도함으로써 보다 큰 맥락에서 제국의 검열에 대해 접근해 보고자 한다.

2. 이 책의 내용 — 구성과 연구방법

1) 이 책의 구성

이 책은 제국의 구성에 따라 크게 세 부분으로 구성된다. 첫 부분은 일제의 가장 중요한 식민지였던 조선을 중심으로 구성되며 또한 이 책의 가장 주요한 부분이다. 다음은 제국이라는 이름으로 식민지 위에 군림한 일본이 중심이 되며, 마지막은 제국의 또다른 식민지였던 대만을 대상으로 한다.

제2장과 제3장은 식민지 조선에서 이루어진 신문검열을 살펴보기 위한 장으로 구성되었다. 제2장에서는 일제하 신문검열을 보다 체계적으로 이해하기 위해 먼저 조선어 신문검열의 제도적 배경을 살펴볼 것이다. 신문검열의 법적기반이 된 '신문지법'의 내용과 조선어 신문에 대한 행정 및 사법처분, 검열의 제도적 기반으로서의 검열기구, 조선어 신문에 대한 검열과정의 특성 등을 통해 조선어 신문검열에 관련된 일반적인 사항들을 검토해 볼 것이다.

제3장은 본격적으로 식민지 조선에서 시행된 검열의 실태를 살펴보는 장으로, 시기별로 나누어 구성되었다. 제3장의 제1절은 1920년 조선어 민간신문 발행이후부터 1926년 도서과 설립 이전까지의 시기를 대상으로 이 시기 검열의 양상을 살펴보는 데 초점을 맞추었다. 조선어 민간신문 발행의 배경과 당시의 언론통제, 이 시기 행정 및 사법처분의 특성, 1920년대 초반의 신문지면, 그리고 이와 같은 검열당국의 처분에 대해 조선어 민간신문이 어떻게 대응했는지를 살펴보고자 했다. 도서과 설립 이후부터 1931년 만주사변 이전까지의 시기에 이루어진 검열의 양상에 대한 검토는 제2절에서 다루어졌다. 이 시기는 6 · 10만세운동이나 광주학생운동과 같은 대규모 민족운동이 발생한 시기이면서 출판물 관련 사항을 담당하는 도서과가 설립되어 체계화되는 과정에서 도서과 발행 연보나 월보, 자료집이 발간되는 시기이기도 하다. 따라서 이 시기 검열의 양상이 어떠했는가를 경무국 도서과가 업무에 참고할 목적으로 발행한 『조선출판경찰월보』및『언문신문차압기사집록』에 제시된 조선어 민간신문에 대한 처분내용과『동아일보』와『조선일보』의 실제 지면을 비교 ·

대조해 봄으로써 살펴볼 것이다. 검열당국이 조선어 민간신문에 대한 처분을 어떻게 기록했고, 이 기록은 실제 신문지면에 반영된 행정처분 결과와는 어떻게 다른지 살펴봄으로써 이 시기 조선어 민간신문에 대한 검열이 어떻게 실행되었는지 알아볼 수 있을 것이다. 이와 더불어 조선어 민간신문이 어떻게 검열을 회피하거나 내면화했는지에 대해서도 고찰해 보고자 한다. 제3절에서는 1931년 일제의 만주침략 이후부터 1937년 중일전쟁이 발발하기 이전까지의 시기에 이루어진 검열에 대한 검토해 볼 것이다. 특히 일본제국 전체의 관점에서 보면 전쟁준비기에 속하는 이 기간 동안 검열의 지향점이 어떻게 변했고, 정보통제의 '제국화'는 어떻게 진행되었는지, 특히, 잡지나 단행본 등에 대해 검열의 '흔적'을 지면에 남기지 않도록 지시했던 검열당국의 '흔적지우기'가 신문지면에는 어떻게 나타났는지 신문검열텍스트를 통해 살펴보는 데 역점을 두었다. 마지막으로 중일전쟁기 이후의 검열이 어떻게 전제국적 네트워킹 속으로 편입되어 갔는지를 당시의 조선어 신문기사들을 통해 제4절에서 살펴보게 될 것이다.

다음으로 제4장은 식민지 조선에서 시행된 검열의 근원이자 전제국적 검열체제의 기초가 된 일본 국내의 검열 양상을 검토해보기 위해 구성되었다. 이른 시기에 마련된 일본 국내 검열의 제도적 기반을 크게 법적 근거와 검열기구로 나누어 살펴보고, 공식적 검열기록들을 통해 일본 국내 검열의 양상은 어떠했는지 시기별로 나누어 분석해 볼 것이다.

제5장은 제국 일본의 다른 식민지이자 제국적 검열 네트워킹의 또 다른 경계선에 위치하고 있었던 대만에서 이루어진 신문검열을 다룬다. 식

민지 조선이나 일본 국내와는 달랐던 대만검열의 제도적 기반과 검열기록『대만출판경찰월보』를 통해 알 수 있는 대만 신문검열의 양상을 들여다볼 것이다.

2) 연구방법

(1) 조선, 일본, 대만의 검열 연구를 위한 기초적 접근방법 – 역사적 문헌연구

과거와 대화하는 가장 유용한 방법은 사료를 해독하는 것이다. 20세기 초반 일본이라는 제국 내 각 지역에서 이루어진 신문검열을 살펴보기 위해 이 책에서는 관련 사료를 수집하여 그 내용을 분석하는 역사적 문헌연구를 주로 수행하였다.

가장 주요한 분석 대상인 식민지 조선의 검열과 관련해서는 다음에서 살펴볼 '신문검열텍스트'를 기초적인 사료로 검토하고, 주요 언론관계법이 기록된『일제하법령집람日帝下法令輯覽』이나『조선총독부 및 소속관서 직원록朝鮮總督府及所屬官署職員錄』과 같은 조선총독부 간행물, 경무국 도서과에서 집무에 참고할 목적으로 매달 발행한『조선출판경찰월보朝鮮出版警察月報』및 연보형식으로 발간한『조선에 있어서의 출판물개요朝鮮に於ける出版物概要』등을 발행 전기간에 걸쳐 검토하였다. 이와 더불어 식민지 조선에서 발행된 주요 일본어 잡지들 즉,『경무휘보警務彙報』[12]와『조선급

---

12 『경무휘보』는 조선경찰협회에서 발간한 월간지로, 조선총독부의 검열이 경무(警務)로 취급되었던 만큼, 이에 관련된 많은 관료들이 글을 게재했던 일본어 잡지이다. 검열관들은 물론, 조선총독이나 고위 관료들이 그들의 부임시기나 신년을 맞아 식민정부의 경영에 대해 많은 글을 남기기도 했다. 1912년부터 1944년까지 매월 꾸준히 발간되어 일제시대 정책변화나 시류변화를 참고할 수 있다. 많은 일본어 잡지들이 일제하 조선에서

만주朝鮮及滿洲』,[13] 조선총독부의 일본어 기관잡지인『조선휘보朝鮮彙報』및 『조선朝鮮』[14] 에 게재된 모든 언론 관련 기사들도 수집하여 분석하였다. 특히, 보다 체계적인 분석을 위하여 우선『조선총독부 및 소속관서 직원 록』을 바탕으로 도서과에 근무했던 이들이 누구였는지를 알아낸 후, 이 들이 일제시기 동안 꾸준히 발행된 위의 일본어 잡지들에 게재한 기사 들을 모두 수집하였다.『조선총독부 및 소속관서 직원록』을 토대로 구성 한 연도별 도서과 소속 직원의 이름과 관직, 관등은「부록 1」에, 그리고 수집된 검열관 기사의 목록은「부록 2」에 제시하였다. 또한『조선급만주 朝鮮及滿洲』및『조선공론朝鮮公論』과 같은 일본어 잡지에서 '언론'을 주제로

발행되었으나 그 발행기간이 길고 정기적으로 꾸준히 발행된 잡지들은 손에 꼽힌다. 일 제의 정책은 시기에 따라 바뀌었고 검열 업무는 여기에 영향받지 않을 수 없었으므로 짧은 시기 동안 발행된 잡지를 분석 대상으로 삼을 경우 편향이 발생할 수 있다. 또한, 오랜 기간 발행되었다고 하더라도 현재 인쇄본이 남아 있지 않으면 분석이 불가능한데 『경무휘보』는 오늘날 그 대부분을 찾아볼 수 있다. 따라서『경무휘보』에 게재된 고위관 료나 검열관들의 글은 식민정부와 언론의 관계를 밝히고 검열관들의 인식을 알아보는 데 유용하다.

13 1908년 3월 창간호부터 1911년 12월까지는『조선(朝鮮)』이라는 제명으로 발간되었 다. 조선총독부의 기관지였던『조선(朝鮮)』과 이름이 같으므로 이후『조선급만주(朝鮮 及滿洲)』의 전신인『조선(朝鮮)』을 지칭할 때는 앞에 '민간지'임을 밝히고 총독부 기관 지『조선(朝鮮)』에 대해서는 '기관지'임을 밝혔다.『조선급만주(朝鮮及滿洲)』는 역사, 정치, 경제, 사회, 문화, 국제문제 등의 기사를 망라한 일본어 종합잡지로서 일제시대 전 기간에 걸쳐 정기적으로 간행되었고, 현재까지 그 대부분이 남아 있으며 조선에서 간행 된 대표적인 일본어 종합잡지이다.『경무휘보』가 경찰업무에만 치우쳐 있다면 이들은 종합지로서 검열관들이『경무휘보』에는 게재하지 못한, 주제 면에서 넓은 범위의 글들 을 게재할 수 있었으며 검열관 이외의 많은 일본인 관료들도 글을 게재하였다.

14 조선총독부는 1911년 6월부터 1915년 2월까지는『조선총독부월보(朝鮮總督府月 報)』를, 1915년 3월부터 1920년 6월까지는『조선휘보(朝鮮彙報)』를 그리고 1920년 7 월부터 1944년 12월까지는『조선(朝鮮)』을 기관지로 발행했다. 각각의 발행시기를 따 져보면 제호는 다르지만 하나의 기관지였던 것으로 파악할 수 있다.

한 기사들을 수집, 분석하여 당시의 언론통제에 대한 담론이나 분위기 등을 파악해보고자 하였다. 여기에, 검열대상이었던 조선어 민간신문이 검열에 대해 어떻게 반응했는지를 살펴보기 위해서 『동아일보』와 『조선일보』에 1920년부터 1937년 사이에 게재된 언론 관련 사설을 모두 수집하여 그 내용을 분석해 봄으로써 조선어 민간신문사들이 검열에 대해 어떤 비판적 담론을 형성하고 있었고, 제도개정을 위해서 어떤 요구를 하고 있었는지 알아보았다. 수집된 사설의 목록은 「부록 3」에 제시하였다.

그밖에, 조선총독부 경무국 및 도서과에서 발간한 언론통제 관련 자료들을 적극 활용하고자 하였다. 경무국 도서과에서는 검열기록들을 정리하여 자료로 만들었는데, 『조선에 있어서의 출판물개요朝鮮に於ける出版物概要』(1929~1932), 『조선출판경찰개요朝鮮出版警察概要』(1933~1937), 『조선출판경찰월보朝鮮出版警察月報』 등이 바로 그것이다. 여기에는 '검열표준'이나 '행정처분'을 비롯해 검열 업무와 관련한 다양한 사항들이 기재되어 있기 때문에 그 내용을 살펴볼 필요가 있다.

일본 국내 및 대만의 검열과 관련해서는, 검열당국의 공식적 검열기록인 『출판경찰보出版警察報』, 『출판경찰자료出版警察資料』, 『출판경찰개관出版警察概觀』, 『대만출판경찰보台灣出版警察報』를 기초적 사료로 검토하고, 일본 내무성 경보국이나 대만총독부 경무국 발행의 출판경찰 관련 자료들과 검열관계자들이 남긴 기록을 함께 수집하여 분석하였다. 여기에, 과거의 출판경찰 관계자료들을 수집해 자료집으로 다시 펴내며 해당 자료들에 관해 연구자들이 덧붙인 자료해설들도 참고하였다. 일본과 대만의 검열 자료에 대해서는 해당 챕터에서 좀 더 구체적으로 설명하고자 한다.

(2) 식민지 조선의 검열 연구를 위한 새로운 접근방법

지금까지 미디어 검열을 연구하기 위해 이용된 기본적인 방법들은 검열당한 미디어의 내용을 살펴보거나 검열을 행한 주체들이 남긴 기록을 검토하는 일면적인 것이었다. 그러나 조선어 민간신문을 대상으로 한 일제의 검열을 연구하기 위해서는 좀 더 체계적인 접근방법이 필요하다. 잡지나 단행본과 같은 여타의 검열대상과는 다르게, 조선어 민간신문에만 적용되었던 특이한 검열과정 때문이다. 이로 인해 검열 연구를 위해 검토해야 할 텍스트들도 다르게 남겨졌다. 이 책에서는 신문 검열과 관련해 검토해야 할 텍스트(사료)들을 '신문검열텍스트'로 규정하고, 다음과 같은 새로운 분석방법을 통해, 가장 주요한 분석 대상인 일제하 조선어 신문검열에 접근해 보고자 한다.

① 신문검열텍스트 분석

ㄱ. 검열 관련 텍스트의 종류와 신문검열텍스트의 특성

검열에 관련된 텍스트를 구분하는 방식은 다양하다. 검열대상이 한 가지가 아니었을 뿐만 아니라 검열대상에 따른 검열과정도 서로 달랐기 때문에 검열의 대상이 무엇이었고 그 과정이 어떠했는가에 따라 텍스트의 종류도 달라진다. 여기에, 검열텍스트를 구분하는 연구자의 기준이 무엇인가에 따라서도 달라질 수 있다.

연구자가 현존하고 있는 검열 관련 자료들을 자신의 연구주제에 따라 분류하여 제시한 예로는, 먼저 야마무로山室信一가 출판통제 시스템의 실태를 설명하기 위해 검열 관련 자료들을 구분해서 제시한 것을 들 수 있다. 그는 출판검열 관련 자료를 검열사무와 관련해서 취체실무나 취체법령을 해설해 놓은 것, 『출판경찰보』류, 삭제된 자료나 삭제의 표시가 있는 자료, 『의회설명자료』에 제시된 출판통제 자료로 구분하였다.[15] 그런가 하면 한만수는 문학검열을 연구하는 과정에서 검열 전의 원본을 확정하기 위한 기초 작업으로서, 관련 텍스트를 검열본, 시중 유통본, 영인본, 해외본으로 나누어 살펴본 바 있다.[16]

정근식이 검열주체들의 행위 양상과 관련하여 검열 관련 자료를 구분한 방식은 보다 일반적인 접근을 가능하게 한다. 그는 검열 관련 자료를 검열에 대해 '보여주는' 자료와 '말하는' 자료로 구분했다. '사전검열'과 '삭제'를 수반하는 검열이 실행되었다는 전제 아래, 전자 즉 '보여주는' 자료는 다시 검열의 흔적을 직접 보여주는 1차자료와 검열행위에 의해 원래의 텍스트로부터 탈맥락화된 것을 보여주는 2차자료로 나뉘고, 후자 즉 '말하는' 자료는 곧 검열당국의 월간 혹은 연간 보고서들로 대변된다. 1차자료 및 2차자료에 대해 좀 더 설명하자면, 1차자료는 원래의 텍스트 위에 검열관의 검열 흔적이 그대로 나타나 있는 자료를 말하고, 2차자료는 원래의 1차자료에서 검열에 의해 일부 내용이 사라진 것인데 일부가 삭제되어 삭제된 부분의 내용을 볼 수 없는 음성적negative 텍스트와, 원래의 텍스트는 보여주지 않으면서 삭제된 부분만을 보여주는 양성

---

15 山室信一, 「出版・檢閱の實態とその遷移 – 日本から滿洲國へ」, 『東洋文化』 86, 東洋文化學會, 2006, 5~36면.
16 한만수, 「일제 식민지시기 문학검열과 원본 확정」, 『대동문화연구』 51, 대동문화연구원, 2005, 45~67면.

적positive 텍스트로 구분된다.[17]

'사전검열'과 '삭제'를 수반하는 검열에 적용되는 분류라는 점에서 이와 같은 검열 관련 텍스트의 구분은 조선어 신문에도 적용될 수 있다. 그러나 조선어 신문에 대해 검열이 수행되는 과정은 '삭제'한 부분에 붉은 줄을 그어 돌려주는 것과는 다른 것이었다. 검열당국이 신문지 2부를 발행에 앞서 제출하도록 한 것은 한 부는 보관하고 다른 한 부는 '삭제' 등의 지시를 내려 돌려주기 위한 것이었다. 그러나 이미 인쇄가 진행되고 있는 상태에서 검열이 진행되었기 때문에, 검열이 행해지는 순간에도 신문이 배포되고 있다는 사실을 고려해 검열로 인한 처분에 대한 지시는 보다 신속히 이루어져야 했고 많은 경우 전화 등을 통해 바로 '삭제'의 지시가 내려졌다. 신문 제작 방식에 검열이 개입하는 방식의 특성상, 문제가 되는 부분에 표시를 하여 돌려주는 과정이 생략되는 때가 많았을 것이고 이는 신문검열텍스트에서 1차자료의 부재로 연결되었다. 검열관의 '붉은 줄'이 그어져 신문사로 환부된 지면이 부분적으로 존재했을 것으로 추정되지만 현재로서는 거의 발견되지 않고 있다. 물론 검열당국이 신문 검열본들을 따로 보관하였던 것으로 보인다. '검열한 신문지, 잡지 및 출판물의 보존에 관한 사항'이 경무국 사무분장의 도서과 관장사무로 명시되어 있었고, 또한 '삭제'나 '차압'의 통계 및 간략한 내용이 도서과 발행의 월보나 연보에 기록되어 정기적으로 제시되었기 때문이다. 그러나

---

17 정근식, 「대만 출판경찰과 검열텍스트 – 조선과의 비교를 위하여」, '식민지 검열과 근대 텍스트'(성균관대 동아시아 학술원·BK21 동아시아 융합사업단 주최 학술회의) 발표문, 2009.

현재까지 경무국 도서과가 보관하고 있었을 이 1차자료는 발견되지 못하고 있다. 따라서 신문검열 연구에 있어서 1차적 자료primary text는 검열관의 검열내용이 표기되지 않은 신문텍스트들이고 이들은 위에서 구분한 바와 같이 양성적positive 자료와 음성적negative 자료로 구분될 수 있다.

그런데 신문검열 관련 텍스트들을 실제로 접하다 보면 '보여주는' 자료의 구분이 명확하지 않다는 것을 알게 된다. 삭제나 압수와 같이 행정처분이 내려진 부분이 명기되어 신문사로 돌아오지 않는 일이 많았다는 점은 앞에서 지적한 바와 같고, '양성적' 자료와 '음성적' 자료의 경우 '물리적 훼손'이 전제로 되는 것인데 남아 있는 조선어 신문들을 살펴보면 판본에 따라 삭제되었어야 할 지면이 그대로 남아있는 것도 있기 때문이다. 실제로『동아일보』의 지면을 살펴보면,『동아일보』가 자사의 '아카이브'에 올린 지면에는 기사가 삭제되지 않은 채 그대로 남아있는 반면, 서울대 중앙도서관에 소장되어 있는 '마이크로필름'본에는 삭제되어 있는 경우가 종종 눈에 띈다. 물론『동아일보』자사의 '아카이브'라고 해서 삭제된 부분이 전혀 없는 것은 아니다. 많은 경우 지면의 일부가 삭제된 채로 남아 있으나 서울대의 '마이크로필름'본에는 지워진 채로 있는 기사가 '아카이브'의 지면에는 그대로 남아 있는 경우가 많이 발견되어, 두 판본의 차이에 주목하게 된다. 이 차이에 대해 생각해 볼 때, 우선 앞에서 살펴본 바 있는 검열이 신문 발행 과정에 개입하는 방식을 고려하지 않을 수 없다. 본문에서 좀 더 상세히 살펴보겠지만, '삭제'의 결정이 내려졌을 때, 검열관은 전화로 먼저 '윤전기를 멈추어 달라'는 지시를 한다. 이미 인쇄가 진행되고 있었기 때문이다. 이는 곧, 삭제의 지시가 떨어지기 이전에 인쇄한 신문지가 존재한다는 뜻이다. '삭제' 지시가 떨어 졌으므로 신문사에서는 해당부분을 삭제하고 다시 납본을 한 후 이를 인 쇄했지만 이전에 인쇄한 신문지를 압수해 간 것은 아니었기 때문에 해당 부분에 대한 인쇄본이 남아있을 수 있는 것이다. 물론 신문사는 의도적 으로 해당 부분을 미리 배포했을 수도 있다.[18] '압수' 역시 마찬가지이다. '압수' 결정이 내려졌을 때 처리의 신속을 기하기 위해 바로 경찰부에 연 락하고 기타 관계관청에 통보하여 관할 경찰서에서 출동해 인쇄신문지 를 전부 압수하도록 했지만, 이 역시 인쇄가 이미 진행되고 있었다는 것 을 전제로 하는 만큼 비록 인쇄신문지를 압수해 갔다고는 하나 이미 배 포가 이루어졌을 수도 있는 것이다.

다시 말해, 신문검열 관련 텍스트에는 검열의 흔적을 직접 보여주는 1차자료의 존재는 불분명하지만, '삭제'하라는 검열의 흔적은 없으나 원 래의 기사를 보존하고 있는 텍스트가 존재한다. 이는 행정처분이 내려지 기 이전에 배포된 것일 수도 있고, 신문사가 초기 판본을 보존하고 있던 것일 수도 있는데 이 자료에도 삭제되어 흰 공백이 있는 부분이 발견되 는 것으로 보아서는 신문사가 행정명령을 실행하기 전의 초기 판본을 체 계적으로 보관했던 것 같지는 않다.

이상의 논의를 종합해보면, 신문검열 연구에 있어서 1차 자료는 다음 의 세 가지로 구분해 볼 수 있다. 첫째는 삭제당하기 전의 원지면original primary text이고, 둘째는 검열로 인해 지면이 일부 삭제되어 있는 지면 즉 음

---

18 이러한 신문사의 검열 회피 전략에 대해서는 뒤에서 다시 살펴볼 것이다.

성적 자료negative primary text이며 마지막은 실제 지면은 보이지 않고 검열로 삭제된 부분의 내용만 제시된 양성적 자료positive primary text이다. 본 연구에서 원지면에 가장 가까운 것은 삭제된 '빈 공간'이 가장 적은 판본 즉, 신문사들이 '아카이브'에 수록해 놓은 신문지면들이다. 여기에서는 편의상 신문사 '아카이브'로 지칭하고자 한다. 검열로 인해 지면이 일부 삭제된 음성적 자료는 더 많은 '빈 공간'을 갖고 있는 서울대 도서관 소장 '마이크로필름'본이다.[19] 마지막으로 양성적 자료는 검열당국이 압수한 기사들을 따로 모아 발간한『언문신문차압기사집록諺文新聞差押記事輯錄』이나 조선총독부에서 참고자료로 발간한『조선의 언론과 세상朝鮮の言論と世相』과 같은 자료이다. 이 외에 2차자료로 활용할 수 있는 신문검열텍스트는 소위 '말하는' 자료로서 검열당국이 월간 혹은 연간으로 펴낸 보고서류의 자료집들, 즉『조선출판경찰월보』및『조선에 있어서의 출판물개요』와 같은 자료들이다.

요약하여 제시하자면, 본고에서 신문검열 관련 텍스트로서 조선어 신문검열의 실상을 알아보기 위해 분석 대상으로 삼는 텍스트는 서울대 도서관 소장『동아일보』와『조선일보』의 '마이크로필름'과 각 신문사의 '아카이브'에 수록된 지면, 검열당국이 발행한『언문신문차압기사집록』과『조선의 언론과 세상』, 그리고 도서과 발행의『조선출판경찰월보』및『조선에 있어서의 출판물개요』이다.

예를 들어 보다 쉽게 설명하자면, 〈그림 1〉에 제시된 것과 같은 1차

---

19 마이크로필름은 이전에 간행된 '축쇄본'을 바탕으로 만들어진 것으로 보인다. 여기서는 편의상 '마이크로필름'본으로 통칭하고자 한다.

자료 즉, 검열을 받기 위해 신문사가 검열당국에 제출한 원본에 검열관이 붉은 펜으로 각종 표시를 해 놓은 텍스트는 조선어 신문과 관련해서는 거의 존재하지 않는다. 따라서 어떤 기사가 검열로 삭제되었는지를 구체적으로 알기 위해서는 원지면, 음성적 지면, 양성적 지면을 함께 고려해야만 한다. 예를 들어 〈그림 2〉에 제시된 두 지면은 1930년 12월 6일 자 『동아일보』의 지면이다. 당시 검열로 지면의 우측 상단 '소년소설'이 압수처분을 받았다. 신문사에서는 문제가 된 기사를 지우고 다시 발행했기 때문에 〈그림 2〉의 오른쪽(31면)과 같은 지면이 발견되었다(음성적 지면). 여기에 신문사가 보존하고 있었던 삭제 전의 지면이 〈그림 2〉의 왼쪽(30면)과 같이 또한 발견되었고(원지면), 검열당국이 압수된 기사들만 따로 모아 엮어 낸 『언문신문차압기사집록』에서도 해당 기사를 찾아볼 수 있었다(〈그림 3〉, 양성적 지면). 이 세 종류의 텍스트가 모두 존재하고, 검열당국의 기록까지 검토할 수 있다면 〈그림 1〉과 같은 1차 자료가 없다고 하더라도 어떤 기사가 검열로 처분을 받았는지 비교적 분명하게 알수 있다.[20] 그러나 시기별로 현존하는 텍스트 상황이 다르기 때문에 각

---

20 여기에서 한 가지 짚고 넘어가고자 하는 것은, 검열로 인해 사라진 지면의 복구문제이다. 지면 복구에 있어 가장 확실한 방법은 음성적 자료를 먼저 찾아내어 어떤 부분이 사라졌는가를 확인하고, 이것의 원지면을 찾을 수 있다면 이를 통해 삭제된 지면을 복구하는 것이다. 원지면이 없다면, 음성적 자료와 양성적 자료를 대조하여 음성적 자료의 빈 공간에 양성적 자료를 끼워넣음으로써 가능하다. 이 경우, 양자가 완벽하게 일치한다면 지면을 온전하게 복구해 낼 수 있지만 양성적 텍스트가 『언문신문차압기사집록』과 같이 일본어로 번역되어 남아있는 경우가 많다는 점, 즉 변형된 형태로 남아 있다는 점에서 지면복구에는 한계가 있다. 또한 변형된 형태로나마 전문을 기록하고 있다면 전체 내용을 파악할 수 있겠지만, 이들 양성적 자료는 '전략', '중략', '후략' 등을 이용해 기사의 일부분만을 기록하는 사례도 상당수 있기 때문에 완벽한 복원이 힘든 경우가 많다. 신문검열

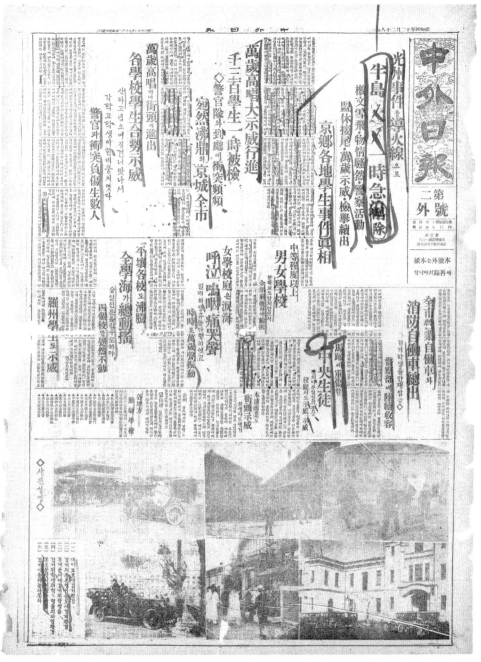

〈그림 1〉 검열 흔적이 나타난 1차자료의 예(『중외일보』 1929년 12월 28일 자)

정진석, 『일제시대 민족지 압수기사모음』, LG상남언론재단, 1998, 2면

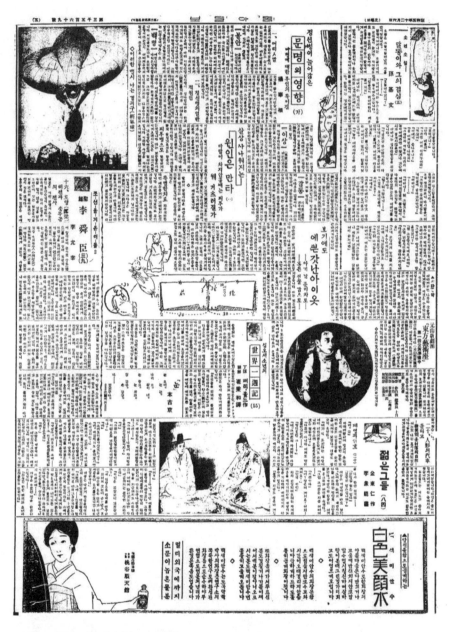

<그림 2> 왼쪽은 신문검열텍스트 원지면(아카이브), 오른쪽은 음성적 자료(마이크로필름).
『동아일보』, 1930.12.6, 5면

調和することがないと 其れは植民地の兩階級も、植民地の本國の兩階級もそうである。温情主義や協調主義と云ふものは畢竟營利的主義を一層有利に行はうとする目的より出たものである。

「少年小説」馬童と其の決心 （昭和五、一二、六）

（前畧）

『此奴母の心持が分らんだろう……』

母の聲は結った。そして何事か云はうとした儘止めて仕舞つた。

少し考へる様にしてから再び言葉を繼いで

『だが自分等の命が彼の方の御蔭で生きて行けるのでないか！』

『………』

『お母様、どうしてそうですか』

母の顔ばかりじつと眺めて居た馬童はだまつて居れないと云ふ様に母に呼び掛けた。

『何に！どうしてそうですかつて……』

『彼の家が私共の御蔭で生活して居るのでありませんか』

五七一

〈그림 3〉 신문검열텍스트 – 양성적 자료
『언문신문차압기사집록』의 『동아일보』 1930년 12월 6일 자 압수기사 기록

텍스트를 어떻게 조합하여 검열의 실상에 접근할 것인가는 또다른 문제가 된다. 이에 다음에서는 시기별로 어떤 신문검열 텍스트를 어떻게 검토할 것인지 접근방법에 대해 논의하고자 한다.

ㄴ. 시기별 조선어 민간신문 검열텍스트 분석

이상의 논의에 기초하여, 시기별 조선어 신문검열의 실상에 접근해 보기 위해 다음과 같은 방법으로 신문검열텍스트를 분석하였다. 먼저, 1920년대 조선어 민간신문 발행 초기의 검열의 양상을 신문지면을 통해 분석해 보기 위해서 1923년 한 해 동안 발행된 『동아일보』와 『조선일보』의 신문지면 전체를 대상으로 검열로 인한 처분들이 실제 조선어 민간신문의 지면에 어떻게 나타나고 있었는지를 분석해 볼 것이다. 1923년을 분석 대상 시기로 선정한 이유는 신문사 정간기간이 포함되어 있는 1920년과 1921년, 『조선일보』의 지면이 남아 있지 않은 1922년을 제외하고, 조선어 민간신문의 발행 초기에 해당하는 1920년대 초반에서 가장 이른 시기이기 때문이다.

1926년 도서과 설립 이후 검열이 강화된 양상을 검토해 보기 위해서는 경무국 도서과에서 집무에 참고할 목적으로 매달 발행한 『조선출

텍스트를 분석할 때에는 이에 대해서 유의할 필요가 있겠지만 본고에서는 신문검열텍스트 분석을 통해 검열의 실행과정이나 검열이 실제 지면에 미친 영향 등을 고찰해 보고자 하므로, 검열로 삭제된 지면을 완벽하게 복구할 수 있는가의 문제가 아니라 『언문신문차압기사집록』과 같은 양성적 자료가 일종의 변형된 형태이며 음성적 자료의 '음성적(negative)' 부분을 모두 양성적으로 드러내고 있지는 않다는 점에 유의해야 한다는 점을 지적하고자 한다.

판경찰월보朝鮮出版警察月報』(이하『월보』)와, 역시 도서과에서 압수한 조선어 신문의 내용을 정리하여 발간한 자료집『언문신문차압기사집록諺文新聞差押記事輯錄』(이하『차압기사집록』),『동아일보』와『조선일보』의 '아카이브' 및 '마이크로필름'본의 지면들을 수집하여 분석하였다.[21] 조선어 민간신문에 대한 행정처분의 내용을 구체적으로 알아보고 이를 실제 지면과 비교해 봄으로써 조선어 신문에 대한 검열이 어떤 특성을 갖고 있었는지를 알아볼 것이다. 이를 위해 1928년 10월부터 1930년 12월까지『월보』에서『동아일보』와『조선일보』에 대한 행정처분의 내용이 어떻게 기록되어 있는지를 살펴보고 이를『차압기사집록』및 실제 신문의 지면과 대조해 보았다. 기간을 위와 같이 설정한 이유는『월보』가 1928년 10월부터 발행되었고,『차압기사집록』에는 1931년과 1932년분이 빠져있기 때문이다. 게다가 위의 기간은, 1929년 11월에 발생한 '광주학생사건'으로 인해 1930년 초엽에 이르기까지 조선어 신문에 대한 행정처분 건수가 급

21 『조선출판경찰월보』는 1928년 10월부터 발행되어 제123호(1938년 11월분)까지 확인되었는데 도서과 검열관계 발행물 중 가장 규칙적으로 그리고 동일제호로 장기간 발행된 검열기록물이기 때문에 검열로 처분된 대상에 대해서도 가장 상세한 기록을 남기고 있다. 또한『언문신문차압기사집록』은 도서과 분장사무의 하나가 '검열한 신문지, 잡지 및 출판물 보존에 관한 사항'이었던 만큼 압수하여 보관하고 있던 신문지, 잡지 및 출판물 중에서 조선어 신문에 대한 것만 신문사별로 따로 묶어 일종의 조사 자료집으로 발간한 것이다. 도서과는 먼저 1932년, 조선어 신문의 창간당시부터 1930년에 이르기까지 압수한 신문의 내용을 '동아일보', '조선일보', '시대일보·중외일보'로 나누어 세 권으로 발행했다. 그런 후에 1931년부터 1932년까지의 각 신문의 압수기사를 모아 다시 한 권으로 발행했고 1937년 또 한 번 자료집을 발간했으나 전자는 발견되지 않았다. 『언문신문차압기사집록』은 거의 모든 압수기사의 내용을 전문 혹은 문제가 된 부분을 발췌하여 기록하는 방식으로 제시하고 있기 때문에 신문의 원지면을 제외한다면 압수된 기사의 내용을 가장 자세하게 알려주는 자료집이다.

격하게 늘어난 시기이다. 또한 1930년에는 『동아일보』가 창간 10주년을 기념하기 위해 게재한 각종 기고문들이 문제가 되어 검열당국과 갈등을 빚은 결과 무려 138일간의 정간에 처해지기도 했다. 즉 검열당국과 조선어 신문의 충돌이 잦았던 중요한 기간이었던 것이다. 1931년 만주사변 이후로 조선어 신문의 논조가 이전과 달라졌다는 여러 언급들을 발견할 수 있는데, 그 이유를 또한 이 기간 동안의 조선어 민간신문과 검열당국 간의 갈등에서 찾을 수 있다.

이와 더불어, 1928년부터 1930년까지 분석 대상 기간 중에서 해당 년도의 12월에 발행된 신문지면 전체를 검토하여 삭제된 부분을 찾아내고, 이것이 『월보』나 『차압기사집록』에 보고되었는지 여부도 검토해 보았다. 이는 경무국 도서과에서 펴낸 처분관련 자료에만 의존할 경우, 검열당국의 자료에 보고되거나 기록되지 않은 부분을 놓칠 수 있기 때문에 분석의 엄밀함을 더하기 위함이다. 따라서 서울대에 소장되어 있는 『동아일보』와 『조선일보』의 '마이크로필름'본을 이용해 1928년 12월, 1929년 12월, 1930년 12월분의 두 신문의 내용을 모두 검토하여 삭제된 지면을 찾아내고 이것이 검열당국의 기록에 나타났는지 살펴보았으며, 신문사의 '아카이브'본과도 대조해 보았다. 12월을 선정한 이유는 두 신문이 정간되지 않은 기간이면서, 『월보』는 1928년 9월분부터 발행되었기 때문에 1928년을 분석 대상에 포함시킬 수 있는 시기이기 때문이다.[22]

22　검열당국의 기록에서 출발하여 기록상의 처분들이 지면에 어떻게 나타났는지를 살펴보는 접근방법을 '기록검증형' 접근방법이라고 한다면, 지면에서 출발하여 지면의 빈 공간이 기록에 나타나는지를 검토하는 방법은 '지면검증형' 접근방법이라고 할 수 있다.

일제의 만주침략 이후 검열 양상의 변화를 고찰하기 위해서는 1930
년대 중반의 지면을 분석할 것이다. 1930년대 중반, 검열당국이 잡지에
대해 검열의 흔적을 지면에 남기지 않도록 지시했다는 논의를 기초로
하여 이러한 검열의 '흔적지우기'가 조선어 민간신문에도 실제로 나타났
는지를 검토해 보고자 하였다. 『월보』는 1930년대 초반부터는 '삭제' 처
분을 받은 기사의 목록을 따로 제시하지 않다가 1934년 10월부터 다시
기록하기 시작했기 때문에 '삭제' 건수가 많은 1934년 10월부터 1935
년 2월까지를 대상으로 하여 '삭제' 처분을 받은 기사가 『동아일보』와
『조선일보』 마이크로필름본의 지면에 어떻게 나타났는지를 검토하였다.
특히, 당시의 『동아일보』는 조간, 석간을 각각 2판씩 마이크로필름에 수
록해 두었으므로 1판에서 검열로 '삭제' 처분을 받은 기사가 이후 어떻
게 변형되었는지를 파악하기 용이한 면이 있다. 따라서 '흔적지우기' 분
석은 주로 『동아일보』를 중심으로 진행되었으며, 같은 시기 검열기록체
계의 면밀함을 검토해보기 위해 또한 검열당국의 기록에 나타나지 않은
삭제 기사에 대해서도 살펴보았다.

② 내용분석

신문검열텍스트 분석이 검열당국에 의해 행정처분을 받은 기사를 찾
아내고 행정처분이 지면에 어떤 영향을 미쳤는가를 검토함으로써 일제
검열의 실태에 접근해보기 위한 방법이라면, 검열로 처분된 조선의 민간
신문의 내용을 알아보기 위해서는 실제 행정처분을 받은 기사들의 내용
을 직접적으로 들여다 보아야 할 필요가 있다. 이에 본고에서는 조선총독

부 경무국 도서과에서 발행한 자료집인『차압기사집록』과 이것의 원본 기사를 발굴하여 자료집으로 발간한『일제시대 민족지 압수기사 모음』을 대상으로 압수된 기사들을 주제별로 분류하는 내용분석을 실시하였다.

ㄱ. 분석 대상

경무국 도서과의 자료집『차압기사집록』은 1920년부터 1930년까지의 압수기사를 모아서 신문사별로 발행한 1932년 간행본과 1933년부터 1936까지의 압수기사를 수록한 1937년 간행본만을 찾아 볼 수 있다. 정진석은 1932년에 발행된 세 권과 1937년에 발행된 자료집을 바탕으로 하여, 이들 기사의 원문을 찾고 찾을 수 없는 기사는 일어로 기술된『차압기사집록』의 내용을 다시 한역함으로써『일제시대 민족지 압수기사모음』이라는 자료집을 발간했다. 신문사별로 되어 있던 원 자료집의 구성을 신문기사의 종류, 즉 보도기사, 사설 · 논평, 기명기사 · 기타로 나누어 연도별로 분류해 놓았다.

이 책에서는 행정처분을 받은 조선어 신문의 내용이 무엇이었는지 알아보기 위해『일제시대 민족지 압수기사모음』을 주된 분석자료로 삼고 날짜나 제목, 압수의 이유 등이 불분명할 때에는 원전인『차압기사집록』을 참고로 하여 일제 검열당국이 압수한 기사의 내용을 주제별로 분류하였다.[23]

---

23   예를 들어『일제시대 민족지 압수기사모음』에는 1926년 압수기사에 '중외일보'와 '시대일보' 표기를 혼동하여 놓은 것들이 있다. '중외일보'는 1926년 11월에 창간되었는데 '시대일보'로 표기되어야 할 1926년 초반의 기사들이 '중외일보'로 표기되어 있다. 이를『언문신문차압기사집록』을 참조하여 바로 잡았다.

〈표 1〉 내용분석 유목 및 세부주제

유목		세부 주제
일본비판		황실모독, 일본의 정치제도 부인, 군대 비판
국제교의 저해		외국인과 조선인의 갈등, 일본과 외국의 관계 비판, 외국의 군주·사절 등에 대한 명예훼손
범죄인 구휼		형사피고인·범죄인에 대한 지원, 원조
범죄수사과정		범죄에 대한 수사, 취조과정
조선통치 부인	조선민족의 독립·민족운동	조선민족의 독립 및 민족운동, 배일사상 및 배일운동 일본을 외국 취급하거나 조선을 독립국가 취급
	타민족의 독립·민족운동	다른 민족의 독립 및 민족운동, 배일사상 및 배일운동
	공산당의 독립운동	사회주의·공산주의 단체의 독립운동
조선통치 방해	통치 정책 비판	조선총독부의 정책에 대한 비판, 법·제도에 대한 비판
	민족상황 비판	조선민족의 경우를 비판, 인심의 불안 야기
	내선융화 저해	조선인과 일본인의 차별, 조선과 일본의 화합 저해
	관리·경관 비판	총독을 비롯한 조선총독부 관리비판, 경찰 및 순사의 횡포와 억압, 친일파 관리들에 대한 조소
사유재산제도 부인		사회주의·공산주의 사상 선전, 이에 의한 혁명운동 고취, 타민족의 공산주의 운동
투쟁 및 쟁의 선동		소작쟁의·노농쟁의·형평운동·동맹파업·동맹휴교 조성 혹은 선동
기타		비공개 문서 공개, 예심 및 방청금지 재판, 근거없는 소문의 유포, 타인의 명예훼손, 외설, 경제적 혼란

ㄴ. 분석유목과 분석방법

검열관들은 '검열표준'에 따라 검열에 임하고 있었고, 또한 검열에 참고하기 위해 '조선문 간행물 행정처분 예'와 같은 자료를 만들어 내기도 했다.[24] 검열관들에게 전달된 '검열표준'과 '조선문 간행물 행정처분 예'에 제시된 유형들을 바탕으로 하여 분석유목을 설정하고 이 중에서 해당하는 기사 건수가 많지 않고 성격이 비슷한 것들은 다시 하나의 유목으로 묶어 모두 9개의 유목을 설정하였다. 특히 압수 건수가 많은 '조선통치부인'과 '조선통치방해'의 유목은 '조선문 간행물 행정처분 예'에 제시된 하위 범주에 따라 다시 3~4개의 하위유목으로 나누었다. 설정된 유목과 이에 해당하는 세부 주제는 〈표 1〉과 같다. 분석의 신뢰도를 검증하기 위해 공동코더로 한국근대사를 전공한 역사학 석사수료 2명을 선정했다. 전체 기사의 수가 1,060여 개에 달하기 때문에 전체를 보도기사 및 1920년~1925년 사이의 기타기사, 사설 및 1926년~1936년 사이의 기타기사로 나누어 코더들에게 배분하고 연구자 본인은 전수를 코딩했다. 코더간 단순일치도는 사설 및 기타에 있어서는 96.9% 보도기사 및 기타에 있어서는 94.3%였고 따라서 이 분석은 신뢰할 수 있다고 판단했다. 일치하지 않은 항목에 대해서는 논의를 통해 합의를 도출한 후, 합의한 자료를 최종 분석자료로 이용했다.

---

24   이 '조선문 간행물 행정처분 예'는 도서과가 1920년부터 1929년까지 조선어 민간지에 게재된 기사 중에서 문제가 있다고 판단한 기사를 유형별로 나누어 놓은 것이다.

제2장

식민지 조선에서의 검열

제도적 기반

1. 법적근거로서의 신문지법과 제국의 검열집행방식

1) 조선어 신문에 대한 검열의 법적 기반 - '신문지법'

식민지 조선에서 실질적으로 언론통제에 관여한 법으로는 '신문지법', '출판법' 외에도 '보안법', '치안유지법', '경찰범처벌령' 등 많은 관련 법들이 있었다. 이들은 언론에 대한 통제를 완화하는 방향으로는 개정되지 않은 채 일제의 식민통치 기간 동안 일률적이고 강압적으로 조선의 언론에 적용되었다.[1] 이처럼 여러 법이 언론규제에 이용되었지만 출판물에 대한 행정적 검열의 기반이 된 법은 주로는 신문관계법과 출판관계법이었다. 일본 본국에서 검열의 기반이 된 법규가 신문관계법과 출판관계

---

[1] 『조선일보』는 1929년 12월 15일 자 「언론과 자유」라는 사설에서 '출판법', '보안법', '신문지법', '제령제7호', '치안유지법' 및 광범위한 적용이 가능한 '경찰범처벌령' 등 언론을 탄압하는 데 이용된 법들을 구체적으로 명기했다. 특히 이 사설은, 이러한 법들이 '원칙을 돌아보지 않고' 언론을 '강압으로 일관'하고 있다고 하면서 법을 통한 무리한 언론 압박을 비판하였다.

법으로 나뉘어졌던 것처럼 조선에서도 해당 법들은 둘로 나뉘어 있었고, 조선총독부는 조선인과 일본인에 대해서 서로 다른 법률을 적용하고 있었기 때문에 검열의 법적 근거는 다시 조선인 관련법과 일본인 관련법으로 구분되었다.[2] 여기에서는 일제 검열의 주된 대상이었던 조선어 신문에 대해 논의하고 있으므로 조선어 신문에 대한 검열의 법적 근거로 작용하고 있었던 '신문지법'의 검열관계조항만을 검토해 보고자 한다.

1907년 대한제국법률 제1호로 제정되어 1952년에 폐지될 때까지 그 골격이 변하지 않은 '신문지법'의 내용은 신문 발행에 관한 일반규칙(제1조~제10조), 신문게재기사에 관한 규제규정(제11조~제20조), 위반 시의 처벌규정(21조~35조), 그리고 부칙(제36조~38조)의 네 부분으로 구성되어 있었다.[3] 우선, 신문을 발행하고자 하면 당국에 이를 신고하기만 하면 되었던 일본인에게 적용된 '신문지규칙'과 달리 조선인이 신문을 발행하고자 하면 반드시 당국의 허가를 받아야 했다. 제1조부터 제9조까지의 규정은 모두 이 허가를 받기 위한 절차나, 갖추어야 할 서류의 내용 및 보증금 등에 대한 것이었다. 그리고 제10조에 명시된 납본조항이 바로 조선어 신문에 대한 사전검열의 근거가 된 조항으로 그 내용은 다음과 같다.

---

2   서양의 언론법들과는 달리 일본의 언론법은 정기적으로 간행하는 신문이나 잡지에 대한 법을 신문관계법으로, 그리고 단행본과 같은 일반 출판물을 '보통 출판물'로 지칭하며 서로 다른 법규로 이들을 규제하고 있었다. 따라서 일본의 영향으로 언론관계법을 처음 제정했던 한국의 경우도 이와 같은 분류를 따랐으며, 식민지 조선 내에서는 발행인이 조선인인지 일본인인지에 따라서도 법이 차별적으로 적용되었기 때문에 결국 출판물 관계법에는 4가지가 존재하고 있었다. '신문지법' 제정에 관련된 한국정부 및 일본정부의 요구와 관련법 제정과정에 대해서는 최기영의 논문을 참조할 것.
3   최기영, 「광무신문지법에 관한 연구」, 서강대 석사논문, 1980.

제10조 신문지는 매회 발행에 앞서(預先) 내부(內部) 및 그 관할관청에
각 2부를 납부해야 한다.

즉, 매회 발행 전에 미리預先 내부 및 관할청에 2부를 납본하도록 되어
있었기 때문에 검열당국은 문제가 되기 전에 기사 내용을 검열할 수 있
었던 것이다. 이는 '발행한' 신문지를 통감부 및 관할 이사청에 매호 2부
납부하면 됐던 일본인 발행 신문에 적용된 '신문지규칙'이나 발행 전에
'원고稿本'를 첨부해서 사전검열을 받아야 했던 단행본과 같은 '보통출판
물'에 대한 규정과도 다른 것이었다.

다음으로 중요한 검열의 근거는 신문게재기사에 관한 규제규정 중
제11조부터 16조까지의 신문게재 금지사항이다.

제11조 황실의 존엄을 모독하거나 국헌을 문란하거나 혹 국제교의(交誼)
를 저해할 사항을 기재할 수 없다.

제12조 기밀에 관한 관청의 문서 및 의사(儀事)는 당해(當該)관청의 허가
를 얻지 않으면 상략(詳略)을 불구하고 기재할 수 없다.

특수한 사항에 관해 당해관청에서 기재를 금지할 때도 역시 같다.

제13조 죄범을 곡비(曲庇)하거나 또는 형사피고인 혹 범죄인을 구호하거
나 또는 상휼(賞恤)을 위하는 사항을 기재할 수 없다.

제14조 공판에 부쳐지기 이전이거나 공개치 아니한 재판사건을 기재할
수 없다.

제15조 사람을 비훼(誹毁)하기 위하여 허위의 사항을 기재할 수 없다.

제16조 어떤 사항을 기재 여부나 정정 또는 격소(繳消) 여부로 조건을 작(作)하여 보수를 약(約)하거나 또는 수령할 수 없다.

나카조노中園裕에 따르면, 이와 같은 기사게재제한은 곧 검열이다.[4] 검열은 법규에 기초해 금칙을 명시하고 이것을 위반하면 벌칙으로 규제효과를 기대하는 직접적 게재제한과 행정 및 사법처분을 부과하는 것으로 효과를 주는 간접적 게재제한으로 대별되는데 '신문지법'에서는 위의 조항들이 바로 '직접적 게재제한'으로서 검열에 작용하는 것이다. 또한 위의 내용들은 후일 검열표준이 되는 내용들이기도 했다.[5]

그런가 하면, 행정처분의 중심은 제21조에 규정된 내부대신의 발매반포금지처분이었다. 신문기사가 '안녕질서를 방해'하거나 '풍속을 괴란'하는 것이라고 인정되면 내부대신은 이를 '압수'하거나 '발행정지' 혹은 '발행금지'를 행할 수 있다고 규정하는 것이 그 내용으로 '압수'나 '발행정지', '발행금지'와 같은 주요 행정처분의 내용이 모두 이 조항에 규정되어 있어 검열로 인한 행정처분의 직접적인 근거가 되었던 것이다. 조문은 다음과 같다.

제21조 내부대신은 신문지가 안녕질서를 방해하거나 풍속을 괴란(壞亂)하는 것으로 인정되는 때는 그 발매반포를 금지하고 이를 압수하

---

4   中園裕, 『新聞檢閱制度運用論』, 淸文堂出版, 2006, 20면.

5   정근식, 「식민지적 검열의 역사적 기원」, 『사회와 역사』 64, 한국사회사학회, 2003, 5~46면.

거나 발행을 정지 혹 금지할 수 있다

사법처분은 위반 시의 처벌규정 중에서도 제11조를 위반했을 때는 발행인, 편집인, 인쇄인을(제25조), '사회의 질서 또는 풍속을 괴란하는 사항을 기재한 경우'에는 발행인, 편집인을(제26조), 그리고 제12조, 제16조 및 제13조, 제14조의 게재금지사항을 위반한 경우에는 편집인을(제27조, 제29조), 제21조 위반 시에는 발행인 편집인 및 인쇄인을(제28조) 벌금이나 금옥禁獄에 처할 수 있도록 규정했다. 이상의 사법처분은 주로 행정처분과 함께 문제가 된 기사를 게재한 관계자들에게 내려졌고, '명예훼손'에 해당하는 신문지법 제15조를 위반했을 때에는 피해자나 관계자의 고소를 기다려 죄를 논하도록 하고 있었기 때문에(제33조), 신문기사의 비판 대상이 된 총독부 관리나 경찰이 이를 빌미로 신문관계자들을 고소함으로써 또 다른 방식의 사법처분을 가능하게 했다.

이상에서와 같이 신문지법이 규정하고 있는 내용을 살펴보면, 발행 전후로 검열을 가능하게 함으로써 조선어 신문을 철저하게 통제하고자 하는 제정 의도를 파악할 수 있다. 그리고 그 통제의 초점은 게재금지사항이나 제21조에 나타난 바 그대로 '황실의 존엄을 모독'하거나 '국헌을 문란'하고, '국제교의를 저해'하는 사항, 범죄나 기밀, 명예훼손에 관한 사항, '안녕질서를 방해'하거나 '풍속을 괴란'하는 사항 등으로 주로는 식민지 내의 질서를 유지하는 데 초점이 맞추어져 있었다는 것을 알 수 있다.

한 가지 더 논의가 필요한 점은 나카조노가 중요한 검열 방식으로 언급한 '명령검열'이다. 그는 일정의 규제내규를 근거로 납본한 기사를 검사하는 조치를 '일반검열'이라고 하고, 기사게재제한명령의 발령에 의해 효과를 기대하는 조치를 '명령검열'이라고 칭했는데 일본의 '신문지법'에서 이 '명령검열'은 제19조에 규정된 내용에 의해 검사가, 그리고 제27조에 규정된 내용에 의해 육·해군 및 외무대신이 '명령으로써 군사 혹은 외교에 관한 사항의 게재를 금지하거나 제한할 수 있다'는 내용으로 가능한 것이었다. 그러나 나카조노는 이들 법조항에 근거한 '명령검열' 외에 일본 '신문지법' 제23조에 조문화된 '내무대신의 발매반포금지권'의 발동을 전제로 한 법외조치로서의 '내무대신의 기사차지差止명령'이 '명령검열'의 전형이었다고 언급했다.[6] 일본 국내 '신문지법'의 상세한 내용에 대해서는 4장에서 다시 다루게 될 것이다.

조선의 '신문지법'에는 일본 '신문지법'에서 보이는 검사나 육·해군 및 외무대신의 '금지명령'에 해당하는 내용은 없다. 그러나 일본 '신문지법' 제23조와 유사한 규정이었던 조선 '신문지법' 제21조가 있었기 때문에 실질적으로는 여기에 규정된 '내부대신의 발매반포금지권'에 기초해 법 외적으로 '차지명령'이 발령되었을 것으로 추측해 볼 수 있다. 조선에서 이 '명령검열'이 어떻게 발령·전달되었는지는 현재로서는 기록이 없기 때문에 확인할 수 없다. 하지만 『내무성신문기사차지자료집성內務省新

---

6   中園裕, 『新聞檢閱制度運用論』, 淸文堂出版, 2006, 23면. 차지(差止)라는 용어는 '금지'나 '정지'로 해석될 수 있지만, 당시의 '차지'란 여러 단계를 두어 기사게재에 제한을 두는 것이었기 때문에 여기에서는 용어를 그대로 차용하였다. 당시에도 '금지'나 '정지'라는 용어가 없었던 것이 아닌데 굳이 '차지'라는 말을 사용했던 것은 이러한 맥락에서였다고 할 수 있다. '차지'의 단계에 대해서는 뒤에서 좀 더 상세히 논의할 것이다.

聞記事差止資料集成』에 3·1운동이나 '동경대진재'와 같은 특정 사건이 발생했을 때 조선총독부와 일본 내무성 사이에 기사게재를 금지해 달라는 요청이 오간 것으로 기록되어 있는 것을 보면[7] 조선에서도 유사한 방식으로 발령되었을 것으로 추정하는 것이 옳을 것이다. 나카조노의 설명과 동일하게, 사전에 특정의 기사에 대해 '차지명령'을 발령할 수 있는 권한은 법조문 어디에도 없었지만 '차지명령'은 내무대신의 이름으로 발령되는 이상, 위반한다면 발매반포금지에 처해질 가능성이 높았고, 따라서 신문사들로서는 명령에 복종하지 않을 수 없었던 사정이 식민지 조선에도 유사하게 적용되었을 것이다. 실제로 나카조노가 신문검열제도 운용에 있어서 중대한 정치적 사건이 있었을 때 이 '명령검열'이 활발해졌다고 언급했던 것과 마찬가지로 조선에서도 특히 이 '명령검열'은 '광주학생사건'과 같은 중요한 정치적 사건이 발생했을 때 발동되었던 것으로 보인다. 이에 대해서는 뒤에서 다시 고찰해 볼 것이다. 즉, '일반검열'이 평상시 국내외의 질서유지에 초점을 둔 것이었다면, '명령검열'은 특정 중대 사건이 발생했을 때 이를 통제하기 위해 주로 발령되었다고 할 수 있을 것이다. 이와 같은 '차지명령'은 또한 특정 신문기사의 게재와 관련한 것이었기 때문에 잡지나 단행본과 같은 다른 출판물에서는 찾아볼 수 없는 종류의 것이었다.

---

7   粟屋憲太郎·中園裕 編集, 『內務省新聞記事差止資料集成』, 日本圖書センター, 1996.

2) 조선어 신문에 대한 식민지 국가권력의 개입방식

앞에서 살펴본 '신문지법'에 기반하여 검열당국은 검열을 행하고 법이나 명령을 어긴 내용에 대해 '처분'을 내림으로써 실질적으로 조선어 신문을 통제하고 있었다. '신문지법'에서 설명된 바와 같이 검열로 인한 처분은 '행정처분'과 '사법처분'으로 대별될 수 있고, 이 외에도 바로 위에서 논급한 '명령검열'에 의한 단계적인 제한들이 있었다.

이들 중에서 '행정처분'과 '명령검열'에 의한 제한들을 먼저 살펴보자. 경무국이 출판물에 대해 내리는 '처분'에 대해 가장 체계적으로 분명히 언급하고 있는 것은 『경무휘보』에 게재된 쓰네 미도리恒緑의 '조선에 있어서의 출판물의 고찰'이라는 몇 회에 걸친 기사이다. 그는 다음과 같은 언급으로 행정처분에 대한 그의 글을 시작하고 있다.

> 경무국에서 출판에 종사하는 우리들에 대해서 그 기사 내용에 관해서 행하는 의사표시의 형식에는 주의, 간담, 경고, 금지가 있고, 행정권발동의 결과 사실출판물에 가해지는 제한은 삭제, 차압, 발행차지, 압수, 발행정지, 발행금지의 6종의 형태가 있다. 그 중, 삭제는 법규의 근거가 없는 것이지만 관청에 있어서도 출판업자에도 편의한 한 방편으로 이용되고 있다.[8]

즉, 행정권에 기초해 분명한 처분을 가하기 전에 경무국은 '주의', '간담', '경고', '금지'와 같은 형식으로 기사 내용에 대해 의사를 전달하고 있

---

8   恒緑, 「朝鮮に於ける出版物の考察」, 『警務彙報』 294, 1930.10, 49면.

었다. 이것이 바로 '명령검열'에 기초한 '기사차지差止'명령의 단계였다. 행정권 발동의 결과로 실제 출판물에 가해지는 제한은 '삭제', '차압', '발행차지', '압수', '발행정지', '발행금지'의 6가지가 있었다고 언급되고 있지만 '차압'은 일본어 신문에 대한 처분이었고, '발행차지'란 행정처분이 내려질 때 해당 호수의 발행을 일단 정지시키는 발매반포금지의 개념이므로 조선어 신문에 대한 행정처분은 '삭제', '압수', '발행정지', '발행금지'였다고 할 수 있다.[9] 이를 좀 더 체계화한다면, 조선어 신문에 대한 검열당국의 처분은 행정권 발동에 의한 것과 그렇지 않은 것이 있고, 행정권 발동에 의한 것은 '삭제', '압수', '발행금지', '발행정지'로 나뉘고, 행정권 발동에 의하지 않는 것으로는 '주의', '간담', '경고', '금지'가 있었다고 볼 수 있을 것이다.

---

9 정진석(1975)은 일제의 행정처분을 크게 사전탄압과 사후탄압으로 나누고, '주의', '간담', '경고', '금지'를 사전탄압으로 그리고 '삭제', '발매금지 또는 압수', '발행정지', '발행금지'를 사후탄압으로 구분했다(정진석, 『일제하 한국언론투쟁사』, 정음사, 1975). 그러나 '주의', '간담', '경고', '금지'는 특정 내용의 기사가 신문에 게재되지 못하도록 하는 관련 법규에서 나온 것이고(예를 들면, 관동대지진이 일어났을 때 해당 기사를 싣지 못하도록 했던 조치 등) '삭제', '발매금지', '압수', '발행정지', '발행금지' 등은 안녕질서를 방해하거나 풍속을 해친 신문이나 잡지에 대한 '처분'을 명기한 관련 법규에서 나온 것이기 때문에 이들을 행정처분으로 묶고 사전탄압과 사후탄압으로 구분하기보다는 별개의 법규에 근거한 조치들로 파악해야 할 것이다. 특히, '간담', '주의', '경고', '금지'의 단계를 거쳐 금지사항을 어겼을 때 역시 '차압'이나 '압수'와 같은 행정처분이 가해진다는 점을 고려한다면 이들은 행정권이 발동된 결과, 즉 '행정처분'은 아니라는 점에서 더욱 그러하다. 또한 정진석의 구분에 등장하는 '발매금지 또는 압수'란 출판경찰 관련 제법규의 내용을 상세히 들여다보면 문제가 되는 신문이나 잡지에 대해 일단 그 발매와 반포를 금지하고, '압수'나 '발행정지', '발행금지' 등의 처분을 내렸던 것임을 알수 있고, 따라서 이를 압수와 같은 수준으로 보기보다는 행정처분의 각 단계에 병행해서 나타나는 것으로 보아야 하겠다.

(1) 신문기사의 게재차지差止

먼저 행정권 발동에 의하지 않은 '명령검열' 처분에 대해 살펴보면, 1937년분의 『조선출판경찰개요』에서는 '신문잡지의 취체상황'을 제시하면서 '신문기사의 게재차지差止'의 단계로 '금지', '경고', '주의', '간담'을 제시하였다. 이것이 곧 쓰네 미도리가 설명하는 '행정권 발동에 의하지 않는 처분'인 셈이다. 『조선출판경찰개요』에 따르면 먼저 '금지'란 신문지 규칙 제11조 혹은 신문지법 제21조에 기초하여 신문기사의 게재를 금지하는 경우로서, 일종의 행정명령이었다.[10] 이 금지명령을 위반한 경우에 그 신문, 잡지는 원칙적으로 발매반포금지와 함께 '차압'이나 '압수'와 같은 행정처분에 부쳐졌고 사안에 따라 사법처분에 부쳐지기도 했다. '경고'는 신문기사의 취급에 관해서 '경계적 예고'를 주는 것으로서 법규에 기반하지 않은 '편의적 수단'이었기 때문에 이를 위반한다고 해서 무조건 처벌을 받는 것은 아니었지만 사안의 중요성에 따라 발매반포금지와 함께 '차압'이나 '압수' 등의 처분을 받기도 했다. '주의'란 사태가 경미한 것에 한해서 그 취급상 주의를 환기하는 것으로 '경고'와 같이 법규에 기반하지 않은 '편의적 수단'이었고 기사의 성질에 따라 예외는 있었지만 어긴다고 해서 발매반포금지와 같은 처분에 부쳐지지는 않았다. 마지막으로 '간담'이란 특수사항에 관해 기사의 취급방식에 대해 고려를 할 것을 종용하는 것인데 업자들의 '덕의심'에 호소하거나 사안이 신문,

---

10 '신문기사의 게재차지'가 일종의 행정명령이었다는 것은 검열 권력에 대한 설명에 있어서 중요한 의미를 갖는다. '행정명령'은 법에 규정된 것이 아니었기 때문이다. 그러나 이에 대해 고찰은 하나의 연구주제로 다루어질 수 있는 것이니만큼 이에 대해서는 후속 연구에서 보충하고자 한다.

잡지에 게재되지 않도록 희망하는 정도의 것이기 때문에 이를 위반했다고 해서 처분에 부쳐지는 것은 아니었다. 이와 같은『조선출판경찰개요』의 설명을 참조한다면 강압적 분위기는 '간담', '주의', '경고', '금지'의 순서로 강해졌다고 하겠다. 검열관이었던 가네다兼田要 역시 '차지사항의 경중'에 따라 4종으로 나뉜다며 '금지', '경고', '주의', '간담'을 차례로 제시하였다.[11] 그런데 쓰네 미도리는 '주의'가 가장 가볍고 호의적인 의사표시라고 설명하고 있다. 그는 악의없는 과실에 대해 행하는 조치가 바로 '주의'이고 '간담'은 '주의'보다 약간 정도가 높은 것으로 당국에서 출판업자의 '신사적 태도 내지 출판도덕'에 호소하는 것이라고 했다.[12] '경고'나 '금지'가 당국의 강경한 의사표시이고 '주의'나 '간담'이 이에 비해 가벼운 예고성 단계임은 쉽게 파악할 수 있지만 '간담'은 '특수사항'에 관한 것으로 한정되어 있었던 것이어서 해석하기에 따라서 가벼운 조치가 되기도 하고 좀 더 무거운 조치로 파악되기도 했기 때문인 것으로 보인다.

이처럼 '신문기사의 게재차지'에 단계가 있는 것은 출판업에 종사하는 사람들을 위한 배려였다. 일단 행정처분에 부쳐지면 신문사나 잡지사로서는 경제적 타격을 받지 않을 수 없었기 때문이다. 도서과장이었던 곤도近藤常尙는 다음과 같이 원고검열 제도와 이로 인한 처분이 조선어 잡지에 어떤 영향을 미쳤는지를 서술한 바 있다.

---

11   兼田要, 「新聞の取締に就いて」, 『警務彙報』 365, 1936.9, 52~58면.

12   恒綠, 「朝鮮に於ける出版物の考察」, 『警務彙報』 294, 1930.10, 49면.

조선에 있어서는 신문지법에 의해 발행의 허가를 얻은 신문지 이외는 전부 원고검열의 제도를 취하고 있는 관계상 2, 3개월 계속해서 발행불허가 처분을 받는다든지 또는 일부분 삭제해서 발행허가를 얻는다든지 하는 경우에는 발행자는 원고의 모집상에 곤란이 온다든지 또는 내용이 빈약하게 되는 결과 판매부진으로 끝나든지 해서 2, 3개월로 해서 그 발행을 폐지하는 것도 적지 않아서 매년 폐간창간 등 일정하지 않은 상태이다.[13]

조선어 잡지들은 원고검열제도로 인해 2, 3개월 계속해서 발행허가를 받지 못하거나, 일부분 삭제해서 발행허가를 받는다고 해도 원고모집상의 곤란이나 내용의 빈약함 등으로 인한 판매부진으로 문을 닫을 수밖에 없게 되어 매년 폐간과 창간을 오가는 실정이라는 것이다. 따라서 일본 국내에서의 출판물에 대한 처분에서와 마찬가지로 조선 내에서도 미리 '주의'나 '간담' 등을 통해 출판업자들에게 행정처분의 가능성을 미리 공지했던 것이다.

(2) 조선어 신문에 대한 행정처분

실제 행정처분으로는 '삭제', '압수', '발행정지', '발행금지'가 조선어 신문에 내려졌고, 신문에 대한 통제를 설명한 검열관 가네다에 따르면 이외에 '주의'도 있었던 것으로 보인다. 가네다의 설명에 의하면 '주의'란 '삭제'나 '차압'의 정도까지는 아니지만 장래를 위해 지적해 둘 필요가 있

13　近藤常尚,「出版界より見たる朝鮮」,『朝鮮』111, 1927.1, 36면.

을 때 내려지는 것이다. 그러나 번번이 주의처분을 무시하여 이 주의가 효과가 없다고 판단할 때는 한 회 분량 전체를 행정처분에 부치기도 했다고 한다.[14] 여기에서 말하는 '주의'는 물론 '신문기사의 게재차지'에서 언급되는 단계로서의 '주의'와는 다른 것이었다. 그러나 지금까지의 조선어 신문에 대한 행정처분을 다룬 연구에서 실제 행정처분으로 제시되지 않았는데,[15] 이는 '신문기사의 게재차지'의 단계의 하나였던 '주의'와 같은 것으로 파악했거나, 혹은 법조문에 구체적으로 드러난 처분만을 다루었기[16] 때문인 것으로 보인다. 초기에 이루어진 검열 연구의 하나인 정진석의 연구에 제시된 바를 그대로 인용한 것에서도 이유를 찾을 수 있다.[17] 그러나 도서과 발행의 자료들을 살펴보면 '신문기사의 게재차지'의 단계로서의 '주의'가 아닌 다른 건수로 '주의'가 제시되고 있음을 알 수 있다. 특히, 경무국 발행의 연보들을 살펴보면, '신문기사의 제한·금지 및 해제'는 '조선 내 발행 신문지·출판물 취체상황'이라는 항목과는 별개로 연보의 마지막에 제시되어 오다가 1937년의 출판경찰 사항을 담아 1938년에 펴낸 『조선출판경찰개요』에서는 '신문·잡지·보통출판물의 취체상황'의 하위 항목인 '신문잡지의 취체상황'에서 설명되는 것으로 바뀌었다. 이 '신문기사의 제한·금지 및 해제'에서는 위에서 설명한

14   兼田要, 「新聞の取締に就いて」, 『警務彙報』 365, 1936.9, 52~58면.
15   예를 들어 정진석(『일제하 한국언론투쟁사』, 정음사, 1975)은 앞의 각주에서와 같이 행정처분을 구분하였고, 최근의 연구(『극비조선총독부의 언론검열과 탄압』, 커뮤니케이션북스, 2007)에서도 이와 같은 구분을 따랐다.
16   김근수, 「1920년대 언론과 언론정책 – 잡지를 중심으로」, 김근수 편, 『일제 치하 언론출판의 실태』, 영신아카데미 한국학연구소, 1974.
17   정진석, 『일제하 한국언론투쟁사』, 정음사, 1975.

것과 같은 '금지', '경고', '간담', '주의', '해제'를 매번 표로 제시하였고, 현재 발견되는 연보류에서 확인 가능한 건수는 1925년부터이다. 한편, '조선 내 발행 신문지·출판물 취체상황'에서는 법에 명기된 행정처분인 '차압'[18]사항의 건수나 집행부수만을 표로 제시하여 오다가 1935년분의 자료를 1936년에 발행한『조선출판경찰개요』에서는 '신문지법에 의한 신문잡지 발행금정지 연별표'와 '조선 내 신문지규칙 신문지법에 의한 발행의 신문잡지 주의삭제 건수표'를 제시하기 시작하였다. 즉, 1935년분의 연보부터는 연보의 끝에 제시되는 '신문기사의 제한금지 및 해제'와는 별개로 '취체상황'의 일환으로 '주의'와 '삭제', '발행금지', '발행정지'가 제시되기 시작한 것이다. 따라서 '주의'는 '삭제'와 마찬가지로 법에는 명시되지 않았으나 '압수'에 이르기 전의 단계로 존재하고 있었다고 볼 수 있다. 연보에 '주의'가 나타나는 것이 1935분부터이므로 '주의' 처분이 후에 추가된 것이라고 볼 수도 있으나, 1928년부터 발행된『조선출판경찰월보』에 '주의' 처분이 제시되어 있는 것을 보면 초기부터 있었던 내용을 1935년분 연보부터 기록하게 된 것으로 보는 것이 타당할 것이다. 요컨대, '주의'에는 행정명령으로서의 '주의'와 행정처분으로서의 '주의' 두 종류가 있었다고 하겠다.

흥미로운 것은『조선출판경찰월보』에 제시된 통계표를 살펴보면, 행

---

18 엄밀히 말한다면 '신문지법'에 의해 발행되는 신문지에 내려진 처분은 '차압'이 아니라 '압수'이지만 연보와 월보에서는 항상 이를 모두 '차압'으로 지칭하였다. 본고에서는 조선인 발행의 신문지에 내려지는 처분은 '압수'로 지칭하였고, 검열기록이 이를 '차압'으로 언급한 것을 직접 인용할 때에는 따옴표를 붙여 '차압'으로 지칭하였다. 책 제목도 그대로 인용하였다.

〈표 2〉 1928년 11월 주의통계표

		신문			잡지			단행본		
		국문	조선문	외국문	국문	조선문	외국문	국문	조선문	외국문
주의통계	근정	29		1	1					
	불온말소		5			13				
	집필주의									
	시말서 제출									
	한외삭제		,		1	7				
	말미불비									
	기타				1			1		

『조선출판경찰월보』 3, 1928.11, 면수 미상

정처분의 일환으로 제시된 '주의'에도 종류가 있었다는 사실이다. 『조선
출판경찰월보』 2호까지는 '주의' 처분도 '삭제'나 '압수' 처분과 마찬가
지로 통계로 먼저 건수를 제시한 후 기사의 요지를 제시하였는데 3호부
터는 '주의통계표'를 따로 제시하고 처분 내용으로 '삭제'와 '차압'만 제
시하는 것으로 바뀌었다. 이 '주의통계표'에 따르면 주의의 종류로는 '근
정謹訂', '불온말소不穩抹消', '집필주의執筆注意', '시말서 제출', '한외삭제限外
削除', '말미불비末尾不備', '기타'가 있었고 이를 각각 '신문', '잡지', '단행본'
으로 구분하여 제시한 후, 이들 출판물 종류를 다시 '국문', '조선문', '외
국문'으로 나누어 놓았다. 〈표 2〉는 『조선출판경찰월보』 제3호에 제시된
1928년 11월분의 주의통계표이다.

　이 '주의'와 함께 '삭제'도 법규에 명시되어 있지는 않았지만 실질적
인 행정처분으로 작용하고 있었다. 신문의 일부가 백지로 되어 반포된다
면 이것은 '삭제' 처분을 받은 것이다. 기사의 내용에 따라서 기사 전부를

삭제하는 경우도 있고 불온한 문자만을 삭제하게 하는 경우도 있었는데, 이미 윤전기가 돌아가고 있는 상태에서 급하게 내려지는 신문지의 '삭제' 처분과 달리 보통출판물에 대해서는 원고를 첨부한 출판허가원을 제출하면 '좋지 않은 부분'에 '삭제'라는 붉은 도장을 날인하여 돌려보냈다. '삭제'는 실질적 행정처분 중에서는 가장 가벼운 것이었다.

'압수'는 '출판법'과 '신문지법'에 기초하여 조선인이 발행한 출판물의 내용이 안녕질서를 방해하거나 풍속을 괴란하는 것으로 인정되었을 때, 기타 출판관계법을 위반해서 발행되었을 때 행사되었다. '차압'은 '출판규칙'과 '신문지규칙'에 의해 일본인 발행의 출판물이 치안방해 혹은 풍속괴란의 우려가 있는 경우 내려진 처분으로, 이 '차압'과 '압수'의 차이는 '차압'의 경우 차압된 출판물에 대한 소유권을 차압 처분을 당한 사람이 그대로 갖는 것이고, '압수'는 소유권이 바로 관청에 이전되는 것이었다. 일본인 발행의 신문지나 보통출판물에 비해 조선인 발행의 신문지 및 보통출판물은 더 가혹한 처분을 받았던 것이다. '차압'이나 '압수'와 같은 처분에 대해서는 이것의 구제책도 존재하고 있었다. 신문지는 문제가 된 부분을 없애고 '호외'를 발행하는 것이었고, 출판물은 문제로 된 부분을 빼고 나머지 부분을 발행자에게 돌려보내 새롭게 출판할 수 있도록 하는 '분할환부'였다. 그러나 '분할환부'의 경우 일본 국내의 '출판법'을 그대로 '출판규칙'으로 적용하고 있었던 일본인 발행의 보통출판물에 대해서만 법규상으로 명기되어 있는 것이었고(일본 '출판법' 제30조) 조선인 발행의 출판물에 대해서는 법규에 명기되어 있는 바가 없었기 때문에 조선인 발행의 보통출판물에까지 적용되었는지는 의문이다.

〈표 3〉 신문지법에 의한 신문·잡지 발행금·정지 건수 연별표

	『조선일보』		『동아일보』		『조선중앙일보』[19]		『신생활』		『개벽』		계	
	금지	정지	금지	정지	금지	정지	금지	정지	금지	정지	금지	정지
다이쇼 9년 (1920년)		2 (69일)		1 (108일)								3
다이쇼 12년 (1923년)							1 (1월폐간)				1	
다이쇼 14년 (1925년)		1 (38일)								1 (8.1~10.15)		2
다이쇼 15년 (1926년)				1 (44일)					1 (8월폐간)		1	1
쇼와 3년 (1928년)		1 (133일)				1						2
쇼와 5년 (1930년)				1 (138일)								1
쇼와 11년 (1936년)				1 (279일)								1
쇼와 12년 (1937년)					(11월폐간)							
계		4		4		1	1		1	1	2	10

조선총독부 경무국, 『조선출판경찰개요』, 1938, 156면

'발행정지'와 '발행금지'는 '신문지법' 제21조에 규정된 '신문지가 안녕질서를 방해하거나 풍속을 괴란하는 것으로 인정되는 때에는 그 발매반포를 금지하고 이를 압수하거나 발행을 정지 혹은 금지할 수 있다'는 내용을 근거로 한다. '발행정지'는 일시 발행의 정지를 명하고, 정지기간 동안 반성하게 하는 것으로 그 후 개선의 여지가 보이면 정지를 해제

---

19 『중외일보』를 이어 1931년 창간한 『중앙일보』가 1933년부터 개제한 신문지명이 『조선중앙일보』이다. 따라서 1928년의 처분 건수는 중외일보에 해당하지만 이를 하나로 파악한 것으로 보인다.

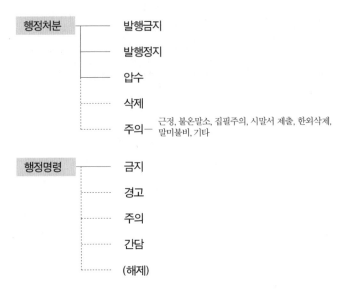

행정처분 ──── 발행금지

──── 발행정지

──── 압수

┄┄┄ 삭제

┄┄┄ 주의 ─ 근정, 불온말소, 집필주의, 시말서 제출, 한외삭제,
말미불비, 기타

행정명령 ──── 금지

┄┄┄ 경고

┄┄┄ 주의

┄┄┄ 간담

┄┄┄ (해제)

〈그림 4〉 검열당국의 조선어 신문에 대한 행정적 의사표시 유형
실선은 법규에 기반했거나, 어겼을 때 행정권이 발동되는 실질적 조치

해 주었다. '발행금지'는 신문에 대해 허가해 준 것을 취소하는 가장 중대한 벌로 이 처분을 받으면 구제할 길은 없었다. 1936년에 이르기까지 일본인 발행의 신문에 대해서는 '정지'나 '금지'의 처분이 단 한 건도 내려지지 않았지만[20](兼田要, 1936) 조선어 신문에 대해서는 『동아일보』, 『조선일보』에 각각 4회씩, 『중외일보』에 2회의 '발행정지' 처분을 내린 바 있다.[21] 앞에서 살펴본 곤도近藤常尚의 언급에서와 같이 이러한 행정처분들이 조선어 신문에 어떤 영향을 미쳤을지는 쉽게 짐작할 수 있다. 〈표 3〉은 1937년 자료의 『조선출판경찰개요』에 제시된 '신문지법에 의한 신

20　兼田要, 「新聞の取締に就いて」, 『警務彙報』 365, 1936.9, 58면.
21　행정처분별 처분 건수는 정진석, 『일제하 한국언론투쟁사』, 정음사, 1975을 참조.

문·잡지 발행금·정지 건수 연별표'에 정진석이 제시한 정간일수를 보충하여 표로 제시한 것이다.[22] 이상에서 논의한 바를 바탕으로 조선어 신문에 대한 검열당국의 행정적 의사표시 혹은 처분의 형태를 그림으로 나타내어 보면 〈그림 4〉와 같다.

(3) 신문관계자에 대한 사법처분

조선어 신문에 대한 처분에는 사법처분도 존재했다. '신문지법'의 내용을 통해 살펴본 바와 같이 사법처분은 행정처분과 함께 내려지는 신문관계자들에 대한 처분과 '명예훼손'을 이유로 그 '피해자나 관계자들이 고소하는 것을 기다려 죄를 묻는' 처분으로 대별되었다. 사법처분은 어떤 법조항에 관계되었는가에 따라서 처분의 경중이 달랐는데, '신문지법' 제11조, 즉 사전검열을 위한 납본 조항을 어겼을 때, 발행인, 편집인, 인쇄인 모두를 3년 이하의 역형役刑에 처하고, 범죄에 사용한 기계를 '몰수'하도록 규정하여 가장 강한 처분을 내렸다.(제25조) 사전검열을 받지 않는 모든 출판행위를 '범죄'행위로 규정하여 지하신문과 같은 통제불가능한 신문이 없도록 하려는 강력한 의지를 엿볼 수 있는 부분이다. 게재금지조항을 어겼을 때 주어지는 사법처분에도 경중이 있었다. 제12조에 명시된 기밀에 관한 사항과 제16조에 명기된 '기재 여부 등을 조건'으로 해서 보수를 받는 것과 관련된 사항을 어겼을 때에는 편집인만을 10개월 이하 금옥禁獄에 처하거나 50환 이상 300환 이하의 벌금을 부과했지

---

22 정진석 편, 『일제시대 민족지 압수기사 모음』 I, LG상남언론재단, 1998, 20면.

만(제27조), 제13조의 범죄관련 사항이나 제14조의 재판관련 사항을 어겼을 때에는 편집인을 금옥없이 50환 이상 200환 이하의 벌금에 처했다(제29조). 제21조를 어겼을 때에는 이보다 강하지만 제11조를 위반한 경우보다는 약하게 발행인과 편집인, 인쇄인을 50환 이상 300환 이하의 벌금에 처했고(제28조), 법조항을 위반한 것은 아니라 하더라도 '사회의 질서 또는 풍속을 괴란하는 사항을 기재'한 경우에는 발행인과 편집인만을 10개월 이하 금옥, 또는 50환 이상 300환 이하의 벌금에 처했다(제26조). 다시 말해, 발행인, 편집인, 인쇄인 중 어느 범위까지를 처벌하는가와 '역형', '금옥', '벌금' 중 어느 것을 부과하는가에 따라 처벌의 경중이 나뉘어 있었던 것이다. 특이한 것은 제34조의 내용이다. 제34조는 '신문지의 기사에 관하여 편집인을 처벌하는 경우에는 해당 기사에 서명한 자는 모두 편집인과 같이 그 책임을 지게 한다'는 것이다. 인쇄인과 발행인은 위반내용에 따라 처벌에 포함되기도 하고 포함되지 않기도 했지만 대부분의 처벌에서 편집인은 그 대상이었다는 점에서, 사법처분은 편집인에 그치지 않고 해당 기사에 관련된 이들에게까지로 확대되었다.

그런가 하면 '명예훼손'을 빌미로 신문관계자들에게 사법처분을 부과하는 내용은 제15조에 규정된 '사람을 비훼하기 위해 허위 사항을 기재할 수 없다'는 것과 관련하여 이 조항을 어길 시에 '형법 조언률造言律'에 의해 판단하되, 피고자 또는 관계자의 고소를 기다려 그 죄를 논한다고 다소 애매하게 규정하고 처벌은 '형법' 조항으로 미루었다. 그러나 '형법의 조언률'은 대한제국법률에 존재하는 것이었기 때문에 일제시기에는 '형법'의 '제34장 명예에 관한 죄'에서 다루어졌다. 해당 법은 '공연히 사실을 적시하여 사람의 명예를 훼손한 자는 그 사실의 유무를 불문하고 1년 이하의 징역 혹은 금고 또는 500환 이하의 벌금에 처한다'고 규정하였다. 그러나 '명예훼손'은 어디까지나 '고소'되어야만 처벌이 가능한 것이었다.

실질적으로 이 사법처분이 어떻게 적용되었는가는 뒤에서 살펴볼 것이지만, 기사게재문제와 관련하여 행정처분과 함께 사법처분이 따르는 경우 '신문지법' 외에도 '보안법'이나 '치안유지법', 혹은 '제령 제7호'가 적용되는 예가 많았는데 주로 기사를 집필한 기자나 편집인에게 적용되었다.[23]

2. 검열기구와 '불완전'한 조선어 신문검열과정의 특성

1) 조선총독부의 검열기구와 그 구조

출판물을 다루는 근대적 국가기구는 이미 1895년에 마련된 바 있었다. 정근식에 따르면, 1895년 4월 29일 칙령 제85호로 반포된 경무청 관제에 의해, 경무청 안에 총무국을 두고 '정사 및 풍속에 관한 출판물, 집회-결사에 관한 사항'을 관장하도록 했다고 한다.[24] 또한 1905년에는 경무고문 마루야마丸山重俊가 한인 발행의 신문에 대한 검열을 담당한 검열

---

23 다른 법이 언론에 어떻게 적용되었는가는 다음 논문을 참고, 이재진·이민주, 「1920년대 일제 '문화정치' 시기의 법치적 언론통제의 폭압적 성격에 대한 재조명」, 『한국언론학보』 50-1, 한국언론학회, 2006, 221~251면.

24 정근식, 「식민지적 검열의 역사적 기원」, 『사회와 역사』 64, 한국사회사학회, 2003, 9~13면.

관으로 활동하고 있었던 것을 확인할 수 있다고 했다.

한일합방 후 검열 업무는 경무총감부의 고등경찰과가 담당하였고, 1919년 3·1운동으로 인해 조선총독부 관제가 개편되면서부터는 조선총독부 경무국의 고등경찰과 소관사항이었다. 특히 관제개정 직후는 일본에서 새롭게 충원된 경찰관료들이 부서를 장악하여 검열을 지휘하고 있었다.[25] 본고에서는 조선어 민간신문이 발행되기 시작한 1920년부터를 분석 대상으로 삼고 있으므로 1919년 조선총독부의 관제개정 이후를 대상으로 조선어 신문의 검열을 담당했던 기구를 살펴보자.

관제개정 후 고등경찰과의 분장사무는 '고등경찰에 관한 사항', '신문잡지 출판물 및 저작물에 관한 사항' 두 가지였다. 1919년 관제개정 후의 『조선총독부 및 소속관서 직원록』에서는 구분이 사라졌지만, 이전의 기록에 경무총감부 고등경찰과의 구성이 '기밀계'와 '도서계'로 나뉘어 있는 것을 보면 관제개정 전의 이러한 구성이 관제개정 후에도 '사무분장' 형태로 지속되었다고 할 수 있겠다.[26]

---

25 정근식, 「일제하 검열기구와 검열관의 변동」, 『대동문화연구』 51, 대동문화연구원, 11면.
26 1910년 한일합방 직후의 경찰관서 분장규정에 따르면 경무총감부에 서무과, 고등경찰과, 경무과, 보안과와 위생과를 둔다고 되어 있고, 이 중 고등경찰과의 사무분장 규정은 다음과 같다.
1. 고등경찰과에 기밀계와 도서계를 둔다
기밀계에 있어서는 좌의 사무를 관장한다.
　1) 사찰에 관한 사항
　2) 집회, 다중운동 및 결사에 관한 사항
　3) 외국인에 관한 사항
　4) 암호에 관한 사항
　5) 종교취체에 관한 사항
도서계에 있어서는 신문, 잡지, 출판물과 저작물에 관한 사항을 관장한다.

1920년부터 1925년까지 고등경찰과는 대략 20명에서 25명 사이의 인원으로 구성되었는데 그 수가 1925년으로 갈수록 점차 증가하였다. 이들이 정확히 직무를 어떻게 분담하고 있었는지는 알 수 없지만 1926년 도서계통이 독립하여 도서과를 설립할 때 도서과의 초기 인원이 10명이었던 것을 보면, 그보다 적은 수로 검열인원이 구성되었을 것이라고 짐작할 수 있다. 정근식의 연구에 따르면 당시 2명의 일본인 통역계통 검열관이 조선어 신문에 대한 검열을 맡고 있었다는 것과 1~2인의 조선인이 조선어 단행본의 검열을 맡고 있었다는 것을 확인할 수 있다. 1920년 3월 조선어 민간신문이 창간되면서 조선어 민간신문에 대한 검열을 전담하는 검열관이 필요하게 되었는데, 1919년 8월 관제개정 때 경무국 고등경찰과에 고원으로 근무하기 시작하여 1921년 통역생이 된 오노小野綱方와, 조선어 신문이 창간된 당시부터 경무국 통역생이 된 니시무라西村眞太郎가 이를 담당하고 있었다.[27] 또한 1929년부터 도서과에서 통역생으로 활동했던 히로세廣瀬四郎도 1936년 6월 「언문신문지의 역사와 그 현황諺文新聞紙の歴史及び其の現況」이라는 기사를, 그리고 1939년 11월 「지나사변 발생당시의 언문신문의 회고支那事變發生當時の諺文新聞の回顧」라는 기사를 『경무휘보』에 게재한 것으로 보아 후에 조선어 신문 검열관으로 보충된 것으로 보인다.

흥미로운 것은 조선어 신문에 대한 검열을 통역계통의 일본인 관리들이 맡고 있었다는 점이다. 당시 고등경찰과에는 2~4인의 조선인이 근

---

27   정근식, 「일제하 검열기구와 검열관의 변동」, 『대동문화연구』 51, 대동문화연구원, 2005, 12면.

무하고 있었지만 이들이 아닌 일본인 통역관들이 조선어 신문을 맡고 있었다는 것은 의미심장하다. 조선인이 아닌 사람은 잡아낼 수 없을 정도의 미묘한 표현상의 차이가 신문에 사용되었다면 일본인은 이를 포착하지 못했을 수도 있다. 그럼에도 불구하고 일본인 통역관들이 조선어 신문검열을 담당했던 것은 이들 통역관이 그만큼 조선어에 능숙했다는 뜻이기도 하고, 신문은 정치적 사안을 다룰 수 있었던 만큼, 표현의 미묘한 차이보다는 '일본인의 시각'에서 문제가 되는 것이 무엇인지가 더 중요했다는 의미이기도 할 것이다.

1919년의 관제개정에도 불구하고, 검열을 담당하는 과의 구성이 소속만 경무총감부 고등경찰과에서 경무국 고등경찰과로 바뀌었을 뿐 그 구성은 거의 변화없이 그대로 유지되었다는 것도 눈여겨 볼만하다. 일제는 '문화정치'를 표방하며 문화기관을 통한 지배를 천명하면서 관제개정을 단행했지만, '문화정치'의 표상처럼 제시했던 출판물과 관련된 부서를 강화한다든지 변경하지 않았다. 이는 조선어 신문이나 잡지를 더 허용하는 것이 부서를 개편할 정도로 중요한 일이 아닐 것이라고 판단했기 때문이었을 것이다. 일단 표방한 '문화정치'의 구색을 맞추기 위해 조선어 신문을 비롯한 간행물들을 허용하고 허용 후에는 기존의 관계부서가 그대로 이를 담당하게 하여 그 운용을 시험해 본 것이다. 물론 이러한 시험은 1926년 출판물 관계사항만을 담당하는 독립된 도서과의 창설로 이어졌다.

도서과 설치에 대한 정근식·최경희의 연구에 따르면 1920년부터 1925년까지 조선인 발행의 출판물이 지속적으로 늘어났고 특히 1925년

경 출판물의 증가가 두드러져 이러한 검열환경 변화가 검열기구의 정비, 즉 도서과의 창설로 연결되었다.[28] 실제로 1920년 이래 경무국 내의 다른 과들과는 달리 고등경찰과의 인원은 지속적으로 증가해서 1925년에는 1920년에 비해 25% 증가하기에 이르렀다. 증가하는 출판물의 양과 '문화지배'의 강화로 인해 사상경찰인 '고등경찰'의 역할이 더욱 중요해졌기 때문이었을 것이다. 이처럼 고등경찰과의 규모가 커지고 특히, 늘어난 신문과 잡지 등의 출판물로 인해 이에 대한 검열 업무가 전문성을 띠게 되자 고등경찰과의 사무를 분리할 필요가 제기되었을 것이고 이에 1926년 총독부 훈령 제13호로 다음과 같이 경무국 사무분장 규정이 바뀌었다.

1. 경무국에 경무과, 보안과, 도서과 및 위생과를 둔다.

　　보안과에 있어서는 좌의 사무를 관장한다.

　　　　1. 고등경찰에 관한 사항

　　　　2. 노동자 모집 취체에 관한 사항

　　　　3. 외사경찰에 관한 사항

　　도서과에 있어서는 좌의 사무를 관장한다.

　　　　1. 신문지, 잡지 및 출판물에 관한 사항

　　　　2. 저작권에 관한 사항

　　　　3. 검열의 신문지, 잡지 및 출판물 보존에 관한 사항

　　　　4. 활동사진 '휘루무'의 검열에 관한 사항

28　정근식·최경희, 「도서과의 설치와 일제 식민지출판경찰의 체계화」, 『한국문학연구』 30, 한국문학연구소, 2006, 103~169면.

보안과의 분장사무가 이전과 완전히 달라지면서 고등경찰에 관한 사항이 보안과로 이전되었고 '신문잡지, 출판물 및 저작물에 관한 사항'이라고만 규정되었던 업무가 독립된 도서과의 분장사무로 책정되어 보다 세밀해졌다. 또한 활동사진 필름의 검열에 관한 사항이 추가된 것을 확인할 수 있다. 정근식·최경희가 이미 지적했듯이 이후 도서과 사무의 체계화 과정을 함께 고려하면 도서과로 분립된 배경에는 늘어나는 '필름' 검열이 중요한 변수로 작용했음을 알 수 있다.[29] 당시의 관보『조선』에는 경무국 분장규정의 개정이 기사로 게재되었고, '미쯔야三矢 경무국장담'이라는 제목 아래 다음과 같은 기록을 찾아 볼 수 있다.

사무분장규정의 개정은 실제에 있어서 사무상의 편의를 기하기 위함이고 (…중략…) 미리부터 각종 출판물의 격증과 함께 신문잡지도서의 검열사무를 고등경찰과에 두는 것은 불가로 되어 있었지만, 더욱 본년도부터 영화 검열의 사사(仕事)도 가능해져서 이것이 직접의 동기로 되어 이 기회에 분장규정을 개정한 것이다. 더욱이 종래의 고등경찰과의 사무는 매우 번망(繁忙)해서, 총독부에서 취급하는 문서의 4분의 1 이상은 고등경찰과의 분장하는 바여서, 손의 부족도 심하고 과장과원의 건강도 우려되었다. (…중략…) 금회 도서검열방면을 독립해서 도서과로 했다. 보안과는 집행기관이 아니라 일반 보안경찰의 감독과 그 입법방면이기 때문에, 보통행정경찰방면은 경무과에 이관하고, 고등경찰방면은 보안과의 주요 업무로 했다.[30]

---

29 위의 글, 111~114면.
30 「三矢警務局長談」,『朝鮮』103, 1926.5, 138면.

즉, 사무분장개정의 직접적인 이유는 각종 출판물이 격증하여 검열 업무가 많아진 데다 이전에는 몇 개의 도에서 관리하던 영화검열 업무를 처음으로 통합하여 경무국에서 맡게 되어, 그렇지 않아도 번망하여 과원들의 건강이 우려될 정도였던 고등경찰과 사무가 더욱 늘어나게 되었기 때문이었던 것이다. 도서과 설립의 배경에 대해서는 정근식·최경희가 그들의 연구에서 지적한 '제국단위의 출판경찰 체계화의 움직임'도 고려되어야 할 것이다.[31]

1926년 4월 도서과가 설립된 후 인원은 지속적으로 증가하여 10명으로 출발한 구성인원 수가 1929년이 되면 20명을 넘어서게 된다. 사무분장은 위에서 제시한 바와 같지만 실제 몇 명이 어떤 업무에 배치되어 있었는지 확인할 수 있는 자료는 현재로서는 1927년의 자료를 바탕으로 1928년에 간행된 『신문지출판물요항』 외에는 없다. 도서과의 인원배치를 표로 나타내보면 〈표 4〉와 같다.

인원이 증가하는 것도 도서과가 체계화되어 가는 과정으로 볼 수 있지만 검열이 체계화되는 과정은 도서과에서 발행한 자료집들을 보면 더욱 명확히 드러난다. 1920년대 중반부터 연보형식의 자료가 검열담당부서에서 간행되기 시작했다. 현존하는 가장 오래된 연보형식의 자료집은 1925년분의 출판물 통제상황을 담은 『(대정大正 14년)신문지요람』이다.[32] 이후 제목은 '신문지요람', '신문지출판물 요항', '조선에 있어서의 출판

---

31 이에 대해서는 정근식·최경희, 앞의 글을 참조할 것.
32 대정(大正)은 일본식 연호표기이다. '다이쇼'라고 읽을 수 있지만 본 책에서는 조선 내 사료를 언급할 때는 '대정'으로 지칭하고 한자 표기를 병행하였다.

〈표 4〉 도서과의 인원 배치(1927년 말)

도서과장	일본인							1
사무관	일본인							1
직위/계	민족	영화검열계	서무계	일본어 신문잡지계	일본어 보통출판물/수이입 외국어 신문잡지계	조선어 중국어 신문잡지계	조선어 중국어 일반 간행물계	계
통역관	일본인					1		1
속	일본인	3	1	1	1			3+3
	조선인						3	3
통역생/기수	일본인	1(기수)				1(통역)		1+1
촉탁	조선인		1				2	3
고원	일본인	4	2	1	1	1		5+4
	조선인		1				1	2
계	일본인	-	3	2	2	3		10+8
	조선인	-	2				6	8

1927년도『신문지출판물요항』및 高安彦(1928), 정근식·최경희(2006)에서 재인용

물개요', '조선출판경찰개요' 등으로 다양했지만 주로 한 해 분량의 출판
물 발행사항과 통제상황 등을 묶어서 해당 연도의 다음 해에 발간되었고
1934년분의 발행시부터는 '조선출판경찰개요'로 제목을 통일했다. 또한
1928년 10월부터는 월보 형식으로『조선출판경찰월보』가 매달의 출판
물 행정처분 내용과 기사요지 등을 담아 발간되기 시작했다. 이들은 '출
판경찰기록'이 체계화되어 가는 과정을 보여준다.[33]

---

33 연보와 월보에 수록된 내용 및 그 변화에 대해서는 역시 위의 글을 참조할 것.

2) 조선어 민간신문에 대한 검열과정의 특성

〈표 4〉도서과의 인원배치에서도 드러나지만, 식민지 조선의 검열 대상은 조선어 신문만이 아니라 조선어 잡지 및 단행본, 조선 내에서 발행된 일본어 신문과 단행본, 일본 내에서 발행되어 조선에 이입된 일본어 신문 및 단행본, 영화, 극본, 레코드 등 여러 가지였다. 따라서 검열과 정도 이들 대상에 따라 조금씩 달랐다. 그 중에서도, 잡지나 단행본, 영화 등과는 다른 조선어 민간신문에 대한 검열의 특성은 '신문'의 특성에서 기인하는 것이었다. 신문은 그날그날의 일을 기사화하여 당일 혹은 다음 날 아침에 발간했기 때문에 신문 제작 과정 자체가 시각을 다투는 일이 었고, 사건을 취재하고 기사를 집필하여 편집과정을 거친 후에도 인쇄와 배포의 과정을 거쳐야 하는 복잡한 것이었다. 그런데, 식민지 조선에서 신문을 발행하는 일이란 기본적으로 조선총독부의 허가를 받아야만 가 능한 일이었고('신문지법' 제1조), 매회 발행에 앞서 검열당국에 제작 중의 신문을 납부해서 사전검열을 받아야 했기 때문에[34] 조선어 신문을 발행 하는 일은 더욱 복잡한 것이 되었다.

이와 같은 신문검열의 특성은 검열관 가네다兼田要의 다음과 같은 묘 사에 잘 드러난다.

신문은 발행하기 시작하면 각사(各社) 함께 일각을 다투어 반포하는 것

---

34 앞에서 살펴본 바와 같이, 1907년에 제정된 '신문지법'에서는 '내부(內部) 및 관할관청 에 각 2부를 납부'하도록 되어 있었다(제4조). 납부처는 1910년 한일합방이 이루어지 면서는 조선총독부 경무총감부로 바뀌었고, 1920년 조선총독부 관제개정 이후에는 조 선총독부 경무국 고등경찰과가, 그리고 1926년 이후로는 도서과가 담당부서가 되었다.

이어서 다음날에라도 관대히 타합(打合)하는 등의 처치는 물론 할 수 없고, 차압할까 불문에 부칠까를 급속히 판단해서 결정할 필요가 있다. 그래서 신문을 본 찰나에 혹은 전화기(電話口)로 말하고 있는 사이에 인정(認定)되고, 일단 방침이 정해진다면 즉결즉행 촌시(寸時)의 주저함(猶餘)를 허하지 않는다. 왜냐하면 방문신문은 출판물과 같이 3일 전에 납본해서 검열하는 제도 없는 발행한다면 납본하라고 하는 규정이어서 전화로 말하고 있는 때도 신문을 검열하고 있는 사이에도 일방에서 쉴 새 없이 반포되고 있는 것이기 때문이다. 그런 까닭으로 취체에 종사하는 것은 대체로 검열하는 신문의 내용에 대해 미리 연구하고 예비지식을 가져 둘 필요가 있는 동시에 또 어떠한 것이 치안방해로 되는지 또는 풍속괴란에 해당하는지에 대해 검열상의 표준을 충분히 알아 둘 필요가 있다.[35]

가네다는 '방문邦文신문(일본어 신문)'에 대해 이야기하고 있는 것이지만 위에서 말하는, 검열이 신문 제작 과정과 만나는 지점은 조선어 신문에도 유사하게 적용되는 것이었다. 물론 조선에서 발행되는 일본인 발행의 신문의 경우, '신문지법'의 적용을 받는 조선인 발행의 신문과는 달리 조선총독부의 허가를 얻어야 하는 것은 아니었고('신문지규칙' 제1조), '발행 전'에 미리 신문을 납부해야 하는 조선어 신문과는 달리 '발행한 신문지'를 매호 납부하도록 되어 있었던 것은 앞에서 살펴본 바와 같지만, '출판물처럼 발행 3일 전에 납본해서 검열하도록 하는 제도가 없'기 때문에

---

35   兼田要, 앞의 글, 56면.

납본하여 검열에 들어간 순간에도 이미 반포되고 있는 상황은 동일한 것이었다. 따라서 문제가 될 수 있는 내용을 빨리 가려내지 않으면 그만큼 더 널리 반포될 수 있는 것이었고, 이에 검열은 '신문을 본 찰나'에 행정처분에 부칠 것인지를 '급속히' 결정하고, 일단 결정이 내려지면 '촌시寸時'도 지체함이 없이 이를 행해야 하는 것이었다.

주된 검열대상이었던 조선어 신문에 대한 구체적인 검열과정은 도서과를 자주 드나들었던, 스스로를 팸플릿 제조업자라고 소개하는 쓰네 미도리恒綠의 글에 재미있게 묘사되어 있다. 쓰네 미도리는 경무국 도서과에 제출된 조선어 신문에 대해 '삭제'와 '차압'이 어떻게 내려지고 또 이것이 어떤 방식으로 실행되는가를 다음과 같이 기록하였다.

총독부에 출입하는 모든 사람은 저녁 4시부터 5시 전후 석간이 나올 무렵, 경무국 도서과를 보시라.

신문을 들고 이곳저곳 검열자가 긴장한 얼굴로 급한 듯이 뛰어다니고, 전화를 급히 집어들어 신문사 편집국장을 불러 내어서 '윤전기를 멈추어 주시오'라고 외치는 때는 곧 삭제의 명령이다.

'윤전기는 멈추었습니다'

'금일의 신문을 내어 주십시오, 제 몇 면의 몇 단 몇 줄부터 몇 줄까지 삭제해 주십시오'

이렇게 삭제된 신문지의 납본이 다시 제출될 때, 이것은 완성이다.[36]

---

36 恒綠,「朝鮮に於ける出版物の考察」,『警務彙報』296, 1930.12, 38~39면.

석간을 낼 무렵, 마감 전의 신문사처럼 긴장되고 바쁜 분위기의 도서 과가 눈앞에 펼쳐지는 듯한 이 글을 통해, 검열이 진행되고 검열에서 '삭 제'로 결정된 부분이 검열당국으로부터 신문사에 전달되는 과정을 알 수 있다. 신문은 당일 제작한 기사를 바로 인쇄하여 독자에게 전달해야 했 던 만큼 가네다의 표현에서와 같이 '신문을 검열하고 있는 사이'나 '전화 기로 말하는 있는 때'에도 인쇄가 진행되고 있었다. 검열당국에서는 검 열을 끝낸 후에 인쇄하도록 하고 있었던 것이 아니라 빠르게 인쇄·배포 의 절차를 진행시켜야 하는 신문의 특성을 인정하여 검열하는 순간에도 인쇄가 진행되는 것을 용인하고 있었던 것이다. 즉, 이미 윤전기가 돌아 가고 있는 상태라 급하게 검열관이 전화를 해서 편집국장을 불러 삭제할 부분을 불러주면 편집국장은 윤전기를 멈추고 삭제가 요구된 부분에 수 정을 가한 뒤에 이를 다시 납본하는 것이다. 이와 같은, 신문 제작 과정과 검열이 만나는 접점의 특이성은 '검열 텍스트'의 특성으로 연계되는데 이는 앞에서 살펴본 바와 같다.

쓰네 미도리는 조선문 신문에 내려지는 압수의 과정에 대해서도 다 음과 같이 묘사하였다.

> 석간이 나올 무렵 경무국 도서과를 보시라
>
> 이 즈음이라면 검열계의 책상 위에는 백촉의 전구가 빛나고 있다. 소사 (小使)가 언문신문사에서 신문을 들고 달려 와 검열자에게 건넨다. 한자 한구 도 소홀히 하지 않는 검열자의 눈이 빛나 온다. 빨간 줄을 그은 신문이 차례 로 돌려진다.

전화를 급히 들어 경기도경찰부에 ××신문 제 ××××호 제2면 ○○라고 제목한 기사가 있는 것은 치안방해로 차압으로 되었으니 수배해 주시오

인속한 각 도지사 기타 관계관청에 통보되어 각각 수배를 한다.

차압을 받은 신문사는 소할 경찰서원의 출동으로 인쇄신문지는 전부 압수된다.

편집국은 그 소란을 곁눈질로 보고 경무국에 전화를 걸어

'오늘의 기사는 어디가 나빴습니까?'

'제2면 ○○기사 전부입니다'

신문사는 지정된 문제의 기사를 삭제하고 더불어 그 신문번호를 없애 소할 번호가 없는 신문 즉 호외를 낸다.

신문지에 흰 삭제한 부분이 있고 그 신문지 번호가 없는 것은 차압된 것이고 없앤 경우가 있어도 신문지 번호가 있다면 단순한 삭제이다.[37]

사환이 조선어 신문을 검열관에게 건네고 검열관들이 이를 돌려본 후, '차압'을 해야 할 부분이 있으면 전화로 경기도경찰부에 전화를 걸어 먼저 이를 지시하고, 그러면 관할 경찰서에서 출동하여 인쇄한 신문지를 모두 압수한다. '삭제'와 마찬가지로 인쇄가 이미 진행되고 있는 상태이기 때문에 기사압수 명령이 내려지면 '삭제'처럼 단순히 편집국으로 전화를 하여 통보하는 것으로 그치지 않고, 관할 경찰부에 전화를 해서 차압을 지시하면 경찰서에서 '인쇄된 신문지'를 모두 압수하는 것이다. 홍

---

37   위의 글, 40면.

미로운 것은 압수에 대한 신문사의 행동이다. 문제가 되는 기사를 삭제하고 '소할번호'가 없는 호외를 내어서 대처한다는 것이다.

위와 같은 묘사에서 알 수 있는 점은 조선어 신문에 대한 검열이 매우 급박하게 이루어지고 그 절차도 복잡하다는 사실이다. 조선어 신문에 대한 검열이 행해지고 있을 때는 이미 윤전기가 돌아가고 있는 중이어서 검열로 삭제하거나 압수해야 할 부분이 생기는 즉시 각각에 따른 조치들이 빠르게 진행된다.

이와 같은 조선어 신문에 대한 검열 수행의 과정은 '출판법'에 의해 발행되는 일반 출판물과는 확실히 다른 것이었다. 쓰네 미도리의 다음 언급을 보자.

> 발행하려고 하는 원고를 첨부해서 출판허가원을 소할 도청을 통해 총독부에 제출한다면 경무국 도서과의 언문검열과(課)의 손에 돌려진다.
>
> 조잡한 우리들의 원고는 반드시 검열자의 시련(試鍊) 아래에 드러나서 그 좋지 않은 바에 '삭제'의 붉은 인이 날인되어 반려(返戾)된다. 그곳에서 삭제의 부분을 없애고 인쇄에 부쳐, 그 인쇄물과 원고가 납본으로 되어 검열자에게 다시 비교 대조되고 여기에서 완성된다.[38]

위의 설명에 따르면, 단행본과 같은 보통 출판물은 '출판허가원'과 함께 제출한 원고를 먼저 검열받은 후 인쇄에 들어가게 된다. 즉, 엄밀한 의

---

38 위의 글, 39면.

미에서 '사전검열'을 받는 것이다. 이 검열을 통해 문제가 되는 부분에 '삭제' 인을 찍어 돌려보내면 출판업자나 작가는 '삭제' 표시가 된 부분을 지워 인쇄를 하고, 이 인쇄물과 원고를 다시 제출하면 검열관이 이를 비교대조하여 문제가 된 부분이 삭제되었는지를 확인하는 것이다. 신문처럼 시각을 다투어 발행되는 것이 아닌 보통 출판물들은 발행까지 여유가 있었기 때문에 위와 같은 이중의 확인절차를 거쳐 검열이 완성되었다. 또한 신문검열에서와는 달리 제출한 원고에 '삭제'의 날인이 찍혀 '반려' 되었기 때문에, 문학검열 연구에서 보이는 사례들처럼 원래의 텍스트에 검열관의 지시가 그대로 노출된 형태의 텍스트가 현재까지 남아있는 경우가 있다.[39]

---

39 영화검열의 절차에 대한 글들도 찾아볼 수 있다. 특히, 도서과의 젊은 사무관으로 경찰관 강습소의 교수를 겸하고, 주로 영화검열을 담당했던 고우(高安彦)는 구체적으로 '검열의 순서'를 다음과 같이 나열했다. "검열의 순서를 서술해보면, 검열신청자로부터 필름 및 설명대본의 제출이 있어, 처음으로 검열을 개시하지만, 대본은 받은 후 바로 係屬에 배당하고 대본에 대해서의 査閲이 먼저 행해진다. 이것은 줄거리의 전체로, 영화에 표현될 수 있는 자막 또는 설명 辭句에 대해, 검열표준에 저촉하는 바 없는지 아닌지를 조사해서, 이것을 종료해야 비로소 스크린에 나타난 화면의 각 장면에 대해 엄중히 심사하는 것이다. 그래서 필름의 줄거리 전체가 현저히 권선징악의 취지에 반하는 등 현 사회에 있어 상영을 허가할 수 없는 것으로 인정되는 경우에 있어서는 상영이 거부된다. 또 근 전체로서의 상영은 허가되어도 개개의 장면에 있어 추악 잔인, 기타 공안풍속상 허용할 수 없는 경우는 부분제한이 가해진다. 이들의 許否제한은 필름의 내용에 기초해 행하는 것이고 이외에 필름의 마멸이 심한 경우에도 거부제한되는 것이 있는 듯하다."(高安彦, 「フィルム檢閲雜感」, 『朝鮮』 123, 1928.1, 99면) 요컨대, 검열신청자가 필름과 설명대본을 제출하면 먼저 대본을 검사한 후 문제가 없으면 화면에 나타난 각 장면에 대해 심사를 하고, 부분제한 혹은 거부, 허가 등을 결정한 것이다. 영화검열 업무는 신문검열 업무만큼 신속을 요구하는 것은 아니었지만 대본을 검토한 후에 이것이 어떻게 영상으로 나타났는가를 이중으로 검열해야 하는 것이었기 때문에 다른 의미로 복잡한 과정을 거치는 것이었다.

이렇게 인쇄 전의 원고를 제출하여 그야말로 '사전검열'을 받았던 보통 출판물과 달리[40] 신문의 검열은 엄밀한 의미에서의 '사전검열'은 아니었다. 여기에 신문검열의 특성이 있다. 최기영은 '광무신문지법'의 내용을 설명하면서 제10조의 내용이 '납본'을 명시한 것으로 "신문발행 즉시 내부와 관할관청에 2부를 제출해야 했다"고 기술한 후, "그러나 실제로는 발행 즉시 납부한 것이 아니라 인쇄에 앞서 조판대장을 경무청에 납본하여 검열을 받고 인쇄하였"다는 것을 『제국신문』의 사설을 근거로 제시하였다.[41] 우선 '신문지법' 제10조에서는 발행에 앞서豫先 납부하도록 되어 있었기 때문에 신문발행 즉시 제출해야 했던 것은 아니었다.[42] 따라

---

40   단행본이나 잡지에 대한 검열이 끝까지 완벽한 의미에서 '사건검열' 체제를 유지했던 것은 아니었다. 검열해야 할 조선문 정기간행물의 수가 늘어나고 1930년을 전후로 조선어 언론이 점차 '온건'하게 되자 '헛되이 검열의 노고만 많이 들고 처리의 신속 정확을 기'하는 것이 어려운 종래의 검열과정에 대해 문제가 제기되었고 번잡한 출판수속을 완화해야 할 필요성이 제기되었다. 이에 검열당국에서는 '출판물의 출원수속을 개정해서 온건한 정기간행물에 한해 교정쇄를 원고로 출원하는 길을 개척'했다. 원고 자체를 검열받았던 이전과는 달리 원고는 인쇄에 부치고 교정쇄를 원고로 낼 수 있게 한 것으로 그 의도는 '검열 수속의 번잡을 완화해서 간편 민속을 도모'하는 것이었다. 교정쇄 검열을 받기 위한 수속의 순서는, 발행자가 관할 도(道)를 경유해서 '교정쇄 검열 승인원'을 검열당국에 제출하고 승인서를 받은 후, 출판허가원과 함께 교정쇄를 당국에 제출하여 검열을 받는다는 것이었다. 한 번 승인을 받으면 '발행자'의 변경이나 승인을 취소해야 할 사고가 발생하지 않는 이상 계속해서 교정쇄를 제출할 수 있었는데 특히 검열당국에서는 '발행자'의 사상경향이 조선문 정기간행물의 내용을 좌우한다고 보았기 때문에 이런 경우 다시 승인서를 내게 하고, 새로운 발행인에 대해서는 경력이나 사상경향 등을 더욱 엄밀히 조사했다(金宅源,「諺文定期出版物出版許可申請手續改正に關して」,『警務彙報』330, 1933.10, 133~134면).

41   최기영, 앞의 글, 270면.

42   신문발행 즉시 납본해야 했던 것은 '신문지규칙'에 의해 발행된 일본인 발행의 신문들이었다('신문지규칙' 제9조).

서 발행 전에 납부해서 검열을 받는다는 의미에서는 '사전검열'이었다고 할 수 있지만, 최기영의 설명에서와 같이, 기사의 '원고' 자체를 제출해서 검열을 받았던 것이 아니라 '조판대장'과 같은 일정부분 제작이 끝난 형태로 납부하여 검열을 받고, 이미 인쇄가 진행되고 있는 상태에서 검열을 받아 검열된 사항을 즉시 반영하고 있었기 때문에 발행 전에 검열을 받는 엄밀한 의미의 사전검열은 아니었던 것이다. 게다가 검열로 '삭제' 지시가 내려진 부분이 실제로 삭제되어 인쇄·배포되었는지 확인하는 데에도 한계가 있었다. 이에 대해서는 뒤에서 다시 살펴볼 기회가 있을 것이다.

요컨대, 조선어 신문에 대한 검열은 제작 과정 중의 신문이 검열대상이 되고, 검열처분이 즉각적으로 반영되었다는 특성이 있었다. 그리고 이런 특성은 조선어 신문의 '검열 텍스트'의 특성으로 연계되었다.

제3장

시기별 조선어 민간신문에 대한 검열의 양상

1. 신문발행 초기 검열을 둘러싼 힘겨루기

1920년 조선어 민간신문이 허용되어 세 개의 민간지가 발행되기 시작한 이래 도서과가 설립되기 이전까지의 기간은 검열당국에게는 처음 허용된 조선어 민간신문이 통제를 벗어나지 않도록 조정해야 하는 기간이었고, 조선어 민간신문에게는 발행 이후 그 입지를 다져야 하는 기간이었다. 조선총독부는 '문화정치'를 표방한 이상, 조선어 민간신문을 허용하지 않을 수 없었지만 이들 조선어 민간신문이 당시에 잔존하던 3·1운동의 기운에 편승하는 것을 바라지 않았고 따라서 이를 검열로 적절히 통제하고자 하였다. 그러나 조선어 민간신문은 발행된 지 얼마 되지 않은 때였기 때문에 주로 조선민족의 독립운동을 부추기는 내용에 대해 '압수'나 '발행정지' 등, 사법처분보다는 행정처분으로 제재를 가했다. 본 장에서는 이 시기를 대상으로, 1920년에서 1926년 사이의 언론환경과 검열당국이 주로 통제하고자 했던 조선어 민간신문의 내용은 무엇이었는지를 살펴보고,

당시에 발행된 조선어 민간신문의 지면을 검토함으로써 검열로 인한 처분이 실제 지면에 어떻게 나타났는지 알아볼 것이다. 또한 검열당국의 처분에 대해 조선어 민간신문은 어떻게 대응하였는지도 살펴보고자 한다.

1) 조선어 민간신문의 발행과 언론통제

3·1운동 발발로부터 반년이 지날 즈음 일제는 조선총독부 관제를 개정하고 새로운 총독을 부임시켰다. 신임 총독 사이토 마코토齋藤實는 총독부 직원들에게 내리는 '훈시'에서 행정사법사무에 개선을 가해야 할 점으로 다음 사항들을 제시하였다.

一. 형식적 정치의 폐(弊)를 타파하고 법령은 되도록 간단히 하여 성의로 국민을 유발(誘拔)하고 그 정신의 철저를 도모하고 행정처분은 사태(事態)와 민정(民情)을 돌아보아 적절한 조치를 취하도록 노력하여 처분되는 사람의 양해를 얻도록 할 것.

一. 사무의 정리 간첩(簡捷)에 노력하고 민중의 편익을 꾀하고 관청의 위신을 보지(保持)할 것.

一. 언론, 집회, 출판 등에 대해서는 질서와 공안의 유지에 방해 없는 한에 상당한 고려를 가해 민의창달을 꾀할 것.

一. 교육, 산업, 교통, 경찰, 위생, 사회, 구제 기타 각 방면의 행정에 쇄신을 가하여 국민생활의 안정을 도모하고[1]

---

1   釋尾春芿,『朝鮮併合史』, 朝鮮及滿洲社, 1926, 914면.

즉, 사이토 총독은 '훈시'의 하나로, '언론, 집회, 출판 등에 대해' '상당한 고려를 가해 민의창달을 꾀할 것'을 직접 제시하였고, 이에 부응하여 조선총독부는 1920년 1월, 3개의 조선어 민간신문을 허용하였다.

조선인에게 신문발행을 허가했던 것은 '문화정치'라는 기본적인 통치방향과 일치한다는 점 이외에 보다 구체적으로, '조선인의 기분을 알고 조선인 사이에 어떤 공기가 흐르고 있는지를 알기 위해 유익'하고 '문이 하나라도 있었으면 소요 전에 불온한 사상이 유입되고 있었다는 것을 알 수 있었을 것'이라는 등의 지적이 있었기 때문이었다. 다시 말해, 조선인 민심의 동향을 판단하는 재료로 사용하기 위해 신문을 허가했던 것이다. 이러한 경향은 3·1운동 직후 『조선급만주』에 게재된 다음과 같은 기사에서도 확인할 수 있다.

이번의 소요사건은 반드시 조선인의 우리 총독정치에 대한 불평에서 발생한 것만은 아니고, 또 우리 내지인에 대한 불평에서 발생한 것만도 아니다. 필경 조선인의 심중에 머물고 있는 구한국이라고 하는 기분이 강화회의로 부추겨져서 발생한 것이 아닌가 생각하지만 그렇다면 조선의 정치는 이대로 좋은가라고 말함에, 결코 그렇지 않다. 먼저 무엇보다 민의를 존중하는 즉, 여론을 짐작한다고 하는 풍조로 행하지 않으면 민심은 열복(悅服)하지 않는다. 종래와 같이 이것저것 관리의 의견대로 행한다고 하는 일은 민심을 귀복시키려는 소이(所以)가 아니라고 생각한다. 그것에서는 먼저 언론을 적정한 정도로 개방하는 것에 있지 않을까 생각한다. 즉 조선의 현상을 고려하고 또 세계의 사조에 감응해서 지금 약간 언론통신기관의 취체를 관대하게 하는 것은 필요하지 않을까. 금일과 같은 한 지역에 한 신문 외에는 허락하지 않는다든지(한, 둘의 예외는 별도로 하고) 또 조선인이 읽는 언문신문은 어용지 하나 외에는 허락하지 않는다든가 하는 풍조에서는 민의 민심의 귀추를 알 수 없고 (⋯중략⋯) 따라서 오히려 의심 암귀(暗鬼)를 만드는 여러 유언비어가 퍼지게 된다.[2]

1910년 한일합방 직후에 총독으로 부임한 데라우치寺內는 '신문을 싫어하는 사람'으로 이미 정평이 나 있었다. 데라우치 총독은 소위 '신문통일정책'을 펼쳐 합방 이전부터 검열과 통제의 대상이었던 조선인 발행의 민간신문을 모두 폐간시켰고[3] 이후로 기관지 이외의 조선어 신문은 허가하지 않았다. 또한 지방별로 일본어 신문을 하나씩만 허용하여 한 지방에 둘 이상의 신문이 없도록 했다. 위의 기사는 이와 같은 기존의 언론정책에 대해 '금일과 같이 한 지역에 한 신문 외에는 허락하지 않는다든지 또 조선인이 읽는 언문신문을 하나 외에는 허락하지 않는다든가 하는 풍조'로 인해 '민의민심의 귀추를 알 수 없고' 따라서 오히려 의심을 만들어내는 유언비어가 퍼지게 되었다면서 이를 비판하였다. 즉, '언론을 적정한 정도로 개방'하여 유언비어가 퍼지지 않도록 하면서 '민의민심의 귀추'를 알고자 한 것이 바로 조선어 민간신문 허용의 배경이었던 것이다. 조선어 민간신문을 허용하게 된 데에는 3·1운동 당시에 족출한 비합법

2   松崎時勉, 「言論の開放と內鮮兩民融和の機關が必要」, 『朝鮮及滿洲』144, 1919.6, 37~38면.
3   「寺內總督と對言論政策」, 『朝鮮』 32, 1910.10, 7~8면.

신문, 즉 조선총독부의 허가를 받지 않은 '지하신문'의 영향도 컸다.[4]

이러한 배경에서 1920년 1월 우선 3개의 조선어 민간신문이 허용되어 1920년 3월 『조선일보』, 그리고 4월에 『동아일보』, 『시사신문』이 발행되기 시작했다. 조선총독부는 '세력균형주의'라는 미명 아래 2대 1의 비율로 친일계 신문이 민족진영의 신문을 억압할 수 있도록 친일계의 두 신문 『조선일보』와 『시사신문』, 그리고 민족진영의 『동아일보』를 허용했다.[5] 그러나 1924년 『조선일보』의 경영권이 민족계로 넘어가고, 『시사신문』이 폐간된 후 이를 대신하여 차례로 허가된 신문들이 모두 민족계열이었음에도 허가한 것으로 보아서는 조선총독부의 의도는 조선어 민간신문을 3개만 허용하여 유지하고자 했던 것이었음을 알 수 있다.

조선어 민간신문 외에도 조선어 잡지와 일본어 신문들이 또한 허가되어 1920년대 초에는 잡지와 신문의 수가 점차 증가하였다. 1923년 4월 『조선급만주』에 게재된 기사 「조선의 신문잡지계와 그 인물朝鮮の新聞雜誌界と其人物」을 보면 당시 경성에서 발행된 신문잡지와 통신, 일본어 잡지 및 회보, 조선어 잡지 및 회보로 어떤 것이 있었는가를 알 수 있다. 이 기사는 『경성일보』와 『조선신문』을 경성의 2대 신문으로 먼저 소개하고, 이외에 일본어 신문으로 『경성일일신문』, 『조선매일』, 영어 신문인 Seoul Press, 조선어 신문인 『매일신보』, 『동아일보』, 『조선일보』, 『조선시사』,[6] 주간 일본어 신문인 『경성신문』을 차례로 소개하고, 통신으로는 일본전보

---

4   김민환, 『한국언론사』, 나남출판, 1996.

5   최준, 『한국신문사논고』, 일조각, 1980.

6   민원식이 창간했다고 설명되어 있는 것으로 보아 민원식의 『시사신보』인 것으로 보인다.

통신, 동아전보, 대륙통신, 경성통신, 선만경제통신의 5개 통신사를, 일본어 잡지 및 회보로 총독부의 기관지인 『조선』과, 『조선급만주』 다음으로 경성에서 오래된 잡지라는 『조선공론』, 『사우社友』, 『체신협회보』, 『법정신문』, 『광업회지』, 『건축』, 『월보』(식산은행), 『동아경제시보』, 『사업과 투자』, 『조선실업구락부회보』, 『경무휘보』, 『경찰신문』, 『교육잡지』(교육회), 『조선의 축산』(축산협회), 『회보』(조선농회)를, 그리고 조선어 잡지 및 회보로 『시사평론』, 『개벽』, 『신천지』, 『신생활』, 『청년』, 『천도교월보』, 『회보』(조선불교단체)를 간략히 소개하였다.[7]

이처럼 조선총독부가 이전에는 존재를 허락하지 않았던 조선어 민간신문 및 잡지를 허용하고 일본어 신문도 더 허가하여 언론사의 수는 늘어났지만 근본적인 언론정책의 기조가 변한 것은 아니었다. 문화정치가 도입되고 얼마 후인 1920년 7월 『조선공론』에 게재된 조선총독부 경기도 제3부장인 치바千葉了의 「언론의 자유와 취체言論の自由と取締」라는 기사의 내용이 이를 잘 대변한다. 이 기사는 통제당국자인 필자가 언론의 자유와 관련해 세간에 떠돌고 있는 비난에 대해 해명을 하기 위해 집필한 것이기 때문에 당시에 언론과 관련해 어떠한 비판이 있었는가를 알 수 있다. 그는 먼저 1919년 3·1운동 이후 조선총독부가 관제개정을 통해 조선어 신문 등을 허용하여 언론의 자유를 주는 한편 '준엄한' 취체[8]도 행하고 있음을 분명히 하였다. 그는 언론취체의 임무를 맡은 자로서 도

---

7 東邦生, 「朝鮮の新聞雜誌界と其人物」, 『朝鮮及滿洲』 185, 1923.4, 127~134면.
8 '취체(取締)'란 지금은 사용되지 않는 말로 '단속'이나 '통제' 정도로 해석이 가능하다. 그러나 일제의 언론통제와 관련해서는 고유명사처럼 사용되어 검열당국의 여러 기록에 빈번히 등장하는 만큼 본 책에서는 '취체'라는 표현을 그대로 가져와서 사용하였다.

쿄나 오사카의 기자들과 만나 언론과 관련된 논란들에 대해 변명도 하고 당국의 태도나 의표를 피력하기도 했다면서, 당시에 제기된 비난으로 '내지신문과 조선신문[9]과의 취체가 통일을 결하고 있는 점', '신총독은 언론의 자유를 존중하는 것 같지만 오히려 신경과민의 준엄한 취체를 하고 있다는 비평', '불온사상의 자극이나 열정을 도발하지 않는 정도의 것을 당국이 과민하게 취체한다는 것' 등을 제시했다.[10]

요컨대, '문화정치'의 도입으로 조선어 민간신문을 비롯한 잡지나 일본어 신문 등이 허용되어 조선의 언론계는 양적으로 그 수가 늘었으나 조선총독부는 '신경과민의 준엄한 취체'를 행함으로써 이들을 통제하고자 했다. 다른 한편, 조선어 민간신문의 입장에서 본다면, 1920년대 초는 합방 후 10년간이나 공식적으로 막혔던 정치적 언로가 비로소 열린 시기이면서 아직 3·1운동의 여운이 남아 독립에의 희망이 지속되던 시기였기 때문에 그 동안 낼 수 없었던 목소리를 내려는 시도를 접을 수 없었을 것이다. 즉, 이들은 바로 검열의 장에서 부딪칠 수밖에 없었다.

2) 행정 및 사법처분과 검열에 대한 조선어 민간신문의 대응

(1) 조선어 민간신문에 대한 행정 및 사법처분과 검열의 초점

① 압수처분과 검열의 초점

경무국 고등경찰과에서 따로 발간한 검열 관련 자료는 아직 발견된

---

9 '내지(內地)'란 일본이 식민지인 외지(外地)와 구분하여 본국을 지칭하던 용어였다. 식민자로서의 일본의 입장이 반영된 용어이지만 본고에서는 인용이 필요한 경우 이를 그대로 차용해 표기하였다.

10 千葉了, 「言論の自由と取締」, 『朝鮮公論』 88, 1920.7, 39~43면.

〈표 5〉 1920년~1925년 조선어 민간신문 압수기사 주제별 건수표

		1920	1921	1922	1923	1924	1925
일본비판		3	1	1	3	9	6
국제교의 저해		2	3	0	2	11	1
범죄인 구휼		0	1	1	0	6	3
범죄수사과정		1	3	0	8	1	2
조선통치 부인	조선민족의 독립·민족운동	29	20	9	8	47	50
	타민족의 독립·민족운동	3	1	0	1	4	4
	공산당의 독립운동	0	1	1	0	3	1
조선통치 방해	통치 정책 비판	8	6	11	0	37	35
	민족상황 비판	2	1	1	3	20	8
	내선융화 저해	0	0	2	0	5	4
	관리·경관 비판	0	0	1	0	17	8
사유재산제도 부인		1	0	1	5	14	34
투쟁 및 쟁의 선동		0	2	0	0	4	14
기타		0	0	2	6	0	2
계		49	39	30	36	178	172

것이 없고, 이 시기 검열관이었던 이들이 검열을 주제로 해서 남긴 글들도 거의 찾아볼 수 없기 때문에[11] 조선어 민간신문이 발행되기 시작한 후 검열당국이 조선어 신문의 어떤 점에 주목하고 있었는지를 직접적으로 언급하고 있는 예를 찾아보기 힘들다. 그러나 도서과 설립 후에 발간된 자료집에서 이 시기에 내려진 '발행정지' 처분과 '압수' 건수 및 압수된 기사의 내용을 알 수 있다. 이들을 토대로 하여 당시 조선어 민간신문에

---

11   오노(小野綱方)가 1920년 4월부터 1921년 6월까지 『경무휘보』에 '조선어연구'라는 기사를 게재한 바 있지만 이는 어학적 관점에서 조선어의 구조를 설명한 것으로 검열과는 무관한 내용이었다.

대해 내려진 행정 및 사법처분과 이 처분으로 압수된 기사의 내용을 살펴봄으로써 당시 검열이 무엇에 초점을 두고 있었는지 검토해 볼 수 있을 것이다.

1920년부터 1925년까지, 조선어 민간신문 압수기사의 주제별 건수를 표로 제시해보면 〈표 5〉와 같다. 표에 제시된 압수 건수를 살펴보면, 특히 1920년과 1921년 즉, 1920년대 초에 압수된 기사들의 내용이 대부분 '조선민족의 독립·민족운동'에 집중되어 있는 것을 알 수 있다. 3·1운동의 여운이 채 가시지 않은 시기에 3·1운동으로 인해 허가된 조선어 민간신문들이 당시의 분위기에 편승해 특히 조선민족의 독립에 대한 목소리를 높이고 있었고, 따라서 검열당국도 이것을 중점적으로 통제하고 있었던 것이다. 압수된 기사의 내용을 좀 더 구체적으로 살펴보자.

ㄱ. 조선민족의 독립운동에 관한 내용

압수처분을 받은 당시 조선어 민간신문의 내용을 들여다보면 검열당국이 '조선민족의 독립운동'에 민감하게 반응하고 있었다는 것이 더욱 확실히 드러난다. 예를 들어, 1920년 5월 19일 자 『조선일보』 사설 「교육용 일본어에 대하여」는 다음과 같은 내용으로 압수처분을 받았다. 이 사설은 초반부터 '조선민족'이라는 범주를 강조하고 있다.

우리도 조선인 교육에 대하여 분통심도 있고, 연구심도 있노라, 우리는 역사상으로 보아도 깨끗하고, 민족으로 보아도 온량(溫良)할 뿐 아니라, 우리는 교육할 수 있는 서책도 있고, 교육할 수 있는 능력이 있음에도 불구하고

우리 민족과는 예속(禮俗)이 같지 아니한 저들 일본인의 교육 하에 편입되어 7, 8세의 유년시부터 가르침에 있어 우리 고유한 국어인 아버지 혹은 어머니를 일본어로써 'オカアサン' 'オトウサン'이라 부르게 하고, (…중략…) 마침내 우리 고유한 천부심(天賦心), 양능(良能)한 뇌수(腦髓)와 자각적인 정신을 일본어로써 파괴하고 마취시켜 (…중략…) 저들의 악풍, 즉 혈족 결혼, 비혈족간의 양자 등의 행위에 전염되어 우리 반만년 전래해 온 동성을 취하지 않는 미풍, 혈족이 아니면 양자로 삼지 않는 법을 파괴하여 사회는 골동반(骨董飯), 가정은 혼합주처럼 되고 만다면 어떻게 할 것인가.[12]

당시 검열당국은 일본을 지칭할 때, 식민본국을 가리키는 말이었던 '내지內地'로 지칭하지 않고 '일본'이라고 한다든지, '일본어'를 '국어'라고 하지 않고 '조선어'를 민족의 언어라고 지칭하여 일본을 외국취급하거나 '단군기원'을 사용하는 등으로 '조선'이라는 민족적 범주를 지칭하는 내용이 있다면 모두 압수하였다. 따라서 위의 사설도 조선 민족을 '우리 민족'이라고 칭하고 조선어를 '우리 고유한 국어'라고 하며, 일본어를 '국어'가 아니라 '일본어'로 지칭하면서 일본 고유의 풍습을 악풍취급하여

---

12 「교육용 일본어에 대하여」, 『조선일보』, 1920.5.19. 압수기사의 경우, 실제 지면은 남아 있지 않고 『차압기사집록』에 기사의 내용과 발행연월일(혹은 처분연월일)만 기재되어 있는 경우가 많이 있다. 압수처분의 경우 인쇄된 신문지를 모두 압수해 갔기 때문에 이후 실제 발행된 신문에서는 해당 기사를 찾을 수 없어 게재 면수 파악이 힘들었기 때문일 것이다. 정진석의 『일제시대 민족지 압수기사 모음』도 기본적으로 검열당국이 펴낸 『차압기사집록』에 기반하고 있기 때문에 면수를 따로 기록하지 않았다. 본 책에서도 압수기사의 내용을 제시하는 부분에서는, 『차압기사집록』에 기반하여 발행연월일(혹은 처분연월일)만 기재하였다.

압수당한 것이다. 직접적인 명칭의 문제 외에도 사설은 다소 과격한 어투로 '저들' 즉 일본민족을 비판하고 있는 것이 사실이다.

한편, 3·1운동의 영향은 국내에 머무르지 않고 해외로도 파급되어, 해외에서 조선민족의 임시정부가 구성되고 독립단들이 생겨났다. 따라서 검열당국은 국내에서 직접적으로 일어나는 독립운동 외에도 국외의 임시정부나 독립단체에 대한 기사나 이들 단체의 구성원이 활동한 내용에 대한 기사도 상당수 압수하였다. 특히, 국외에서 조선인들의 정치적 단체로서 정부를 구성하고 있었던 상해임시정부의 활동을 서술한 내용은 주된 압수대상이었다. 다음은 '독립 청원서'를 제출한 '조선 독립 가假정부'의 활동에 대한 보도로 압수된 1921년 8월 2일 자 『조선일보』의 보도기사이다.

7월 25일 홍콩(香港) '헬리 푸레스'지는 '일영동맹갱신과 선인독립운동'이라 제(題)하고 다음과 같이 논술하였더라

조선독립 가정부 및 선인 2천명의 연명으로써 런던(倫敦)의 영제국 수상회의에 대하여 조선의 독립청원서를 제출하였고 미국 관변에도 동양(同樣)으로 청원한 줄로 믿노라. 우(右) 청원서를 보건대 제1회 일영동맹 이래로 일본이 누차 한국의 독립과 영토의 보전을 고창하였음에도 불구하고 1907년에 이를 보호국으로 하였다가 그 다음에는 일한합병을 단행하고 선인 독립운동에 대하여 비상한 참학(慘虐)으로써 그 진압에 노력중인즉 일본은 한국독립유지의 서언에 위배할 뿐 아니라 다시 만주에 세력을 신장함과 같음은 국제적 배신행위이니 일영동맹 갱신에 관하여 각국은 충분한 경계를 요할

것이라고 술함[13]

'상해임시정부'는 외교적 차원에서 조선의 독립을 알리기 위해 많은 활동을 전개하고 있었고 조선어 신문들은 이를 보도기사로 다루었다. 물론 '상해임시정부'가 외교적 방면으로만 활동했던 것은 아니었다. 압수당한 다음 기사는 '상해임시정부'의 요인들이 조선 내외를 오가면서 독립운동에 힘쓰고 있었음을 잘 보여준다.

압록강 연안에 산재하는 조선독립단은 근래 점차 활동이 활발하여 폭탄 및 정교한 권총을 휴대, 상해 방면에서 조선 내지로 잠입하여 일본 관헌을 암살하고 있다. 특히 8월 초순부터 상해임시정부 요원은 대활동을 개시했으며 외국 선편으로 비밀히 상륙하는 조선인도 많고, 그들은 대개 비밀사명을 띠고 왕복하는 사람도 많은데 그 목적은 미국에서 개최되는 태평양회의를 기해서 다시 독립운동을 전개할 목적으로, 증거를 안남기면서 비밀서류를 왕복하는 일이다. 한 소식통에 따르면 몇 달 전 상해에서 조선 내지 각도로부터 온 대표자 네 명이 모여서 태평양회의 파견문제를 협의했다는 소문도 있고, 또 11월 경에는 조선 내지와 만주, 몽고, 서백리아 각지에 산재하는 조선인이 서로 호응하여 만세운동을 전개하자는 의논도 있었다 한다.[14]

일제 검열당국은 '상해임시정부'에 대한 내용이라면 '상해임시정부'

---

13 「조선인 독립운동」, 『조선일보』, 1921.8.2.
14 「태평양 회의를 기해 상해임시정부 다시 활동」, 『조선일보』, 1921.8.24.

관련자들에 대한 단순한 보도까지도 차단했다. 『동아일보』가 조선인 인물에 대한 인기투표를 실시하고 그 결과를 지면에 발표하고자 했으나, 많은 표를 얻은 이들의 대부분이 '상해임시정부' 관련자들이었기 때문에 검열당국은 이 기사를 압수했고[15] 관련자 1인의 와병에 대한 짧은 소식까지도 허락하지 않았다.[16] 물론 '상해임시정부'에 대한 보도기사를 작성하는 조선어 신문의 의도 역시 국외에 '가假정부'이나마 조선의 독립을 주장하는 '조선의 정부'가 있다는 사실을 조선인들에게 알리고자 하는 것이었음이 분명하다.[17]

국외에서 결성되어 조선의 독립을 위해 애쓴 단체들은 '상해임시정부'만이 아니었다. 예를 들어 『조선일보』 광복단원의 공판에 대한 다음 기사를 보자.

> 광복단 천마부장 최시흥의 2심 공판
>
> 11일 평양 복심법원에서 판결언도는 오는 18일에
>
> 평안북도 의주군 고녕면 천마동 최시흥(崔時興, 35)은 조선독립을 목적하고 대정(大正) 8년에 광복단에 참가하여 그 단장 오동진의 아래에서 활동

---

15 「현대인물투표, 대환영의 신시험」, 『동아일보』, 1923.5.11.

16 「노총리 병세위독」, 『조선일보』, 1925.6.26.

17 압수된 다음과 같은 기사가 그 의도를 잘 드러낸다. "[7월 4일 만조보(萬朝報) 소재의] 상해의 불조계(佛租界)에는 의연히 조선의 임시정부가 유(有)하여 조선문으로 정부의 공보(公報)를 발행하여 외국우편으로 사방에 배부하는 터이라. 이왕 여운형을 회유하여 이 임시정부를 철폐케 기도한 일본내각의 정략이 전연 실패에 귀(歸)함은 조선정부가 엄연 존재함에 의하여 명백하게 되었더라."(「상해의 조선정부」, 『조선일보』, 1920.7.8)

하다가 그 이듬해 대정 9년 3월경에 의주군 천마산에 천마부를 설치하고 자기같은 마부장이 되어 평안북도 각지로 활동하며 군자금을 모집하고 경관주재소 등을 습격하며 조선독립운동을 하던 중 그만 체포되어 지난 7월 25일에 신의주 지방법원에서 제령위반 살인강도 방화죄로 사형을 받았다 함은 당시에 이미 보도하였거니와 피고 최시흥은 1심 판결에 불복하고 평양복심법원에 공소하여 그후 동원에서 심리하여 오던 바 지난 11일 오전 9시 반에 2심 공판이 열리었다.[18]

광복단 천마부장 '최시흥'에 대한 공판기사는 『조선일보』만이 아니라 『시대일보』와 『동아일보』에도 실렸지만 모두 압수당했다. 압수된 기사들을 살펴보면 광복단 이외에도 의열단이나 남만주에 근거를 둔 대한통의부, 신민부 등 독립단체의 활동에 대한 보도기사들이 다수 있다. 의열단원이 파괴나 암살을 목적으로 입경했다는 보도나,[19] 이 때문에 경관들이 수사 중이라는 보도[20] 등 대부분 짧은 기사들이지만 모두 압수당했다.

또한, 검열당국은 인도나 아일랜드, 필리핀 등 다른 민족의 독립운동에 대한 내용이라면 우회적으로 조선독립 운운하지 않아도 일단 압수를 행했다. 인도인들의 열렬한 운동의 압력을 감당하지 못한 영국이 인도인에게 제한된 자치권을 부여하기에 이르렀다는 내용으로 압수를 당한 『동아일보』 1920년 9월 25일 자 사설이나,[21] 인도 독립당이 그들의 3만

---

18 「광복단 천마부장 최시흥의 2심 공판」, 『조선일보』, 1924.11.13.
19 「파괴암살 목적으로 의열단원 3명 입경」, 『시대일보』, 1925.2.26.
20 「시내 모처를 대수색」, 『조선일보』 1925.2.27.
21 「대영(大英)과 인도」, 『동아일보』, 1920.9.25.

국민에 반포한 서고誓告의 내용을 소개하여 압수된 1924년 4월 8일 자 『조선일보』의 사설[22] 등이 모두 그러한 예이다.

ㄴ. 조선통치정책에 대한 비판

그런가 하면, 1924년에 접어들면서부터는 '조선통치방해'에 해당하는, 조선총독부의 정책을 비판하는 내용이나 '내선융화'를 저해하는 내용, 총독부 관리나 말단 경찰을 비판하는 내용으로 압수되는 기사의 건수가 갑자기 많아진다(〈표 5〉 참고). 특히, 1920년대 초반에는 직접적으로 '문화정치'를 언급하며 이를 강하게 비판하는 보도기사나 논설이 많았다. 가장 신랄하게 '문화정치'를 비판한 것은 조선총독부의 통치를 '공포정치'라고 지칭한 1924년 10월 10일 자 『조선일보』 사설이다.

밀정, 무장경찰, 수비대 – 이것들은 공포정치를 집행하는 데 필수기관이다. 미행, 감시, 중지, 금지, 해산, 검거, 체포, 구금 그리고 살육 – 이것들은 공포정치 실현에 필수적 과목이다. 공포정치는 비상시 혁명기에나 부득이해서 취하는 최후수단이다. 그럼에도 정상한 현하 조선에서는 공포정치가 영속적으로 집행되고 있다. 중앙에서, 국경에서, 도시에서, 시골변두리에서 이곳저곳 차별없이 속행되고 있다. 기념회에서 강연장에서 혹은 심야 마을에서, 프랑스 혁명의 제3기 및 러시아 볼셰비키 혁명기부터 오늘까지 이 비상한 공포정치가 단행되었다. 그러나 오늘날에는 행해지지 않고 있다고 말한다. 그럼

---

22 「인도 독립당 서고국민서를 독(讀)하고」, 『조선일보』, 1924.4.8.

에도 현하 조선인이 영속적으로 공포정치에 신음하지 않을 수 없는 이유는 어디에 있는가. 우리는 이를 말하려 하나 아직도 말할 수가 없다.[23]

이 사설은 '미행, 감시, 중지, 금지, 해산, 검거, 체포, 구금 그리고 살육' 과 같은 '공포정치 실현의 필수적 과목'이 당시의 조선에서 행해지고 있다는 것을 근거로 들어 '비상시 혁명기에나 부득이해서 취하는 최후수단'인 공포정치가 당시의 조선에서 집행되고 있다고 하면서 조선총독부의 통치방침을 비판했다. 소위 '문화정치'가 도입되고 4년 정도가 흐른 시기에, 표방하는 '문화정치'와는 정반대의 것이라고 할 수 있는 '공포정치'가 집행되고 있다며 총독부의 통치를 비판한 이 사설이 압수된 것은 당시의 검열제도 하에서는 당연한 결과였겠지만, 기사의 내용은 조선총독부가 내세운 '문화정치'와 당시 조선의 현실 사이에 존재하는 간극이 얼마나 큰 것이었는가를 잘 보여준다. 이는 또한 실제 현실과 통치자들이 내세우는 이상과의 간극이 클 때 검열을 통해 실제 현실을 드러내는 것을 차단하게 된다는 커리Curry의 주장과도 일치하는 것이다.[24]

좀 더 직접적으로 '문화정치'를 언급하며 그 허위를 고발하여 압수된 것은 1925년 4월 22일 자『시대일보』의 사설이다. 이 사설은 '문화정치의 금석'이라는 제목을 붙이고 '소위 일시동인, 민의창달, 차별철폐'라는 '문화정치'가 내세운 '간판'들이 실상과 다르다는 것을 조목조목 설명하였다.

23　「공포정치」,『조선일보』, 1924.10.10.
24　Curry, J. L., "Conclusion", J. L. Curry & J. R. Dassin Eds, *Press Control Around The World*, Praeger Publishers, 1982, p.257.

아아! 그 소위 일시동인, 민의창달, 차별철폐 운운은 그 오직 간판만인 것을 누가 있어 인정치 않겠다고 할 것인가. 하물며 태형이 폐지된 반면에 고문의 악행이 새롭게 생겨났을 뿐 아니라 경관의 무도한 창칼 아래 수많은 무고한 생명은 희생이 되고 있고, 조선의 최고 학부라고 하는 경성대학의 창설을 보기에 이르게 된 것도 조선인 교육의 내면은 의연하게 노예성 배양이며, 또한 조선 종래의 악폐의 주인공이라고 인정되어 왔던 헌병경찰제가 다시 부활된 요즘이다.

도로개선, 하구 신축, 이 어찌 정치의 본질이겠는가. 수리공사, 임목(林木) 배양, 이 어찌 산업의 근본이겠는가. 경제발달, 산업진흥, 교육보급 등 제반의 문화적 사업의 향상되는 요점은 오직 국민사상이 자유로운 곳에 있으며 그 사상이 자유인 것은 그 정치제도가 국민본위인 곳에 있는 것이다. 그럼에도 현하 소위 문화정치 그것은 표면만이 문화정치이고 그 실면에 이르러서는 문화에 중대한 관계가 있는 언론은 부자유이며, 집회가 부자유이며, 결사가 부자유일 뿐 아니라, 억압, 구속, 위협은 도리어 가일층 도수를 1도, 2도 증가하고 있다. 여기에 오인(吾人)은 문화정치의 독해를 저주하지 않으려 해도 나도 모르는 사이에 저주하기에 이르게 된다. 이 어찌 심상한 감정의 시키는 바라고 할 수 없을 것인가.[25]

'문화정치'의 일환으로 시행되는 경찰제도와 교육제도, 산업정책의 내용이 근본적으로 조선인을 위한 것이 아니라는 점을 구체적으로 주장

---

25 「문화정치의 금석」, 『시대일보』, 1925.4.22.

하고 있는 이 사설은 '문화정치'가 내세우고 있었던 '표어'들을 정면에서 비판하였다. 게다가 '실면'이라는 점에서 '문화와 중대한 관계가 있는' 언론·집회·결사의 자유가 없을 뿐만 아니라 오히려 그에 대한 압박이 더욱 증가하고 있다고 지적하였다. '도로개선', '하구신축', '수리공사', '임목배양' 등 지금까지도 일본이 통치의 덕택인양 제시하고 있는 사안들에 대해 쓴 소리를 하고 있는 것도 의미심장하다. 국민사상이 자유롭지 못한 상태에서는 아무리 겉모습을 포장해도 '문화정치'가 시행될 수는 없는 것이다. 『동아일보』 1920년 7월 22일 자 사설 역시 총독 사이토의 언론탄압을 비판하는 내용을 담아 압수되었다.[26]

이 외에도 경성의학전문학교에서 일본인 교수가 조선인 학생을 모독하는 발언을 하여 사제간에 분규가 발생하자 이에 대해 책임을 회피하는 학무당국을 꾸짖으며 '문화정치'의 '성의 유무'에 의문을 던진 『조선일보』 1921년 6월 12일 자 사설,[27] '현 조선정치'를 '허위정치'라고 비판한 경남도 평의회 발언 내용을 보도한 『조선일보』 1925년 2월 20일 자 기사,[28] 사이토의 소위 '문화정치'가 데라우치의 무단정치에 비해 달라진 것이 없다고 비판한 『동아일보』 1922년 4월 1일 자 사설,[29] 「살기殺氣에 싸인 문화정치」라는 살벌한 제목으로 경찰의 잔인한 고문, 일본경찰의 양민학살 등 일본인의 죄악을 열거하여 문화정치의 허위를 비판한 1924

---

26 「학우회 순회강연단 해산명령과 언론탄압」, 『동아일보』, 1920.7.22.
27 「우리 민의에 소(訴)하노라」, 『조선일보』, 1921.6.12.
28 「경남도 평의회」, 『조선일보』, 1925.2.20.
29 「재등실(齋藤實)군에게 여(與)함」, 『동아일보』, 1922.4.1.

년 5월 22일 자『시대일보』의 사설,[30] 총독 사이토의 '문화정치' 이후 관리들의 부정행위가 증가했고 경찰만능주의는 데라우치 시대보다 더 가혹하다고 비판한 역시『시대일보』의 1925년 5월 18일 자 사설[31] 등 압수기사의 상당수가 '문화정치' 자체를 비판한 내용들이었다.

조선총독부의 기관이나 구체적인 정책을 비판한 기사들도 압수의 대상이었다. 조선총독부의 세금 증수를 비판한다든지[32] '조선총독부의 양대 하부조직'인 '경찰과 동척회사'를 비판한 많은 논설들이 모두 그러한 예이다.[33]

ㄷ. '내선융화' 저해와 관리비판

일본과 조선의 융화 즉 '내선융화'를 일종의 기조로 내걸고 있었던 일제는 일본인과 조선인 간의 화합을 저해하는 내용, 특히 차별에 대한 내용이 보도되는 것을 꺼렸다. 이러한 기사들은 스스로가 내세운 기조에 맞지 않기도 하지만 조선인의 반감을 자극할 수 있었기 때문이다. 다음과 같은 기사는 직접적으로 '차별'을 언급하고 있는데 그 차별의 내용이 우습기까지 하다.

---

30 「살기(殺氣)에 싸인 문화정치」,『시대일보』, 1924.5.22.
31 「귀임한 재등 씨」,『시대일보』, 1925.5.18.
32 「지세 및 시가지세를 개정 증수함에 대하여」,『조선일보』, 1922.10.30.
33 「다시 동척에 대하여」,『조선일보』, 1924.11.12; 「천인공노할 동척의 죄악」,『동아일보』, 1925.2.8; 「동척은 무엇이냐?」,『조선일보』, 1925.2.9; 「잔인무도한 동척, 북율면의 참극」,『동아일보』, 1925.2.16.

목욕을 오래 해도 불량조선인

조선 사람은 관청엘 가도 당하느니 능욕이요, 민족 사이에 말로 다할 수 없는 모욕과 차별을 받고 있다. 이는 우리 조선인 이천만의 가슴 깊이 받아온 지난 10년간의 쌓이고 쌓인 슬픔이요, 천지신명이 함께 인정하는 바이다. 또 말할 필요도 없지만 그래도 감정이 있는 이상 이를 어찌 이대로 참고 견딜 수 있을 것인가. 아아, 당국자는 차별철폐를 표방해서 환심을 사려고 하고 있으나 차별은 도리어 더 심해지고 점점 부자유하고 대우가 가혹해져 가고 있다. 이처럼 우리를 학대하면 그 때에는… 아아, 그러나 우리들은 이 세상에서 가장 약한 자이고 식민지 인민이기 때문에 이 어려움을 호소할 데도 없다. 차 안에서도 차별, 길거리에서도 차별, 어디서나 모욕이요, 차별이다. 나는 며칠 전 여러 사람과 신창동의 대불탕이라는 일본인 경영의 목욕탕에 갔었다. 옷을 벗고 탕으로 들어가다 우연 어떤 광고를 보았는데 아아, 이것도 우리들을 능욕하는 광고였다. 거기 쓰여 있는 것은 '조선인으로 탕에 한 시간 이상 오래 들어 있는 사람이 있는데 이는 틀림없이 불량선인이므로 경찰에 신고하라'고 대서특필하고 이는 당국의 지시라는 것이었다.[34]

조선인에 대한 차별이 '차 안'에서도 '길거리'에서도 '관청'에서도 '어디서나' 이루어지고 있었다는 기술은 당시 조선인과 일본인에 대한 차별이 만연하고 있었음을 잘 보여준다. 이러한 차별은 조선인에 대한 일본인의 인식 저변에 깔렸고, 심지어는 '탕에 오래 들어가 있'어도 불량한 조

---

34 「목욕을 오래 해도 불량조선인」, 『조선일보』, 1922.1.7.

선인 취급을 하게 되기에 이르렀던 것이다. 그러나 조선인이라서 목욕탕에 오래 있을 수 없는 것은 다음의 사건에 비한다면 그냥 우스개 이야기에 지나지 않는 것 같다.

> 제도 불능의 인종적 갈등
>
> 이 명명백백한 사변을 무시하려고 하는가
>
> (…중략…) 용당포 수중에서 무참하게 빠져 죽은 우리들의 모든 소년소녀들이 단지 조선인이란 이유만으로 당연히 구조되었어야 할 많은 기회를 일실하기에 이른 것은 필경 무엇을 설명하고 있는 것인가. 이 목불인견의 인종적 차별심으로 야기되는 그 타기할 죄악은 무수한 인명이 사멸에 함입해가는 찰나에 있어서까지 집념 깊은 근성악이 표명된 것이었다. 그러면 오인(吾人)은 오인의 절대적 존엄한 생존권 및 자자손손 영원한 운명을 어느 누구에게 의탁할 것인가. 오호 증오함이여, 너희 이름은 이종족(異種族)이라. 승냥이와 양과는 연맹을 맺을 리 없고 독수리와 비둘기의 융화가 난득(難得)일진저[35]

이 사설은 해주 용당포 바다에서 90여 명의 어린 학생들이 익사한 사건을 다룬 것이다. 어린 학생들이 용당포에 정박 중인 일본 구축함을 관람하기 위해 일본식 짐배를 타고 바다에 나갔다가 구축함과 충돌하여 사고가 났는데 일본인만을 구조하여 조선인 어린이들이 바다에 빠져죽었던 것이다.[36]

---

35   「제도 불능의 인종적 갈등」, 『시대일보』, 1924.4.30.

36   비슷한 사건은 또 있다. "피난민 차별구제 / 구포청년과 일소방대 대충돌 / 14일 새벽

인간의 생명이 걸린 촌각을 다투는 구조행위에서 조선인과 일본인에 차별을 두어 일본인만을 살렸다는 것은 과연 일제 정부와 일본인들이 조선인을 동등한 인간으로 보았는지를 의심케 하기에 충분하다. 이러한 정황을 미루어보면 일본인의 조선인에 대한 인식은 단순한 '민족차별'에 머무는 것이 아니라 '민족혐오'에 가까운 것이었다고 해도 과언이 아닐 듯하다. 통치당국이 내세운 '차별철폐'와 달리 실상에는 '차별' 이상의 무엇이 만연하고 있었음을 조선인들이 느끼지 못했을 리가 없다. 『조선일보』 1924년 11월 24일 자 시평은 「소위 내선융화」라는 제목을 걸고 다음과 같이 '내선융화'를 비웃었다.

이번에 공회당에서 소위 내선교육자 연합대회가 열렸다 한다. 그런데 그 유일한 의제는 '내선융화'라고? 교육의 근본정신이 '내선융화'라면 그 교육이 얼마나 일반 민중의 의사와 배치된다는 것은 새삼스러이 강변할 필요가 없는 것이다. 일선(日鮮)을 융화하게 한다는 것이 되든 안되든 애를 바동바동 써볼 사람들은 힘껏 써 볼 일이지만 우리는 그런 꼴을 보면 구역이 난다. 그네들 보기에는 짝없이 어리석고 무지한 조선사람도 이제는 그따위 사탕발림에 속아 넘어가기에는 너무나 영리해졌다. 이해가 다르고 생활상 요구가 다른 양개의 집단이 그리 쉽게 융화되지 않을 것은 아마 자기네들도 짐작할 터

한시 김해 향도의 제방이 붕괴돼 섬 안의 다수 주민의 생명이 풍전등화의 위험에 처하자 구포소방조와 구포청년회에서는 이재민을 구호하기 위해 어선 두 척으로 현장에 급행했는데 소방대는 이재민 가운데 일본인만을 구하고 조선인은 구하지 않자 청년회가 크게 분개하여 결국 소방대와 일대 격투가 벌어져 양측에 부상자도 생겼는데, 물난리 이외에도 싸움이 벌어져 현재 극히 혼란된 상태라고 한다."(『동아일보』, 1925.7.15)

인데 입버릇으로 지꺼리는 말인가?[37]

일제 식민정부는 '차별철폐'를 표방했지만 '차별'을 두지 않고서는 일본의 이익을 가져올 수 없는 만큼 조선인과 일본인에 대한 차별은 없을 수 없었고, 지배 민족의 피지배 민족에 대한 경멸이나 혐오와 같은 인식과 맞물려 실제 드러나는 양상은 '차별' 이상의 것이었음을 압수기사들을 통해 알 수 있다.

검열당국은 통치의 수뇌자 혹은 조선총독부 관리에 대한 비판도 조선통치를 방해하는 것으로 간주하였다. 실제 압수된 기사들을 보면 조선총독을 명확히 지목하여 이를 비판하는 내용도 있지만 주로는 경찰관이나 순사의 횡포, 악행을 비난한 것들이 많다. 물론 이는 당시에 그만큼 경찰관이나 순사의 횡포가 심했음을 보여주는 것이며, 나아가 일제의 '문화정치'가 '문화적 기관'이 아니라 '폭력적 기관'에 의해 실행되고 있었음을 보여주는 것이기도 하다. 관련 압수기사의 내용을 보면 특히 일본인 순사들이 조선인 부녀자를 능욕하거나 국경지방의 조선인을 학살하는 등의 만행을 저지른 것에 대한 비난이 많다. 다음은 『시대일보』 1924년 9월 26일 자 보도기사이다.

> 처녀 유부녀 30여 명 강간 능욕, 강계 어뢰면 주재소 순사의 만행
> 검사가 출장조사하였으나 아무 처분이 없고

---

37 「소위 내선융화」, 『조선일보』, 1924.11.24.

범인은 피해자의 부부를 도리어 때리고 위협

광고미문(曠古未聞)의 이 참사를 엄숙히 심판하라!

[강계] 소위 인민을 보호한다는 경관의 신분으로 금수로도 부끄러울 만한 추악무도한 행동을 마음대로 하고도 도리어 자기의 죄상을 감추고자 피해자를 경찰의 폭력으로 구금하고 고문하여 호소할 길 없는 원한을 품고 무정한 세월을 억지로 보내는 인생이 얼마나 많으랴마는 이제 평안북도 강계군 어뢰면 주재소 순사들의 처녀, 유부녀 30여 명 강간 능욕이라는 천고미문의 만행과 추태의 내용을 들을진대 (…중략…) 전기 어뢰면 주재소의 순사로 말하면 독립단의 출몰을 조사한다는 핑계로써 매양 두세 사람씩 작당하여 밤이나 낮이나 민가로 돌아다니며 혹은 주인의 아내를 혹은 그 집 어린 처녀를 깊은 산 넓은 들로 끌어내어 강제로 옷을 발가벗기고 번갈아가며 강간을 하며 또는 대낮에 논이나 밭에서 풀 뽑는 부인네를 당장에 강간하는 등 (…중략…) 전기 平田 검사 일행이 사실을 조사하여 가지고 강계로 돌아온 후 어뢰면 주재소장 田森由夫는 자기의 부하 6, 7명의 순사들이 법률상의 피고임에도 불구하고 (…중략…) 7명의 순사를 보내어 전기 검사 일행이 어뢰면에 출사하였을 때에 사실대로 말한 모든 여자들과 남자들을 모조리 잡아다가 추운 밤에 세워놓고 밤을 새워가며 몽둥이로 혹은 주먹으로 혹은 돌로써 함부로 때리고 물을 코에 붓는 등 이루 형언할 수 없는 악형을 하며 너희들이 강간도 당하지 아니한 것을 검사에게 거짓말을 하였으니 죽인다고 위협하며 이제라도 검사에게 거짓말을 하였다는 시말서를 쓰고 도장을 찍으라고 위협하며[38]

---

38 「처녀 유부녀 30여 명 강간 능욕, 강계 어뢰면 주재소 순사의 만행」, 『시대일보』, 1924.9.26.

30여 명의 처녀 유부녀를 강간, 능욕한 것도 놀라운 일이지만 이로 인해 검사의 조사를 받게 되자 사건의 피해자들을 모두 불러 고문에 가까운 위협을 한 것은 당시 순사가 휘두를 수 있는 폭력의 범위가 어떠한 것이었는지를 알려준다. 조선인 부녀자에 대한 순사의 횡포는 고문을 빙자한 추행에서부터 3년 동안 수절한 과부를 자신의 아내로 삼으려고 다른 순사들과 작당하거나,[39] 국경 근처에서 독립단에게 밥을 해 주었다는 이유로 양민을 학살한 일에 이르기까지[40] 다양했다.

이상에서와 같이 압수된 기사들의 내용을 살펴보면 1920년부터 1926년 도서과 설립 이전까지의 시기에 검열의 초점이, 조선어 민간신문 발행 직후에는 조선민족의 독립운동에 관한 사항에 집중되어 있었다가 1920년대 중반으로 접어들면서부터는 조선총독부의 통치정책을 비판하거나 일본인과 한국인 사이의 갈등을 묘사하는 내용, 말단 관리인 순사에 대한 비판 등 '조선통치를 부인하는 내용'으로 옮겨가고 있음을 알 수 있다.

② 발행정지 및 사법처분과 검열의 작동

조선어 민간신문에 대한 행정처분은 '압수' 처분만 내려졌던 것은 아니었다. '압수'보다 강한 행정처분이었던 '발행정지'도 역시 조선어 민간신문에 내려졌다. 『동아일보』에 2회, 『조선일보』에 3회 내려진 '발행정

---

39 「순사단이 과부를 늑탈」, 『조선일보』, 1925.3.18.
40 「위원(渭原) 학살사건 현장 답사 실기」, 『조선일보』, 1924.9.27; 「천통지곡할 국경 대참화 사건」, 『동아일보』, 1924.9.27.

지'의 내용을 살펴보고 이를 같은 시기 잡지들에 내려진 처분들과 비교해 보면, 조선어 신문에 대한 검열의 또 다른 특성이 드러난다. 우선, 첫 '발행정지' 처분은 모두 조선어 민간신문이 발행을 시작한지 얼마 되지 않은 1920년 8월과 9월 사이에 내려졌다. 검열당국은 먼저 1920년 8월 27일, 『조선일보』가 게재한 사설 「자연의 화」를 문제삼아 9월 2일까지 '발행정지' 처분을 내렸다. 해당 사설은, 당시 미국의 국회의원들로 이루어진 시찰단이 조선에 들어오자 조선인들은 이들을 통해 독립에 대한 국제여론을 환기하고자 하고, 조선총독부는 이런 운동을 막으려한 것에 대해 논한 것이었다. 3·1운동 발발 직후의 분위기에서 또 다른 소요사태가 일어날 것을 두려워한 조선총독부는 수많은 경찰을 동원해 조선인들을 통제하고자 하는 한편, 이를 논한 『조선일보』에 대해 사설을 빌미로 '발행정지' 처분을 내림으로써 아예 입을 봉해버렸다. '발행정지'는 9월 2일 해정되었으나 『조선일보』는 복간되자마자 9월 5일 자에 「우열愚劣한 총독부 당국자는 하고何故로 우리 일보를 정간시켰나뇨」라는 사설을 게재해 총독부의 정간처분을 비판하고 나아가 '문화정치'의 허위성을 공격하여 또다시 정간처분을 받았다. 첫 번째 '발행정지' 처분이 검열당국의 독립운동에 대한 우려를 보여준다면, 두 번째 처분은 조선총독부의 '통치정책'에 대한 비판, 좀 더 세부적으로는 당국의 처분에 대한 항의를 수용하지 않겠다는 강한 의지를 보여주는 것이었다고 할 수 있다. 두 번째 처분은 일주일에 그친 첫 번째와는 달리 80여 일간 지속되었다는 점에서 더욱 강한 의지를 엿볼 수 있다.

한편, 『동아일보』는 같은 해 9월 24일과 25일 자에 「제사祭祀문제를 재론再論하노라」는 사설을 게재해 '발행정지' 처분을 받았고 다음 해 1월 10일에 해정되었다. 조선인들의 제사를 옹호하는 것에서 나아가 일본인들이 숭상하는 신기神器에 대해 비판한 내용으로 정간처분을 받은 것은 위에서 살펴본 바 있는 처분의 이유들과 일맥상통하는 부분이지만, 이미 『조선일보』가 2회째의 정간처분으로 침묵하고 있던 시기에『동아일보』에 정간처분을 내리고, 그것도 모자라『조선일보』에 주어진 것보다 더 긴 기간 동안 처분을 해제하지 않은 것은 조선어 민간신문 발행 직후에 이들에게 검열로 인한 처분이 어떠한 것인지를 보여주려는 '본보기'적인 면이 강하다고 하겠다.

다른 한편으로 조선어 민간신문에 내려진 첫 '발행정지' 처분은 잡지에 내려진 처분들보다는 약했다. 조선총독부는 조선어 민간신문의 허용에 이어 정치문제를 다룰 수 있는 잡지『개벽』, 『신생활』, 『신천지』, 『조선지광』을 '신문지법'에 근거하여 허가했다. 잡지『개벽』은 1920년 12월 1일 벌금처분을 받아 1920년대 언론에 부과되는 첫 사법처분 사례로 기록되었다. 본격적인 검열처분은 1922년 잡지『신천지』와 『신생활』에 차례로 내려졌다. 검열당국은 먼저 1922년 11월 21일 잡지『신천지』에 발매금지 처분을 내리고 주간 백대진과 인쇄인 장재흡을 서대문 구치소에 구인하였다. 그리고 다음날 연이어『신생활』에 발매금지 처분을 내리고 사장 박희도와 인쇄인 노기정을 구인하였다.[41] 『신생활』에 대해서는 발매금지와 관계자 구인에 그치지 않고 가택수사와 인쇄기 압류도 겸했다.

---

41 「언론계의 피화, 신천지 신생활 양사 사건」, 『동아일보』, 1922.11.26.

12월 13일에 발행한『신생활』14호는 재차 압수를 당했고, 사장 및 주요 간부 4명이 구금되었다.[42]『신생활』은 결국 1923년 1월 8일부로 폐간처분인 '발행금지'에 부쳐졌고, 사장 박희도에게 징역 2년 6월, 주필과 기자에게 각각 징역 2년과 1년 6월이 언도되었다.『신천지』의 백대진에게도 징역 6월의 실형이 선고되었다.

이처럼 당시의 잡지들에게는 가혹하다고 할 정도의 처분들이 행해졌고, 특히 행정처분에 그치지 않고 벌금이나 관계자에 대한 실형과 같은 사법적 제재가 함께 뒤따랐다. 이에 비해 발행 초기 조선어 민간신문에 대해서는 '압수' 처분과, 경고성 처분들이 누적되어 내려진 '발행정지'가 내려졌을 뿐 사법적 제재로까지 연결되지는 않았다.

그러나 조선어 민간신문에 대한 처분이 행정처분에 그친 것은 첫 '발행정지' 처분에서만 그러했다.『조선일보』의 3차 정간과『동아일보』의 2차 정간은 모두 사회주의 사상과 관련된 것이었고 당시 사회주의를 경계하고 있었던 조선총독부는 한층 가혹한 처분을 내렸다. 먼저『조선일보』가 1925년 9월 8일 자 사설「조선과 노국露國과의 관계」로 인해 '발행정지' 처분을 받게 되었다. 제목에 그대로 드러나듯이 이는 독립을 위해 러시아의 힘을 빌리자는 내용이었는데, '발행정지' 처분으로 그치지 않고 구입한 지 얼마 되지 않은 윤전기를 차압하고, '신문지법'을 위반한 혐의로 김동성에게 발행인으로서 징역 2월, 또한 편집인으로서 징역 2월을 각각 선고하였으며, 김형원은 인쇄인으로서 징역 3월을 선고받았다.[43]

42　「언론과 생활의 관계를 논하야 재등총독에게 고하노라」,『동아일보』, 1922.12.17.
43　大正14년 刑公 제1091호.

106　제국과 검열

판결의 이유는 위 사설을 통해 '일본의 조선 통치에 대한 불만을 선동하고 궐기 반역의 추임을 가르치고', '일본의 조선통치 현상을 파괴하여 러시아의 국가조직으로써 이에 대처할 것을 창도선동唱導煽動한, 국헌을 문란하는 기사를 게재'했다는 것이었다. 이 재판은 항소를 통해 고등법원에까지 올라갔으나 김동성은 발행인 및 편집인으로서 각 징역 2월에 집행유예 2년, 김형원은 징역 3월에 처해졌으며 윤전기는 결국 몰수되었다.[44] 사설을 집필했던 신일용도 '치안유지법' 위반으로 기소될 처지였으나 상해로 탈출했기 때문에 공판은 무기한 연기되었다. 『조선일보』 사사社史에 기록된 바에 따르면, 조선총독부는 이 3차 정간을 해제하는 대신 그들이 '불령선인不逞鮮人'이라고 지목한 사회주의 색채의 반일사상 언론인 17명의 축출을 요구했다고 한다. 『조선일보』에서는 타협안을 두고 논란이 일었다고 하지만 결국 17명을 해고하기로 약속하고 복간되었다.[45] 기자나 신문 자체의 정치적 성향보다는 신문발간을 하는 것이 더 중요한 기업적 성향이 이미 이 시기부터 나타났다고 볼 수 있을 것이다. 또한 검열당국이 정간해제를 위한 조건을 내걸고 이에 『조선일보』가 응함으로써 '발행정지'가 해제되었다는 것은 '발행정지'와 같은 중요한 행정처분에 대해서 신문사와 검열당국 사이에 일종의 '협상'이 진행되었다는 것을 보여준다.

『동아일보』는 1926년 3월 5일, 소련의 '국제농민회본부'가 조선 농민들에게 보내는 전보문을 번역하여 게재하였다가 발매금지를 당했다. 『동

---

44   大正 15년 刑上 제56호.

45   조선일보70년사편찬위원회 편, 『조선일보칠십년사』 1, 조선일보사, 1990, 147~148면.

아일보』는 문제가 된 부분을 삭제하고 호외를 발행하였으나 다음 날 '발행정지' 처분이 내려졌다. 여기에도 사법처분이 뒤따랐다. 주필 송진우는 '보안법' 위반으로, 편집 겸 발행인 김철중은 '신문지법' 위반으로 기소되었고, 송진우에게는 징역 8월, 김철중에게는 편집인으로서 금고 2월, 발행인으로서 금고 2월의 판결이 내려졌다.[46] 이유는 송진우의 경우, 해당 전문電文을 게재함으로써 1919년 3월 1일의 조선독립운동을 추억시킴과 아울러 한편으로는 이 운동에 대한 유력한 동정자가 해외에 존재하고 있다는 생각을 하게 했다는 것이었다. 은근히 독립운동을 선동하는 것과 같은 '정치에 관하여 불온한 언론'을 함으로써 치안을 방해했다는 것이다. 김철중의 경우는 이를 게재한 것이 곧 '신문지법' 위반이라는 이유였다.[47] 이들은 곧 항소 및 상고했지만 기각되었다.[48] 이처럼 1920년대 중반에는 신문발행 직후에 내려진 정간처분과는 다르게 강한 사법처분이 뒤따랐다. 이는 당시에 널리 유포되고 있었던 사회주의 사상을 경계하려는 검열당국의 의도와 1920년대 초반에 보였던 비교적 관대한 처분보다 한 단계 높은 처분을 내림으로써 검열을 통한 언론통제를 더욱 확실하게 하려는 의지가 반영된 것이었다고 하겠다.

'명예훼손'에 기반한 제재도 이루어졌다. '명예훼손'은 신문에 대한 사법적인 제재의 다른 형태였다. 이는 기사의 내용이 특정인, 특히 총독부 관리나 경찰의 명예를 훼손했다고 하여 주로는 총독부 관리나 지방

46　大正15년 刑公 제315호.
47　大正15년 刑公 제315호.
48　大正15년 刑抗 제27호; 大正15년 刑上 제56호.

관헌들의 고소로 성립되었다. 일반인이 신문사를 고소하는 경우도 있었지만,[49] 당시의 조선어 민간신문들은 총독부 관리나 말단 경찰의 횡포를 고발하는 일이 많았던 만큼 주로는 전자에 의해 고소가 이루어졌다.

이러한 고소는 실질적인 체형體刑으로 연결된다면 해당 기자를 처벌함으로써 관리나 경찰에 대한 비판을 잠재우는 효과를 나타냈을 것이고 그렇지 않다고 하더라도 기자를 소송에 묶어둠으로써 일손이 필요한 신문사를 곤란하게 만들었다.

당시의 신문기사들을 살펴보면 '명예훼손' 소송에 대한 기사들을 종종 찾아볼 수 있다. 기사 내용이 문제가 되어 취재대상이 된 사람에게 신문사가 명예훼손으로 고소를 당하는 일은 신문사 창설 초기부터 보도되었는데, 예를 들어 1921년 9월 8일 자 『동아일보』에는 「조선일보 피소被訴」라는 제목으로 사립 배재고등보통학교 학생이 『조선일보』 편집인 겸 발행인 김용묵씨를 사실무근 기사를 게재하여 명예를 훼손하였다 하여 경성지방법원에 고소했다는 기사가 게재되어 있다.[50] 관헌이나 경찰이 신문기자를 고소한 예로는, 먼저 평북 초산 경찰서 주재소에서 신탄薪炭을 가져올 것을 농민들에게 강요하고 가져오면 시가의 삼분의 일만을 준다는 사실을 『동아일보』가 보도하자 초산경찰서장이 초산의 지국 기자

49　예를 들어 영양군 석보공립보통학교 훈도와 여생도 사이에 불의의 관계가 있다하여 분개한 학부형들이 도당국에 진정서를 제출했다는 사실을 『동아일보』에 게재했다고, 해당 훈도가 영양지국장을 명예훼손으로 고소하였다(「고소한 사실을 발표햇다고 본보 기자 또 피소」, 『동아일보』, 1925.11.14, 5면).

50　「조선일보 피소(被訴)」, 『동아일보』, 1921.9.8, 3면.

장봉서를 명예훼손죄로 초산지청에 고소한 사건이 보도되었다.[51] 그러자 초산지청에서는 구인장을 내어 기자를 체포해갔고, 기자는 취조 후 신의주 지방법원으로 압송되었다고 한다. 또한 「현직 순사 2명 양부良婦 강간 미수」라는 『동아일보』 1925년 2월 3일 자 기사에 대해 충남 서산경찰서 주재소에 근무하는 두 순사가 『동아일보』 서산분국장과 피해자라는 장 씨, 기사제공자 두 명을 명예훼손으로 고소를 제기한 바 있었는데 1심에서는 피고들에게 형이 주어졌으나 2심에서는 무죄로 판결되었고, 검사가 상고했으나 고등법원으로부터 무죄가 선고되어 사건이 일단락되었다.[52] 2월 3일 자 기사가 문제가 되어 고소가 진행된 것이 11월 24일에야 일단락되어 보도되었으니 한번 명예훼손에 휘말리면 거의 1년 가까이 기자는 여기에 얽매여야 했다는 것을 알 수 있다.

(2) 1920년대 초반 신문지면 분석

앞에서 살펴본 바와 같은 검열로 인한 처분들이 실제 지면에 어떻게 나타나고 있었는지 검토해보는 것은 검열의 1차적 대상이면서 가장 직접적으로 검열의 영향을 받는 신문지면에 검열이 실질적으로 어떤 영향을 미치고 있었는가를 보여줄 것이다. 동시에 이를 통해 검열의 실행이 얼마나 세밀하게 이루어지고 있었는지를 파악할 수 있을 것이며 검열당국의 기록과의 비교를 통해 당시의 기록체계가 어떤 것이었는지도 짐작할 수 있을 것이다. 특히 1920년대 초반은 조선어 민간신문이 허용되기

---

51 「본보 지국을 상대로 초산경찰이 고소」, 『동아일보』, 1925.9.20, 2면.
52 「서산서(瑞山署) 순사 고소(告訴)한 본보관계사건」, 『동아일보』, 1925.11.24, 2면.

시작한 때이면서 검열을 위한 독립적인 부서인 도서과가 설립되기 이전의 시기이기 때문에 조선어 민간신문이 허용된 직후에 검열의 체계가 어떠했는가를 잘 보여줄 수 있다. 따라서 두 신문이 정간되어 신문을 발행하지 못했던 기간이 포함되어 있는 1920년과 1921년을 제외하고, 또한 『조선일보』의 경우 1922년 1월부터 11월까지의 지면이 현재 축쇄판이나 마이크로필름 등의 형태로 남아있지 않은 관계로 1923년을 대상으로 하여 『동아일보』와 『조선일보』의 1년분 지면 전체를 검토하고 검열당국의 처분에 대한 기록과 비교하였다. 1926년 도서과가 설치되기 이전까지는 검열당국이 남긴 공식적인 검열기록이 없으므로, 여기에서 이야기하는 기록이란 압수당한 신문의 내용을 정리해 1932년 도서과가 자료집으로 발간한 『차압기사집록』을 의미한다. 먼저 『차압기사집록』에 기록된 압수 기사들이 실제 지면에는 어떻게 남아있는가를 살펴본 후, 1년분 지면 전체에서 삭제된 부분을 모두 찾아내어 삭제된 지면의 특성을 살펴보고 검열기록과 대조해 보았다. 전자는 검열로 인한 처분이 실제 지면에 어떻게 나타나고 있었는가를 알려줄 것이고 후자는 검열로 삭제된 지면의 일반적 특성과 당시의 검열기록이 얼마나 치밀했었는가를 보여줄 것이다.

① 1923년 압수기록과 지면에 나타난 압수기사의 형태

조선어 민간신문에 대한 압수 건수는 1920년대 초반에는 많지 않았다가 1924년에 갑자기 증가한다.[53] 따라서 압수 건수로만 본다면 조선

___

53　새롭게 『시대일보』가 조선어 민간신문으로 활동하기 시작했다는 점이 우선 압수 건수의 증가에 큰 영향을 미쳤다. 이외에 직접적으로 언급되는 이유를 찾아볼 수는 없으나

〈표 6〉 조선어 민간신문의 압수기록과 실제 지면상의 기사 형태 비교

신문명	처분일	기사 제목	실제 지면상의 기사 형태	비고
『동아일보』	1923.1.15	수색본부는 종로에	3면 기사 잔존	
『조선일보』	1923.1.15	留置者는 放還	3면 기사 잔존	
『조선일보』	1923.1.20	서대문서의 대활동	3면 기사 잔존	
『조선일보』	1923.3.3	중대사건은 점차 확대	3면 기사 잔존	
『동아일보』	1923.3.17	직접행동(사설)	1면 전체 삭제	
『동아일보』	1923.3.21	수색, 검거, 압수	3면 기사 잔존	
『조선일보』	1923.4.5	○○범인은 원산에 잠복	호외3면 전체 삭제	
『동아일보』	1923.5.1	5월1일(사설)	1면 기사 잔존	
『조선일보』	1923.5.3	민성란	2면 기사 잔존	
『동아일보』	1923.5.11	현대인물투표	3면 기사 잔존	
『조선일보』	1923.5.17	危境을 탈출한 의용대원	3면 기사 잔존	
『조선일보』	1923.7.8	의열단의 비밀총회	3면 기사 잔존	
『조선일보』	1923.7.19	민성란	2면 기사 잔존	
『조선일보』	1923.9.3	조선총독에게도 경계(호외)	지면 없음	차압기사집록에도 '缺'로표기
『조선일보』	1923.9.3	橫濱에도 ○○사건발발	지면 없음	차압기사집록에도 '缺'로표기
『동아일보』	1923.9.4	일본각지에 ○○○○(호외)	지면 없음	차압기사집록에도 '缺'로표기
『조선일보』	1923.9.5	3개처에 불온사건 발생	2면 전체 삭제	
『조선일보』	1923.9.8	中途에서 귀환한 유학생	3면 기사 잔존	
『동아일보』	1923.9.9	火原을 탈출해서	3면 전체 삭제	
『동아일보』	1923.9.12	일본경제계의 대파란(사설)	1면 전체 삭제	
『동아일보』	1923.9.19	軍警의 보호로 생명은 보전하나	3면 기사 잔존	
『동아일보』	1923.9.21	일본잇든 조선인의 송환(사설)	1면 일부 삭제	
『동아일보』	1923.9.23	펀치繪와 그 설명	지면 없음	차압기사집록에도 '缺'로표기
『조선일보』	1923.9.23	사령탑란	4면 기사 잔존	
『조선일보』	1923.9.24	조선인의 폭행은 절무	3면 기사 잔존	
『동아일보』	1923.9.29	급격한 암류(사설)	1면 기사 잔존	
『조선일보』	1923.10.4	僑日동포에게(사설)	1면 기사 잔존	
『조선일보』	1923.10.4	임시정부에서 항의 제출	3면 기사 잔존	
『동아일보』	1923.10.22	횡설수설	2면 기사 잔존	
『동아일보』	1923.10.22	○○○학살사건 경관도 關係乎	3면 기사 잔존	
『조선일보』	1923.10.23	중국인 학살설	2면 기사 잔존	
『동아일보』	1923.11.3	大難에 처하는 도리(사설)	1면 기사 잔존	
『동아일보』	1923.11.3	十八단체의 수령회의	3면 기사 잔존	
『조선일보』	1923.11.4	케말파샤 씨의 대통령당선을 듣고(사설)	1면 기사 잔존	
『조선일보』	1923.11.4	한국노병회의 기념식	3면 기사 잔존	차압기사집록에 14일로 오기
『조선일보』	1923.11.10	재독유학생계의 소식	3면 기사 잔존	
『조선일보』	1923.12.11	북성회의 최근 활동	3면 기사 잔존	
『조선일보』	1923.12.14	신사회의 건설(55)	1면 기사 잔존	
『조선일보』	1923.12.27	폭탄을 다수 압수	지면 없음	

어 민간신문 발행 후 1923년까지를 압수 건수가 많지 않았던 초기로 파악할 수 있는데 『차압기사집록』에 기록된 1923년 『동아일보』와 『조선일보』의 압수 건수는 각각 16건과 23건이다. 『차압기사집록』에 기록된 두 신문의 압수기사 내용과 이들 압수기사가 실제 지면에 어떻게 나타나고 있었는가를 정리해보면 〈표 6〉과 같다.

『동아일보』와 『조선일보』의 압수 건수 총 39건 중에서 '압수' 처분이 내려진 후 지면에서 기사가 전체 혹은 일부 삭제되거나 찾을 수 없는 기사는 11건이다. 이 중에서 지면이 현재까지 남아있지 않아 삭제 여부를 확인할 수 없는 사례를 제외한다면 실제로 기사가 삭제되거나 지면에서 사라진 경우는 6건에 불과하다. 전체 '압수' 사례를 현재 지면확인이 불가능한 5건을 제외한 34건으로 본다면 실제 '압수'의 결과 지면에서 문제의 기사가 사라진 것은 6건으로서 약 18%의 기사만이 실제로 이 '압수'의 결과로 삭제되었다는 것을 알 수 있다. 물론 '압수' 처분이 신문 제작의 어느 단계에서 내려졌는가가 '압수' 처분의 지면반영에 영향을 미쳤을 것이다. 예를 들어, 신문이 거의 배포가 된 상태에서 '압수' 처분이 내려졌다면 이미 많은 수의 지면들이 독자에게 배포된 상태였을 것이기 때문에 '압수' 처분에도 불구하고 현재까지 남아있는 지면에는 삭제된 부분이 없을 수도 있다. 그러나 이러한 행정처분 발동 시기의 문제를 고려한다고 하더라도 전체 압수보고 건수에 비해 실제로 기사가 삭제되어

검열이 이전에 비해 강화되었기 때문인 것으로 추측해 볼 수 있다. 1923년의 조선어 민간신문의 지면을 분석해 보는 것은 또한 1924년 이처럼 압수 건수가 증가한 배경을 설명해 줄 수 있을 것이다.

있는 건수는 여전히 적은 편이다. 이는 검열당국이 '압수'와 같은 처분이 내려진 후 이와 같은 처분이 실제 지면에 어떻게 반영되도록 할 것인가에 대해서는 크게 고민하지 않았다는 것을 보여준다.[54]

1923년 두 민간지의 '압수'에 대한 기록과 실제 지면상에 나타난 이들 압수기사의 형태를 살펴보면 눈에 띄는 경향이 있다. 압수처분의 상당수가 9월 이후에 집중되어 있다는 점이다. 9월 이전 8개월간 두 신문의 압수 건수가 13건인 데 비해 9월 한 달 동안의 압수 건수는 13건으로 9월 한 달 간의 압수 건수가 8개월간의 압수 건수와 동일하다. 9월 이후 10월, 11월, 12월에도 9월만큼은 아니지만 이전에 비해 압수 건수가 늘어나서 5개월간의 압수 건수가 26건이다. 1923년 9월 이후 전반적으로 압수 건수가 증가한 것이다. 이는 1923년까지 많지 않았던 조선어 민간 신문에 대한 압수 건수가 1924년부터 갑자기 증가한 것을 설명할 수 있는 실마리를 제공해 준다. 1923년 9월 1일 일본에서 발생한 '관동대지진'으로 인한 일본 내·외의 보도규제가 바로 그것이다. '관동대지진'은 일본 내에서 조선인 학살로 연결되었기 때문에 이 보도규제는 더욱 강화될 수밖에 없었고 이것이 이후에 검열을 보다 치밀하게 만들어 압수 건수가 증가하도록 했다고 할 수 있다. 문제가 발생한 1923년 9월 한 달간의 압수 건수가 1년 간 압수 건수의 3분의 1에 해당되고 특히 사건이 발생된 9월 초의 경우 압수된 기사가 실제 지면에서도 삭제되어 있는 경우

---

54 이와 같은 검열당국의 태도는 1930년대 중반, 검열의 흔적마저도 지우려 했던 것과 상당히 대조적이다. 1930년대 중반 검열당국이 검열의 흔적에 대해 어떻게 대처하고자 했는가는 뒤에서 살펴볼 것이다.

가 많다는 것은 중요한 사건이 일어났을 때 검열이 어떤 식으로 강화되었는지를 잘 보여준다. 즉, 압수 건수가 증가하고 압수된 기사가 실제 지면에 나타나지 못하도록 행정처분 이후의 단계까지 검열당국이 주의를 기울이고 있었던 것이다.

또한 실제로 삭제되어 사라진 기사는 6건으로 많지 않지만 이렇게 '압수' 처분을 받아 삭제된 기사들은 1면 사설이거나 호외의 기사, 혹은 중대사건을 다룬 기사들이었다. 당시 사설은 신문사의 의견을 대변하여 1면에 기재되었고 '호외' 역시 정식으로 발행하는 신문 이외에 중요한 사건이 발생했거나 검열당국의 압수로 인해 신문을 발행하지 못하게 되었을 때 발행했던 것임을 고려한다면 실제로 삭제된 '압수' 기사들은 상대적으로 그 중요도가 높은 것들이었다고 할 수 있다.

전반적으로 볼 때, 1923년까지의 조선어 민간신문에 대한 검열은 매우 세밀하게 실행되고 있었던 것은 아니었다. 그러나 정치적으로 중요한 의미를 갖는 사건이 발생했을 때는 압수기사가 증가하고 실제 지면에서 삭제된 기사의 수도 많아지는 경향을 보였다. 1923년 9월에 발생한 '관동대지진'으로 인한 검열의 강화는 이후 조선어 민간신문에 대한 압수 건수를 증가시키는 계기가 되었다. 다음에서는 1923년 1년 동안 발행된 조선어 민간신문의 지면 전체에서 삭제된 부분을 찾아내어 검토하고 검열당국의 기록과 대조해 봄으로써 당시의 검열기록체계에 대해 고찰해 보고자 한다.

② 1923년 지면의 삭제 부분과 검열기록

'압수' 기록을 중심으로 '압수' 처분을 받은 기사가 실제 지면상에 어떻게 나타났는가를 살펴보는 이외에 신문의 지면상에 실제로 삭제되어 있는 기사를 검토해 본다면 이들 삭제된 지면의 특성을 통해 당시 검열의 성격을 짐작할 수 있을 것이다. 동시에 실제 지면에서는 삭제되어 있는 기사들이 당국의 검열기록에는 어떻게 존재하는지 대조해 봄으로써 당시의 검열기록체계에 대해서도 접근해 볼 수 있다.

이를 위한 주요 분석 대상은 1923년 한 해 동안 발행된 『동아일보』와 『조선일보』의 지면 전체이다. 그러나 1922년의 경우, 비록 1월에서 11월까지 『조선일보』의 지면이 누락되어 있기는 해도 이를 살펴본다면 1920년대 초반의 검열상황을 파악하기 위한 비교자료로 활용할 수 있으므로 1922년의 지면 삭제 상황도 또한 살펴보았다. 〈표 7〉은 1922년 『동아일보』의 전지면과 『조선일보』의 12월분 지면을 검토하여 삭제된 부분을 찾아내고 그 내용과 이에 대한 검열당국의 기록 여부를 표로 정리한 것이다.

『동아일보』에 대해서만 논의한다 하더라도 한 신문에 대해 실제로 삭제되어 나타난 지면의 수가 1년 동안 10건이 되지 않는다는 것은 시사하는 바가 크다. 보다 구체적으로 삭제된 지면의 상황을 파악해 보기 위해서 1923년 『동아일보』와 『조선일보』의 지면 삭제 상황과 검열당국의 기록 여부를 표로 나타내어 보면 〈표 8〉과 같다.[55] 1년간의 지면에서 기사가

---

55 다만 『조선일보』의 경우, 1920년대 초반 지면의 보존상황이 좋지 않다. 1922년 1월부터 11월까지의 지면이 전해지지 않는 것도 같은 맥락으로 이해될 수 있는 일이다. 무엇보다 현재까지 남아있는 지면 중에 일부가 찢겨져 나가거나 기사가 통째로 잘려나가는 등의 훼손이 많고, 일부는 검열로 인한 삭제인지 훼손인지 구분하기 힘든 경우도 있다.

신문명	날짜 (연월일)	'마이크로필름'본의 삭제 부분	검열당국의 기록 여부	비고
『동아일보』	1922.1.6	3면 좌측 중간 단신기사 전체 삭제	기록 안 됨	
『동아일보』	1922.1.7	2면 좌측 중간 기사 전체 삭제	기록 안 됨	
『동아일보』	1922.1.19	1면 사설 전체 삭제	기록 안 됨	
『동아일보』	1922.1.20	1면 사설 전체 삭제	압수로 기록	아카이브에 원문 존재
『동아일보』	1922.2.1	1면 사설 전체 삭제	기록 안 됨	
『동아일보』	1922.9.16	2면 우측 중간 단신기사 전체 삭제	기록 안 됨	아카이브에 원문 존재
『동아일보』	1922.9.16	2면 좌측 하단 '횡설수설란' 전체 삭제	압수로 기록	아카이브에 원문 존재
『동아일보』	1922.10.30	1면 사설 전체 삭제	압수로 기록	아카이브에 원문 존재
『조선일보』	1922.12.2	4면 사령탑 일부 삭제	기록 안 됨	
『동아일보』	1922.12.7	3면 우측 중간 기사 끝 부분 삭제	기록 안 됨	아카이브에 원문 존재

삭제된 채로 남아 있는 지면은 『동아일보』11건, 『조선일보』14건으로, 1922년의 경우와 마찬가지로 삭제되어 남아있는 지면의 수가 매우 적은 편이다. 게다가 압수기사의 경향에서 드러난 것과 같이 삭제된 기사들은 대부분 '관동대지진' 발생 이후에 집중되어 있다. 심지어 9월 한 달간 삭제된 지면의 수는 전체의 약 3분의 1에 해당하고 '압수'로 기록된 경우도 3분의 2가 9월의 기사이다. 앞서 '압수'기사의 지면 잔존 여부를 살펴보았을 때, '관동대지진'이 발생한 9월에 '압수'로 보고된 기사가 실제 지면에 잔존하고 있는 경우가 적었다는 것을 함께 고려해보면, 검열의 이상적인 상황, 즉 '삭제'나 '압수' 처분을 받은 기사는 삭제되어 빈 공간으로 남거나 아예 지면에서 사라져야 하고, 실제로 '삭제'되어 있는 기사는 어떤

이런 경우 기존의 검열로 인한 삭제 부분과 대조하여 지면이 의도적으로 잘려나간 경우는 삭제 기사에서 제외하였다.

〈표 8〉1923년『동아일보』와『조선일보』의 지면 삭제 상황과 검열당국의 기록 여부

신문명	날짜(연월일)	'마이크로필름'본의 삭제 부분	검열당국의 기록 여부	비고
『동아일보』	1923.1.23	3면 우측 상단 사진 기사	기록안됨	세로형 벽돌식 삭제
『동아일보』	1923.3.17	1면 사설 전체 삭제	압수로 기록	
『조선일보』	1923.3.21	4면 광고 삭제	기록 안 됨	
『조선일보』	1923.4.5	호외3면 기사 전체 삭제	압수로 기록	
『동아일보』	1923.4.12	호외1면 단신 전체 삭제	기록 안 됨	
『조선일보』	1923.4.27	3면 기사 전체 삭제	기록 안 됨	
『조선일보』	1923.6.21	4면 기사일부 삭제	기록 안 됨	
『조선일보』	1923.9.4.	2면 기사 두 개 삭제	기록 안 됨	3일 자 호외 압수기록
『조선일보』	1923.9.5	2면 기사 전체 삭제	압수로 기록	
『조선일보』	1923.9.8	3면 기사 전체 삭제	기록 안 됨	
『조선일보』	1923.9.8	4면 알림성 기사 전체 삭제	기록 안 됨	
『동아일보』	1923.9.9	3면 기사 전체 삭제	압수로 기록	
『조선일보』	1923.9.10	3면 기사 전체 삭제	기록 안 됨	
『조선일보』	1923.9.14	3면 기사 전체 삭제	기록 안 됨	
『동아일보』	1923.9.14	3면 단신 전체 삭제	기록 안 됨	
『동아일보』	1923.9.20	1면 사설 전체 삭제	압수로 기록	
『동아일보』	1923.9.21	1면 사설 끝단락 삭제	압수로 기록	
『동아일보』	1923.9.29	3면 단신 전체 삭제	기록 안 됨	
『조선일보』	1923.10.5	3면 기사 전체 삭제	기록 안 됨	
『동아일보』	1923.10.11	1면 사설 절반삭제	기록 안 됨	
『조선일보』	1923.11.13	4면 기사 전체 삭제	기록 안 됨	
『조선일보』	1923.11.15	3면 기사 전체 삭제	기록 안 됨	
『조선일보』	1923.12.16	3면 기사 전체 삭제	기록 안 됨	
『동아일보』	1923.12.28	1면 사설 후반삭제	기록 안 됨	
『동아일보』	1923.12.28	2면 기사 후반삭제	기록 안 됨	

형태로든 당국에 보고되어야 하는 검열의 '바람직한' 실행이 '관동대지진'과 같은 중대사건이 발생했을 때 비로소 이루어지고 있음을 보여준다. 물론 이는 거꾸로 중대사건이 발생하기 이전의 검열이 치밀하지 못했음을 보여주는 것이기도 하다. 중대사건이 발생한 이후에 처분 건수가 증가하는 등 검열이 보다 세밀해지는 것은 두말할 필요가 없을 것이다.

삭제의 형태도 눈에 띈다. 삭제된 기사들은 대부분 연판의 글자들을 긁어낸 형식으로 삭제되어 있고, 개중에는 완벽하게 글자를 긁어내지 않아서 글자 한 자가 통째로 남아 있는 경우도 있다. 예를 들어, 압수로 삭제된 『동아일보』 1923년 9월 12일 자 사설에서는, 비록 전체 기사의 맥락을 알아낼 수 있을 정도는 아니지만, 'ㅃ', 'ㅉ' 등 많은 글자들을 읽어낼 수 있다. 연판에서 글자를 긁어내는 이외에, 1923년 1월 23일 자 『동아일보』 3면의 좌측 상단 기사는 커다란 세로형 벽돌로 찍어낸 듯한 형태로 삭제되어 있는데 글자만 긁어내면 되는 텍스트 형식의 기사가 아닌 사진 기사였기 때문인 것으로 보인다. 또한 제목의 일부 몇 글자, 혹은 기사의 한 줄과 같이 기사의 극히 일부분이 삭제된 예는 거의 없고 대다수가 기사 전체가 삭제되거나 절반 정도가 삭제되어 있다. 삭제되었어야 할 기사의 글자가 알아볼 수 있는 형태로 남아 있다거나, 제목의 일부 등과 같이 기사의 극히 일부분이 삭제된 예가 거의 없다는 것은 검열이 그만큼 치밀하게 실행되지 못했음을 반영하는 것이라고 할 수 있다.

그런가 하면, 1923년 『조선일보』의 1면에서는 재미있는 경향이 나타난다. 글자를 긁어낸 형태로 삭제되어 있지는 않지만 몇 줄 정도가 '○○○' 또는 '✕✕✕'로 처리되어 있는 기사를 1면에서 자주 볼 수 있는 것이다. 일견 검열로 인한 삭제의 다른 형태로 보이기도 하지만『조선일보』
에서만, 그것도 1면에서만 발견된다는 점, 조판이 진행된 후 검열이 가해
져 연판을 긁어낸 형태가 아니라, 연판이 만들어지기 전에 글자를 '○○
○' 또는 '✕✕✕'로 바꾸어 연판을 만들어 낼 수 있었다는 점 등을 미루어
보면 신문사에서 검열에 저촉될 것이라고 생각되는 부분을 자체검열하
여 '복자' 처리한 것으로 추측된다. 그러나 해당 부분들을 신문사의 자체
검열로 간주하여 제외할 경우, 위의 표에서 나타나는 바와 같이 1면 사설
이 삭제된 경우가 종종 눈에 띄는『동아일보』와는 대조적으로『조선일보』
에서는 1면 기사가 삭제된 예를 찾아 볼 수가 없게 된다. 따라서 검열당국
이 문제가 있다고 간주하여 삭제 지시를 내린 부분을 '1면'이라는 미관상
의 이유로 신문사측에서 해당 부분만 '복자' 처리하여 다시 조판했을 가능
성도 있다. 이에 대한 어떤 공식적인 기록도 현재는 찾을 수 없기 때문에
1923년『조선일보』의 1면에 나타나는 이와 같은 특성이 신문사의 자체검
열에서 기인하는 것인지 검열당국의 삭제조치에서 기인하는 것인지 정확
히 알 수는 없다. 그런 이유로〈표 8〉에서는 해당 기사들을 제외하였다.[56]

　삭제된 기사가 검열당국의 기록체계에 어떻게 반영되어 있는가를 또
한 검토해보면, 전체 25건의 삭제된 기사 중에 '압수'로『차압기사집록』
에 기록된 건수는 불과 6건으로 전체의 약 17%에 그치고 있다. 이를 바
탕으로 1920년대 초반의 검열에 대한 당국의 기록체계를 살펴보면, 실
질적으로 1920년대 초반 검열실행에 대한 기록체계는 없었다고 해도 과

56　이와 같은 삭제 형태가 나타나는 지면은『조선일보』1923년 3월 2일 자, 3월 3일 자, 3
　　월 12일 자, 4월 11일 자 등이다.

언이 아닐 것이다. 위의 표에서 알 수 있는 바와 같이 1920년대 초반 검열에 대한 기록은 '삭제'에 대한 것은 찾아볼 수 없고 '압수'에 대한 기록을 『차압기사집록』에서 확인할 수 있지만 『차압기사집록』 역시 1920년대 초반에 기록된 것은 아니었다. 보관되어 있던 자료들을 모아 일어로 번역하여 1932년 조사자료 제29집(『동아일보』), 제30집(『조선일보』), 제31집(『시대일보』·『중외일보』)으로 간행한 것이었기 때문에 엄밀히 말하자면 1920년대 초반의 기록은 아닌 것이다. 조선총독부가 언론과 관련하여 발행한 자료집은 일찍부터 존재했을 것으로 추측되지만, 현재까지 발견된 자료 중에서 가장 오래된 것은 다이쇼大正 14년, 즉 1925년 분의 자료를 수록하고 있는 조선총독부 경무국 발행의 『신문지요람』이다. 주로는 조선 내 발행 신문지, 잡지의 현황을 다루었고 끝부분에서 취체상황도 일부 기록하고 있으나 세세하게 '압수'나 '삭제' 처분의 내용을 알 수는 없다. 이 외에, 조선총독부 관방 문서과 조사계에서 1927년에 편찬한 『조선의 언론과 세상朝鮮の言論と世相』도 주목해 볼 만하다.[57] 책의 서문에 따르면, 조선의 실상을 이해하는 참고자료로서, 조선인이 조선문으로 발표하거나 발표하려고 한 신문, 잡지, 각종 인쇄물을 모아 인쇄에 부친 것이라고 하는데 '발표하려고 한' 인쇄물이라는 언급에서 이것이 발행 전에 '압수'된 기사의 내용들을 포함하고 있음을 알 수 있다. 그러나 실제 수록된 내용을 살펴보면 1925년 이후에 간행된 출판물의 내용을 대상으

---

57 정진석은 조선총독부의 언론탄압 자료를 설명하면서 가장 먼저 1927년에 간행된 『조선의 언론과 세상』을 들었으나(정진석 편, 앞의 책, 1998, 23면) 이후 해외소재 대학에서 1925년 신문발행상황을 담은 『신문지요람』이 발견되면서 『(다이쇼 14년) 신문지요람』이 현재 확인 가능한 가장 이른 시기의 검열기록이 되었다.

로 하고 있어서 1920년부터 1924년 사이의 기사는 찾아볼 수 없다. 전반적으로 볼 때, 1925년 이전에는 검열로 삭제나 압수처분을 받은 기사에 대한 체계적인 기록은 없었던 것으로 파악된다. 『조선의 언론과 세상』의 경우, 검열된 신문기사의 내용을 활용한 것으로 보이지만 검열담당부서가 아닌 조선총독부 문서과에서 조선의 실상을 이해하기 위한 참고자료로 활용하기 위해 편찬한 것이었으므로 검열당국의 기록체계로 볼 수는 없다. 검열에 대한 기록은 검열을 담당하는 독립된 부서인 도서과가 설립된 후에야 체계화되었던 것이다.

이상의 경향들로 미루어 보면, 1920년대 초반에는 행정처분으로 인한 지면의 삭제가 그리 치밀하게 수행되지도 않았고 검열로 인해 삭제되거나 압수된 기사에 대한 기록도 체계화되지 못했다고 결론지을 수 있다. 다만 1923년 9월 일본에서 발생하여 조선에도 큰 영향을 미친 '관동대지진' 직후에 검열로 인한 압수나 삭제가 눈에 띄게 늘어났고 이후 검열로 인한 처분이 증가하여 이전에 비해서는 검열이 보다 세밀화되었다고 할 수 있을 것이다.

(3) 검열에 대한 조선어 민간신문의 대응

① 사설을 통한 행정 및 사법처분 비판과 언론법 개정의 요구

1920년부터 1937년 사이에 언론을 주제로 한 『동아일보』와 『조선일보』의 사설내용을 살펴보면 총독부의 무리한 언론규제를 다룬 것이 대부분이다. 특히 관련 사설들은 1920년대 초에 많이 게재되는데, 1920년부터 1925년까지 이들 신문에 게재된 언론 관련 사설은 잡지나 신문사

에 내려진 행정처분을 직접적으로 비판하는 내용이거나 이러한 처분의 근거가 되는 언론관계법에 대한 비판이 많았다. 앞에서 살펴본 조선어 민간신문 및 잡지들에 대한 행정 및 사법처분을 구체적으로 지적하며 당국의 무리한 처사를 비판하는 사설이 대부분을 차지하고 있다.

ㄱ. 행정 및 사법처분에 대한 비판

먼저, 조선어 민간신문에 내려진 행정처분 중에서도 강한 처분이었던 '발행정지'가 1920년 8월 처음으로 『조선일보』에 7일간 떨어지자, 『조선일보』는 속간과 동시에 정간에 대한 사설 「우열愚劣한 조선총독부 당국자는 하고何故로 우리 일보日報를 정간停刊시켰나뇨」를 실었고 이 때문에 다시 '발행정지'에 처해졌다는 것은 앞에서 살펴본 바와 같다. 조선어 신문의 행정처분에 대해 가장 먼저 거론한 이 사설은 먼저 검열당국이 『조선일보』에 내린 압수, 발행자 문책, 발행정지를 다음과 같이 구체적으로 언급하였다.

> 우리 조선일보 창간 이래 거의 백수십여 일간에 총 백십삼호를 내었고, 그간에 총독부 당국자는 지면을 압수하기 전후 이십삼회, 발행자를 계책(戒責)하기 십여회에 달하여 압박에 압박을 가하기를 날로 자심(滋甚)하여 팔월 이십칠일에 이르러 당국자는 돌연 일주간의 발행정지의 명령장을 발포하도다.[58]

그러면서 "발행권을 취소하고 기계를 압수하며 종업원을 주륙誅戮할

---

58 「우열(愚劣)한 조선총독부 당국자는 하고(何故)로 우리 일보(日報)를 정간(停刊)시켰나뇨」, 『조선일보』, 1920.9.5, 1면.

것이지 어찌하여 일주일 정간에 그쳤을 뿐인가" 되물으며 당국의 조치를 비꼬았다. 그러나 이 사설이 압수당하고 『조선일보』가 다시 발행정지에 처해진 이유는 이와 같은 조소보다는 뒤이어 전개되는 '문화정치'에 대한 비판에서 찾을 수 있다. 사설은 일본 당국자가 '작년' 조선인의 독립운동을 무단총독통치의 결과로 보아 '문화정치'를 중심으로 한 시정개선을 표방했음을 지적하며 다음과 같이 말한다.

위정자는 이미 성명한 바를 진실하게 이행하여 스스로 자기의 간판을 오손(汚損)함이 없는 성의가 있어야 할지니라. 특히 조선인에게 신문의 발행을 허(許)하고 언론의 자유를 부여하였음은, 문명정치의 간판중의 금선(金線)이노라. 이와 같이 하여 당국은 조선의 시정개선을 내외에 광고하여 조선인의 얽히지 않는 회포를 종합(綜合)하려 하였도다 (…중략…) 그렇다면 당국은 이와 같은 귀중한 간판 — 이와 같이 긴요한 언론을 스스로 옹호 보장해야할 필요가 있도다 (…중략…) 그럼에도 이에 대하여 압수 정간 등 위협 압박을 가하여 자가(自家)의 성명(聲明)을 무시하고 간판을 오손하려고 하도다. 이 어찌 견명(堅明)한 조처라고 말할 수 있을까본가. 관견(管見)으로써 당초 당국이 조선인의 신문을 허가하며 언론을 용인한 본의는 조선인에게 자유를 줌이 아니고 압박을 가하기 위함이었고 민의의 창달을 구하고자 한 것이 아니라 아유(阿諛)를 구하려 한 것인가. 과연 그렇다고 하면, 당국의 소위 문화정치는 또한 극히 기괴한 것이 아니겠는가.[59]

---

59 위의 글, 1면.

위의 내용을 살펴보면, 조선총독부가 언론의 자유를 허락한 것을 '문화정치'의 간판처럼 내세우고 내외에 이를 광고하면서 실제로는 허가받은 언론에 대해 압수나 정간 등의 위협적 압박을 가하고 있었음을 잘 알 수 있다. 사설은 이러한 당국의 조처를 스스로 내세운 간판을 더럽히는 일이라며 신문을 허가한 의도가 조선인에게 자유를 주는 것이 아니라 압박을 가하는 것, 민의를 창달하려는 것이 아니라 아첨하기 위한 것인지를 묻고 있다. 사설이 되묻고 있는 신문 허가의 의도가 사실상 조선총독부의 의도였다는 것에는 재론의 여지가 없다.

이 외에도 『조선일보』는 1920년 12월 2일 자 「언론의 자유」라는 제목의 사설에서, 필화가 빈번하여 "본보本報는 20여 회의 압수와 1회의 일주간 정간을 또 당하얏다가 무기정간을 또 당하야 근 백일의 장기로" 신문발행을 할 수 없었음을 구체적으로 언급하며 언론의 자유를 보장할 것을 요구하였고, 나아가 1922년 12월 24일 자 사설 「언론과 사상에 대한 당국의 정책」에서는 당국의 탄압일변도의 정책을 변화시킬 것을 주장하며 특히 '차별'이라는 측면에서 "동일한 주의 아래 일본인은 천언만어千言萬語로 사상을 발표하되 조선인은 일사반구一辭半句를 발표치 못하는 제한과 구속"을 받고 있음을 비판하였다.[60]

한편, 잡지에 대해서는 더욱 심하게 적용되었던 검열 처분에 대한 비판도 일었다. 1922년 9월 2일 자 『동아일보』에는 「개벽의 빈빈頻頻한 필화, 경무당국에 고함」이라는 제목으로 다음과 같은 내용의 사설이 게재되었다.

---

60 「언론의 자유」, 『조선일보』, 1920.12.2, 1면.

조선언론계에 특히 잡지계에 일대권위로서 존립하야 오는 개벽으로 논지(論之)하면 그 기사의 풍부한 점과 내용의 충실한 점과 주의주장의 건전한 점과 경영동인(經營同人)의 조선민중을 위하는 표정의 심절(深切)하는 점으로 (…중략…) 조선의 문화를 향상하고 조선인의 생활을 발달시키는 바에 그 가치가 막대한 것은 세인(世人)의 정평이 있는 터인즉 (…중략…)

이제 이에 대한 당국의 태도와 처사를 보건대 同誌 발간이후 수 이십칠호에 이르기까지 압수의 처분을 내린 것 9 사법상 형벌을 가한 것 1 삭제발행을 허한 것 1 총계 십일개 호라 하니 이를 9개호로써 계산하면 삼분지일이오 11개호로써 논하면 약 반분(半分)이라 하야도 과언이 아니로다. 여차한 가혹한 처분을 내린 경무당국의 태도를 오인이 엇지 관용한 태도라 칭하며 언론의 자유를 보장하는 미사선정(美事善政)이라 식(識)할 수 잇슬가.[61]

사설은 "조선의 문화를 향상하고 조선인의 생활을 발달시키는 바에 그 가치가 막대"한 『개벽』에 대해 당국이 전체 발간물의 삼분의 일을 압수하고, 관련처분을 받은 것으로 치면 절반에 달하는 정도의 발간물에 제재를 가하는 등의 '가혹'한 처분을 내린 것을 비판하였다. 특히 이 사설이 설명하고 있는 『개벽』 27호의 압수 이유를 보면 '근래의 청강열聽講熱'을 '연구심研究心'이라고 칭한 것이나, 조선인의 경제력이 일본인의 그것에 대항하기 어려우므로 결국은 첨소아용諂笑阿容하게 될 것이라 한 것, 해외 발전이나 동포의 동정을 구하는 내용 등이 치안을 방해했다고 하여

---

61 「개벽의 빈빈(頻頻)한 필화, 경무당국에 고함」, 『동아일보』, 1922.9.2, 1면.

압수를 했다고 한다. 사설자는 이것이 치안을 방해하는 것이면 '도대체 이 치안은 어떤 치안인가'하고 되물으며 '치안방해라는 것들의 상식없음'을 주장했다.

'치안방해'는 검열당국이 언론을 압박하는 주된 이유였지만 실질적 적용에 있어서는 구체적인 근거없이 제멋대로 적용되고 있었다. 예를 들어 『동아일보』 1922년 1월 17일 사설 「언론자유에 철저하라」에서는 '치안방해'에 대해서 다음과 같이 이야기하고 있다.

> 아! 치안방해의 이 네 자(四字)가 생명을 해하고 자유를 빼앗음이 그 얼마인가. 고인(古人)은 일찌기 혁명이란 이름 하에 인생의 최대 불행과 참화가 행하여 짐을 탄식하였거니와 오인은 이제 이 치안방해 네 글자에 대하여 동일한 탄식을 내게 되었도다. 재등총독이 조선민중에게 언론자유를 거부하는 이유가 오로지 이 네 자에 있나니 이 논문(論文)이 또한 이 네 자의 화를 피(被)하지 아니할까 염려하노라.
>
> 그러나 오인은 묻고자 하노라 치안방해의 정도가 어떠한가. 현존 법률의 개폐를 요구하는 민중의 소리는 모두 치안방해이며 현존 제도의 혁신을 요구하는 민중의 소리는 모두 치안방해인가 만약 그러하면 오인은 법률의 노예가 될 것이요 제도의 사환(使喚)이 될 것이라.[62]

'치안방해'란 조선총독부가 언론자유를 '거부'하는 주된 이유로 작용

---

62 「언론자유에 철저하라」, 『동아일보』, 1922.1.17, 1면

하고 있었는데, 『개벽』의 압수 이유에서도 보았지만 '법률의 개폐를 요구'해도 치안방해요 '제도의 혁신을 요구'해도 치안방해이며 외국의 동포를 이야기해도 치안방해로 간주하는 식으로, 정권의 필요에 따라 이현령비현령으로 적용되고 있었다.

잡지의 빈번한 '피화被禍'는 잡지, 『신천지』, 『신생활』 양사 사건으로 이어졌고, 『동아일보』는 또 이에 대한 비판을 다음과 같이 사설로 표현했다.

지난 이십이일 잡지 신천지의 발매금지와 동사 주간 백대진군 외 인쇄인 장재흡군을 서대문 구치감(拘置監)에 구인하얏다는 보도가 있음애 (…중략…) 그 익일 다시 신생활사의 발매금지와 동사 사장 박희도군 및 인쇄인 노기정군을 전일과 갓흔 수단으로 차제(次第) 구인하얏슴으로 (…중략…) 본사의 기자는 문제 돌발 후 경성지방법원 검사정(檢事正)과 고등법원 검사장(檢事長) 양씨를 방문하고 금번 사건의 내용과 장래의 처치에 대하야 상세한 질문이 잇섯든 두말(頭末)은 이미 본보에 보도한 바이어니와 (…중략…) 작일 오후에는 경성지방법원 검사정의 지도하에 양사 관계자는 물론 그 외 각 방면의 □□처를 십유여처의 가택수색을 진행하는 동시에 신생활사의 본거(本據)를 □하야 장시간의 서적검열과 동사 인쇄기의 압수까지 하얏다[63]

필화는 발매금지와 관계자 처분에 그치지 않고 가택수사와 인쇄기

---

63 「언론계의 피화, 신천지 신생활 양사사건」, 『동아일보』, 1922.11.26, 1면. '□'는 해독 불가.

압수로까지 이어졌다는 것은 앞에서 살펴본 바와 같다. 사설은 양사사건의 내용을 당국자가 비밀에 부쳐 자세히는 알 수 없으나 그 이유를 당국의 발표한 부분만으로 보면 하나는 '독립사상의 고취'요 다른 하나는 '적화사상의 선전'이 사건의 중심 문제라고 말하고 있다. 그리고 이의 정당성에 대해 세간의 의심이 있으니 당국자는 공정한 해결을 통해 천하의 의심을 풀어주기를 요망했다.

　그러나 『신생활』은 재차 압수처분을 당하는데 『동아일보』 1922년 12월 17일 자 사설은 「언론과 생활의 관계를 논하야 재등총독에게 고하노라, 신생활 또 압수」라는 제목으로, 13일에 발행된 『신생활』 14호가 다시 압수를 당하고 사장 및 주요간부 네 명이 구금을 당한 사실을 언급하고 있다. 어떤 이유로 압수되었는지는 알 수 없으나 "사회주의의 선전 독립주의의 고취로 인해 액을 당하였다고 하면", "신생활이 비록 과격한 언을 토하고 기괴한 설을 내세운다 할지라도 그 언설이 그 집필자 개인의 두뇌에서 나오는 단순한 주관에 불과하고 객관적 사실에 하등 부응될 요소가 없다면 그 언설은 위험의 성질이 없을지며 만일 조선인의 실지 생활이 과연 절박하고 또 곤궁하야 새로운 면을 개척하지 아니하고는 도저히 멸망을 면치 못할 지경에 빠졌다하면 비록 천만 번의 압수의 명을 내려 신생활을 압수한다 할지라도 제이 제삼의 신생활은 모습을 바꾸어 출현할 것이 아닌가"하며, "조선인의 실지 생활 실지 사회 상태를 불고^{不顧}하고 그 소산인 잡지 언론만을 취체함은 그 근원을 해결하는 것이 아니다"라고 비판하고 총독에게 조선인의 생활문제를 고려할 것을 촉구하고 있다. "각하는 말촌^{末寸}인 언론 취체에 급하지 말고 그 본촌^{本寸}인 사회 실생활에 대

하여 심사명찰深思明察을 가하라"는 것이다.[64]

이러한 비판에도 불구하고 『신생활』은 결국 폐간에 해당하는 발행금지를 당하고 만다.

> 재등총독은 8일부로 신생활의 발행금지를 명하였도다. (⋯중략⋯) 원래 신생활이 계급투쟁의 원칙에 의하야 (⋯중략⋯) 사회주의적 견지에 입한 이상 자본주의의 대표기관인 현총독부 당국과 불상용(不相容)할 것은 다언 (多言)을 요할 바 아니며 (⋯중략⋯) 결국 그 운명은 불가피의 사실이라 하려니와[65]

사설은 앞의 내용에서와 같이 실생활을 먼저 고려할 필요를 제기하고 있는데, "자본주의와 사회주의 충돌은 세계적 사실이요 단지 조선에 한한 문제가 아니며 이 문제의 해결은 결국 사회진화의 대법칙에 의하야 결정될 것이요 결코 인위적 용지용심用智用心에 의하야 좌우될 것이 아니라"는 주장이다.

행정처분은 여기에서 그치지 않고 1925년 『개벽』의 '발행정지'와 1926년의 '발행금지'로 이어져 계속되었다. 이에 대해 『동아일보』는 1925년 8월 4일 자 사설에서 「사회의 동정과 언론기관, 개벽잡지 발행정지와 출현된 사회표상」이라는 제목으로, 언론을 무시 압박하는 것은 곧

---

64 「언론과 생활의 관계를 논하야 재등총독에게 고하노라, 신생활 또 압수(新生活又復押收)」, 『동아일보』, 1922.12.17, 1면.
65 「신생활의 발행금지, 주의상의 충돌」, 『동아일보』, 1923.1.11, 1면.

전제정치라고 비판하고, 『개벽』의 '발행정지'를 조선의 생활을 오해하고 조선인의 생활을 도외시한 당국자의 전횡이라고 평가한다. 수로 셀 것도 없는 조선인의 언론계에서, 하나밖에 없는 잡지인 『개벽』이 발행정지를 당한 것에 대해서 일언의 항의도 할 수 없고 부당함을 말하지 못한 채 순순히 복종해야 하는 조선의 상황을 한탄하고 조선인이 겉으로는 평온해 보일지 모르나 총독부는 사회표면에 흐르는 저류를 능히 보아야 할 것임을 당부하였다.[66] 『조선일보』 역시 해당 문제에 대해 논하며 특히 부자연, 불합리한 '허가주의'와 '검열 당국자의 가혹한 검열'로 인해 우리 언론이 억압되는 것을 비판하였다.[67]

조선어 민간신문에 내려진 2, 3차 정간처분에 대해서 『조선일보』와 『동아일보』는 서로의 행정처분에 대해 논의하면서 당국의 처사를 비판했다. 『동아일보』는 1925년 9월 10일 자 사설에서 『조선일보』의 발행정지에 대하여 논하고 있는데, 잡지 『개벽』이 발행정지 당한 지 얼마 되지 않아 『조선일보』가 발행정지를 당한 것은 당국의 언론정책이 준열, 가혹한 것임을 보여준다며 조선총독 정치를 전제정치라고 비난한다. 나아가, 문화정치를 표방하는 현재당국자가 모든 것을 압박으로 대한다면 이것은 '문화정치'가 아니라 '문화압박정치'가 되고 말 것이라며 문화정치를 비꼬고 있다.[68] 『동아일보』가 당한 2차 정간에 대해 『조선일보』 역시 사설을 통해 당국의 처사를 비판하고 상대를 옹호하였다. 1926년 3월 8일

---

66 「사회의 동정과 언론기관, 개벽잡지 발행정지와 출현된 사회표상」, 『동아일보』, 1925.8.4, 1면.
67 「개벽지의 발행정지에 대하여」, 『조선일보』, 1925.8.3, 1면.
68 「조선일보 발행정지에 대하야 유출유혹」, 『동아일보』, 1925.9.10, 1면

자 사설 「동아일보의 발행정지, 극도에 달하려는 언론압박」에서 이 '발행정지' 처분은 곧 조선인 언론계에 대한 압박을 말한다며, 당국자의 '법금만능주의法禁萬能主義'를 비판하였던 것이다.[69] 이처럼 두 신문사가 서로에게 내려진 '발행정지' 처분에 대해 당국의 처사를 직접적으로 비판하는 사설을 게재한 것은 동업에 종사하는 상대방을 옹호하는 일종의 협조체제를 구축하고 있었다는 것을 보여준다.

ㄴ. 언론관계법 개정의 요구

가혹한 검열처분에 대한 비판은 필연적으로, 당시 언론을 압박하는 주요 근거로 작용하고 있었던 언론관계법의 개정에의 요구로 연결되었고, 이러한 개정요구는 특히 '신문지법'과 '출판법'을 대상으로 전개되었다. 언론관계법을 개정하라는 요구는 1930년대에 이르기까지 지속적으로 나타나고 있지만 1930년대에는 개정의 필요를 역설하는 사설이 많이 나타난 반면, 1920년대 초에는 주로 법의 비합리성을 비판하는 방향이었다.

구체적으로 사설에서 요구한 바를 살펴보면, 1923년 3월 24일 자 『동아일보』 사설에서는 다음과 같이 매우 구체적으로 해당 법규의 개정을 논하고 있다.

재작일 경성시내의 각 서적출판업자가 한 곳에 회동하야 조선현행의 출판법 및 신문지법 개정에 관한 토론을 거친 후 그 개정의 조항을 당국에 건의

---

69 동아일보의 발행정지, 극도에 달하려는 언론압박」, 『조선일보』, 1926.3.8, 1면.

한다하며 (…중략…) 이제 각 서적출판업자의 개정건의의 내용을 듣건대 대개 좌(左)의 조항에 재(在)하도다.

一. 조선현행의 출판법에 관하야 일선인(日鮮人) 적용의 차별적 법령을 철폐할 것

一. 예약출판법을 조선인에게도 적용할 것

一. 저작권등록에 관한 시설(施設)

一. 신문지법을 개정할 것

(…중략…) 이제 조선현행의 출판법을 일고(一考)하건대 벌써 발포의 년월부터 시대착오의 감이 유(有)하도다. 현행출판법 중 一은 일본인 적용의 법령이요 또 一은 조선인 적용의 법령이니 공(共)히 구시대의 산물이라 전자는 명치(明治) 사십삼년 오월 통감부령(統監府令) 제이십오호로 발포된 출판규칙이요 후자는 융희(隆熙) 삼년 이월 발포의 법률 제육호 출판법이라 (…중략…) 당시의 정치상태는 인심의 불안과 외국의 소란이 극도에 달하야 언론출판의 검속이 비상하얏는지라 (…중략…) 일시 과도기적 구급책으로 산출된 해당 법령이 이래 십여성상(十餘星霜)에 여하히 그 폭위(暴威)를 영(逞)하얏는지는 오인의 논변을 불대(不待)할 바가 아닌가. 그럼으로 오인은 해당 법령의 근본적 철폐를 요구하는 바이니와 이제 출판업자의 건의안에 대하야 일고(一考)하건대 일선인 적용법률의 차별철폐와 같음은 (…중략…) 소위 일시동인주의(一視同仁主義)에 감(鑑)하야서도 양자간의 차별적용은 실로 모순당착의 사실이라 (…중략…) 第二의 예약출판법에 관하야서도 유독 조선인만 적용의 기회를 불여(不與)함으로 조선인 출판업자는 부득이 일본인의 명의를 가(假)치 안하면 예약출판의 자유가 무(無)하다 하나니 (…중략…) 第

三의 저작권등록시설에 관하야서는 (…중략…) 금일에 아즉 시행에 관한 이상 명령의 발포가 무(無)하도다 (…중략…) 더욱히 조선문 출판물과 같음은 등록키 불가능한 상태에 재(在)한다 하는도다[70]

'출판법'과 '신문지법'의 개정 이유로 이것이 제정된 지 오래되어 현실에 적합하지 않다는 점과, 일본인과 조선인에게 차별적으로 적용되고 있는 점을 주로 들고, 특히 후자의 경우 일시동인주의一視同仁主義에 어긋나는 모순된 것이라고 지적하고 있다. 그 밖에도 조선인에게는 적용되지 않고 있었던 '예약출판법'과 '저작권 등록'과 관련해 조선인에게도 동등한 기회를 부여해 줄 것을 건의하고 있어 당시 출판관련 법규들이 일본인과 조선인에게 차별적으로 적용되고 있었고 이에 대해 조선인들이 불만을 품고 있었음을 알게 해 준다.

『동아일보』가 위의 사설을 게재한 다음 날,『조선일보』도 같은 내용을 사설로 다루었다.「신문지법과 출판법 개정기성회」라는 제목의 이 사설은 '각 서적 출판업자'들이 모여 합의한 위의 건의사항이 단순히 출판관련자들만의 건의가 아니라, 3월 17일 '조고계操觚界와 법조계'에서 신청하고 '조선인 서적조합을 위시하여 신천지, 조선지광, 동명, 상공세계, 개벽, 청년, 계명, 신생활의 8개 잡지사와 신문관新文館, 천도교월보사 외 7개 출판계가 회합'하여 조직한 '신문지법출판법의 개정기성회'에 기반을 둔 것임을 명시하고 있다. '신문지법'과 '출판법'을 개정해야 한다는 것은

70　「조선현행출판법 및 신문지법 개정의 건의, 시대의 순응 차별의 철폐」,『동아일보』, 1923.3.24, 1면.

조선인으로서 출판 관련 업종에 종사하고 있는 이들에게는 공통적으로 긴급한 문제였음을 알 수 있다. 게다가 이 사설은 앞의 『동아일보』사설이 제시한 건의사항들에 언급된 법들이 실제 어떤 차별을 만들어내고 있는지를 다음과 같이 구체적으로 설명하였다.

> 이러한 수삼(數三)의 이유는 일견(一見)함에 별 의론(議論)이 심절(深切)치 안이할 것과 갓지만은 실제상 차별이 생(生)함에는 저대(著大)한 영향이 파급되어 조선인의 소위 출판계 상황은 천곤란(千困難)이 위집(蝟集)하며 만구속(萬拘束)이 봉취(蜂聚)하야 발전할 희망이 박약함은 서산낙일(西山落日)의 잔조(殘照)가 엄영(掩映)함과 일양(一樣)이어서 소슬(簫瑟)이 만목(滿目)하거늘 겸(兼)하여 조선인의 아동을 교수하는 보통학교 교과서의 전매(專賣)까지 일본인에게 특허하야 거세(巨細)의 이익을 독점케 함은 기묘한 차별적 정책이라 위(謂)치 안이치 못할 것이며[71]

일견 큰 차이가 없어 보이는 기존의 법률들이 실제로는 차별을 만들고 이것은 막대한 영향력을 발휘하여 조선인의 출판계에는 천 가지 만 가지의 어려움과 구속이 생긴다고 주장하며, 그 실례로서 조선인 아동을 위한 교과서 매매까지도 일본인에게 허가를 해 줌으로써 이익을 독점하게 하고 있음을 들었다.

『조선일보』는 1925년에 이르러서도 역시 비슷한 이유를 들어 '신문

---

71 「신문지법과 출판법 개정기성회」, 『조선일보』, 1923.3.25, 1면.

지법'과 '출판법'을 개정할 것을 다음과 같이 요구하고 있다.

　　조선의 현행 조선신문지법 및 출판법은 구한국시대의 제정에 관한 바로서 자못 격세의 차이가 잇는 오늘날 세운(世運)과 적응치 못할 것이 그 개정을 요할 제일(第一)의 이유이요 또 일선인 적용의 법령이 각각 그 문호를 달리하야 편중의 차별적 대우를 강요함이 가장 모순된 사실인가 한다 (…중략…)

　　무릇 어떠한 사회를 물론(勿論)하고 언론출판에 관한 법령의 내용이 여하(如何)한가 함은 곳 그 사회의 문야(文野) 정도가 여하(如何)한 것을 여실하게 반영한 것이니 이 의미에 잇서 조선의 현행법령이 이 만큼 불편한 것은 가장 파천황(破天荒)의 악법일 뿐 아니라 조선의 위정자가 일반민중을 여하(如何)히 무시하며 또 우롱하는 것을 사실로 증명하는 것이다.

　　물론 언론과 출판의 자유가 소위 천부인권론류의 자유는 아니리라. 그러나 현대법률의 정신이 되도록 최대한도까지 이러한 자유의 신장을 기도하는 것이며 또 이러한 자유의 신장으로 인하여 일반민중의 권리가 따라서 신장되는 것이라 할진대 (…중략…)

　　현대 신문지 및 출판법 개정에 관하여는 적어도 허가주의와 검열주의의 철폐와 일선인 적용법령에 차별철폐와 또 언론취체에 관한 너무나 과대에 실(失)한 행정처분의 폐지를 주창하야 당국자의 맹성을 촉(促)하야 마지 않는다.[72]

72　「조선신문지법 및 출판법 개정에 대하여」,『조선일보』, 1925.3.21, 1면.

사설은 특히 해당 법의 개정에 대해 '허가주의'와 '검열주의', '일선인 차별적용', '행정처분'을 폐지할 것을 주장하고 있어 당시 언론에 적용된 법령의 성격이 어떤 것이었는지 짐작케 해준다. 조선총독부가 신문지 및 보통출판물의 발행에 대해 '허가주의'와 '검열주의'를 채택하고 있었다는 것, 그리고 조선인과 일본인에게 차별적으로 법을 적용하고 있었다는 것은 이미 논의한 바와 같고, 실제 언론을 규제할 때에는 '행정처분'을 과하게 내리고 있었던 것이다.

1920년 조선어 민간신문이 발행되기 시작한 때부터 1920년대 중반까지의 시기는, 검열당국자의 입장에서는 한일합방 이래 처음 허용해 준 조선어 민간신문에 대해 검열의 위력을 보여주고, 아직까지 사회에 남아 있던 3·1운동의 여운에 조선어 민간신문들이 동조하지 않도록 검열과 행정 및 사법처분을 활용하는 기간이었다. 그러나 3·1운동으로 인해 허용될 수 있었고 조선민중 역시 만세운동의 영향으로 독립을 열망하고 있는 시기에 발간되기 시작한 조선어 민간신문에게는, 조선민중이 원하는 독립과 관련된 기사들을 게재하고 검열당국의 통제조치에 대해서는 이를 비판함으로써 스스로의 영향력을 확인받는 기간이었을 것이다. 따라서 조선어 민간신문이 사설을 통해 직접적으로 검열당국의 처분을 비판하고, 나아가 처분의 근거가 된 언론관련법의 개정을 요구한 것은 당연한 일이었다고 할 수 있다.

② 검열회피와 조직적 대응

조선어 민간 신문사들은 사설을 통해 언론통제를 비판하는 외에, '삭
제'나 '압수'와 같은 처분에 대해서 교묘한 방법으로 대응했던 것으로 보
인다. 1923년 11월 19일 자 『조선일보』 3면의 「잔소리」란에서는 다음과
같은 언급을 찾아볼 수 있다.

> 대체 이상야릇한 관청의 하는 일은 엇더케 그 성미를 맛치어야 될는지 알
> 수가 업다 이런 일은 흔한 일이지만 지난 십일에 호외로 발행한 조선일보가 경
> 성에서는 아모 탈업든 것이 라남(羅南) 경찰서의 손에 압수가 된 일이 잇섯다.
>   경찰서에서 압수한 리유는 그 신문의 호외에는 글자를 글거서 업시한 간
> 이 잇는데 글기를 덜 글거서 자세히 보면 혹 의의를 알 수 잇슬 뿐 안이라 그
> 와 가튼 신문을 보는 사람들이 그 글근데 무슨 중대한 긔사나 잇는가하고 호
> 긔심을 이르킬갑아 념려하야서 압수한 것이라고 한다.[73]

이 기사는 일관되지 않은 당국의 처사를 비꼰 것이었지만 실제로 삭
제된 많은 기사들을 보면 글자를 완벽하게 긁어내지 않았기 때문에 이
들을 알아볼 수 있는 경우가 종종 있었다. 오히려 '라남 경찰서'의 지적이
상당히 일리가 있어 보이는 것은, 삭제된 곳이 있으면 도대체 무엇이 어
떤 이유로 삭제되었는지 호기심을 일으키는 것이 당연하고 그러다보면
글자에 집중해서 한 자라도 읽어보려고 하게 되는데, 당시의 사회 분위

---

73   「잔소리」, 『조선일보』, 1923.11.19, 3면.

기상 문제가 되고 있던 사건이 있었다면 한두 자 정도로 이를 미루어 짐작하는 것이 가능했기 때문이다. 급박하게 진행되던 신문 제작 과정에서 '삭제' 명령이 떨어진 곳의 글자를 긁어 삭제하다보면 시간이 촉박하여 모든 글자를 완벽하게 지우지 못했을 수도 있지만 이는 결과적으로 '삭제' 처분을 받은 기사를 '잔존'시키는 것이기도 했다. 실제로 삭제 처분을 받은 1929년 12월 10일 자 『동아일보』의 2면을 보면 긁어낸 기사의 제목에서 '학생 2백명 검거'라는 글자를 대략 알아볼 수 있고, 그렇다면 당시에 한참 문제가 되고 있었던 '학생맹휴' 사건과 관련된 기사라는 것을 알아낼 수가 있다. 조선어 민간신문사가 고의적으로 글자의 잔영을 남겼는지는 알 수 없으나 경찰관이 의심할 정도였다는 것은 위의 기사로 보아 사실이었던 것이다. 또한 1930년으로 넘어가면 긁어내는 방식도 남겨진 글자를 알아볼 수 없도록 하거나 활자의 형태조차 남아 있는 것이 없이 하얀 공간으로 남겨진 사례들이 많아지는 것으로 보아서는 검열당국이 이것에 신경을 쓴 것만은 확실하다.

조선어 민간신문 관계자들은 또한 언론관계자 조직을 만들어 검열처분에 대응하기도 했다. 이 시기에 조직된 대표적인 언론인 단체는 '무명회'와 '철필구락부'였다. '무명회'는 1921년 11월 27일, 신문으로는 『동아일보』, 『매일신문』, 『상공신문』, 『기독신보』, 『중외의약신보』, 『조선일보』, 잡지로는 『개벽』, 『천도교월보』, 『아성我聲』, 『청년공제』, 『천지인』이 모여서 발회식을 갖고 구성한 기자단체로[74] 월례회의와 임시총회 등을 통해

---

74 「무명회 성립」, 『조선일보』, 1921.11.29, 2면

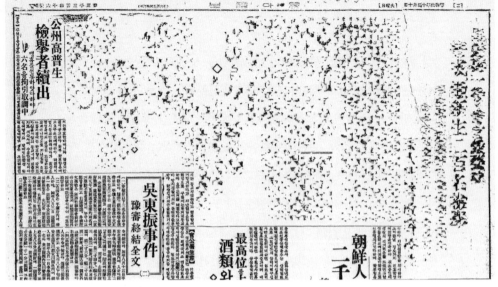

〈그림 5〉 삭제된 기사의 흔적. 자세히 보면 몇몇 글자를 읽어낼 수 있다.
『동아일보』, 1929.12.10, 2면

언론관계 사항들을 결의하고 이를 실행에 옮겼다. 무명회는 1922년 1월 26일에는 월례회 겸 임시총회를 열어 '검열과 허가제 철폐'를 만장일치로 가결하고 실행방법을 12인의 간사에게 위임하는 등 당국의 언론탄압에 대응하는 움직임을 보이기도 했으나, 이후 유명무실해졌다가 1924년 8월에 다시 부활했다.[75] 1925년 4월에는 경찰당국이 조선민중운동자대회를 금지하고, 집회금지에 분개한 대의원들의 만세시위를 촬영하려던 『시대일보』 사진반을 구타한 일이 발생하자, '무명회'의 간부와 재야 법조계 인사들이 모여 경무당국에 질의할 것을 결의하기도 했다.[76] 전 조선에 있는 조선언론기관의 본사 및 지국, 분국의 기자들이 모이는 '전조선

75   「무명회 부활」, 『조선일보』, 1924.8.19, 3면.
76   「무리한 집회금지와 사진반 구타건으로 법조와 무명회 분기」, 『조선일보』, 1925.4.22, 2면.

기자대회'를 주최하기로 결정하고 1925년 4월 15일 약 7백여 명의 기자가 모인 '전조선기자대회'를 주최했던 것도 '무명회'였다. '시기 적의'하고 '전에 없던 회합'인 이 대회는[77] 본대회에서 5가지 결의사항을 내었으나 이후 조직적으로 연계되지는 못했던 것으로 보인다.[78] 이후 1926년에는 6·10만세사건과 관련하여 학무당국이 관계학생에게 가혹한 처벌을 내리자 위원회를 열어 학무당국의 처사를 규탄하기로 하고 이에 대한 탄핵문을 작성하여 발표하기도 했으나[79] 1920년대 후반부터는 다시 유명무실해졌다.

'무명회' 외에도 각 신문사의 사회부 기자로 구성된 '철필구락부'가 있었다. 이는 '무명회'보다는 늦은 1924년 11월 경성부내의 사회부 조선인 기자들로 구성되었는데 실은 이전부터 있었던 '동우同友구락부'의 후신이었다고 한다.[80] 강연회나 연설회를 개최하는 등의 활동을 주로 했으나 이 역시 1920년대 말엽부터는 별다른 활동을 하지 못했다.

무명회가 주최한 '전조선기자대회' 외에도 실질적으로 조선총독부의 언론 및 집회 압박을 탄핵하려는 움직임이 있었다. '언론집회압박탄핵회'가 바로 그것이었는데 '언론집회에 너무도 압박이 심한 당국의 태도'에 대해 구체적인 방침을 강구하기 위해 서울의 31개 사상단체와 언론기관의 대표자 100여 명이 10여 명의 경관이 감시하는 아래 1924년 6월 7일 모여서 회의의 이름을 '언론집회압박탄핵회'로 결의한 것이었다. 이

---

77 「전조선기자대회」, 『동아일보』, 1925.4.15, 1면.
78 「전조선기자대회를 마치고」, 『조선일보』, 1925.4.28, 1면.
79 「만세관계 학생처벌로 조고관계자 분기 탄핵」, 『조선일보』, 1926.7.11, 2면.
80 「철필구락부 조직」, 『조선일보』, 1924.11.21, 2면.

회의에서는 '언론과 집회에 대한 당국의 무리한 압박'에 적극적으로 저항할 것을 결의하고 그 방법은 실행위원에게 일임하였다.[81] 이후 '언론집회압박탄핵회'의 위원일동은 신문에 '언론압박에 대한 실지조사'를 하게 되었으니 경성뿐만 아니라 지방에서도 해당 사실이 있으면 이를 알려달라고 공지하고[82] 실행위원 중에서 5인을 선정하여 실지조사를 하도록 하였다. 6월 19일에는 대략 그 조사는 끝내고 20일 저녁 8시 30분에 천도교당에 모여서 민중대회를 개최하여 경과를 보고하고 앞으로의 대책을 논의하기로 했으나[83] 대회 당일 종로경찰서에서 '치안방해'와 '보안법 위반'을 근거로 대회를 금지시키고 실행위원인 이종린, 한신교, 서정희, 신명균, 이현보 등을 검속하였다.[84] 대회가 금지되자 실행위원회에서는 26일 회의를 열어 '언론압박탄핵회의 선후책'으로 28일 '단체회'를 열기로 결의하였고, 6월 7일에 이어 2차로 열린 이 단체회 역시 십여 명의 경관이 지켜보는 가운데 개최되었다. 이렇게 열린 '언론집회압박탄핵단체회'에서는 그 동안 조사한 언론 및 집회에 대한 압박내용을 보고하고 금후 더욱 자세하게 이를 조사하기로 하였으며, 새로이 실행위원 13명을 선출하고 다음과 같은 결의문과 실행사항 등을 발표하였다.

결의문

언론은 생존의 표현이오 집회는 그 충동(衝動)이라 우리의 생명이 여기

81 「언론집회압박탄핵회」, 『동아일보』, 1924.6.9, 2면.
82 「언론집회압박탄핵회에서 실지조사」, 『동아일보』, 1924.6.15, 2면.
83 「민중대회는 명일」, 『동아일보』, 1924.6.19, 2면.
84 「압박탄핵회를 또 압박」, 『동아일보』, 1924.6.22, 2면.

에 잇고 우리의 향상이 여기에 잇다 만일 우리의 언론과 집회를 압박하는 자 잇다하면 그것은 곳 우리의 생존권을 박해하는 자이다 현하의 조선총독부당 국은 직접으로 우리의 언론을 압박하며 집회를 억제한다 그럼으로 우리 민 중은 우리의 생존을 위하야 당국의 이러한 횡포를 탄핵한다.

실행사항

1. 조선 내 각지와 해외 필요지에서 7월 20일을 기하야 일제히 언론집회 압박탄핵연설회 및 시위운동을 행할 일

1. 언론집회압박에 대한 事○을 거(擧)하야 세계적으로 선포할 일

1. 우리는 언론집회의 자유를 위하야 공고한 결속으로써 최선의 노력을 다할 일[85]

그러나 이후 관련사항에 대한 보도가 없는 것으로 보아서는 이와 같 은 실행사항은 실행에 옮겨지지 못한 것으로 보인다.

기자단들이 모여서 조직적으로 대응하는 이외에, 신문사에서는 '발 행정지'를 당하면 정기기간 동안 매일 출근하며 '발행정지'가 해제되기 를 기다리고 '해정解停운동'도 벌였던 것으로 보인다. 다음 『동아일보』의 기사를 보자.

사원은 매일출사

---

85 「언론집회압박탄핵 단체회의 결의문」, 『동아일보』, 1924.6.30, 2면.

해정운동도 사건이 끝난뒤야. 이사 안재홍씨담

이에 대하야 론셜부당 안재홍씨는 '뜻밧게 본뎡서원이 와서 신군이 쓴
사설을 인쇄한 륜뎐긔를 찻기에 새로 사서 약반달가량 사용하던 절첩식(折
疊式)을 가르처 주엇더니 검사국의 위탁이라고 그만 차압을 하고 갓습니다
신군도 아마 오늘(십사일)이나 래일은 검사국으로 넘어갈 넘려가 잇는데 긔
소 여부도 아직 알수가 엄습니다 하여간 사건의 한 단락이 난뒤에야 해뎡운
동(解停運動)을 할터인데 지금까지도 어찌할줄 몰으고 잇슴니다. 사원 전부
는 매일 오후 한시부터 세시까지는 출사하는데 지금까지는 사건이 그리 확
대되지 안엇습니다'라고만 하더라.[86]

어떠한 형식과 내용으로 해정운동을 전개했는지는 알 수 없으나 신
문사가 검열당국의 '발행정지'에 두 손 놓고 정지가 해제되기를 기다렸
던 것이 아니라 매일 신문사에 출근하여 해제가 되면 바로 신문을 만들
수 있도록 제반준비를 하고, 해정운동도 벌여나갔던 것을 알 수 있다.

2. 도서과 설립 후 검열의 체계화와
민족운동 관련보도의 통제

도서과가 설립된 1926년 4월부터 일제가 만주침략을 단행한 1931년
9월까지의 기간은 도서과가 연보나 월보, 자료집 등을 통해 검열에 대한

---

86 「윤전기까지 압수」, 『동아일보』, 1925.9.15, 2면.

기록체계를 갖추기 시작한 시기이면서 6·10만세운동이나 광주학생운동과 같은 민족운동이 일어나 이들 사건에 대한 보도가 신문의 많은 지면을 차지했던 기간이기도 하다. 본 장에서는 이 기간에 이루어진 언론통제의 사회적 배경으로 사회주의 및 민족주의 운동의 전개에 대해 먼저 살펴보고, 도서과 설립 후 검열의 초점은 무엇이었는지를 검열관이 남긴 글과 압수기사의 내용을 통해 알아볼 것이다. 그런 후에 검열당국이 간행한 검열에 대해 '말하는' 자료인『월보』와『차압기사집록』의 내용을 신문검열 관련 1차 자료들, 즉 신문사 '아카이브'의 지면 및 '마이크로필름'의 지면과 서로 비교·분석해 봄으로써 당시의 검열에 대한 기록체계와 실제 지면에 나타난 검열실행의 문제에 대해 논의해 볼 것이다. 또한 조선어 민간신문들이 검열을 회피하거나 검열에 도전하기 위해 어떤 전략을 사용했으며 이들 신문의 검열 내면화는 어떤 방식으로 이루어졌는지도 고찰해 보고자 한다.

1) 사회주의 및 민족운동의 전개와 언론통제

사회주의와 공산주의 사상은 1920년대 이전에 이미 조선에 영향을 미치고 있었지만 1922년부터는 좌익성향의 단체가 조선에서 결성되기 시작하였다. 이러한 단체의 결성과 활동을 통제하기 위해 1925년, 일본 국내에서 '치안유지법'이 도입되었고 이는 같은 해 칙령으로 조선에도 적용되기 시작했다. 실제로 '치안유지법'의 첫 적용 대상은 조선공산당이었다. 1925년부터 1928년까지 조선에서는 4차례에 걸쳐 조선공산당이 대규모로 검거되었고 사회주의 성향을 띤 단행본이나 잡지, 신문기사의 내용이 불허가 처분이나 행정처분을 받았다.

조선에서 사회주의 운동은 민족주의 운동과 무관하지 않았다. 일제가 조선의 사회주의 운동을 특히 경계했던 이유는 조선총독부가 조사자료로 발간한 『일제 식민관료가 분석한 조선인』에 잘 나타나 있다.

조선에서의 사회운동은 계급의식의 발달에 따른 것이 아니라, 독립운동의 여세로 급격하게 만들어진 변태적인 운동이기 때문에 견고한 기초에 선 것도 아니고, 통일된 계통이 있는 것도 아니다. 운동에 종사해서 활약하는 사람도 제4계급에 속하는 무산자에 해당하지도 않는, 유식계급에 속하는 비분강개하는 청년들이다.

이 때문에 그들이 목적하는 바는 무산자의 자각을 환기시키고 지위를 향상시켜 자본계급에 대항하는 데 있지 않고, 소비에트 정부의 후원을 얻어서 적화전선을 꾀하며, 민심을 부추겨서 홀리게 하고, 폭력수단에 호소해서 시국을 교란시킴으로써 위정자를 괴롭혀 조선을 일본통치 아래로부터 해방시키려고 하는 데 있다.[87]

즉, 조선의 사회주의 운동은 무산자에 속하는 사람들이 '무산자의 자각을 환기시키고 지위를 향상시켜 자본계급에 대항하고자 하는' 즉 본질적 의미의 사회주의 운동이 아니라, '독립운동의 변천에 따라 피압박민족의 해방을 적화운동에서 찾으려고' 하는 운동으로 파악되었기 때문

---

87 조선총독부, 하종근 역, 『일제 식민관료가 분석한 조선인』, 세종, 1927/1995, 147면.

에[88] 일제 식민통치자들에게는 이중의 위협으로 다가오는 것이었다. 실제로 재건된 제2차 조선공산당은 6·10만세운동을 제2의 3·1운동으로 만들려고 했던 계획이 탄로나면서 대부분의 당원이 체포되어 결국 와해되었다. 다시 말해, 조선에서의 사회주의 사상운동은 민족운동과 별개의 것이 아니었고, 사회주의 운동과 이에 대한 검거가 한창일 무렵 조선에서는 또한 6·10만세운동이나 광주학생운동과 같은 대규모 민족운동이 두 차례에 걸쳐 일어났다.

이러한 사회적 분위기를 통제하기 위해 조선총독부는 언론에 대한 통제를 강화했다. 특히, 사회주의 관련 조직이 결성되면서부터는 아예 집회를 금지했고, 이러한 내용이 1928년 4월 『조선급만주』에 게재된 기사, 「아직도 언론의 자유를 허가하지 않는 조선今以て言論の自由を許るされぬ朝鮮」에 잘 나타나 있다.

신문잡지 쪽은 어쨌든 발행을 허가받아 어떤 정도까지는 붓으로 자유로이 정치를 논하고 사상을 발표하기 때문에 좋지만, 구설(口舌)로 정치를 공개적으로 논하는 것은 아직도 조선에서는 금지되어 있다. 왜냐하면 데라우치 시대에 발발된 치경하조(治警何條) '정치에 관한 집회를 금한다'고 하는 조문은 아직 철폐되어 있지 않아서, 정치적 회합이나 연설회를 여는 것에는 당국의 허가를 받지 않으면 안되고, 아울러 전기의 조문이 남아 있기 때문에 그것은 허가되지 않고, 강연회라든지 다화(茶話)회라든지의 명의로 공개하

---

88   위의 책, 148면.

는 것이지만, 그것도 총독정치를 구가(謳歌)하는 종류의 것이나 구가하지 않아도 공격하지 않는 범위의 것은 허가되지만, 조금이라도 총독정치를 자유로이 비판하거나 관청관헌의 공격에 이르는 연설이나 집회는 일절 허가되지 않고 있다. (…중략…) 이렇게 말하는 일은 문명정치하에 있어서 거의 보는 일이 있을 수 없는 기이한 현상이다. 처음부터 정담이나 정치적 집회를 금지해 둘 필요는 없다고 생각한다. 이렇게 해 둔다면 관리의 쪽에서는 무사주의(無事主義)로 좋은지 알 수 없지만, 문명정치를 표방하고 있는 처지에 대해서도 그것에서는 너무나 양두구육은 아닌지 (…중략…) 민간의 정치사상을 언제까지라도 억압하고 민간의 정치적 사상의 발표나 정치운동을 언제까지라도 금지해 둔다고 하는 것이, 과연 조선개발의 대국(大局)으로부터 생각해서 좋은 것인가 어떤가도 생각하는 것이고 오늘에서는 자순(諮詢)기관이라고 하여 총독부에 중추원이 있고, 도에 도평의회가 있고, 부에 부협의회가 있고 면에 면협의회가 있고 지방자치제에 준해서 민간에 행정참여권을 부여하고 있음에, 일반의 정치연설이나 정치적 집회를 허락하지 않는다고 하는 것은 너무나도 시대착오가 심한 것이고, 또 너무나도 모순이 심한 것이다.[89]

즉, 조선총독부는 문화정치를 표방하고 언론의 자유를 존중한다고 하면서도 정치적 집회나 결사는 허용하지 않고 있었다. 이는 '문명정치 아래에서는 거의 볼 수 없는 기이한 현상'임에도 조선총독부는 '정담'이나 '정치적 집회'를 아예 금지했다. 이러한 '시대착오'적이고 '모순이 심

---

89 「今以て言論の自由を許るされぬ朝鮮」,『朝鮮及滿洲』254, 1928.4, 10면.

한' 집회 금지가 1920년대에 지속적으로 행해졌던 이면에는 사회주의 단체가 그 모습을 드러내고 실질적 활동을 전개하기 시작한 것에 대한 위기감이 존재하고 있었다.

조선총독부는 집회는 물론이고 이미 허가된 신문도 더욱 철저하게 통제하고자 하였다. 이것이 가혹할 정도였다고 하는 것을 당시의 일본어 잡지에 게재된 기사들을 통해 잘 알 수 있다. 『조선급만주』는 1928년 두 차례에 걸쳐 '언론취체'에 대해 당국자에게 고려를 요청하는 글을 게재했다. 먼저 1928년 2월에는 경무국장과 도서과장의 일독一讀을 요구하는 「신문잡지 및 출판물의 취체에 대해新聞雜誌及出版物の取締に就て」라는 기사를 게재했다. 여기에서 기자는 "사이토가 총독이 되어 언론의 해방을 허가한 것은 조선의 문화증진의 일대동력을 이루었"지만 "황실이나 왕황족에 대한 기사, 사회주의에 대한 언의나 풍속에 대한 기사에 대해서는 가혹한 취체가 행해지고 있"고 그것이 근래에 더욱 가혹해졌다고 비판했다. 신문잡지나 출판물의 취체가 매우 '비상식적'으로 되어 간다고 하면서, 심지어 '데라우치 시대로의 역행'이라고까지 말하고 있다. 이 기사는 직접적으로 '사회주의에 대한 언의'를 언급하며 해당 부분에 대한 '가혹한 취체'가 행해지고 있음을 언급했다.[90]

여기에서 그치지 않고 『조선급만주』는 두 달 후 「아직도 언론의 자유를 허가하지 않는 조선」이라는 기사를 통해 누차 언론자유가 억압받고 있음을 피력했다. 이 기사는 이미 앞에서 살펴본 바 있지만, "데라우치 시

---

90 「新聞雜誌及出版物の取締に就て」, 『朝鮮及滿洲』 243, 1928.2, 9~12면.

대에 극단으로 구속되었던 조선의 언론"이 사이토 시대에 개방되어 "조선인에게는 절대로 허가되지 않았던 신문잡지도 허가함에 이르렀"지만 허가된 신문잡지나 출판물에 대해서 준혹가찰峻酷苛察로 비상식적인 험오감이 있다고 비판했다. 기사는 특히, 당국이 언론을 통제하는 태도에 대해 "말끝이나 언의言議의 지엽적인 부분, 편언척어片言隻語까지 잡아서 이 것저것 간섭하고, 심하게는 그것으로 인해 발매를 금지하고 사람의 자유를 상하게 할 뿐만 아니라 정론과 양민을 괴롭히는 일이 누누히 있"다고 하면서 당국의 '좀스러운' 태도를 구체적으로 비난하였다. 또한 '취체' 당사자인 아사리淺利 경무국장에 대해 "상당히 상식있는 원만한 신사이지만 사상의 자유라든지 언론의 자유에 대해서는 극히 신경질적"이라고 아쉬움을 표했다.[91]

이와 같은 사회적 분위기는 필연적으로 검열의 강화로 귀결되었다. 다음에서는 도서과의 설립으로 검열기구가 정비된 후, 만주사변이 발발하기 이전까지의 기간을 대상으로 검열당국이 중점적으로 통제하고자 했던 내용은 무엇이었는지 살펴볼 것이다.

2) 도서과 설립 후 검열의 초점

(1) 검열관들의 글에 나타난 '쓰지 말아야 할 것'

언론통제는 조선의 '사상思想취체'에 있어서 핵심적인 것이었다. 1929년 8월 『조선공론』에 게재된 김의용의 기사, 「조선사상통치의 일고찰朝鮮

---

91 「今以て言論の自由を許るされぬ朝鮮」, 앞의 책, 10면.

思想統治の一考察」에서는 사상을 취체하기 위한 방책으로 '사상선도적 민간 단체의 보호', '지방청년단체의 지도감독', 그리고 '신문지의 언론취체를 려행勵行할 것'을 제시하였다. 이 기사는 신문지란 "국민의 사상생활상 위 대한 자극과 영향을 주는 것"으로 "사상운동의 매개자로서 이용되고 있 는 언론, 출판, 집회, 결사 등을 통괄하는 종합적 문화기관"이기 때문에 '당국의 사상취체정책이 신문지를 중심으로 계획되어야 한다'고 주장했 다. 이어서 조선어 신문의 태도에 대해 다음과 같이 언급했다.

> 선자신문지의 태도를 보면, 보도기관으로서의 사회적 사명을 망각하고,
> 선정적 무곡(舞曲)적 필설을 희롱하여 민족주의 내지 사회주의의 사상운동
> 을 교묘히 선전고취하고 있다. 이런 황지(黃紙)주의의 필법과 선동주의의 논
> 조가 일단 신문지상에 반영될 때 독자의 입장되는 조선민중이 그 신문지의
> 위광암시(威光暗示)와 선동적 과대기사의 자극에 의한 심리적 반응은 실로
> 위대한 영향으로 되어 전선의 민중에 파급되는 것이다. (…중략…) 조선에
> 있어서 사상선도문제는 신문정책의 적부교졸(適否巧拙)에 있음과 함께 조선
> 통치의 성패를 가늠할 바로메타인 것을 당국자는 헤아려야 하지 않을까.[92]

여기에서도 드러나는 바와 같이, 조선어 민간신문이 허용된 후 이들 을 바라보는 일본 지식인들의 일반적인 시각은 일선융합을 방해하고 반 일사상을 고취하는 일종의 '방해물'이라는 것이었다. 샤쿠오釋尾東邦가

---

92   金義用, 「朝鮮思想統治の一考察」, 『朝鮮公論』197, 1929.8, 52면.

1926년 11월, 『조선급만주』에 게재한 「반일본 사상을 기본으로 하는 문자나 병합의 대정신에 반하는 언의의 취체를 논함反日本思想を基本とする文字や併合の大精神に反する言議の取締を論ず」이라는 기사는 이러한 인식을 가장 잘 보여주는 기사의 하나이다. 이 기사는 나아가 조선언론을 더욱 엄격히 통제할 것을 주장하고 있다.[93]

---

93 샤쿠오는 겉으로 보기에 조선의 사상이나 일반범죄가 양호한 듯 보이지만 조선의 심리 상태는 '방심할 수 없는 위험성'을 갖고 있다고 하면서, '특히 민족적 반항심과 민족독립의 운동 음모'는 조선의 '특산물'이라고 언급했다. 구체적으로 조선어 민간신문에 대해서는 다음과 같이 말한다. "시사의 보도나 적화사상의 선전기사에 대해서는 꽤 엄중한 취체를 감행함에도 불구하고 조선인이 경영하는 선자신문 즉 동아일보, 조선일보, 시대일보와 같은 것은 전지(全紙) 배일의 정신과 한국독립권회복의 정신으로 채우고 있는 감이 있음에 대해서 총독부는 안외(案外) 무관심의 태도를 취하는 것은 그 뜻을 해석하기 힘들다. 이들 선자신문은 총독부가 산미증식계획을 세우면, 이것 일본인에게 조선의 토지를 빼앗기는 것으로 된다고 무고하여 선인의 반감을 도발하고, 식림(植林)사업의 증진을 계획하면 일본인에게 조선의 산을 빼앗기는 것으로 된다고 무고하고, 보유 화전을 개방하면, 일본인에게 조선의 보고(寶庫)를 주는 것으로 된다고 무고하고, 수산에 철도에 그 확장과 진흥을 도모하면, 일본인의 이익을 도모하는 것으로 이것을 저주하는 문자를 나열하고, 이로써 조선개발의 기세를 저지하고, 또 선인의 배일사상의 도발에 노력한다. 이와 같이 총독부의 사업 및 내지인의 기업을 참무(讒誣)하고 이로써 내선인의 감정을 이반시키는 듯한 언론에 대해서는 이것을 취체할 필요 없다고 할 것인가. 그것만이 아니라 저들 선인경영의 선자신문은 (…중략…) 일본과 조선과의 대립적 태도를 취하고, 반일본사상을 가장 노골적으로 표시하고 있다. 이와 같음은 오히려 아이들 장난과 유사한 악희(惡戲)이다. 편협고루한 민족적 소아(小我)의 '뒤틀린' 근성을 나타내는 것으로써 (…중략…) 일본제국의 주권 아래에 있는 조선인으로서 이와 같은 태도를 갖는 것은 가장 괘씸하기(不都合) 짝이 없는 것이 아닐까. (…중략…) 선인은 일본의 주권에 굴복하는 것이 없이 어디까지도 구한국인인 정신으로써 일본에 대항할 수 있다고 말하는 것을 이 문자 사이에 암시하고 있는 것이 아닌가. 이것은 즉 대의명문(大義名聞)의 문제만이 아니라 실로 일한합합의 대정신에 역행하는 것이라고 하지 않을 수 없다. 우리 총독부 당국의 언론취체의 관대한 태도는 기쁘지만 제국의 위신과, 일한병합의 정신과 총독정치의 근본방침에 반하는 문자언론을 방임해 둠은, 일의 경중대소를 알지 못하는 것으로서 우리들은 이것을 규탄하지 않을 수 없다."(釋尾東邦, 「反日本思想を基本とする文字や併合の大精神に反する言議の取締を論ず」, 『朝鮮及滿洲』228,

이와 같은 조선어 민간신문에 대한 문제의식은 검열관의 글에도 비슷하게 나타났다. 도서과가 설립되어 출판물에 대한 검열을 담당하는 검열관의 소속이 분명히 드러나게 된 후로 『경무휘보』와 같은 일본어 잡지에는 도서과 소속 검열관의 글들이 다수 게재되었다. 이들의 내용을 살펴보면, 당시 검열관들이 어떤 점에 유의해 조선어 민간신문을 검열하고 있었는지 알 수 있다. 먼저, 다치다立田淸辰[94]가 『경무휘보』에 1931년 1월 게재한 기사 「1930년 조선출판계의 회고一九三〇年の朝鮮出版界の回顧」의 내용을 살펴보자.

『매일신보』를 제외한 각 언문신문지의 종래의 논조는 조선통치의 방침에 비난을 가하는 것으로써 그 유일의 본무(本務)라고 생각한다고 의심을 품게 하는 것이 있고, 일일이 과장선동의 기사를 게재하고 혹은 사실을 날조해서 곡필무문의 보고를 게재하여 인심을 자극하고 민족의식을 무리실리(無理失理)로 고조시키려고 노력하고 있다. 총독정치의 전체 시정에 일일이 문구를 부쳐 산미증식계획이 발표되자 이것은 일본식량의 부족을 조선에서 흡수하려고 하는 것으로, 이익있는 자는 일본인이고 손해보는 자는 조선이라고 혹은 철도의 보급발달하면 이윤을 받는 것은 일본인이고 때문에 경작하던

1926.11, 2~6면) 조선인이 경영하는 세 신문의 이름을 구체적으로 나열하면서 이들이 '배일정신'과 '한국독립권회복'의 정신으로 가득차 있는데도 총독부가 이를 무관심하게 넘긴다면서 도리어 총독부를 질책하고 있다. '산미증식계획'이나 '식림산업'과 같은 조선총독부의 특정 사업을 들어 해당 사업에 대해 조선어 민간신문들이 '배일사상의 도발'에 애쓰고 있다면서 경무당국이 '병합의 정신을 파괴'하고 '민족감정을 고조해서 반일본사상을 고취하는' 조선어 민간신문을 더욱 철저히 통제할 것을 요구하였다.

94 다치다는 1931년 7월부터 3개월 동안 도서과장과 경무과장을 겸하다가 10월 일본 내무성 경찰관 강습소 교수로 전보되었다(정진석, 『극비조선총독부의 언론검열과 탄압』. 커뮤니케이션북스, 2007).

토지를 잃고 빈곤에 빠지는 것은 백의민족이라고, 혹은 동양척식회사에 소작쟁의가 일어나면 그 원인의 여하는 조금도 고려하지 않고 척식의 착취에 있고 탈취에 있다고 해서, 그 조선 내에서의 철퇴(撤退)를 압박하고 이주농민이 오기 때문에 조선농민은 만주 등에 유랑하는 것으로 된다고 논하고, 혹은 무수한 관리 중 겨우 한 관리의 악행이 있으면 완연 전 관리가 모두 나쁜 관리와 같은 논조로 나아가고, 혹은 부역으로 인해 민이 도탄에 괴로워한다고 하고 혹은 흉년이면 시설의 불비로 귀결하고 기타 이러한 예는 모두 들 여력이 없다. 더욱 지엽(枝葉)의 잠재의식을 들어보면 내지를 가리켜 피국(彼國)이라고 쓰고 조선으로써 아국(我國)이라고 실언하며 일본어를 외래어라고 부르고 조선어를 국어라고 칭하며 일병(日兵), 일경(日警), 일거류민(日居留民), 일인, 왜녀(倭女) 등 쓴다면 한이 없다. 요는 일본과 조선은 일국이 아니라 전연 별개의 독립국가와 같은 의식을 조차전패(造次顚沛) 이것을 민족에 식부(植付)하려고 하는 혼담(魂膽)에 다름 아니다.[95]

도서과장의 눈에 비친 조선어 신문이란 '과장선동'의 기사를 게재하거나 '사실을 날조'해서 '곡필무문'을 휘두르는 그야말로 골칫덩이였던 것이다. 재미있는 것은 '산미증식계획'이나 '철도부설', '동양척식회사'의 '소작쟁의' 등 구체적인 사건들을 들어 당시에 조선어 신문이 어떻게 보도했는가를 언급하고 있는 점이다. 일본 국내를 '내지'라고 하지 않고 '저나라彼國'라고 한다든지, 일본이 아닌 조선을 '우리나라我國'라고 칭하는

---

95   立田淸辰, 「一九三〇年の朝鮮出版界の回顧」, 『警務彙報』297, 1931.1, 18면.

것, 일본어를 외래어라고 하는 것 등에 대해 불만을 표시하고 있는 점도 눈에 띈다. 특히, 언문신문지들이 "조선통치의 방침에 비난을 가하는 것"을 본무로 생각하고 있다는 언급이나, "총독정치의 전체 시정에 일일이 문구를 부쳐" 비난하고 있다는 내용이 당시 검열관의 인식을 잘 드러낸다. 검열관들은 조선통치 정책을 비판하는 조선어 민간신문의 내용에 특히 주의를 기울이고 있었고, 당시의 '산미증식계획'이나 '철도부설', '동양척식회사'의 '소작쟁의' 등과 같은 특정 사안에서 조선어 신문의 이러한 경향에 더욱 유의하고 있었던 것이다.

검열에서 중점을 둔 사안이 무엇이었는가는 팸플릿업자 쓰네 미도리恒綠의 글에서 더욱 분명하게 드러난다. 그는 경무국이 기사 내용과 관련하여 행정권을 발동하기 전에 의사를 표시하는 단계로서 존재하는 '주의', '간담', '경고', '금지' 즉 '신문기사의 게재차지' 단계를 각각 설명하면서 다음과 같은 '절대적 금지성'을 갖는 기사금지사항을 제시한 바 있다.

① 조선통치상 중대한 나쁜 결과를 발생시킬 우려가 있는 경우
② 중대한 범죄수사상 필요한 경우
③ 사회민심을 이상하게 자극할 우려가 있는 경우
④ 외교상, 군사상 특별기밀을 요하는 경우[96]

내용이 포괄적이기는 하지만 기사금지란 관련 기사가 게재되지 않도

---

96 恒綠, 「朝鮮に於ける出版物の考察」, 『警務彙報』 294, 1930.10, 51면.

록 사건을 지정해 게재를 금지하는 것으로 이를 게재하면 반드시 차압당하게 된다고 설명했다. 그 첫 번째가 '조선통치'에 나쁜 영향을 미칠 우려가 있는 것으로 되어 있는 점은 일제 통치자들이 무엇을 가장 우선시했는지를 보여준다. 즉, 식민통치의 유지가 최우선이었기 때문에 이를 방해하는 어떤 것도 기사 내용에 등장하지 않기를 원했던 것이다.

쓰네 미도리恒綠의 다른 글은 조선어 신문을 폐지할 것인가 방임할 것인가의 문제를 논의하면서,『동아일보』에 3회째의 정간처분을 내리게 했던 10주년 기념호의 기사들을 문제로 언급했다.

> 『동아일보』가 그 10주년 기념이라고 칭하며 발간한 기념호에 아부기웅(阿部磯雄)의 기사를 게재하고, 실복고신(室伏高信), 장곡천여시한(長谷川如是閑)이라고 서명한 조선인에 영합되는 듯한 기사를 기재하고, 흑인노예해방을 위해 노력하라고 하는 네이션 주필 비라도의 기서(奇書)를 보여주고, 아일랜드의 쇼가 조선인에게 부치는 글을 게재해서 조선해방을 암시하는 것과 같은 과다(夥多)의 기사는 그 사진과 함께 수일에 걸쳐 나열해도, 조금이라도 조선총독 총감 내지 통치관계자 혹은 제국정치의 중추 인물의 일언일구(一言一句)를 게재했는가. (…중략…) 이것으로 반항이라고 하지 않으면 무엇으로 반항이라고 칭하겠는가. 또 기타 조선일보, 중외일보 등에 연일 기재하는 인도반역운동의 보도를 보라. 규율없는 독립운동기사를 보라. 안남(安南)의 민중운동 기사를 보라. 문예란을 보라. 신소설을 보라.[97]

---

97   恒綠,「朝鮮に於ける出版物の考察」,『警務彙報』293, 1930.9, 53면.

이 내용을 보면 『동아일보』 10주년 기념호가 정간으로 이어진 주된 이유는 조선통치자에 대한 비방과 해외의 민족 혹은 독립운동을 보도한 때문이었음을 알 수 있다. 물론 『동아일보』는 직접적으로 통치자를 비방하거나 조선민중의 독립운동을 언급하지는 않았다. 그러나 '통치자에 대한 비방'이나 '민족·독립운동'에 대한 것이라면 다른 나라의 것을 인용한다고 해도 처벌의 대상이 되었다.

쓰네 미도리는 또한 행정처분 전단계인 '경고'가 어떤 내용에 대해 내려졌는지 구체적인 조선어 신문의 신소설의 내용을 들어 설명하기도 하였다. 그가 예로 든 것은 『조선일보』에 연재된 「마작麻雀 철학」이라는 신소설이었다.

그 줄거리로는 정주사(鄭主事)의 투자에 의한 어장(漁場)의 어부 2백여 명은 그 어장주의 임금인하에 대해서 상선(上船) 전에 반대의 기세를 들었고, 한 명도 상선 지장(持場)작업에 나아가지 않고 있을 때 강(姜)선생이라고 하는 자가 이들 어부를 선동해서 그 선동연설에 모두 편승되어 그 지시하는 대로 정주사 및 어업조합에 항의를 신입(申込)했지만 거절되어서 이것에 분개한 어부연중(漁夫連中)은 항분(亢奮)하여 은주(銀主)를 살해해야 한다고 부르짖어, 어업조합을 습격하고 기물 등을 닥치는 대로 파괴했다고 하는 듯한 것으로 그 중에 노동쟁의의 방법, 지도 선동 등의 기사를 연재하고 있는 것[98]

---

98 恒綠, 「朝鮮に於ける出版物の考察」, 『警務彙報』 294, 1930.10, 50면.

이 소설은 위의 내용이 문제가 되어 '경고'를 받았고 이에 내용을 전환하여 정주사의 가정생활, 소위 '조선 부르주아 생활'을 그리게 되었지만 이 또한 정주사가 매일 마작을 벌이고 첩과 놀아나는 모습을 그려 결국 급작스런 종결을 보게 되었다고 한다. 인용된 위의 내용을 보면, 자본가와 노동자의 갈등을 그려내고 나아가 '노동쟁의의 방법' 및 이에 대한 '지도, 선동'을 묘사하는 등의 내용이 검열관이 통제하려고 했던 내용이었다는 것을 파악할 수 있다.

이상의 내용을 살펴보면, 도서과 설립 후 검열관들은 '조선통치 정책에 대한 비판', '통치자에 대한 비방'이나 '민족·독립운동' 관련사항, '노동쟁의'에 관련된 사항 등은 신문에 '쓰지 않도록' 검열을 행하고 있었다고 할 수 있겠다.

(2) 압수기사를 통해서 본 검열의 초점

1926년부터 1930년까지 압수된 조선어 민간신문의 내용을 주제별로 제시해 보면 〈표 9〉와 같다. 표의 내용을 보면 이 시기에 압수된 기사들의 내용은 주로 '조선민족의 독립·민족운동'에 대한 것이나 '통치정책비판'에 관련된 내용이 많다. '사유재산제도부인'에 대한 내용도 비교적 많은 편이다. '조선민족의 독립·민족운동'에 대한 내용이 많았던 것은 1926년의 6·10만세운동과 1929년의 광주학생운동 및 그 여파로 인한 것이었고, '사유재산제도 부인'에 대한 내용도 공산당 검거가 이루어지면서 상당수 압수를 당했다. 압수된 기사들의 구체적인 내용을 살펴보면, 무엇보다 먼저 1926년 순종의 국장일에 일어난 6·10만세운동과

<표 9> 1926년~1930년 조선어 민간신문 압수기사 주제별 건수표

		1926	1927	1928	1929	1930
일본비판		4	4	3	1	1
국제교의 저해		0	13	6	0	1
범죄인 구휼		1	2	6	3	4
범죄수사과정		9	6	9	21	1
조선통치 부인	조선민족의 독립·민족운동	41	38	16	14	22
	타민족의 독립·민족운동	3	3	5	3	5
	공산당의 독립운동	2	0	1	0	1
조선통치 방해	통치 정책 비판	23	39	20	6	10
	민족상황 비판	10	3	3	4	7
	내선융화 저해	5	3	3	6	2
	관리·경관 비판	6	6	5	2	8
사유재산제도 부인		11	15	5	6	7
투쟁 및 쟁의 선동		0	5	2	4	3
기타		2	6	2	2	0
계		117	143	86	72	72

1929년 광주학생운동에 대한 압수기사들이 있다. 6·10만세운동과 관련해서는, 실제 만세를 외친 자들은 물론이고, 이 날을 기해 만세운동을 하려고 했던 조선공산당의 계획이 밀정에 의해 탄로나면서 이에 대한 검거가 지속되어 3백 명 가까이 검거되자 이들에 대한 기사가 한동안 신문지면을 채웠고 이에 상응해 상당수가 압수되었다. 다음의 『동아일보』 1926년 6월 10일 자 짧은 보도기사가 대표적이다.

돈화문전 만세고창

오전 9시경 선언서를 살포

오늘 아침 오전 9시 인산행렬이 서서히 지나가려 할 때 돈화문 단성사 부근에서 다수의 학생이 격문삐라를 뿌리며 만세를 고창하자 많은 군중이 이에 화답해서 만세를 외쳐 소연해지자 기마경찰과 다수 경관이 이를 저지 해산시키기 위해 군중과 충돌하여 다수의 부상자를 냈으며 검거된 자도 많은데 아직도 혼란상태라고 한다.[99]

6·10만세운동 관련자들에 대한 공판은 1927년까지 계속되었기 때문에 1927년까지 지속적으로 보도되었고 이는 또한 압수로 연결되었다.

1929년 11월, 일본인 학생들이 조선인 여학생을 희롱한 것이 발단이되어 시작된 광주학생운동은 초기에는 조선인 학생에 대한 차별적 처분과 일본어 신문의 과도한 반응 등이 주로 보도되었다. 그러나 이것의 여파로 전국 각지에서 학생들의 만세시위가 벌어지자 1930년 1월 말까지이에 대한 보도가 계속되었다. 다음은 1930년 1월 10일 자 『중외일보』의학생 만세시위에 대한 보도로, 압수기사 전문이다.

송도(松都) 호수돈(好壽敦) 양교 만세 고창 대시위
백여 무장경관 발검 출동 근 2백 명 생도 검거
9일 오전 10시경에 개성 송도고등보통학교에서는 아침 조회시간에 학교의 교장이 학생 전부를 모아두고 일장 훈시가 있은 후 평일부터는 제2학기 시험을 시작할 것을 발표함에 학생 가운데 한 명이 돌연히 일어나 흥분된 어

99　「돈화문전에서 만세고창」, 『동아일보』, 1926.6.10(호외).

조로 "우리는 광주사건의 해결을 보기 전에는 결코 통학을 계속할 수 없다"고 소리치자 함께 모여있던 수백 명 학생은 일제히 이 말에 호응하여 만세를 화창하면서 일어나 교실 밖으로 나와서 일대 시위행렬을 지어가지고 교문을 나와 시가를 거쳐 호수돈 여자고등학교에 이르러 시위운동에 참가를 청함에 벌써 동교 당국자들은 이 눈치를 미리 알고 학생들을 전부 교실 내에 감금하고 한 명도 밖에 나가지 못하게 하므로 감금당한 동교 학생들은 교실 내에서 울며 부르짖으며 여기 참가치를 못하고, 이 시위행렬은 그 길로 공립상업학교에 다다라 시위에 합세를 운동하다가 이 학교에서도 선생들이 이미 교문을 잠그고 외출을 금하므로 참가되지 못하고 그대로 남문통 네거리에 모여 일제히 만세를 고창하면서 있을 즈음에 소식을 들은 개성경찰서에서는 서원 백여 명을 총히 무장을 시켜가지고 출동시켜 학생들의 검거를 시작하면서 개중에 경관 일부는 발검하여 학생 중에 부상자를 다수히 내였다는 바 여기서 양교 학생 1백 80여 명이 검거되고 동 시위행렬은 흩어지게 되었는데 검거된 학생들은 방금 동서 고등계에서 엄중한 취조를 받는 중이라더라.[100]

이 기사에 나타난 바와 같이 광주학생운동의 파급력은 매우 컸다. '광주사건'의 영향으로 광주의 학생만이 아니라 개성, 평양, 경성의 많은 학교 학생들이 학교에서 뛰어나와 '깃발을 들고 만세를 부르고, 만만세를 부르다가는 울고' 하면서 시위를 벌였고 근처의 다른 학교에도 동참할 것을 요청하여 1월 16일 오전, 이에 동조하여 시위에 참가한 학교만 '휘

---

100 「송도(松都) 호수돈(好壽敦) 양교 만세 고창 대시위」, 『중외일보』, 1930.1.10.

문고보, 동덕여자고보, 경신학교, 정신여고, 실천여학교, 여자상업학교, 배화여고, 이화여고, 배재고보, 근화여학교, 보성전문학교' 11개교에 이르렀다고 한다.[101] 이와 같은 시위는 관계자들에 대한 대검거로 연결되었고 기사에서 보는 바와 같이 수백 명의 학생이 검거되어 취조를 받았다. 검열당국으로서는 일파만파에 이른 학생들의 만세시위가 신문보도를 통해 다른 학생들에게까지 전해지기를 원하지 않았을 것이다. 매년 3월 1일이 가까워지면 이를 기념하는 시위가 일어날까봐 경찰은 촉각을 곤두세우고 이와 같은 경찰의 경계에 대한 보도들이 압수된 것도 같은 맥락에서였다고 하겠다.

조선통치를 방해하는 내용으로 간주된 기사들은 1924년 이후로 계속해서 다수 압수처분을 받았다. 그중에서도 이 시기에 눈에 띄는 기사로는 '에메틴 사건'에 대한 보도가 있다. 다음은 '에메틴 사건'에 대한 『중외일보』의 진상조사 보도이다.

참사자 속출한 영흥 에메찐사건

주사중독사건은 신인(神人) 공히 경악하고 분노하고 전율할 사건이었다.

도(道) 당국이 주사할 때 취한 태도는 과연 사람을 사람으로서 대우하는 태도였던가 아니었던가. (…중략…) 오인은 지난날의 소위 조선위정자가 취했던 태도에 비추어 금번의 사건이 공연한 풍성학려(風聲鶴唳)가 아닌 것을 알 수 있다. 그러나 그들도 인간이니까, 인간을 동물로 취급할 수 있겠는가 하는 인간

---

101 「재차 동요한 시내 남녀학교 14교 남녀학생 만세 고창코 일제 시위」, 『동아일보』, 1930.1.16. 기사에는 11개교의 이름만 기재되어 있고 나머지 학교명은 삭제되어 있다.

으로서의 생각으로 오히려 금번의 사건발생을 의심하려고 하였던 것이다.

그러나 본사에서 사건의 정확을 기하기 위하여 기자를 현지에 특파하여 그 전말을 조사한 결과는 어떠하였던가. 금후 속보될 사실을 천하의 정의의 구안(具眼)에 조감하여 엄정한 비판을 기대하려고 하는 것이다.

문제의 발단은 토질 환자의 진안(診案)

토질이 있었기 때문에 드디어 백여 명에 주사하기에 이르렀다.

중병환자에 강제주사

주사를 맞고 4, 5일이 경과한 뒤 발열하여 고통을 호소하였다. 처음에는 감기라고 생각하여 그런 줄 믿고 의심치 않았으나 주사를 맞은 사람만이 크게 앓아 비로소 에메찐 중독이라는 것을 알게 되어 일반 주민 및 친척들이 의심을 갖고 주사를 중지시키려고 하였지만 위생당국 및 경찰당국이 중단자는 대금 70전씩을 징수한다고 위협하고, 심지어는 인사불성의 고통을 호소하며 와상하여 있는 중태환자를 억지로 끌고 들어가기까지 하여 주사를 계속하였다.[102]

'토질'이란 '폐디스토마'를 이야기하는 것으로, 함경남도 영흥에서 폐디스토마 환자가 발생하자 해당 도의 위생과에서 경찰까지 동원하여 조선인 백여 명에게 에메틴 주사를 놓은 것이 문제였다. 주사를 맞은 105명의 주민 거의 전부가 중독되고 6명의 사망자를 내었기 때문이다. 사망자의 가족과 친척들이 분노하여 경찰서를 포위하는 등 소동이 일어났고 함경

---

102 「참사자 속출한 영흥 에메찐사건」, 『중외일보』, 1927.3.24.

남도 경찰부장은 사망자에게 100원, 중환자에게 30원, 일반 중독자에게 10원씩의 조의금을 주기도 했다. 역시 같은 사건을 다루어 압수된 다음 기사는 이 '에메틴사건'이 어떤 성격의 것이었는지를 짐작할 수 있게 한다.

사람을 실험의 도구로

본건에 대하여 조선인 모 의사는 분개하여 말하였다.

"금번의 에메찐주사는 바로 사람을 동물로서 취급한 것이라고 할 수 있다. 보통 1회에 1그램이 극량인데도 3그램이나 사용한 것을 보면 … 문명국에서 이런 일이 발생하면 큰일이 납니다"라고.

또 어떤 의사는 금번의 에메찐주사는 물론 분량을 초과 사용한 것이다. 에메찐은 축적작용이 있는 약이기 때문에 3주간 계속할 생각으로 중단자에게는 치료대를 받는다고 했다는데, 처음부터 돈을 받으려고 하였다면 돈이 없는 사람은 주사를 안맞았을 것인데, 그럼에도 불구하고 주사를 해놓고 이러쿵저러쿵 말이 많아 중단하니까 돈을 내라고 위협한 것이다. 그런 것 등을 종합해보면 한번 시험적으로 사람을 이용한 것 같아 보인다고.[103]

즉, 극량인 1그램의 3배에 달하는 용량을 주사하고, 주사를 맞지 않으려는 사람에게는 벌금으로 협박하여 그 경과를 지켜본 것이다. 함경남도 영흥에서만이 아니라 전라남도 해남의 위생과에서도 과중한 분량의 에메틴 주사를 놓아 사람들을 사망에 이르게 한 일이 발생한 것을 보면[104]

103 「사람을 실험의 도구로」, 『중외일보』, 1927.3.24.
104 「해남 에메찐에도 중독사자」, 『중외일보』, 1927.4.5.

'에메틴 사건'은 특정 도당국의 실수라기보다는 의도된 것이었음을 알수 있다. 일제통치당국이 의도적으로 조선인들에게 극량 이상의 용량을 주사하고 이를 지켜보았다는 것은 말 그대로 '천인공노'할 일이었을 것이고 이것이 신문을 통해 세상에 알려질 것을 꺼린 검열당국은 해당 기사들을 압수한 것이다.

이 외에도 '동양척식주식회사'나 '수리조합'에 대한 비판은 조선총독부의 통치정책에 대한 비판과 맞물려서 지속적으로 압수의 대상이 되었고[105] 다음과 같이 조선민족의 비참한 상황을 전달하는 것 또한 금지되었다.

> 유아 제기(啼飢), 부모 기진(氣盡) 완연한 지옥광경
> 구제료는 매인당 불과 10전, 목불인견의 차(此) 참상
> 장춘(長春)을 상거하기 70리에 있는 지점에서 구축을 당하여 지금 장춘에 피난한 동포는 78명으로 그중 31명은 동포들에게 구제를 받고 그 나머지 47명은 일본 영사관과 만철(滿鐵)로부터 보호를 받는 중이나 매일 한 사람 앞 10전씩을 내어줄 뿐이므로 그 상태가 매우 비참하다. 아이들은 어머니에게 안겨 울고 어른들은 배고파 기진하여 쓰러져 있는 목불인견의 참상이다. 그들 불쌍한 동포들은 동아일보사를 대표하여 위문하는 본사 특파원에 대하여 감사의 눈물을 흘린다. 장춘 재주유지 등은 14일에 집합하여 구체책을 강구하여 보았으나 돈이 없어 별 신통한 방책을 얻지 못하였다.[106]

---

105 「80여 개 수리조합, 조선농민 착취기관?」, 『조선일보』, 1926.12.9.
106 「유아 제기(啼飢), 부모 기진(氣盡)」, 『동아일보』, 1927.12.16.

남북 만주에서 조선인에 대해 중국정부가 퇴거령을 내리고, 퇴거하지 않을 시에는 총살한다고 위협하거나 토지를 회수하고 가옥을 파괴하며, 남녀노소를 가리지 않고 차에 실어 내다버리기까지 하는 사대가 발생했다. 이로 인해 수많은 조선인들이 갈 곳 없는 처지가 되어 굶주리게 되었고 독립된 정부가 없는 설움과 비참함이 그대로 드러났다. 조선 내에서는 중국에 대한 반발로 중국 상품 불매운동과 중국인 배척운동이 일어나기도 했고, 이 사태가 낳은 '목불인견'의 참상을 보도한『동아일보』와『중외일보』의 기사들은 모두 압수되었다.

또한 수재를 당해 유랑 중이던 조선 농민이 생계를 위해 산에 들어가 화전을 일구자 총독부 관계자들이 국유림이라는 이유로 수확도 보기 전에 80여 호나 되는 집들에 불을 질러 내쫓았고, 이에 1백 90여 명이 나뭇가지를 꺾어 원시생활을 하고 굶주려 병자가 속출했지만 아프다는 말도 못하는 비참한 현실을 보도하여 압수당한 예도 있다.[107]

1930년 12월 12일 자『조선일보』에 게재된「사라진 백산리와 수산리」라는 제목의 압수기사는 일제의 통치 아래 새로운 유행어가 된 '풍년기근'의 현상을 보여줌으로써 자연재해에도 살아남은 농민들이 식민정부 아래에서 어떻게 고향을 등지게 되었는지를 묘사하였다.

'풍년기근'은 금추 이래 하나의 유행어가 된 것으로서 이제 새삼스럽다고 말할지 모르나 밀양군 하남면 백산리와 수산리에서 일어난 사건은 특히 풍

---

107 「농작한 서류(薯類)도 소실, 아사경의 천여 주민」,『조선일보』, 1929.7.23;「산첩첩 수곡 곡한 험지에서 막천석지(幕天席地)로 근득(僅得) 연명」,『중외일보』, 1929.7.30.

년기근의 처참함을 말해주고 있다. 백산리와 수산리는 원래 빈농 마을이긴 하나 재작년과 작년 같은 큰 가뭄을 맞은 해에도 그들의 피땀으로 어떻게든 고향을 지키고 떠나지 않고 버티었으나 금년 같은 대풍에 도리어 온마을이 이산의 비운을 만나게 된 것은 세상이 잘못됐음을 유감없이 보여준 것이다. 특히 야반도주까지 해야 하는 이면을 살펴보면 눈물겨운 바가 있다.

　백산리의 40여 호가 하나같이 농채에 쫓겨 남부여대, 야반도주하여 향리를 떠난 수일 뒤, 수산리에 사는 조선흥업회사의 소작인 37호도 내야 할 소작료를 낼 방도가 없어 남은 것을 팔아 몇 푼의 노자를 장만하여 백산리 사람들처럼 야간도주법으로 정든 고향땅을 떠나버렸다. 그들이 갈 수 있는 곳이 어디인가. 몇 푼의 여비로 안주의 땅을 찾겠다며 출발한 그들의 장래는 어떻게 될 것인가[108]

일제의 통치 아래에 있는 조선의 "세상이 잘못되었음을 유감없이 보여"주는 이와 같은 기사는 자연재해보다 극심했던 '식민재해'가 어떠한 것이었는지 알게 해 준다.

끝으로 살펴볼 압수기사의 내용은 '사유재산제도 부인'이나 '투쟁선동'과 관련된 것이다. 적극적으로 사회주의 혹은 공산주의 운동을 선동하고 있는 기사는 『조선일보』 1926년 1월 8일 자 기사로, 1925년 창립된 경성노동연맹이 새해를 맞아 그 동안의 억압과 박해에도 불구하고 노동자를 위해 끝끝내 싸우겠다는 결의를 했다는 내용이었다.[109] 조선공산당

---

108 「사라진 백산리와 수산리」, 『조선일보』, 1930.12.12.
109 「노자(勞資)전선상에서 직접 투쟁」, 『조선일보』, 1926.1.8.

검거와 관련된 기사들도 다수가 압수되었다. 1925년 4월 비밀리에 창설된 조선공산당은 같은 해 11월에 1차로 검거되었고, 1926년 6·10만세운동이 있는 직후 2차로 120여 명이 검거되어 이 중 101명이 기소되었다. 1928년에는 3차로 34명이 구속되었다. 특히 '제2차 공산당 사건'과 관련해서는 많은 인원이 검거되었기 때문에 『동아일보』와 『조선일보』는 1926년 7월 25일 이 '검거열풍'에 대해 보도했다가 이미 압수를 당한 바 있었고 예심이 종결되었음을 알린 짧은 기사까지도 압수되었다.[110] 제3차 공산당 사건에 대한 공판은 검거 이후 6백 일 만에 이루어졌는데 이에 대한 보도들도 차단되었다.[111] 『조선일보』와 『동아일보』는 공판에 대한 보도에서 '공산당 사건'을 직접적으로 언급하면 검열에 걸릴 것을 염려하여 해당 사건을 '모 중대사건'으로 지칭하였음에도 불구하고 압수되었고, 공산당 사건 관련자들에 대한 검거나 취조에 대한 보도들도[112] 역시 검열을 통과하지 못했다.

계급투쟁과 연관된 소작쟁의나 노농쟁의, 형평운동, 동맹파업 외에 학생들의 동맹휴교에 관한 내용도 검열당국이 주의를 기울이는 대상이었다.

5개조를 제출하고 진주 양교 맹휴, 6일부터 휴학 단행한 농교와 공보교

---

110 「조선공산당 사건 예심 종결」, 『동아일보』, 1927.4.1.
111 「모 중대사건 예심종결」, 『조선일보』, 1929.10.29; 「검거 이래 6백일 만에 모 중대사건 예심 종결」, 『동아일보』, 1929.10.29; 「국제 공산당과 연락, 활동하던 제3차 조선공산 ML당」, 『조선일보』, 1929.11.1; 「제1,2차 조선공산당 후계인 제3차(통칭 ML) 조선공산 당」, 『중외일보』, 1929.11.1; 「중요 계통 3파를 망라한 제3차 후계 공산당」, 『동아일보』, 1929.11.1.
112 「고려공산당원 고모(高某) 검거시 단도 자살 미수」, 『중외일보』, 1929.10.9.

의 분규

경남 진주 공립보통학교와 공립농업학교 양 학교의 1, 2, 3, 4학년 생도 전부는 일치한 보조로 6일 오전 8시부터 연명하여 학교 당국에 5개조의 요구 조건을 제출하고 동맹휴학을 단행하였는데 요구 조건은,

1. 공학제도(共學制度)를 폐지하여 줄 것

2. 노예적 교육을 철폐하여 줄 것

3. 조선어 시간을 연장하여 줄 것

4. 조선 역사는 조선어로 교수하여 줄 것

5. 교내의 언론집회에 자유를 줄 것

등이라더라.[113]

진주의 두 학교가 단행한 동맹휴교에서 제출한 요구 조건을 살펴보면 검열당국이 학생들의 동맹휴교에 관한 보도를 꺼려한 이유를 짐작해 볼 수 있다. 요구조건은 조선인과 일본인 공학제도를 폐지할 것과 '노예적 교육'을 철폐할 것, 조선어 및 조선역사 교수에 대한 것, 교내의 언론집회 자유의 보장 등 일제가 조선독립과 관련된 사항으로 규정했던 내용들을 담고 있다. 즉, 동맹휴교는 계급의식이나 사회주의 혹은 공산주의와 직접적인 연관은 없지만 일제의 지배에 저항하는 메시지를 담고 직접행동을 선동하는 것이었기 때문에 투쟁이나 쟁의를 선동하는 것으로 분류되었다. 그러나 '사유재산제도 부인'이나 '계급투쟁 기타 쟁의를 선동'

---

113 「5개조를 제출하고 진주 양교 맹휴」, 『중외일보』, 1928.7.7.

하는 내용의 대부분은 사회주의나 공산주의와 관련된 것이었다.

이상에서와 같이, 1926년과 1930년 사이에 검열당국에 의해 압수된 기사들의 내용을 살펴보면, 검열당국이 '쓰지 말라'고 한 내용이 어떤 것이었는지 잘 알 수 있다.

3) 조선어 민간신문의 검열텍스트 분석

앞에서 살펴본 내용은 검열관의 글이나 압수된 기사의 내용을 통해 당시 검열의 초점이 무엇이었는지를 검토해 본 것이었다. 다음에서는 1926년 도서과가 설립된 후 검열 업무 체계화의 일환으로 검열 관련 자료를 담은 월간 형식의 자료나 검열로 처분대상이 된 기사들을 모은 자료집 등이 발간되었다는 점에 주목하여, 검열당국이 간행한 '말하는' 자료와 조선어 신문의 신문검열텍스트인 '아카이브' 및 '마이크로필름'을 비교·분석해 봄으로써 이들 간의 차이와 실제 검열로 인한 처분이 어떻게 지면에 실행되었는가를 구체적으로 살펴보고자 한다.

(1) 『월보』와 『차압기사집록』 및 신문지면의 비교

『월보』는 매달 '출판경찰개황槪況'을, '출판물 납본수 및 출판출원수표', '출판물 행정처분 건수표', '신문지 행정처분 건수표', '○월분 행정처분통계', '○월분 주의통계', '불허가 차압 및 삭제출판물 목록', '불허가 차압 및 삭제출판물 요지'로 나누어 제시하였다.[114] 이 중에서 조선어 민간

---

114 호수별로 이 명칭에는 조금씩 차이가 있으나 지칭하는 대상은 거의 바뀌지 않으므로 대
    표적인 명칭들을 서술하였다.

신문에 대한 처분사항을 상세히 알려주는 것은 '불허가 차압 및 삭제출판물 목록'과 이 목록에 나타난 출판물의 내용을 요약해 제시하는 '불허가 차압 및 삭제출판물 요지'이다. '불허가 차압 및 삭제 출판물 목록'에는 해당 출판물의 제호, 종류 및 사용문자, 처분연월일과 구별, 발행지, 발행인이 모두 목록화되어 있고, 2호까지는 '주의'처분을 받은 것도 이 목록에 제시되었으나 3호부터는 제시되지 않고 있다. 출판물의 제호가 기록되어 있어 조선어 민간신문에 대해 어떠한 처분이 내려졌는지 목록을 통해 알 수 있고, 바로 뒤에 이어지는 '불허가 차압 및 삭제출판물 요지' 부분에서는 문제가 된 기사의 제목과 내용을 간략히 제시하고 있어서 어떤 기사가 '삭제' 혹은 '압수' 처분을 받았는지 알 수 있다. 무엇보다, 연보나 다른 자료집에는 나타나지 않는 '삭제' 처분을 받은 기사의 발행일과 기사 내용을 알 수 있기 때문에 조선어 신문 검열을 연구하는 데 있어서『월보』의 가치는 매우 높다. 〈표 10〉은 1928년 9월부터 1930년 12월까지의『월보』에 나타난『동아일보』와『조선일보』에 대한 압수 및 삭제 건수를 표로 제시한 것이다.『월보』에 제시된 삭제와 압수처분 건수를 이와 같이 표로 정리해보면, 광주학생사건이 발생하여 이것이 전국의 학생맹휴사건으로 연계되고 또 이에 대한 공판이 열린 1929년 말엽과 1930년 초에 삭제 및 압수처분 건수가 눈에 띄게 증가하고 있다는 것을 알 수 있다. 1929년 3월에 처분 건수가 많았던 것은 당시 공산당 관련 사건의 예심이 종결되어 이에 대한 공판이 진행되었기 때문이었다. 또한 1930년 중반에 처분 건수가 줄어드는 것은 창사 10주년을 맞아 기획으로 기고문들을 게재했던『동아일보』가 1930년 4월 17일부터 9월 1일까지 무려 138일간의 정간

〈표 10〉『월보』에 나타난 『동아일보』와 『조선일보』에 대한 압수 및 삭제 건수

호수 및 연월	압수 건수	삭제(주의) 건수	두 신문에 대한 처분 총 건수	'신문지법'에 의한 처분 전체 건수
1호(1928.9)	1	2	3	6
2호(1928.10)	1	3(1)	4	5
3호(1928.11)	3	2	5	7
4호(1928.12)	2	3	5	9
5호(1929.1)	2	3	5	5
6호(1929.2)	6	1	7	8
7호(1929.3)	4	8	12	14
8호(1929.4)	5	1	6	10
9호(1929.5)	3	1	4	5
10호(1929.6)	1	2	3	5
11호(1929.7)	2	3	5	9
12호(1929.8)	3	0	3	7
15호(1929.11)	4	2	6	10
16호(1929.12)	9	3	12	22
17호(1930.1)	13	4	17	27
18호(1930.2)	6	6	12	17
19호(1930.3)	1	6	7	12
20호(1930.4)	3	2	5	10
21호(1930.5)	1	1	2	6
22호(1930.6)	2	1	3	11
23호(1930.7)	1	4	5	11
24호(1930.8)	0	1	1	4
25호(1930.9)	3	1	4	7
26호(1930.10)	0	0	0	0
28호(1930.12)	5	2	7	7

처분을 당했기 때문이다. 이처럼『월보』발행부터 1930년 말까지의 기간은 공산당사건 공판이나 광주학생사건 관련 보도로 인해 조선어 민간신문들이 '삭제'나 '압수'와 같은 실질적 행정처분들을 받고, 또한『동아일보』가 4개월이 넘는 기간을 '발행정지'를 당하면서 이후 조선어 민간신문의 논조가 어느 정도 누그러지는 계기가 된 기간이라고 할 수 있다.

이러한 일련의 과정을 겪으면서『월보』자체도 체계화되어 나갔던 것으로 보인다. 우선, 전체 처분 건수를 제시하는 방식을 살펴보면, 1, 2호에서는 신문사별로 나누어 처분을 제시하던 것을 3호부터는 '차압'을 먼저 날짜별로 제시하고 그런 후에 '삭제'를 역시 날짜별로 제시하는 것으로 바뀌었다. 처분내용별로 중요사항을 먼저 제시하기 시작한 것이다.

또한 목록 혹은 기사요지에서 압수나 삭제한 신문을 제시할 때, 초반에는 처분연월일만을 제시했으나 제18호부터는 '불허가 차압 및 삭제출판물 요지'에 처분연월일과 발행연월일을 구분하여 제시하기 시작하였고 제21호(1930.5)부터는 '불허가 차압 및 삭제출판물 목록'에서도 처분연월일과 발행연월일을 구분하여 제시하기 시작하였다. 이를 위한 과도기적 형태로 이미 제16호(1929.12) '불허가 차압 및 삭제출판물요지'에서 처분연월일과 발행연월일을 구분해 제시한 것을 볼 수 있는데 제17호에서는 다시 처분연월일만 제시하였다가 제18호부터 위의 체계를 갖추었다.

『월보』가 제시한 처분연월일을 기준으로 실제 처분된 신문의 지면을 찾아보면 이 처분연월일이 실제 기사가 나타나는 지면의 날짜보다 하루 빠른 경우가 몇몇 있는데, 이는 실제 처분일과 발간일이 달랐기 때문이었을 것이다. 예를 들어 1월 15일 처분된 것으로 제17호(1930.1)에 기록된 「정문을 파괴하고 배화생 통기痛器」라는 압수기사는 『차압기사집록』에는 16일로 기록되어 있고, 실제 지면도 16일 자에서 찾아볼 수 있다. 이러한 차이는 문제를 일으킬 수도 있었을 것이다. 1929년 4월 30일 압수처분이 내려진 「천리淺利국장이 알선한 삼시三矢조약 확장안」이라는 『동아일보』 기사는 월보 제8호(1929.4)에 4월 30일 자 압수기사로 제시되었으나 제9호(1929.5)에도 5월 1일 자 압수기사로 중복제시되어 있는 것을 확인할 수 있다.

초기의 『월보』는 등사판 인쇄 형식으로, 수기手記로 작성되어 있기 때문에 오자誤字나 실수도 종종 눈에 띈다. 예를 들어, 제5호(1929.1)에서는 목록에는 '삭제'로 제시되어 있는 기사들이 요지 부분에서는 '차압'으로 잘못 기록되어 있기도 하고, 제7호(1929.3)에 제시되어 있는 『조선일보』의 삭제 기사 「공산당사건의 피고 예심종결」의 처분일은 10일로 표기되어 있는데 10일은 일요일이었기 때문에 신문발행이 없는 날이었다. 제2호(1928.10)의 『동아일보』 차압기사 「천리淺利경무국장이 차천자車天子를 방문」에서 '차천자車天子'가 '동천자東天子'로 잘못 표기되거나 제7호의 『조선일보』의 삭제 기사는 원지면에 '366차'로 표기되어 있는 것을 '336회'로 잘못 표기하기도 했다.

『월보』에 제시된 처분 중에서 압수기사만을 대상으로 이것을 『차압기사집록』 및 실제 지면과 비교하여 그 건수와 지면 내 기사의 위치 및 삭제 상황을 표로 만들어 이 책 「부록 4」에 제시하였다.[115] 〈그림 6〉은 이

---

115 이는 압수된 특정 기사를 중심으로 이 기사에 대한 『월보』 및 『차압기사집록』의 기록내용과 이것이 실제 신문지면에 어떻게 나타났는가를 표로 정리한 것으로 중요한 자료이

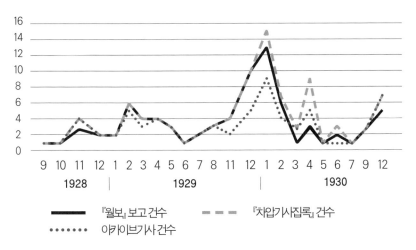

〈그림 6〉 압수기사의 『월보』, 『차압기사집록』, 신문지면 대조표

를 보다 파악하기 쉽도록 도표로 만든 것이다. 〈그림 6〉에서 『월보』 보고 건수는 『월보』에 보고된 월별 압수 건수를 의미하고 『차압기사집록』 건수는 『차압기사집록』에 수록되어 있는 월별 압수 건수를 의미한다. '아카이브' 기사 건수란, 원래는 압수된 기사이기 때문에 삭제되었어야 할 기사들이지만 '아카이브'의 지면에 남아 있는 기사수를 지칭하는 것이기 때문에 이 기사 건수가 많을수록 실제 삭제되었어야 할 기사들이 많이 남아있다는 것을 의미한다. 다시 말해 『월보』 보고 건수 및 『차압기사집록』 건수와 '아카이브' 기사 건수와의 차이가 크게 벌어질수록, 검열로 인해 삭제되어야 할 기사들의 지면잔존률이 낮은 것이 되어 검열이 보다 완전하게 지면에 실행된 것이라고 할 수 있다. 위의 도표에서는 '광주학

다. 그러나 건수가 많아 표가 너무 길기 때문에 이 책 「부록 4」에 따로 제시하고 그 내용을 간략히 도표로 만들어 본문에 제시하였다.

생사건'이 문제가 된 1929년 11월부터 1930년 2월까지의 기간에서 이러한 경향을 볼 수 있다.

「부록 4」의 표에서 가장 눈에 띄는 점은 『월보』에는 보고되지 않았으나 『차압기사집록』에는 기록된 압수기사가 다수 있었다는 점이다. 이는 『차압기사집록』이 『월보』에 보고된 내용 이외의 압수기사들을 보충하여 기술되었다는 것을 보여준다. 『월보』가 실제 차압된 기사들 중에서 중요한 것만 요약·제시하여 건수가 누락된 것으로 볼 수도 있지만, 1934년 간행된 『조선출판경찰개요』에 제시된 1929년과 1930년 『동아일보』와 『조선일보』의 행정처분(압수) 건수가 『월보』에 제시된 건수와 거의 일치하는 것으로 보아서는[116] 『차압기사집록』이 『월보』에 누락된 압수기사들을 보충하여 만들어진 것으로 보아야 할 것이다.

누락된 기사들을 좀 더 상세히 살펴보면, 『월보』에는 보고되지 않았으나 『차압기사집록』에 게재된 기사들은 모두 17건인데 그 중 13건은 동일 날짜, 같은 신문에 관련 혹은 다른기사로 보고된 별도의 압수기사가 있다. 남강의 유골을 표본으로 사용하는 문제에 대해 『차압기사집록』에는 1930년 6월 6일 자 『조선일보』의 논설 「남강의 유해」와 기사 「남강유골 표본에 당국이 간섭」 두 건이 압수되었다고 기록되어 있으나 『월보』에는 사설이라고 설명되어 있는 '남강유골' 하나만을 제시하였다. 『동아일보』를 정간에 이르게 한 1930년 4월 1일과 4월 4일의 경우도 이와 유사하다.

---

116 다만 『동아일보』가 발행정지를 당한 1930년 4월의 경우, 월보에는 3건만 제시되었지만 연보에는 11건이 제시되었고, 1929년 6월과, 1930년 3월의 경우 월보에는 1건으로, 연보에는 2건으로 보고되었다는 점이 일치하지 않는다.

『월보』에서는 4월 1일 자 압수기사 중에서 '버나드 쇼'의 기고문 내용만을 두 줄로 짧게 제시하는 것으로 그쳤지만 『차압기사집록』에는 이외의 세 기사가 더 기록되어 있고, 4월 4일 자 역시 『차압기사집록』에는 4개의 기사가 보고되어 있는 반면 『월보』에는 '윤치호 씨 담談'이라는 「불면불휴의 노력, 최요항목」만 기록되어 있다. 즉, 『월보』는 여러 기사가 동시에 압수처분을 받은 경우는 그 대표적인 기사만 기록을 했던 것으로 보인다.

전반적으로 볼 때, 『차압기사집록』에 기록된 기사의 내용은 『월보』에 비해 상세하다. 『차압기사집록』도 반드시 압수기사 전문을 기록했던 것은 아니고 '전략', '후략', '중략' 등을 이용해 문제가 된 부분을 중심으로 기록을 했지만 수기로 기록한 『월보』는 제목만을 간략히 기록하거나 기사 내용을 제시한다고 해도 5~6줄로 간략히 기록했다. 『차압기사집록』은 기사 내용 외에 압수의 이유를 제시하기도 했다. 예를 들어 1930년 2월 20일 자 『조선일보』 차압기사는 『월보』에 「광주학생공판기사」로 제목만 간단히 제시되어 있지만 『차압기사집록』에는 「철옹성 같은 경계리에 광주학생 대공판 개정」이라는 제목 아래에 '게재방법이 과대해서 선동적임에 의함'이라고 처분 이유가 제시되어 있다. 또한 1930년 1월 22일 자 『조선일보』 압수기사 「평양의 남녀학교 만세시위」에 대해서도 「학생만세사건기사」라고 제목한 뒤에 '활자가 큰 등 관련한 지시에 반反한 것'이라고 압수 이유를 기록해 두었다. 이는 검열당국이 기사의 내용에만 주의를 기울였던 것이 아니라 기사 제목의 크기 등 편집에도 유의해 처분을 내리고 있었다는 사실을 직접적으로 보여준다.

압수기사를 실제 지면에서 찾아보면 검열당국이 신문지면 구성에 유의하고 있었다는 사실은 더욱 확실해진다. 처분을 받은 기사의 면수와 지면 내 위치를 좌로부터 좌-중-우로 나누고 위로부터 상-중-하로 나누어 제시해보면(「부록 4」 참조), 상당히 많은 수의 기사들이 1면 사설이거나 2면의 첫 기사, 즉 우측 상단에 위치한 것을 알 수 있다. 「부록 4」에 제시된 총 98개의 기사 가운데, 현재 지면을 찾을 수 없어 본래 기사의 위치를 파악할 수 없는 기사는 모두 6개이다. 이를 제외한 92개의 기사 중에서 1면 사설이거나 특정 면의 우측 상단에 위치한 기사는 모두 43개로 절반에 가깝다. 또한 우측 상단에 위치한 기사의 대부분은 2면에 자리하고 있다. 당시의 조선어 민간신문들은 2면에서 국내 정치기사들을 다루었으므로 2면에 위치한 기사가 많이 압수된 것은 일견 당연해 보이지만 그 중에서도, 당시의 읽기구조상 면을 펼쳤을 때 가장 먼저 눈에 들어오는 우측 상단의 기사를 압수한 횟수가 이 정도에 달한다는 것은 흥미로운 일이다. 검열당국이 조선어 신문을 검열할 때, 지면구성에 많은 주의를 기울이고 있었다는 것을 알게 해 준다.

실제 지면을 보아야 알 수 있는 것은 또 있다. 『월보』나 『차압기사집록』에서 제시될 때는 문제가 된 기사만을 제시하였기 때문에 어떠한 맥락에서 기사가 게재되었는가는 드러나지 않는다. 앞에서 언급한 『동아일보』1930년 4월 1일 자 압수기사들을 살펴보면, 『월보』는 「국민은 장래를 보지 않으면 안된다 로만스는 애국주의의 해독이다」라는 기사를, 괄호 안에 기고자 이름 "바나도 쇼와씨"를 제시하는 등 두 줄로 기록했고, 『차압기사집록』은 「점진주의로써 자유연명결성」, 「자각적운동, 멀지 않아서 조선의 봄」, 「회고하지 않고 전진, 현재미래통찰」이라는 세 기사의 내용을 필자의 이름과 함께 제시했다. 그런데, 이 기사들이 게재된 실제 지면을 찾아보면 이들이 모두 『동아일보』 10주년 기념호의 부록 2면에 게재된 기사들로서 분리된 내용의 기사들이 아니라 「십주년기념호를 통하야 조선에 부치는 부탁, 내외각국명사」라는 특정 기획란의 일부임을 알게 된다. 게다가 바로 다음날 '삭제' 처분을 받은 『동아일보』의 기사 「현대의 모순 익익益益 심혹甚酷화함」이라는 기고문 역시 실제 지면을 보면 부록 1면에 게재된 「십주기념을 당하야 조선에 부치는 부탁, 내외각국명사」라는 같은 기획란에 게재된 기사였음을 알 수 있다. 즉, 검열당국이 『동아일보』가 10주년을 기념하기 위해 발행한 부록에서 해당란을 유심히 살피고 있었다는 것을 알 수 있다.

사진 기사도 마찬가지이다. 기사들과 함께 삭제된 사진은 따로 보고되지 않았기 때문에 실제 지면을 보지 않으면 삭제당한 사진이 있었는지 여부를 알 수 없다. 예를 들어 1929년 12월 8일 자 『동아일보』와 『조선일보』는 광주학생운동과 관련된 '학생소요사건'으로 압수에 처해졌다. 그러나 『월보』에 보고된 내용만을 살펴보면 다음과 같다.

朝鮮日報	諺文新聞	4.12.8	4.12.8 差押	경성	申錫中[117]

기사요지 : 7일 오전 중 경관 육십 명 출동. 기마순사까지 요소마다에 경계 (격문사건)

東亞日報	諺文新聞	4.12.8	4.12.8 差押	경성	金錫中

기사요지 : 前同事件[118]

117　당시 『조선일보』의 발행인은 신석우였다. 오기로 보인다.
118　경무국 도서과, 『조선출판경찰월보』 16, 1929.12, 면수미상.

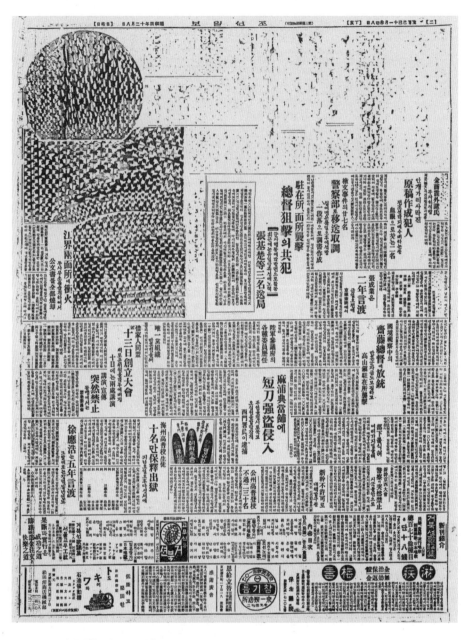

〈그림 7〉 삭제된 『조선일보』 및 『동아일보』의 실제 지면(양쪽 모두 1929.12.8, 2면)

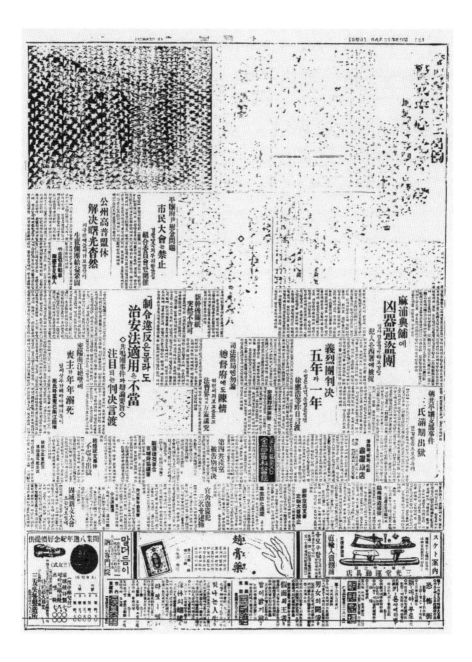

한 줄 정도의 설명에 그친 이 압수처분은 그다지 눈여겨볼 필요가 없는 듯 느껴진다. 『차압기사집록』에 나타난 기록은 이보다는 훨씬 자세하다. 『조선일보』의 경우, 「학생맹휴사건기사」라는 괄호 처리된 큰 세목 아래 5~6개의 소제목과 그 아래 요약된 기사의 내용을 볼 수 있어 중대한 사건이었다는 느낌을 준다. 그러나 『동아일보』에 대해서는 역시 같은 「학생동맹휴교사건」이라는 괄호 안 제목만 제시하는 데 그쳤고 기사 내용은 '동일부 다른 언문신문과 동일기사'라고만 기록했다. 이처럼 『차압기사집록』은 『월보』에 비해서는 자세히 기사 내용을 제시하고 있지만 역시 사진 기사에 대한 설명을 찾아볼 수 없다. 실제 지면을 보면 또다시 압수처분을 받은 기사에 대한 생각이 달라진다. 『조선일보』는 전체 지면의 3분의 1에 해당하는 상단기사 전체가 삭제되었고 좌측 상단부터 중간까지 모두 세 장의 사진과 사진에 대한 설명이 모두 삭제되어 있다. 삭제된 기사의 개수는 『차압기사집록』을 통해 대략 알 수 있지만 삭제된 사진에 대해서는 해당사건과 관련된 사진이라는 것 외에는 전혀 알 수 없다. 『동아일보』는 기사지면의 거의 절반 정도가 삭제되었고 역시 좌측 상단에 위치한 한 장의 사진도 함께 삭제되었다.(《그림 7》) 긁어낸 듯한 흔적으로 가득찬 삭제된 사진들은 삭제된 지면의 양을 증가시키고 있는 동시에 검열당국이 사건을 얼마나 심각하게 받아들였는지를 보여준다.

또 한 가지 유의해서 보아야 할 것은 압수된 기사가 지면에 잔존하고 있었는지의 여부이다. 『동아일보』와 『조선일보』의 '아카이브'에 올라 있는 지면들을 살펴보면 '압수'나 '삭제'에 처해진 기사의 대부분이 '압수'나 '삭제'되지 않은 채 그대로 남아 있는 것을 볼 수 있다. 이는 앞에서 설명한 바와 같은 신문검열의 특성에서 기인하는 것이겠지만 흥미로운 것은 『월보』의 발행 이래 1930년 12월에 이르기까지 중요한 두 사건으로 언급되어 온 광주학생사건과 『동아일보』의 발행정지 관련 기사에서는 기사 내용이 삭제된 채 원문을 찾아볼 수 없는 경우가 많다. 중요한 사건들이었던 만큼 검열당국에서 빠른 조치를 취한 결과였을 것이다.

『월보』는 '압수' 외에 '삭제' 처분을 받은 조선어 신문의 내용도 요약·제시하고 있었으므로 이에 대해서도 살펴볼 필요가 있다. 〈표 11〉은 『월보』에 제시된 삭제 기사의 내용을 실제 지면과 비교하여 표로 정리한 것이다. 『월보』에 기록된 삭제 기사의 내용은 사료로서 매우 중요한 의미를 갖는다. 압수처분을 받은 기사들은 도서과에서 발행한 자료집인 『차압기사집록』에 오히려 더 자세히 기술되어 있지만 '삭제' 처분을 받은 기사들에 대한 자세한 기록은 『월보』에서만 찾을 수 있기 때문이다. 연보류에 '치안방해'와 '풍속괴란'이라는 항목별로 '삭제' 건수가 제시되어 있지만 건수만 제시되어 있을 뿐, 언제 어떤 기사에 '삭제' 처분이 내려졌는지에 대한 정보는 찾을 수 없다. 특히, '삭제' 처분을 받은 기사가 지면상에 남아 있지 않을 경우, 해당 기사에 대한 정보를 얻을 수 있는, 현재로서는 유일한 사료이다. '압수'는 법에 근거한 중요한 행정처분의 하나였기 때문에 도서과 발행의 『월보』와 연보, 자료집에서 누차 보고 및 정리가 되었지만 '압수'에 이를 정도는 아니지만 지면화될 수는 없었던 '삭제' 기사에 대한 정보는 『월보』가 거의 유일한 자료인 것이다.

이들 '삭제' 처분을 받은 기사의 내용만을 정리해 보면, '압수'와는 달리 검열당국이 중요하게 취급했던 사건이 있었을 때 처분 건수가 증가하는 것과 같은 경향은 눈에 띄게 나타나지 않는다. 또한『월보』에 보고된 내용을 바탕으로 '삭제' 처분이 내려진 기사들의 실제 지면을 찾아보면, 압수기사에서와 비슷한 경향들을 찾아볼 수 있다. 즉,『월보』에는 간략히 제시되었으나 실제 지면에서는 삭제된 분량이 많다거나 삭제된 기사의 지면 내 위치가 2면, 그리고 우측 상단이 많다는 것 등이다. 1929년 12월 10일『동아일보』의 삭제 기사는『월보』에 '기마대에 밟힌 중보 고보생 중상, 9일 동교정문 앞에서 전치 2주일을 요하는 부상'이라는 기사요지만 제시되었지만, 실제 지면을 보면 우측 상단이 거의 다 지워져 있고, 대략 3~4개의 기사가 삭제된 것으로 보인다(〈그림 5〉 참조).〈그림 8〉은 〈표 11〉을 좀 더 알기 쉽도록 그림으로 나타낸 것이다.〈그림 6〉과 마찬가지로 〈그림 8〉에서도 점선은 삭제되었어야 할 기사가 지면에 남아있는 경우를 의미하기 때문에 두 선의 차이가 클수록 검열로 인해 삭제당한 지면이 많은 것이다. 앞에서 살펴본 '압수'기사의 경우에서처럼, 광주학생사건이 문제가 된 시기에 이 차이가 크게 벌어지고 있다.

'삭제'로 보고된 기사들의 실제 지면을 찾아보면, 기사 전체가 삭제된 것이 아니라 일부만 삭제된 기사들도 있는 것을 알게 된다. '삭제' 처분으로 '보고'된 기사들은 원문이 남아 있거나 기사 전체가 삭제되어 알아볼 수 없는 경우가 대부분인데, 기사 내용의 일부가 삭제된 경우도 있다. 삭제로 보고된 1929년 7월 6일『동아일보』의 사설은 전체의 3분의 1정도에 해당하는 후반부가 삭제되어 있고 1930년 12월 3일 자『동아일보』 4면의 '응접실'란 역시 중간부분의 일부만 삭제되어 있다. 그렇다면『월보』에서는 기사의 일부만을 삭제한 경우에도 '삭제' 처분으로 보고를 했

<표11>『월보』에 기록된 삭제 기사와 신문지면 대조표

신문	처분 연월일	『월보』에 기록된 삭제 기사 제목	'아카이브' 지면 내 위치(삭제 여부)
『동아일보』	1928.9.27	목적을 위해 극형도 불사!	5면 우상
『조선일보』	1928.9.27	봉천영사경찰의 조선인 가택수색	5면 중중
『조선일보』	1928.10.13	昨曉경찰부야연대긴장 잠복한 二청년체포	2면 우상
『동아일보』	1928.10.16	移動記者班 : 不安과 緊張의 一夜 千里警戒網晋行	2면 우상
『조선일보』	1928.11.8	모종계획발각으로배재생又復引致	2면 우상
『동아일보』	1928.11.8	총독저격범 覆審에도 사형	2면 중중
『조선일보』	1928.12.1	40주민 現住處에 폭발탄 투하 연습	2면 우상
『조선일보』	1928.12.5	牡丹峯茶話	4면 좌하
『동아일보』	1928.12.19	大旱害의 慘劇 永同에 自殺者續出 納稅督促 生活은	4면 중상
『조선일보』	1929.1.1	각 씨족의 언어의 자유와 자치권을…	3면 우상(삭제)
『동아일보』	1929.1.16	상후하박의 경계상여금	2면 중중
『동아일보』	1929.1.31	다시 용천소작쟁의에 대해(사설)	1면 사설
『조선일보』	1929.2.27	작일 경무국에 수뇌비밀회의	2면 우상
『동아일보』	1929.3.5	공산당관련 양사건은 예심종결	2면 좌중
『조선일보』	1929.3.10	공산당사건의 피고 예심종결	찾을 수 없음
『조선일보』	1929.3.13	全北道議도 문제 총독부에서 대책 강구	2면 좌하
『동아일보』	1929.3.14	須藤지사의 고압에 총독부내에도 비난성	2면 중중
『조선일보』	1929.3.16	權泰錫등 3인 방청을 금지하고 심리. 작일 경성법원에서	2면 중상
『조선일보』	1929.3.21	대비밀결사 탄로	2면 우상
『조선일보』	1929.3.23	창립이래9년간에336회쟁의(일부오기)	2면 중상(366차)
『동아일보』	1929.3.24	소위 귀족구제안(사설)	1면 사설
『동아일보』	1929.4.28	재중 청년동맹 대표회의	2면 우중
『조선일보』	1929.5.21	30만원입수후 평북에 襲來 계획	2면 중하
『동아일보』	1929.6.6	5개소의 가택을 수색하고 서류다수를 압수함	2면 중중
『동아일보』	1929.6.16	횡설란	1면 중하
『동아일보』	1929.7.6	福田대장의 총독설(사설)	1면 사설-(일부 삭제)
『동아일보』	1929.7.21	제3차로 조직중 발견 일본공산당 또 검거	2면 우상
『동아일보』	1929.7.23	주택 충화가 원인 양식을 태우고… 갑산 화전민의 참상	2면 좌중
『동아일보』	1929.11.21	권총 폭약 등으로 위협	2면 우상
『조선일보』	1929.11.21	함흥수리조합쟁의사건	찾을수없음

신문	처분 연월일	『월보』에 기록된 삭제 기사 제목	'아카이브' 지면 내 위치(삭제 여부)
『조선일보』	1929.12.10	확대되는 격문사건	2면 중상
『동아일보』	1929.12.10	기마대에 밟힌 숭보 고보생 중상	2면 상단 거의 삭제 약 3개
『조선일보』	1929.12.21	친로파의 거두 露道에 자살한 이범석 씨 미망인 작일 長逝	2면 우중
『동아일보』	1930.1.8	경찰정치규탄 대시위 계획	찾을 수 없음
『조선일보』	1930.1.17	원산 루樓씨 청년 양교 삼백여 명 행렬 운운	찾을 수 없음
『조선일보』	1930.1.28	학생시위사건에서 경성시민이 撤市운운	2면 중중(삭제)
『동아일보』	1930.1.30	경남 각 보교 계획 미연 발각	찾을 수 없음
『동아일보』	1930.2.13	胸戱戰의 금지와 신경과민의 경찰(사설)	1면 사설
『동아일보』	1930.2.16	기원절을 기회로 모종 계획중 被逮	7면 중중
『조선일보』	1930.2.17	조선 내 학생사건과 고려공산당원의 잠입	2면-2개처(삭제)
『조선일보』	1930.2.19	각파를 규합해서 통일 군단을 조직	2면 좌하
『동아일보』	1930.2.20	성수불설의 엄계리에 광주학생공판개정	압수기사와 동일
『동아일보』	1930.2.24	함흥청맹사건 피고 사십 명 돌연 단식	2면 우상(삭제)
『동아일보』	1930.3.11	조선경찰의 검거방침(광주서 검거사건 기타 비난 등)	1면 사설
『조선일보』	1930.3.12	일정부의 요청을 받아 조선 문제로 도일(여운형 관계 기사)	2면 중상
『동아일보』	1930.3.16	삼백의 소년 시위행렬	2면 중중
『조선일보』	1930.3.21	함흥상교사건	2면 좌상
『조선일보』	1930.3.21	세계 각국 여류 위인	찾을 수 없음
『조선일보』	1930.3.25	純眞한 농촌의 빈민이 寒飢 때문에 강도단화	2면 우상
『동아일보』	1930.4.2	현대의 모순 益益 甚酷화함(장곡천여시한)	부록1면(삭제)
『동아일보』	1930.4.5	학생사건 이래 黜학생도 4백 7십구 명	7면 좌중-'출학당한생도'
『조선일보』	1930.5.22	경찰관의 연좌를 가져온 금괴제조사건 공판	2면 좌중
『조선일보』	1930.6.27	대전상교와 중학교 朝日학생대난투	2면 중중(삭제)
『조선일보』	1930.7.8	영동군 부정사건이라고 제목한 기사 중…	6면 좌하
『조선일보』	1930.7.23	거류중 부녀는 경찰서에 피난(단천)	2면 중상
『조선일보』	1930.7.27	핀셋토란 소위 총독정치에 없어…	2면 좌하
『조선일보』	1930.7.28	단천사건의 발단이라고 제목하고…	찾을 수 없음
『조선일보』	1930.8.22	핀셋토란 평양고무공장의 대분규사건	2면 좌하
『조선일보』	1930.9.22	額穆 구금자 8십 명 중 십여 인 사형 결정	2면 우상
『동아일보』	1930.12.3	2일 처분, 응접실	4면 중중(일부 삭제)
『동아일보』	1930.12.17	16일 처분, 長淵에서 물품매입을, 조선상점에 한해	6면 좌하

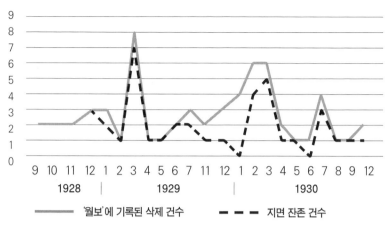

<그림 8> 『월보』에 기록된 삭제 건수와 지면 잔존 건수 대조표

던 것으로 볼 수도 있을 것이다. 그런데 바로 앞에서 언급한 『동아일보』 1930년 12월 3일 자 4면을 보면, '응접실' 바로 옆부분에, 「민수당閔綏堂과 한강석漢江石」이라는 기사의 끝부분도 일부가 삭제되어 있으나 이는 『월보』에 보고되지 않았다. 즉, 어느 수위까지를 '삭제' 처분으로 보고했는가의 문제가 제기된다.

　이처럼 실제 지면에는 삭제가 되어 있으나 보고되지 않은 것들도 종종 눈에 띈다. 1930년 4월 5일 『동아일보』의 지면을 보면, 당월 『월보』에 삭제된 것으로 보고된 「학생사건 이래 출학당한 생도 사백칠십구 명」이라는 기사(7면) 외에도 3면에 「국경10년」이라고 제목한 기사란의 '통의부를 위시하야 정의부와 신민부'라는 기사의 내용이 일부 삭제되어 있으나 이는 보고되지 않았다(〈그림 9〉). 이들에 대해서는 바로 다음에서 좀 더 자세히 논해볼 것이다.

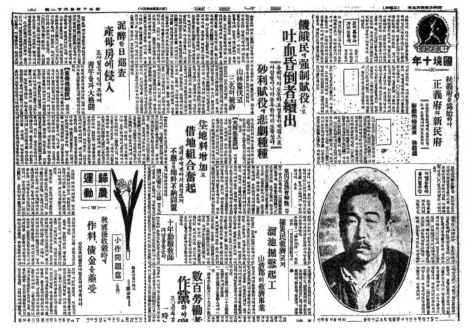

〈그림 9〉 기사의 일부가 삭제되었으나 『월보』에는 기록되지 않은 사례. 『동아일보』, 1930.4.5, 3면.

(2) 조선어 민간지의 실제 지면 삭제 부분 분석

지금까지 살펴본 것은 『월보』에 기록된 조선어 민간신문 『동아일보』
와 『조선일보』에 대한 '압수' 및 '삭제' 처분의 내용을 도서과 발행 자료
집, 『차압기사집록』 및 현재까지 남아있는 두 신문의 실제 지면과 비교
해 본 것이었다. 그러나 이는 방금 언급한 바와 같이 『월보』에 보고된 내
용에서 출발한 것이기 때문에 보고되지 않은 부분에 대한 검토는 불가능
하다. 1930년 4월 5일 자 『동아일보』 지면의 경우에서 살펴보았듯이, 실
제 지면에는 긁어낸 형태로 삭제되어 있으나 『월보』에는 보고되지 않은
기사들도 있었다. 따라서 여기에서는 『동아일보』와 『조선일보』에서 일정

기간을 정하여 해당 기간 동안 발행된 신문의 지면을 모두 살펴봄으로써 보고된 내용 이외에 삭제된 지면이 없는지 검토해 보았다. 물론 '삭제'나 '압수'로 보고된 기사라고 할지라도 현재 남아있는 신문지면에는 기사가 삭제되지 않은 채 그대로 남아 있는 경우가 많지만, '처분'에 비해 실제로 삭제된 지면이 많지 않다는 이러한 상황을 감안한다면 실지면에 삭제되어 있는 부분을 살펴볼 이유는 더욱 커진다.『월보』에 보고된 내용과 비교해 보기 위해서, 1928년 12월, 1929년 12월, 1930년 12월에 발행된 『동아일보』와『조선일보』의 지면을 모두 찾아보았다.『동아일보』와『조선일보』의 지면은 '음성적' 검열 자료 즉, 서울대학교 중앙도서관이 소장하고 있는 '마이크로필름'본을 이용하였다.

실제 지면의 삭제된 부분을『월보』보고 상황 및 신문의 다른 판본이라고 할 수 있는 신문사 아카이브 게재본과 비교하여 표로 제시하면 〈표 12〉와 같다.

'마이크로필름'본에 나타난 실제 지면의 삭제된 부분을『월보』에 보고된 내용과 비교해 보았을 때, 가장 눈에 띄는 점은 삭제된 부분의 상당수가 '삭제'나 '압수'와 같은 검열처분으로 보고되지 않았다는 점이다. 기사의 삭제된 정도는 제목의 일부만을 삭제한 것에서부터 기사 내용의 일부를 삭제한 것, 제목만 남기고 기사 내용은 삭제한 것, 기사 전체를 삭제한 것, 관련 기사 모두를 삭제한 것 등 다양하지만 '삭제'나 '압수'로 보고된 것들은 기사 전체가 삭제된 것이 많았다. 제목만 일부 삭제되거나 기사 내용의 몇 줄 정도가 삭제된 경우에는 보고하지 않았던 것으로 보이지만 삭제된 부분이 적다고 해서 보고대상에서 제외되고, 삭제된 부분이

크다고 해서 보고된 것은 아니었다. 즉, 검열당국이 중요한 사안으로 취급한 경우에만 '삭제' 처분 건수로 인정하고 이를 기록했을 것으로 추측해 볼 수 있다. 물론 기록했어야 할 사항을 『월보』가 실수로 기재하지 않은 경우도 있었던 것으로 보인다. 예를 들어 1929년 12월 29일 『동아일보』의 사설 「광주사건의 의의」는 '압수'된 기사였음에도 『월보』에 보고되지 않았고, '학생문단'과 같은 문예물이나 사진에 대한 삭제도 『월보』에는 보고되지 않았다. 요컨대, 『월보』에는 검열당국이 중요하게 취급한 문자로 된 '정치적' 기사만 기재되었던 것으로 볼 수 있다.

이와 같이 『월보』에 보고되지 않은 삭제 부분이 많다는 것은 일제의 조선어 신문에 대한 검열의 성격을 파악하는 문제에 중요한 시사점을 던져준다. '보고'되지 않은 '삭제' 처분이 많았다는 것은 검열당국이 발행한 자료에만 기초하여 검열을 연구할 경우 검열의 실태를 실제보다 축소해서 파악할 수도 있다는 것을 의미하기 때문이다. 따라서 일제의 조선어 신문에 대한 검열의 실제를 검토할 때는 반드시 실제 지면의 내용을 보아야 하며 검열당국이 제시한 통계치만으로 실행된 검열의 성격을 결론지어서는 안 될 것이다. 〈그림 10〉은 〈표 12〉의 내용을 보다 파악하기 쉽도록 그림으로 만든 것이다.

이 외에도, 앞에서 살펴본 바와 마찬가지로 우측 상단 기사에 대한 삭제가 많은 것이나 커다란 활자로 된 제목의 경우 부분 삭제가 이루어지기도 했다는 점 등은 검열당국이 신문의 편집에 많은 주의를 기울였다는 것을 거듭 확인시켜 준다. 또한 주로 글자를 긁어내는 방식으로 이루어졌던 기사 삭제 방식과 달리 『조선일보』 1929년 12월 28일 자 3면은 상

<표 12> 신문지면의 삭제 부분과 『월보』 보고 상황 및 '아카이브'와의 비교표

날짜 및 면수	서울대 소장 마이크로필름본 삭제 부분	『월보』 보고 상황	아카이브 삭제 상황
		『동아일보』	
1928.12.7, 4면	우측 중간 기사 전체 삭제	보고 안 됨	삭제
1928.12.12, 4면	1단기사 제목 일부 삭제	보고 안 됨	삭제
1928.12.24, 1면	좌측 상단 사진 기사 전체 삭제	보고 안 됨	삭제
1928.12.26, 4면	좌측 중간 기사 전체 삭제	보고 안 됨	삭제
1928.12.28, 2면	우측 하단 기사 전체 삭제(단신)	보고 안 됨	삭제
1929.12.4, 2면	우측 상단 제목 일부와 기사 내용 일부 삭제	보고 안 됨	삭제
1929.12.4, 호외	우측 기사 전체 삭제	보고 안 됨	삭제
1929.12.7, 8면	기사 전체 삭제(단신)	압수 보고 있음	삭제.
1929.12.8, 2면	사진 포함 상단 전체 약 4개 기사 전체 삭제 좌측 하단 단신 삭제 우측 하단 단신 및 중간 하단 제목 삭제	압수로 보고 '전과 동일한 기사'로 간략히 제시	삭제
1929.12.10, 2면	우측 상단 약 4개 기사 전체 삭제	삭제로 보고 제목만 간략히 제시	삭제
1929.12.10, 8면	중간 하단 기사 내용 일부 삭제(단신)	보고 안 됨	삭제
1929.12.11, 2면	중간 상단 기사 전체 삭제	보고 안 됨	삭제
1929.12.12, 1면	사설 전체 삭제 중간 하단 '횡설수설'란 전체 삭제	보고 안 됨	삭제
1929.12.12, 2면	좌측 중간 기사 전체 삭제	보고 안 됨	삭제
1929.12.13, 2면	우측 상단 기사 전체 삭제 우측 하단 단신 전체 삭제	압수로 보고 세 줄로 간략히 보고	삭제
1929.12.14, 1면	사설 후반부 삭제	보고 안 됨	원문 보존
1929.12.14, 2면	우측 상단 기사 전체 삭제	압수로 보고 제목만 간략히 보고	원문 보존
1929.12.14, 7면	'전북통의부사건 예심결정전문' 기사의 이유 부분 삭제	보고 안 됨	원문 보존
1929.12.22, 4면	우측 중간 '동아문단' 내용 전체 삭제	보고 안 됨	원문 보존
1929.12.23, 1면	우측 상단 기사 일부 삭제 좌측 중간 기사 전체 삭제	보고 안 됨	원문 보존
1929.12.28, 4면	좌측 상단 '동아문단' 내용 전체 삭제	보고 안 됨	원문 보존
1929.12.28, 호외1면	중간 기사 전체 삭제 우측 중간 기사 일부 삭제 좌측 하단 기사 일부 삭제	보고 안 됨	삭제
1929.12.28, 호외2면	우측 상단 기사 제목 일부 및 기사 내용 일부 삭제 우측 중간 기사 제목 일부 삭제	보고 안 됨	삭제동일
1929.12.28, 호외3면	우측 상단 기사 제목 일부 삭제	보고 안 됨	삭제동일
1929.12.29, 1면	사설 전체 삭제	보고안 됨 (『차압기사집록』에는게재)	원문 보존

날짜 및 면수	서울대 소장 마이크로필름본 삭제 부분	『월보』 보고 상황	아카이브 삭제 상황
	『동아일보』		
1930.12.3, 4면	우측 상단 기사 내용 일부 삭제 '응접실'란 내용 일부 삭제	'응접실' 삭제로 보고	삭제
1930.12.5, 1면	사설 내용 일부 삭제	보고 안 됨	
1930.12.6, 5면	우측 상단 그림 제외 기사 내용 전체 삭제	압수로 보고	원문 보존
1930.12.17, 1면	사설 전체 삭제	압수로 보고	원문 보존
1930.12.17, 6면	중간 하단 기사 전체 삭제	삭제로 보고	원문 보존
1930.12.29, 2면	중간 하단 '최고 2년에 언도된 남북공산당 사건' 기사 중 '판결' 내용만 삭제	보고 안 됨	삭제
	『조선일보』		
1928.12.8, 1면	사설 내용 일부 삭제	보고 안 됨	삭제
1929.12.8, 호외2면	상단 기사 전체 삭제 사진 3장 포함 우측 중간 기사 제목 및 내용 일부 삭제	압수로 보고 제목만 짧게 보고	삭제
1929.12.11, 2면	우측 상단 기사 전체 삭제	보고 안 됨	삭제
1929.12.12, 2면	우측 하단 2개 기사 전체 삭제	보고 안 됨	삭제
1929.12.13, 1면	사설 전체 삭제	보고 안 됨	삭제
1929.12.13, 2면	우측 상단 기사 전체 삭제	보고 안 됨	삭제
1929.12.13, 4면	좌측 중간 '학생문단' 한 편 전체 및 '떠나는 님'이라는 기사의 일부 삭제	보고 안 됨	삭제
1929.12.15, 1면	'시평' 전체 삭제	보고 안 됨	삭제
1929.12.24, 1면	사설 전체 삭제	보고 안 됨	삭제
1929.12.28, 3면	상단 전체 삭제(큰 벽돌화)	보고 안 됨	삭제
1930.12.9, 2면	가운데 상단 제목 제외 기사 내용 삭제 좌측 기사 전체 삭제	보고 안 됨	삭제
1930.12.10, 4면	가운데 하단 사진 삭제	보고 안 됨	삭제
1930.12.19, 6면	좌측 상단 '신간해체결의' 내용 일부 삭제	보고 안 됨	삭제
1930.12.23, 1면	사설 일부 삭제	보고 안 됨	삭제

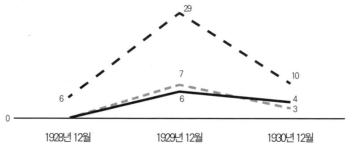

〈그림 10〉 삭제된 지면과 보고 상황 대조표

단전체가 커다란 세로형 벽돌로 채워져 있는 것도 흥미롭다(〈그림 11〉).

마지막으로 검토해 보아야 할 것은 현재 남아있는 조선어 민간신문의 인쇄본 문제이다. 위의 표에서 대조해 본 바와 같이, 『동아일보』의 경우, '마이크로필름'본에는 지워져 있는 기사가 신문사의 '아카이브'에는 남아있는 경우가 적지 않았다. 이는 우선 행정처분이 실행되는 과정에서 여러 판본의 신문이 존재하게 되었음을 실질적으로 보여주는 것이다. 다음으로는 삭제된 지면을 재구성해 낼 수 있는 가능성을 제시해 준다. 우선, 특정 기사가 '삭제'나 '압수' 처분을 받아 지면으로부터 사라졌다면, 『월보』와 같은 검열당국의 기록, 즉 '말하는' 자료를 통해 내용을 재구성하는 수밖에 없다. 그러나 앞에서 살펴본 바와 같이 이러한 종류의 기록은 자세하지도 않을뿐더러 검열자의 언어로 재구성되어 있다. 게다가 『월보』와 같은 기록마저도 침묵한 삭제된 내용에 대해서는 '아카이브'와 같이 삭제되기 이전의 지면을 찾아내는 것이 원래의 내용을 복원할 수 있는 거의 유일한 방법이다. 다시 말해, '삭제'나 '압수' 처분을 받아 지워졌어야 할 기사들이 다른 판본을 통해 존재한다는 것 자체가 삭제지면의 복구가능성을 높여주는 일인 것이다.

4) 조선어 민간신문의 검열에 대한 내면화

(1) 조선어 민간신문의 검열회피와 도전

신문사에 경제적 타격을 줄 수 있는 행정 및 사법처분에 대한 가장 일반적인 대응이란 검열에 걸리지 않도록 노력하는 것이었다. 주요한에 따르면 총독부에서 발행한 검열기준 등쇄물이 있어, 편집국장은 그것을 연

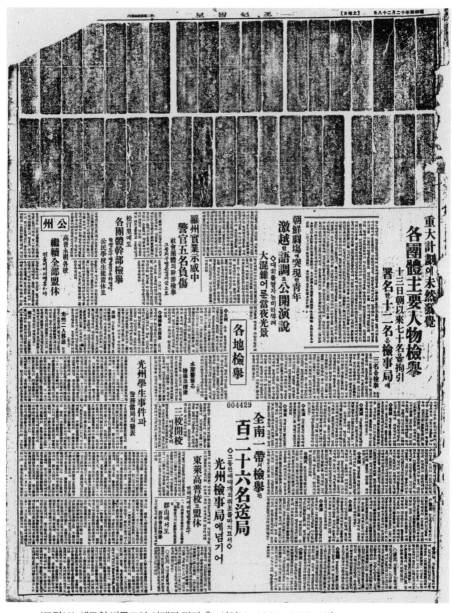

〈그림11〉 세로형 벽돌모양 삭제된 지면, 『조선일보』, 1929.12.28, 3면

구하여 검열에 걸리지 않고도 의미는 통할 수 있는 방법을 터득해야 했다고 한다.[119] 그러나 검열기준은 1930년대 후반에 이르러서야 공식화되었기 때문에 1920년대 중·후반, 조선어 민간신문은 다양한 방식으로 검열을 회피하거나 검열에 대해 도전하고 있었다.

일본 국내에서 시행된 검열에 대해 일본 국내의 신문들은 주로 복자와 내열內閱을 통해 검열을 회피했다고 한다. 나카조노에 따르면, 신문사의 검열회피책으로 가장 유명했던 것은 복자와 내열이었는데 복자는 발매금지에 해당할 것이라고 예측되는 용어를 '○○○○'이나 'XXX'로 숨기는 조치를 말하고, 내열은 검열당국에 교정쇄나 원고를 들고 가서 실질적인 검열을 받음으로써 처분의 유무를 판정받는 조치였다고 한다. 대규모 신문사로서는 발매금지 처분을 받으면 상당한 손실을 입게 되기 때문에 신문사들은 발매금지 예방책을 강구하고 있었다고 하면서, 특히 중일전쟁기 이래는 검열당국과의 사이에 직통전화를 두어 사전에 기사 게재조회를 행해 '내열'과 같은 조치를 취함으로써 검열을 회피하고 있었다고 했다.[120]

조선의 신문사들이 '내열'을 받았는지 혹은 '직통전화'를 가설해 내열에 준하는 기사게재조회를 행했는지 현재로서는 알 수 없지만 조선어 민간신문사들이 검열을 피하기 위해 사용한 가장 일반적인 방법은 일본 국내에서와 같이 'XX'표나 '○○'표를 활자화하는 것이었던 것 같다.[121]

---

119 주요한, 「만보산 사건과 송사장과 그 사설」, 한국신문연구소 편, 『언론비화50편』, 한국 신문연구소, 1978, 111면

120 中園裕, 『新聞檢閱制度運用論』, 淸文堂出版, 2006, 23면.

121 이하윤, 「폐간만 지켜본 기사생활 6년」, 한국신문연구소 편, 『언론비화50편』, 한국신문

정진석도 검열에 대한 소극적 대응으로 검열에 걸릴 기사를 싣지 않거나 검열에 걸릴 단어에 '○○○○'나 'XXXX'와 같은 부호를 써서 뜻을 전달하기도 했다고 언급했다.[122] 기사의 전후 맥락을 보면 대강 짐작할 수 있는 단어들이 많았지만 어쨌든 검열을 피하는 데는 도움이 되었던 것이다.

한편, 쓰네 미도리恒綠의 글에서 다음과 같은 기술을 찾아볼 수 있다.

그러나 그 삭제된 것은 당국이 신문발행자를 신뢰하는 것을 그 근본으로 하고 있다. "기계를 멈추었습니까?" "멈추었습니다" "삭제해 주세요" "삭제했습니다"의 서로 간의 문답이다.

윤전기는 초고속도의 것이라면 한 시간 넉넉히 십만 매는 인쇄 가능하다.

경성 소재의 신문사가 갖고 있는 윤전기로도 1시간 통상 2만 매, 속도를 빨리하면 3만 매는 넉넉히 인쇄할 수 있다.

2대의 윤전기를 소유한 예를 들면 저 언문사(諺文社)가

"기계를 멈추어 주세요"의 명령이 있어도 평연(平然)으로 윤전기를 계속하고 구답(口答)만으로 "멈추었습니다"라고 하고 전부 인쇄해서 최후의 한 매만 삭제해서 '납본'으로 한다면 전지 완전히 발송할 수 있는 것으로 생각할 수 있다.

나는 동업자 제군이 결코 이러한 부덕을 행하는 것이 아니라고 만만승지

연구소, 1978, 82면.
122 정진석, 『극비조선총독부의 언론검열과 탄압』, 커뮤니케이션북스, 2007, 199면.

(萬萬承知)하고 있지만 지금은 다만 전술을 서술하는 것뿐이다. [123]

예를 드는 것이라고는 하지만 '언문사'를 구체적으로 지적하며, 말로만 '삭제했다'고 이야기하고 인쇄를 계속하여 배포할 수 있는 가능성을 일종의 '전술'이라면서 설명하는 것은 실제 조선어 신문사들이 이러한 검열회피 방법을 이용했을 가능성이 있다는 것을 염두에 둔 것이다.

문제거리가 될 만한 기사를 아예 싣지 않는 것도 일종의 대안이었다. 『조선일보』에서 학예면을 맡고 있었던 염상섭은 투고를 받아 놓고도 당국의 '기휘'를 염두에 두지 않을 수 없어 이를 게재할 수 없었던 분함을 다음과 같이 표현했다.

> 나의 경험으로서는 고료(稿料)를 그다지 지출치 안도 원고난에 그리 부댁기지는 안핫스나 매양 염려하는 것은 지면에 타기(惰氣)가 보일까하는 것과 넘어나 평범한 점이엇다. (…중략…) 또한 발랄한 의기와 제1선(第一線)적 정열을 가진 간간악악(侃侃諤諤)이 논(論)이 업지 안타하야도 당국의 기휘(忌諱)라는 것을 염두에 두지 안흘수 업스니 이러한 제주(制肘)도 또한 지면의 활기를 저상(沮喪)케하는 것이다. 사실 상당한 시문의 투고를 바다노코 썩혀버리지 안흘수 업슬 때가티 애정(愛情)한 일이 업고 내일가티 분할 때가 업다.[124]

---

123 恒綠, 「朝鮮に於ける出版物の考察」, 『警務彙報』 296, 1930.12, 39면.
124 염상섭, 「최근 학예란의 경향」, 『철필』 2, 1930.8, 31~32면.

그러나 민간 신문사에서 이렇게 검열처분을 피하려고만 했던 것은 아니었다. 『조선일보』에서 총독부 출입기자로서 총독부에 드나들었다는 김을한은 이에 대해 다음과 같이 밀한다.

> 일제시대에 민족신문에서 총독부에 기자를 보내는 것은 물론 취재를 위해서였지만 그보다도 툭하면 신문을 압수하고 어떤 큰 사건이 있을 때에는 신문에는 사형선고라고도 할 무기정간도 시키는 경무국 도서과의 눈치를 보고 그 배짱을 뽑아 보자는 것이 더 큰 목적이었다.[125]

즉, 총독부를 출입처로 드나들면서 검열당국의 분위기를 파악하려고 애썼던 것이다. 또한, 1930년 4월 『월보』 제20호에 게재된 모리오카森岡 경무국장의 『동아일보』 발행정지에 대한 3장 반에 달하는 긴 설명은 조선어 민간신문사들이 '압수'에 대해 어떻게 당국에 '정면도전' 했는지를 잘 보여준다.

> 자(玆)에 본일 각위(各位)에 『동아일보』가 4월 16일부로 발행정지처분에 부쳐진 것을 발표하기에 이름과 동시에 동지가 어떤 이유로 이러한 중대한 저분에 부쳐짐에 이르렀는가를 (…중략…) 처음 4월 1일의 차압의 때에 그 차압된 불온기사를 전부 말소한 뒤에 호외를 발행할 수 있음에도 불구하고 그 안 실복고신(室伏高信)의 기사 중 가장 불온한 개소를 취잔(取殘)하고 호

---

125 김을한, 「일제의 남선북양·산금정책의 내막」, 한국신문연구소 편, 『언론비화50편』, 한국신문연구소, 1978, 32~33면.

외를 발행한 것으로 당국에 있어서는 그 책임자를 소치(召致)하여 책임을 규명해서 맹성을 촉구한 바 있지만 다시 4월 16일부 차압의 때에 또또 전과 같은 수단을 써서 삭제해야 하는 개소를 잔치(殘置)해서 호외를 발행하는 등 당국의 처분에 대한 정면에서의 반항이라고 하지 않을 수 없다.[126]

'압수'를 당하면 문제가 된 기사를 삭제하고 호외를 내는 것이 당시 신문사들의 일반적인 대응이었고, '압수'로 인한 손해가 컸던 만큼 이렇게 호외를 내는 것을 검열당국도 인정해 주고 있었는데,『동아일보』에서는 문제가 된 기사를 일부 지우되 당국이 보기에 '가장 불온한 개소'를 남겨 호외를 발행함으로써 검열당국에 정면으로 도전했던 것이다. 또한 이에 대해 검열당국이 책임자를 불러 주의를 주었음에도 재차 같은 방법을 이용해 '압수'에 '반항'을 했고, 그 결과는 '발행정지'로 이어졌다.

조선어 민간신문사들은 또한 검열당국이 '게재금지' 명령을 내린 기사에 대해서도 다음과 같이 대응했다.

동아일보 재직중에 일어난 중대사건들을 기억나는 대로 적어 보면, 앞서 말한 광주학생사건 밖에도 ML당(공산당) 사건, 양명단(養明團)사건 (…중략…) 등 항일운동에 관련된 큰 기사들이 있었다.

이런 사건들은 대체로 총독부 당국으로부터 한동안 게재금지가 되는 수가 많았다. 특히 만주 방면 또는 압록강 근처의 독립당 무력행동은 게재금지

126 「東亞日報發行停止處分ニ就テ」,『조선출판경찰월보』20, 1930.5, 21~22면.

를 당했다. 총독부는 민심을 소란시킬 염려가 있다고 해서 금지명령을 내린 것이다.

그럴 때마다 신문은 1면에 특호활자로 '모모사건 게재금지'라는 제목만을 게재해서 독자들에게 그런 사건이 있었다는 것을 알려주도록 했던 것이다. 뒷날에 와서는 '본사건 게재금지라는 기사도 게재금지'라는 꼬리가 붙어왔기 때문에 금지가 해제될 때까지는 독자들에게 알릴 길이 없었던 것이다. 그 동안의 사건 내용을 자세히 수집했다가 금지해제가 되는 날짜로 신문 전면에 대대적으로 싣는 것이 상례였다.[127]

신문사들은 주요 사건에 대해 총독부로부터 게재금지 명령이 떨어지면 1면에 큰 활자로 게재금지된 사건명을 다룸으로써 독자들에게 그런 사건이 있었다는 것을 알려주었다는 것이다. 검열당국에서도 이를 간파하여 후에는 게재금지 명령을 내릴 때, '본사건 게재금지라는 기사도 게재금지'라는 식으로 꼬리를 달았다는 것도 재미있다. 그러자 신문사들은 또 금지해제가 될 때까지 사건 내용을 자세히 수집했다가 금지해제가 되면 이를 대대적으로 게재함으로써 이에 대응했다. 『월보』나 『차압기사집록』에 '게재금지기사'로 설명된 기사들이 종종 눈에 띄는 것을 보면, '게재금지'로 된 기사들을 고의로 싣기도 했던 것으로 보인다.

주요한은 또한 구체적으로 '소요사건'이 발생했을 때, 조선어 민간신문사와 검열당국이 어떻게 씨름을 했는지에 대해서도 서술한 바 있다.

---

127 주요한, 앞의 글, 113~114면.

그해 가을에 광주사건이 발생했고, 서울 각 학교에까지 시위운동이 번져 왔다. 이 기사는 매일같이 사진과 아울러 사회면 '톱'을 장식했던 것이나 편집국장과 총독부 검열관 사이에는 때로는 정면 충돌, 때로는 재주 비교의 싸움이 계속되었다.

직접 총독부에 들어가서 입씨름도 하였고, 때로는 이미 짜놓은 사회면을 대폭 수정해서 발행시간이 늦어지는 수도 있었다.[128]

무엇이 '정면충돌'이고 무엇이 '재주비교'인지는 기술하지 않았으나 앞에서 살펴본 바와 같이 검열당국의 '압수'나 '삭제'에 정면으로 반항하거나 '총독부에 들어가 입씨름'을 하며 항의를 표출하는 등으로 특정 사건에 대한 검열당국의 보도통제에 대응했고, 때로는 검열로 인해 판을 새로 짜는 일도 있었음을 알 수 있다.

요컨대, 조선어 민간신문은 '복자'를 이용하거나 문제거리가 될 기사를 아예 게재하지 않음으로써 검열을 회피했고, 때로는 문제가 되는 부분을 삭제하지 않은 채 호외를 발행한다거나 게재금지된 기사명을 직접적으로 언급하는 등의 방식으로 검열에 도전하기도 했다. 그러나 이러한 노력에도 불구하고 광주학생운동과 만주사변을 전환점으로 하여 이후의 조선어 민간신문의 논조가 달라진 것은 주지의 사실이다.

---

128 위의 글, 111면.

(2) 검열로 인한 경제적 타격과 검열의 내면화

검열이 신문사나 잡지사의 경영에 어떠한 어려움을 주는가는 도서과 장이었던 곤도近藤常尙의 글에 잘 나타나 있는데 곤도의 글은 앞에서 살펴 본 바와 같다. 이 글에 따르면, '발행정지'나 '삭제'와 같은 행정처분으로 인해 조선어 잡지는 매년 폐간과 창간을 오가는 실정이었다.[129]

검열이 신문사 및 잡지사에게 미치는 영향은 직접적인 행정처분의 결과 기사가 삭제되거나 신문 및 잡지가 발매되지 않아 발생하는 경제적 타격 이외에 검열과정에 소요되는 시간에서 기인하는 것도 있었다. 예를 들어,『철필』제1호에는 다음과 같은 사고謝告가 게재되었다.

> 동아일보 김두백씨의 써주신 원고와 조선일보 염상섭씨의 써주신 원고 는 검열의 시일관계로 부득이 차호로 밀게 되었습니다. 독자와 아울러 섭섭 히 역여 마지 안는 터입니다만은 차회에는 틀림업시 실으려 하나이다. 손꼽 아 기다려 주십시오. 편집부.[130]

게재예정이었던 원고가 검열에 걸리는 시일문제 때문에 다음 호로 연기되었다는 내용이다. 위에서 말한 원고들은 사고에서 알린 바와 같이 『철필』제2호에 게재되었다. 검열로 연기되어 다음에 게재된 두 원고의 제목은 각각 「편집기자로서의 희망」과 「학예면 편집 사담私談」으로 구 체적으로 이들 원고만 검열시일 문제로 연기된 이유는 알 수 없으나 이

---

129 近藤常尙, 앞의 글, 36면.
130 「사고」,『철필』1, 1930.7, 14면.

처럼 게재예정이었던 원고가 검열에 소요되는 시간으로 인해 게재되지 못하는 것은 잡지사로서는 곤란한 일이었을 것이다. 실제, 1920년대와 1930년대 잡지들에서는 이와 같이 검열로 인한 원고의 곤란을 호소하는 '편집후기'나 '사고'를 드물지 않게 찾아볼 수 있다. 당시의 이런 사정을 가장 잘 보여주는 것은 「두 달 동안」이라고 제목한 『별건곤』 제7호의 다음과 같은 '사고'이다.

> 만치 안흔 기자중에 반수(半數)나 되는 사람이 자유구속(自由拘束)된 중에 편집 책임자인 신형철군이 또 신병으로 입원해 잇게 되야 5월호의 편집이 2주여나 느저 젓난대 늦게야 편집된 그것이 당국의 검열을 밧는 중에 만흔 삭제를 당한 고로 제 2차의 편집을 속히 하야 추가 검열을 밧는 중 불행히 또 삭제를 당하야 도저히 그대로 발행하게 못 된 고로 생각다 못하야 다시 제 3차의 기사를 수집하야 간신히 삭제 업는 검열을 밧앗습니다.
>
> 그리하는 동안에 5월 6일이 그냥 넘어 가고 말엇습니다. 이리 될줄 미리 알엇드면 일즉이 독자제위에 통고라도 할 것이엿스나 불일간 되려니 하고 잇섯든 고로 그냥 그냥 밀니여 왔습니다. 이러한 사정을 살펴도 주시려니와 급히만 인쇄 하노라고 밤을 새여 한 일이라 체제(體裁)에 용의(用意) 만히 하는 본지가 지난 4월호와 본호가 함께 그다지 뛰여나게 깨긋하지 못한 것을 아울너 용서하시고 모든 것을 8월호에 긔대해 주시기 바람니다.[131]

---

131 「두 달 동안」, 『별건곤』 7, 1927.7, 69면.

이 글에는 편집된 원고가 검열에서 많은 부분이 삭제되어 어쩔 수 없이 다시 편집을 하여 검열을 다시 받게 되었는데, 이 또한 삭제를 당해 발행할 수 없는 지경에 이르게 된 과정이 잘 나타나 있다. '불일간 되려니' 생각하고 있었다는 것도 당시 편집의 사정을 잘 보여준다. 준비한 원고가 설마 발간이 되지 못할 정도로 삭제당할 것이라고는 생각하지 못하고, 검열에 곧 통과할 것으로 생각해 기다리고 있다가 다시 원고를 모집해야 할 지경에 이른 것이다. 이처럼 검열과정을 거치느라 잡지의 내용이 빈약하게 되고 발행일자가 늦었다는 사고나 편집후기는 일일이 거론하기 힘들 정도로 많다. 이러한 사정은 거꾸로 검열당국의 입장에서는 '검열시일' 문제를 빌미로 특정 잡지사의 발행을 곤란하게 만들 수 있었다는 의미이기도 했을 것이다. 실제로, 『삼천리』 1932년 12월호는 「12월호를 내면서 독자제씨에 급고急告」라는 사고를 통해 "11월호를 그 달 1일에 내이려 하얏사오나 10월 8일에 검열당국에 제출하엿든 원고 3백여매 전부가 10월 25일에 이르러 돌연히 부득이한 사정에 걸리게 되어 한 장도 나오지 못하게 되었"다고 언급한 바 있는데, 11월 1일에 발간하기 위해 약 한 달 전에 제출한 다량의 원고에 대한 삭제 처분을 발간 직전에 통고하는 것에는 발간을 하지 말라는 검열당국의 의도가 담겨 있었던 것이라고 할 수 있다.

잡지와 달리 조선어 민간신문들은 원고 사전검열을 받지 않았기 때문에 검열에 걸리는 시간으로 인해 발행이 지체되는 경우는 없었으나 문제가 되면 바로 해당 호를 압수당했기 때문에 오히려 더 큰 타격을 받을 수도 있는 것이었다. '압수'로 인한 손해의 정도를 가장 직접적으로 제시하고 있는 것은 『철필』 제2호 게재된 유광렬의 「사회면 편집에 대한 의견고심란」일 것이다. 그는 사회면 편집에 대한 의견을 개진하면서, 중요한 6가지 고심 이외의 것으로 '검열에 관한 것'을 들었다. 그러면서 "압수가 되면 1, 2시간 내에 5, 6백 원의 손해를 입게 되나니 빈궁한 조선인 신문사로는 간부가 눈살을 찝흐리게 되고 편집기자도 퍽 미안한 일이다"라고 언급하였다.[132] "쌀 한 가마에 5원, 쇠고기 한 근에 20전" 하던 때로 "기자의 본봉이 50원"이었으니[133] 1회의 압수로 손해가 어떠했는지 충분히 짐작할 수 있다. 그리고 이러한 경영상의 손해는 기자들에게 '봉급'을 주지 못하는 것에 머물지 않고 결국 휴간을 하도록 만들기도 했다.

그때의 검열은 글자 한 자라도 허술히 보아넘기다가는 영락없이 꼬투리를 잡히고 마는 정도의 철두철미한 것이었으니 책임은 오히려 편집자에게 있는 셈이었다. (…중략…) 검열의 정당화는 항상 치안방해였다. 외적인 압력은 그때로서는 불가항력이라 할지라도 신문사내의 경영난에서 오는 압력 역시 적지 않았다. 지금의 기억으로도 내가 중외일보에 입사한 후 한두 달치 봉급밖에는 받은 일이 없는 것 같다. (…중략…) 그 정도로 신문의 경영이 어려워지니 신문이 제대로 팔릴 리도 없는 것은 정한 이치였다. 중외일보 '배지'를 달고 '中外日報不見'(중외일보 사절)이라는 쪽지를 써붙인 집앞을 지나노라면 부끄럽기도 하고 야속하기도 했다. (…중략…) 그러다가 중외일보는 편

132   유광렬, 「사회면 편집에 대한 의견고심란」, 『철필』 2, 1930.8, 22~23면.
133   최은희, 「남성밀림에서 특권 누린 여기자」, 한국신문연구소 편, 『언론비화50편』, 한국신문연구소, 1978, 47면.

집부장이었던 김동원씨가 끝까지 발행하려고 백방으로 노력했으나 재정난
으로 휴간하지 않을 수 없었고 마침내 몇 달 뒤에는 해산되고 말았다.[134]

검열에 걸려 신문이 제대로 발간되지 않으니 경제적으로 어려울 수
밖에 없고, 경제적으로 어려운 신문은 잘 팔리는 신문을 만들 수 없어 다
시 또 경제적 어려움을 가중시키게 되어 결국 재정난으로 휴간하고 마침
내 폐간에 이르게 되었다는 것이다.

'압수' 처분의 경제적 타격이 이 정도였으니 '발행정지' 처분의 영향
력은 짐작하고도 남음이 있다. 실제로 『조선일보』와 『동아일보』는 1920
년 첫 정간을 당했을 때, 정간이 해제된 뒤에도 '경영난'으로 바로 속간하
지 못하고 40~50일이 걸린 후에야 속간을 할 수 있었다.[135] 조선어 민간
신문이 발행되기 시작할 무렵에는 "이틀이 멀다하고 일본 총독부에 발
매금지·압수처분을 당"하고 "만일 여러날이 지나도 압수를 아니 당하면
편집이 무능하다고 욕을 먹게 되"는 시절도 있었다지만[136] 1920년대 중
반에 접어들면서부터는 이미 검열이 내화되기 시작했다. 신문기사에 비
해 비교적 글쓰기가 자유로운 잡지기사에서는 검열이 두려워 쓰고 싶은
말을 제대로 쓸 수 없다는 식의 언급이 자주 등장한다.[137]

134 이하윤, 「폐간만 지켜본 기자생활 6년」, 한국신문연구소 편, 『언론비화50편』, 한국신문
연구소, 1978, 82~83면.
135 두 신문에 대한 발행정지 처분과 그 배경에 대해서는 정진석, 『극비조선총독부의 언론
검열과 탄압』, 커뮤니케이션북스, 2007을 참조할 것.
136 주요한, 앞의 글, 111면.
137 박용규는 「식민지 시기 문인기자들의 글쓰기와 검열」이라는 논고에서 신문보다 잡지에
대한 일제의 언론통제가 더 가혹했다는 전제 아래 문인기자들의 회고록이나 잡지에 게

『조선일보』의 1928년 9월 21일 자「본보 속간에 임하여」라는 사설은 "당국의 기휘忌諱 범위를 촌도忖度하여 표현하면 당국의 위압이 곧 신문 위에 내"려 "적으면 발매금지로 크면 발행정지로" 되므로 "우리는 심리상으로 줄타는 자의 간험艱險을 나날이 경험하게 되는 것"이라며 직접적으로 집필자의 심경을 고백한 바 있다. 이는 경영에 영향을 미치는 실질적 행정처분이라는 것이 검열을 통해 신문에 내려짐으로써 집필을 하는 사람들에게 압박을 가하여 검열을 내면화하도록 했음을 구체적으로 보여준다.

이렇게 조선어 민간신문은 검열처분을 겪으면서 기사를 집필 혹은 편집할 때 항상 검열을 의식하는 검열의 내면화·일상화를 겪었고, 따라서 30년대에 접어들어서는 무기력해졌다는 비판이 제기되기도 했다. 예를 들어, 『삼천리』제15호는「담배한대 피여물고」라는 세태비평에서 다음과 같이 이야기한다.

서(西)에 적로(赤露)가 건설되자 조선일보는 김준연 동아는 이관용을 또 동(東)에 중국국민정부가 수립되자 동아는 주요한씨 중외는 이정변씨를 특파하야 신흥하는 그나라 정치 문화 각 방면을 소개하기에 만장(萬丈)의 기염을 토하더니,

최근 급각도(急角度)로 전변(轉變)하는 인도정세에는 눈을 감엇슴인가. 온갖 검열망을 통하야 겨우 전하여지는 전보문의 분식(粉飾)으로 그날그날

재한 기사들을 대상으로 문인기자들이 검열에 더욱 민감했다는 것을 살펴본 바 있다. 기자들의 검열 내화가 잡지에 어떻게 표현되었는가에 대한 것은 이 논문을 참조할 것. 박용규,「식민지 시기 문인기자들의 글쓰기와 검열」,『한국문학연구』29, 한국문화연구소, 2005, 79~120면.

을 태연간과(泰然看過), 실로 근래의 민간신문사 무기력에는 악연(愕然), 아연(啞然), 애연(哀然)!

선차(船車)태울 여비업든가 10만 독자는 한달동안 10전씩만 신문갑 더 내라면 쌍수(双手) 찬성할 아량잇다. 1원내든 신문갑을 10전 더 못낼손가. 요(要)는 신문사의 열(熱)과 용기에 잇다. 과거사를 잘 아는 우리 오늘 이를 제의함이 그른 일일가.[138]

'근래의 민간신문사의 무기력'을 질책하는 이 비평은 10전을 더 내라면 신문값으로 더 낼 수 있으니 문제는 '신문사의 열과 용기'라고 주장한다. '과거'에는 그렇지 않았던 신문들이 근래에 그 열정과 용기를 잃었다는 것이다. 설의식 역시 "허가와 검열과 처분이란 권력 밑에 있는 조선의 언론은 이미 수준이 작정된 지가 오래"라며 조선의 언론을 비판한 바 있었다.[139]

3. 1930년대 검열 지향점의 변화
─ 검열의 흔적지우기와 권유적 검열로의 이행

1931년 만주사변이 발생한 이후부터 1937 중일전쟁 발발 이전까지의 기간은 일본과 그 식민지 전체에게는 일제의 대륙침략전쟁을 위한 준비기였다고 할 수 있다. 이에 전 '제국'적 차원에서 군사적 협조가 요청되

---

138 「담배한대 피여물고」, 『삼천리』15, 1931.5, 37면.
139 설의식, 「조선은 어데로 가나? ─ 언론계」, 『별건곤』34, 1930.11, 2면.

었고, 이것은 언론검열도 예외가 아니었다. 본 장에서는 먼저 일제가 만주를 침략한 후 언론통제가 어떻게 강화되었는지 당시 일본어 잡지의 기사들을 통해 살펴본 후, 검열관들이 쓴 글을 대상으로 이 시기 검열의 초점이 어떻게 바뀌었는지 분석해 볼 것이다. 그런 후에, 검열받은 '흔적'을 지우도록 한 당국의 지시가 신문지면에 어떻게 나타났는지 신문검열텍스트를 통해 고찰해보고자 한다.

1) 만주사변 이후의 언론통제 상황

1931년 9월에 발발한 만주사변은 많은 것을 바꾸어 놓았다. 만주침략을 계기로 일본 내에서는 군부가 급상승했고, 서구 열강들은 공황이나 사회주의 혁명과 같은 국내의 문제를 해결하느라 일본의 대륙진출을 견제할 여력이 없었기 때문에 이러한 국제적 분위기가 일본 내의 군부와 전체주의를 더욱 강화시켰다. 특히 일본 국내에서는 '군사사항'에 대한 검열이 강화되어 만주사변에 관한 군의 계획, 동원, 편제 등에 대해서는 군부 발표 외에는 아예 게재를 금지했다.[140]

당시 일본 국내의 이러한 분위기는 1934년『조선급만주』에 게재된 「지금의 일본에 언론의 자유가 있는가今の日本に言論の自由あるか」라는 권두언에 잘 묘사되어 있다.

　　미국이나 구주에는 일본에 대해 꽤 도전적 폭언을 토하는 군인도 있지

140　中園裕, 앞의 책, 76면.

만 또 이것을 논박하는 신문잡지도 있고 정치가도 있다. 그러나 일본에는 군인의 비상식적인 폭언에 대해 이를 논란공격하는 신문잡지나 정치가가 적다. 그것은 군인의 언설을 논란공격하면 비국민이라든지 매국노라든지 악매(惡罵)하고 심하게는 직접행동까지 하는 악풍(惡風)이 있어서 쓰고 싶어도 말하고 싶어도 그것이 불가능하다. 군인공격은 일본에서는 목숨을 거는 일이다.[141]

'군인공격'이 목숨을 거는 정도였다는 언급을 통해 당시 일본 국내의 군국주의적 열풍이 어떠했는지를 잘 보여주는 이 기사는 이러한 군국주의적 열풍 때문에 언론이 하고 싶은 말이 있어도 할 수 없는 상태였음을 직접적으로 언급하였다.

이러한 군국주의적 열풍의 영향으로 조선의 지배정책에도 변화가 나타났다. 대외적으로는 계속 '문화정치'를 표방하고 있었으나 만주침략을 계기로 대륙진출을 본격화한 일본으로서는 전략적으로 더욱 중요해진 조선에서의 통치를 보다 강화할 필요가 있었기 때문이었다. 이에 만주사변 이후 중일전쟁이 발발하여 본격적인 전시체제로 들어가는 1937년 이전까지, 조선에서는 일제의 대륙침략을 위한 병참기지화 작업이 진행되었고, 조선총독부의 언론통제는 한층 가혹해 졌다. 1933년부터는 '축음기 레코드 취체규칙'이 발포되어 통제의 대상이 더욱 확대되었고, '불온문서 임시취체령'이 조선에도 적용되어 비합법 문서활동이 봉쇄되었다.

---

141 「今の日本に言論の自由あるか」, 『朝鮮及滿洲』 323, 1934.10, 1면.

언론에 대한 압박이 만주사변 이후에 강해졌음은 1935년 7월 『조선공론』의 다음과 같은 기사에서 확인할 수 있다.

경찰당국의 언론에 대한 방침은 극히 진중한 태도로 임하고 있고 조선 내에 있어 발행되는 언론지는 말할 것도 없이, 내지에서 발행되어 동지(同地)에서 검열을 통과한 것에서도 일단 조선 내에 들어오는 때에는 내지검열의 유무는 논외로써, 새로운 신문지같이 다루어 다시 검열하고, 그 검열을 통과한 것만이 이입신문으로서 조선의 독자의 눈에 닿고, 가령 내지에서 반포가 허가된 것에서도 불가(不可)라고 간주된 경우에는 용사(用捨)없이 행정처분에 봉하고 그 진출이 막힌다. 특히, 만주사변 이후에 있어서 아국의 언론은 현저히 이 제압을 받고 있고, 조선에 있어서도 사변을 계기로 내지민중이 자유로이 통람할 수 있는 신문, 잡지 등이 부산의 관문에서 저지된 계수(計數)가 매우 현저하다.[142]

이 기사는 위와 같은 당국의 이중검열을 '문화의 차단'이라고 지칭하며 강하게 비판했다. 기사는 조선 내로 이입되는 내지 발행 신문에 대한 당국의 검열을 이야기하고 있지만, 검열이 강화된 것은 조선 내 공통의 일이었다. 당연히 조선어 민간신문에 대한 당국의 압박도 점점 강화되어 일본의 통치정책을 정면에서 비판하거나 공격한 논설은 찾아볼 수 없게 되었으며 통치자에 대한 민중의 소리를 대변하기 어렵게 된 조선어 민간

142　庄司文雄,「朝鮮言論界の動向」,『朝鮮公論』268, 1935.7, 26면.

신문은 민족내부로 눈을 돌려 '신생활운동'이나 '농촌계몽운동' 등에 힘을 쏟았다. 그러나 『조선중앙일보』는 1936년 결국 폐간되었고, 다른 신문들도 총독부에 협력하는 논조로 바뀌었다.

만주사변 이후 조선어 민간신문이 총독부에 대한 비판 기능을 상실했다는 것은 많은 기사에서 언급되고 있는 바이다. 예를 들어 1933년 7월 『조선공론』에서는 「조선언론계의 신경향朝鮮言論界の新傾向」이라는 제목으로 조선어 신문에 대한 평가를 늘어놓았다. 이에 따르면 "조선문신문의 종래의 논조는 흔히 관념론적으로 치우쳐 공막空漠한 추상론으로써 독자의 의향에 영합하는 경향이 있었지만, 최근의 논조는 점차 건실미를 지녀 현실에 들어맞는 제문제를 취급하게 되었다"는 것이다.[143] 또한 1936년 8월 『조선급만주』에서는 백마산인白馬山人이라는 필명으로 게재된 「조선신문지의 현상朝鮮新聞紙の現狀」이라는 기사를 찾아볼 수 있다. 조선어 민간신문인 『동아일보』, 『조선일보』, 『조선중앙일보』에 대해 자본금, 경영자, 주필, 면수, 지면 내용, 게재된 주요 기사들까지 소개하고 있는 이 글은 세 신문에 대해 "반항적 자세를 보이는 것"도 있지만 "총독부의 정책에 정면으로 반대하는 것은 없"다고 평가했다.[144] 『동아일보』의 사장인 송진우씨에 대해 "민족주의자이지만 근래는 시대순응파"로 되었다고 한 점이나 주필 김준연 씨가 민족주의보다 공산주의에 전도되었지만 최근 전향해서 합법적인 사람이 되었다는 등의 언급도 같은 맥락으로 해석할 수 있다. 『조선중앙일보』에 대해서는 근래의 사설 「문화의 옹호」가 파시

---

143 XYZ, 「朝鮮言論界の新傾向」, 『朝鮮公論』 244, 1933.7, 58면.
144 白馬山人, 「朝鮮新聞紙の現狀」, 『朝鮮及滿洲』 345, 1936.8, 78면.

즘에 반대하고 있는 것 같고 당국이나 일반에게 사회주의적 색채가 있는 것으로 보여지고 있지만 최근 좌익적 경향을 청산하려고 노력하고 있는 듯하다고 언급했다.

2) 만주사변 이후 검열 지향점의 변화 – '억압적' 검열에서 '권유적' 검열로

앞에서 살펴본 내용이 전반적인 언론통제에 대한 사회적 인식을 일본어 잡지에 게재된 언론 관련 기사들을 통해 알아본 것이라면 다음에서는 당시 검열을 담당하고 있었던 조선총독부의 검열관들이 남긴 글을 분석해 봄으로써 이 시기 검열의 지향점이 무엇이었는가를 구체적으로 파악해 보고자 한다.

검열관들의 조선어 신문에 대한 시각은 만주사변을 전후한 시점부터 조금씩 바뀌어 갔다. 이는 조선문 신문의 검열담당자였던 히로세 시로廣瀬四郎가 집필한 기사에 잘 드러난다. 히로세는 1936년 6월 『경무휘보』에 게재한 기사 「언문신문의 역사 및 현황諺文新聞紙の歷史及び其の現況」에서 조선어 신문지를 1919년을 기준으로 제도개정 전과 후로 나누어 살펴보았다. 그는 제도개정 후 현멸現滅한 조선어 신문지의 현황을 이야기하면서 매우 구체적으로 『동아일보』에 대해서 '민족주의자의 소굴'로 인식되고 있다거나, 『조선일보』를 들어 '친일단체'에서 제작했으나 '불온분자'의 수중에 들어가 '불령불온'한 언설을 일삼는다는 등의 부정적인 설명을 하였다. 그러나 만주사변 발발 이후의 조선어 신문에 대해서는 다음과 같이 언급이 달라진다.

만주사변이 있은 소화(昭和) 6년 이후는 전술과 같은, 광격(狂激)한 기사 논설 등은 모두 그 모습을 감추었고 특히 열거하는 정도의 기사가 없어서 옛날 기록을 볼 때마다 모두 금석(今昔)의 감이 있습니다만, 이것에는 오랫동안 국에서 일한 상사, 선배분들의 노력도 들 수 있는 것이지만, 일중(一重)으로 홍대무변(鴻大無邊)한 황은(皇恩)의 하사이고, 제국의 국위진흥의 결과인 것을 생각해 감격하고 있는 차제입니다.[145]

즉, 만주사변 이후로 검열당국의 노고와 황은皇恩으로 과격한 기사나 논설이 없어진 것을 기뻐하고 있는 것을 알 수 있다. 그러나 이 기사는 여전히 조선어 신문에 대한 경계를 늦추어서는 안 된다는 것을 또한 다음과 같이 강조하였다.

그렇기는 하지만, 금일은 신문상품시대라고 하고 있습니다만, (…중략…) 어떻게 한다면 독자를 보다 많이 획득할 수 있을까, 그것은 기교(奇矯)한 곡필을 희롱하는 것이지만, 그것으로 행정처분에 부쳐지고 차압되어서는 경영이 성립하지 않으니 행정처분에 부쳐지지 않는 범위에 있어 가능한 나쁜 기사를 게재해서 독자의 환심을 사려고 노력하고 있음이 목하의 언문신문의 현상이라고 할 수 있다고 생각합니다. (…중략…) 현하의 언문신문은 아직 과격한 기사를 좋아해서 기재하려고 하는 것은 사실이어서 방문신문 등이 적극적으로 시정에 찬조하려고 하는 것에 비할 때는 결코 유단(油斷)해

---

145 廣瀨四郞, 「諺文新聞紙の歷史及び其の現況」, 『警務彙報』 362, 1936.6, 44면.

서는 안되는 것이 있습니다 (…중략…) 언문신문의 현황에 대해서는 전술과 같은 적극적으로 불온하다고 인정되는 것은 현재 절대 없지만 지금 서술한 듯한 견지에서 본다면 아직 매우 유감인 것이 많습니다.[146]

과격한 기사나 논설이 없어져 '불온'하다고 인정되는 것은 없지만 '행정처분에 부쳐지지 않는 범위에서 가능한 나쁜 기사를 게재'하려는 것이 조선어 신문의 성향이고 '과격한 기사를 좋아'하기 때문에 유의해야 한다는 것이다.

한편, 도서과장이었던 다치다立田淸辰는 1929년 광주학생사건을 계기로 해서 '곡필무문'의 조선어 신문이 달라졌음을 강조한 바 있다.

민족의식에 몰려 달리는 곡필(曲筆)도, 계급의식에 편승해 흐르던 무문(舞文)도 또는 민중의 생활고만을 골라내어 읍언열거(泣言列擧)의 논설도 하등 조선민족의 발전 향상에 유익없다고 차제에 깨달아 온 민중의 소리에 응해서 신문지도 작년 학생사건후는 번연(飜然)과 그 필망(筆鋩)을 고쳐 온건으로 기울었다. 실제 문제로서 차압처분은 근소하게 되었고, 주의경고는 그 수가 줄었고, 혹은 적극적으로 선사(善事)를 게재하고 종래 묵살로 하등의 붓을 쓰지 않았던 국가적 성사(盛事)에 대해서도 게재하고, 기쁘게 황실기사를 근기(謹記)하고[147]

---

146 위의 글, 44~45면.
147 立田淸辰, 「一九三〇年の朝鮮出版界の回顧」, 『警務彙報』 297, 1931.1, 19면.

우선 다치다는 '민족의식', '계급의식', '민중의 생활고' 등을 다루는 기사나 논설 등을 조선어 신문의 문제거리로 파악하고 있었다는 것을 알 수 있다. 다치다는 만주사변이 발발하기 이전인 광주학생사건 이후로 조선어 신문의 논조가 온건해 진 것으로 파악하고 있지만, 광주학생사건이든 만주사변이든 전반적으로 볼 때, 대략 1930년을 전후해서 조선어 신문이 '개선'된 것으로 생각하고 있음을 알 수 있다.

이렇게 조선어 신문이 '개선'되었다는 전제 아래 1936년에는 조선어 신문을 대상으로 한 '언문신문 지면 개선사항'이라는 것이 검열관들에게 전달되었다. 히로세廣瀨四郎는 앞에서 살펴본 기사 「언문신문의 역사 및 현황諺文新聞紙の歷史及び其の現況」에서 조선어 신문이 '적극적으로 불온'하지는 않지만 아직 '유감'인 것이 많아서 당국에서 최근 '언문신문지면개선사항'이라는 것을 정했다고 하면서 그 사항을 제시했다.

① 존왕경신(尊王敬神)은 국민정신의 기조로서, 황실기사를 비롯해 축제일, 신사 등에 관한 기사는 성의를 다해 이것을 게재하여 일반민중을 지도하도록 유의할 것

② 총독부를 비롯 각 관청의 시정의 방침 계획 등은 권해서 이것을 게재하고 주지철저(周知徹底)로 협력할 것

③ 국내기사와 국외기사의 취급에 관해 그 내용, 분량, 위치, 형식 등에 유의하고, 제국의 신문지라는 사명을 완수하도록 특히 고려할 것

④ 사상범인, 국외불령운동자 등의 행위를 과대하게 보도하는 등 암암리에 공산 혹은 민족주의를 선동하는 듯한 것이 없도록 주의할 것

⑤ 천재(天災) 기타 사회의 비참한 일을 과대 비관적으로 취급하여 공연히 민심을 위미(萎靡)시키려는 것이 없도록 주의할 것

⑥ 민간에서 기도(企圖)하는 사항은 이것을 특필대서하더라도 관변(官邊)의 계획시설에 대해서는 이것을 경시간과하고 일단 착오 결여있는 경우는 걸핏하면 무문곡필로써 보도하는 듯한 감이 있고, 충분히 일의 성질영향을 고려해서 민족적 편견을 없애 신중공정히 보도할 것[148]

이 '언문신문지면개선사항'의 1, 2, 3항을 특히 주의해서 볼 필요가 있다. 이전 시기의 검열이 지향했던 바가 문제의 여지가 있는 특정 내용을 '쓰지 말라'고 규제하는 것이었다고 한다면, '언문신문지면개선사항'의 1항은 '황실기사를 비롯해 축제일, 신사'와 같은 기사를 적극적으로 '쓰라'고 지시하고 있다. 2항도 역시 '총독부를 비롯 각 관청의 시정의 방침 계획'을 '권해서 게재할 것'을 분명히 하였다. 3항은 구체적으로 쓸 방향을 지시하고 있지는 않지만 기사의 취급에 관해, 그 '내용, 분량, 위치, 형식'에 주의할 것을 언급하여 편집방침을 밝히고, 식민지 조선에 머무르는 것이 아니라 '제국의 신문지'라는 사명을 완수하도록 유도할 것을 천명하였다. 나머지 4, 5, 6항은 이전과 같이 특정 내용을 게재하지 않도록 하라는 방침이지만, '쓰지 말라'는 방향이 아닌 '쓰라'는 사항이 검열관들에게 전달된 것은 검열의 지향점이 획기적으로 변하고 있음을 보여주는 것이다. 하나의 식민지로서가 아닌 '제국'의 입장이 강조되고 있는

---

148 廣瀨四郞, 앞의 글, 46면.

것도 새로운 지향점의 하나이다.

이 시기 '검열의 기준'이 보다 명확해지는 것은 이러한 변화에 상응하는 것이었다. 검열표준들이 시기에 따라 그리고 대상에 따라 검열관들에게 주어졌다고 해도 '치안방해'라든지 '선동' 등의 의미는 매우 포괄적인 것이어서 무엇을 '치안방해'로 볼 것이며 어디까지가 '선동'인지 등의 문제가 제기될 수밖에 없었다. 이렇게 애매했던 검열의 기준들이 점차 보다 명확해져 갔고, 그러한 상황을 가장 잘 보여주는 것이 오카다岡田順一가 『경무휘보』에 게재한 기사, 「개정출판법의 개요改正出版法の槪要」이다. 조선의 '출판규칙'은 일본 국내의 '출판법'을 거의 그대로 준용하고 있었기 때문에, 1934년 일본 국내의 '출판법'이 개정되자 이를 조선에도 알릴 필요가 있었고, 이에 도서과의 오카다는 『경무휘보』에 기사를 게재하여 개정의 내용을 알리고자 했다. 개정된 '출판법'은 이전의 다른 조항들은 그대로 유지하면서 '황실의 존엄을 모독'하는 내용, '안녕질서를 방해'하는 내용, '범죄를 선동하거나 형사피고인을 함해陷害'하는 내용에 대한 처벌을 추가하고 '축음기 레코드'에 출판법을 준용한다는 조항을 추가한 것이 그 주된 내용이었다. 오카다는 개정의 요점을 차례로 설명하면서 먼저 '황실의 존엄을 모독한다'는 것에 대해 '황실에 대한 존경의 생각을 결여했다고 인정할 수 있는 모든 사항'이라고 설명했다. 단순히 존경심을 결여한 듯 보이기만 해도 '황실 존엄의 모독'으로 처벌할 수 있음을 직접적으로 보여준 것이다. 또한 '안녕질서'와 관련해서는 매우 광범위한 개념이었던 만큼 다음과 같이 '안녕질서 문란에 해당되지 않는 실례'를 들었다.

① 사람의 악사추행(惡事醜行)을 적발해서 이것을 매도하고 그 체포를 요구함과 같이 사회에 미치는 위해가 심심(深甚)하지 않은 기사(大正2년 12월 13일)

② 수상(首相)인 사람의 언행정책에 대해 비판공격을 가하는 것(大正4년 9월 23일)

③ 공중에 대해 소요를 선동하는 것으로 풀이될 수 없는 기사(大正4년 12월 24일)

④ 단순히 현행제도의 불비 사회조직의 결함을 지적해서 공격함에 그치고 불법의 수단에 의하거나 급격히 이것을 변경시키려고 시도하는 것이 아닌 기사(大正11년 4월 4일)[149]

이와 같은 실례는 단순히 사람의 악행 혹은 제도의 결함을 지적하는 것은 '안녕질서 문란'에 해당되지 않는다는 것을 보여주고 있지만 재미있는 것은 바로 이어지는 다음과 같은 설명이다.

저자 또는 발행자는 그 게재하는 기사가 안녕질서를 문란하게 하는 사항인 것을 인식하는 것을 요하지 않는다(大正8년 1월 9일 大判) 하물며 안녕질서를 문란하게 하는 의사가 있는 것을 요하지 않고(…중략…) 스스로 그 기사로써 안녕질서를 문란하게 하는 것이 아니라고 사유되는 경우라고 하더라도 범죄의 성립을 방해하지 않는다(大正4년 10월 22일 大判) 기타 게재의 취

---

149 岡田順一,「改正出版法の概要」,『警務彙報』339, 1934.7, 128면.

지, 동기, 목적의 여하도 묻지 않는다(明治44년 6월 30일 大判, 大正 8년 6월 10일 大判)

게재의 기사가 안녕질서를 해하는 것으로 되는가 아닌가는 주로 그 당시에 있어서 사회관념을 표준으로 객관적으로 이것을 결정해야 할 것으로서 그 판단은 사회상태의 추이에 의해 스스로 달라지지 않을 수 없다(大正11년 4월 4일 大判) 또 기사자체를 기초(基礎)로 해서 결정해야 하고 기초(起草)자의 진의여하에 구애받지 않는다.

게재사항이 조금이라도 안녕질서를 문란하는 것인 이상, 그것이 고유기사인지 전재(轉載)기사인지 아닌지를 묻지 않는다(明治44년 6월 3일 大判) 또 기사의 내용이 타인의 연설을 원용(援用)한 것인지 아닌지 또는 연설이 법령의 집행상 정지된 것인지 아닌지도 그것을 묻지 않는다(大正3년 9월 29일 大判)

기사의 언어문장이 직접적으로 안녕질서를 해할 수 있는 사항을 표명한 경우는 물론 안녕질서를 해할 수 있는 사항을 언외로 포장(包藏)하는 것이 그 언어문장에 의해 이것을 유지할 수 있는 경우도 포함하는 것이다.[150]

일단 기사가 '안녕질서 문란'이라고 인정되면 저자가 그럴 의도가 있었는지, 다른 이의 글이나 연설을 옮겨온 것인지 아닌지 등을 일체 고려하지 않고, 심지어는 문장이 직접적으로 안녕질서를 해롭게 하지는 않더라도 그런 의미를 담고 있다고 판단되면 안녕질서 문란에 해당되는 것으

---

150 위의 글, 128면.

로 인정할 수 있다는 이 설명은 '안녕질서'와 관련해서는 기사게재를 둘러싼 다른 사정을 조금도 고려하지 않고 있었음을 의미한다. 게다가 게재한 기사가 안녕질서를 해하는 것인지 아닌지는 당시의 '사회상태의 추이'에 의해 달라질 수 있다고 했지만 이는 오히려 식민정부에 불리한 사회상황에서는 단속을 더욱 강화할 수 있다는 의미로서, 이들은 모두 검열당국이 '안녕질서 문란'에 매우 민감하게 반응하고 있었음을 보여주는 것이다.

이 기사는 또한 '범죄의 선동'에 대해서도 설명하고 있다. 이전에는 범죄를 곡비曲庇하는 것만을 금지했으나 개정된 출판법에서는 범죄를 '선동'하는 것까지 처벌할 수 있게 되었다. 여기서 '범죄를 선동'한다는 것은 다음과 같은 의미를 갖는다.

출판물에 의해 불특정 혹은 다수의 사람에 대해 죄가 될 수 있는 행위를 범한다는 의미의 구성에 동기를 주거나 혹은 기존의 의사를 조성할 수 있는 자극을 주는 것을 말한다. 범죄의 종류 여하는 이것을 묻지 않는다. 또 범죄의 선동에 의한 현실적 영향의 유무도 문제가 아니고 따라서 그 범죄가 실행되어 실해(實害)를 생기게 하는 것을 필요로 하지 않는다. 이러한 기사자체에 있어 이미 해악을 생산했다고 볼 수 있다. 또 게재자에 있어 그 기사가 범죄를 선동하는 것을 인식하는 것도 필요로 하지 않는다.

범죄의 종류나, 게재자가 범죄 선동을 인식하는가의 여부를 고려하지 않는 것은 물론, 무엇보다 범죄의 선동이 실질적 결과를 낳지 않아도 소위 혐의만 있으면 '선동'으로 볼 수 있다는 이 설명은 '안녕질서 문란'과 비슷한 정도로 포괄적이고, 기사 게재에 관련된 다른 사정에 대한 참고 없이 기사 자체로 '선동' 여부를 결정하겠다는 검열당국의 매우 단호한 태도를 드러낸다. 뒤이어 오카다는 '선동'이 '선전'이나 '교사敎唆'와 어떻게 다른지도 상세히 설명하였다.

이처럼 '검열의 기준'이 상세해지는 것은 '쓰지 말라'는 사항을 구체적으로 통달하는 것이었지만, 구체적으로 상세한 '불不게재사항'이 통달되는 것은 역으로 무엇이 쓸 수 있는 사항인가를 명확히 하는 것이기도 했다.[151] 이런 점에서 검열기준의 상세화 역시 '쓰지 말라'는 기존의 검열의 양상이 '쓰라'는 방향으로 바뀌는 것과 일맥상통하는 면이 있다고 하겠다.

3) 검열의 '흔적지우기'와 조선어 민간신문 지면 분석

(1) 검열의 '흔적지우기'

만주사변 이후 검열의 작동이 신문지면에 드러나는 방식에 있어서도 변화가 나타났다. 앞에서 살펴본 바와 같이 검열로 삭제된 지면은 주로 빈 공간으로 남겨짐으로써 검열의 '흔적'을 남겼다. 이런 '흔적'은 '긁은 데 무슨 중대한 기사가 있는가 하고' 독자들의 궁금증을 자아냈고 결국 이에 대한 검열당국의 제재로 연결되어 1930년대에는 검열의 '흔적'도 남기지 말라는 지시가 내려졌다.

---

151 中園裕, 앞의 책, 410면.

최경희에 따르면, 검열당국은 초기 검열에서는 인쇄된 지면에 검열로 인해 삭제된 흔적이 시각적으로 드러나는 것에 별로 개의치 않았었으나 1929년 무렵부터는 이를 고려하기 시작했다. 그 증거로 검열로 지워진 흔적이 발견되는 양이 줄어들었다는 점, '삭제'라는 용어 자체가 '생략'이나 '략略'으로 변화했다는 것, 그리고 삭제에 대한 편집자의 해명이 '당국의 기휘에 저촉됨'이라는 것에서 '부득이한 사정'으로 변화했음을 들었다. 최경희의 연구에 따르면 검열당국의 태도변화는 특히 '주의Attention' 처분에서 드러난다. 이 '주의' 처분은 1929년 이전 식민지 시기에는 보이지 않았던 것으로서 비공식적으로 세 조항을 포함하고 있었다고 하는데 이들은 곧, '삭제된 곳에 복자나 ○자 등을 사용해서는 안 됨', '삭제된 곳에 공간을 두어서는 안 됨', '삭제된 곳에 삭제되었다는 것을 가리키는 기재를 해서는 안 됨'의 3가지 조항이었다.[152] 그러나 최경희의 연구는 검열을 거쳤으나 발표되지 않은 심훈의 『시가집』을 대상으로 한 것이었기 때문에 문학작품에 대한 이러한 '주의' 처분이 조선어 민간신문에도 적용되었는지는 확실하지 않다.

검열의 '흔적지우기'가 시행되었다는 가장 직접적인 근거는 1931년 3월 12일 자 『동아일보』 2면에 게재된 기사의 내용에서 찾을 수 있다. 해당 기사 내용은 경성의 유력한 잡지 『개벽』, 『동광』, 『삼천리』, 『농민신문』 등의 대표가 총독부 도서과장과 경무국장을 방문하고 잡지발행에 대한 장애와 제한을 폐지 혹은 관대히 하도록 교섭한 바 있다는 것으로, 여기

---

152 Choi, Kyeong-Hee, "Regime of Self-Effacement: A Shift of Censorship Policy from 1920s and the 1930s", Conference paper for ICAS4 Conference at Shanghai, 2005.8.

서 제시된 3가지 사항 중 마지막 사항은 다음과 같다.

1. 복자사용 기타제한 철폐

삭제된 곳은 '여백'으로 남기지도 못하고 '삭자(削字)'의 기입도 못하게
하며 복자도 사용치 못하게 하야 전후문구가 부합치 안케 만드니 이것을 개
정할 것 또 그 달분으로 검열바든 것은 꼭 그 달호에 너허야 된다는 법은 잡
지경영을 불능케 하는 제도와 마찬가지니 이것을 폐지하고 또 성의로써 검
열을 신속히 하여 달라는 것이다.[153]

최경희의 논의에서 제시하는 바대로 당시 잡지에 대해 검열당국이
검열의 흔적을 남기지 않도록 조치하고 있었음을 알 수 있다. 최경희는
이러한 '주의' 처분을 전체 검열강화의 일환으로 보았다. 그러나 위의 기
사 역시 조선어 민간신문이 아닌 경성의 잡지들을 대상으로 한 것으로,
이에 대해 기사를 작성한 『동아일보』가 '신문'과 관련해서 별다른 언급
을 하고 있지 않은 점은 신문에 대해서는 이와 같은 직접적인 지시가 없
었다는 의미로 해석될 수도 있고 혹은 '잡지'의 경우를 전체 출판물을 대
표하는 것으로 간접적으로 제시함으로써 우회적으로 항의의사를 전달
한 것일 수도 있다.

좀 더 범위를 넓혀 1930년대 초·중반의 여러 조선어 잡지들에 게재
된 당국의 검열 관련 언급들을 찾아보면 당시의 가혹한 검열을 잡지발행

---

153 「잡지업계가 분기 검열개선을 요구」, 『동아일보』, 1931.3.12, 2면.

의 장애로 여기는 많은 기사들을 찾아 볼 수 있다. 특히 위의 기사가 게재된 지 얼마 되지 않은 시기, 잡지 『동광』에서는 다음과 같은 서술이 눈에 띤다.

> 아무리 서둘러도 이번 호는 기일에 늦을 듯하다. 원고를 모으기가 어려운 것, 검열에서 걸리는 날자, 삭제 때문에 다시 편집하는 것들은 항상 있는 사고다.[154]

'삭제 때문에 다시 편집하는 것'이라는 언급에서 삭제 지시를 받은 부분을 그대로 비워놓지 못하고 발행에 시일이 더 걸리더라도 다시 편집해야 했음을 알 수 있다. 즉 잡지에 대해서는 실제 검열의 '흔적지우기'가 실행되고 있었고 이로 인해 잡지발행의 어려움이 가중되고 있었던 것이다. 그러나 당시 신문과 관련해서는 위와 같은 지시가 있었다는 직접적인 언급을 찾아볼 수 없었다. 다만 1923년 11월 19일 자 『조선일보』 3면의 '잔소리'란에서 이야기하고 있는 바와 같이 검열의 '흔적'이 독자들에게 호기심을 불러일으킬 수 있었다는 점과 검열당국자들이 이것에 신경을 쓰고 있었다는 사실은 분명하다.

그러나 이 글의 초반에서 살펴본 바와 같이, 신문에 대해 검열이 개입하는 과정은 잡지나 단행본에서와 같은 완벽한 의미의 원고검열과는 다른 것이었기 때문에 잡지나 문학작품에 대한 최경희의 논의를 그대로

---

154 「편집여언」, 『동광』 22, 1931.6, 면수미상.

조선어 신문에 적용하기는 힘들 것으로 보인다. 최경희는 '주의' 처분이 1929년 전에는 발견되지 않았다고 언급했지만 조선어 신문에 대해서는 일찍부터 '주의' 처분이 내려졌었다. 무엇보다 신문이 검열로 삭제된 지면을 남기지 않으려면 전체 지면을 다시 구성하여야 하기 때문에, 이미 만들어진 연판을 긁어내기만 하면 되었던 전과는 달리 연판 자체를 다시 만들어서 검열을 받아야 했을 것이고, 이는 곧 신문 제작에 소요되는 시간과 비용이 그만큼 늘어난다는 것을 의미하는 것이다. 다시 말해, 신문이라는 매체와 관련해서는 검열이 진행되는 과정상의 특성 때문에 흔적 자체를 없애는 것이 힘들다는 점이 고려될 필요가 있다. 신문에서는 검열당국이 무조건 흔적을 지우라고 지시를 내렸다기보다는 검열실행에 대한 기본적인 기조는 유지하는 선에서 되도록 흔적이 나타나지 않게 유도했을 수도 있는 것이다.

따라서 본고에서는 최경희가 언급한 '흔적지우기'에서 단서를 얻어 1930년대 중반에 발행된 조선어 민간신문의 지면에 검열로 '삭제' 처분을 받은 기사들이 어떻게 나타났는지를 분석해 봄으로써 이 시기 조선어 민간신문에 대한 검열의 특성, 즉 검열의 흔적지우기에 대해 살펴보고자 한다.

(2) 조선어 민간신문 지면에 나타난 검열의 '흔적'

1930년대 중반, 검열로 '삭제' 처분을 받은 기사들이 실제 신문의 지면에 어떻게 나타났는가를 분석하기 위해서 우선 『월보』에 보고된 『동아일보』와 『조선일보』에 대한 행정처분의 내용을 살펴보았다. 1930년대에 접어든 이후『월보』는 '삭제' 처분을 받은 기사에 대해서는 건수만을 제시하고 처분일과 신문명, 기사 제목과 내용 등을 따로 보고하지 않다가 1934년 10월분(제74호)부터 다시 '신문지 삭제 주의 기사 일람표'를 만들어 처분의 대상이 된 신문의 제호, 발행일, 처분일, 처분내용, 기사 제목을 제시하기 시작했다. 따라서 1934년 10월 전까지는 전체 건수만 알 수 있을 뿐 처분대상이 된 신문이 무엇이고 기사의 내용은 어떤 것인지 알 수 없다. 이에 1934년 10월분부터 1935년 12월까지『월보』에 보고된 '삭제 기사' 건수와 목록을 바탕으로 '신문지법'에 의해 발행된 조선어신문에 대한 '압수', '삭제' 건수를 전체 건수와『동아일보』와『조선일보』에 대한 건수로 나누어 표로 나타내 보면 〈표 13〉과 같다. 표를 살펴보면 1934년에서 1935년 사이 조선어 신문에 대한 월별 '압수' 건수는 미미한 수준이었음을 알 수 있다. 심지어 1935년 4월부터『동아일보』와『조선일보』에 대한 '압수' 건수는 찾아볼 수 없다. 그러나 '삭제' 건수는 많게는 25건에 달하고 1935년 말에도 10건 전후를 나타내고 있다. 그러므로 검열당국이 검열의 '흔적'을 신문에서 어떻게 지우려고 했는지를 살펴보기 위해서 삭제 건수가 많은 1934년 10월부터 1935년 12월까지를 대상으로 '삭제'로 기록된 기사의 내용과 이것이 실제 지면에 어떻게 나타났는지를 살펴보았다. 그런데, 이 시기에 발행된『동아일보』와『조선일보』의 지면을 살펴보면,『조선일보』는 '마이크로필름'과 '아카이브' 모두 당시 지면 중에서 석간과 조간의 한 판본만을 보존하고 있으나『동아일보』의 '마이크로필름'은 석간과 조간 각각 2판씩을 보존하고 있다. 당시『동아일보』는 조·석간으로 4면 내지 6면을 발행하고 있었는데, 이를 석간1판, 석간

<표 13> 『월보』에 기록된 조선어 신문에 대한 '압수' 및 '삭제' 건수표

연월(호수)	조선어 신문* 전체 차압 건수	조선 · 동아 차압 건수	조선어 신문 전체 삭제 건수	조선 · 동아 삭제 건수
1934년 10월분(74)	2	1	14	8
1934년 11월분(75)	1	1	24	13
1934년 12월분(76)	0	0	20	15
1935년 1월분(77)	2	2	11	6
1935년 2월분(78)	1	1	25	14
1935년 3월분(79)	1	1	2	1
1935년 4월분(80)	1	0	7	2
1935년 5월분(81)	2	0	12	8
1935년 6월분(82)	1	0	8	7
1935년 7월분(83)	0	0	8	4
1935년 8월분(84)	2	0	5	3
1935년 9월분(85)**	1	확인 불가	7	확인 불가
1935년 10월분(86)	0	0	11	8
1935년 11월분(87)	1	0	7	2
1935년 12월분(88)	1	0	12	7

* 여기서 '조선어 신문'이란 '신문지법'에 의해 발행되는 신문, 즉 조선인에 의해 발행되는 신문을 의미
** 『월보』 85호는 발견되지 않았음. 전체 건수는 86호에 기록된 것.

2판, 조간1판, 조간2판의 순서대로 수록하였으며 지면의 일부가 삭제되어 빈 공간이 된 경우, 원지면이 있다면 삭제된 지면 바로 다음에 원래의 지면을 함께 수록하였다.[155] 발행된 전지면이 모두 수록되어 있는 것은 아니고, 조 · 석간 2판의 경우 1, 2면과 4면 내지 6면만 수록한 경우가 대

---

155 이들 지면을 볼 때 유의할 점은 '조간'이라고 해서 해당 일자에 먼저 발행된 것이 아니라는 점이다. '조간'은 저녁에 발행하여 다음날 아침에 볼 수 있도록 한 것이었으므로, 그날의 일을 취재하여 오후에 발행한 '석간'보다 시간상으로 앞선 것이 아니었다. 그럼에도 불구하고 『조선일보』와 『동아일보』 아카이브에서는 조간을 먼저 제시하고 석간을 후에 제시하고 있는데, 이는 수정되어야 할 것이다.

부분이었다. 2판의 내용은 1판과 크게 다르지 않았기 때문인 것으로 보인다.

이와 같은 『동아일보』의 특성은 검열로 인해 특정 기사가 삭제당하고, 삭제된 후 다음 판본에서 해당 기사가 어떤 식으로 변형되었는가를 파악하기에 매우 용이하다. 실제, 검열로 인한 기사의 삭제와 이 삭제의 흔적이 지면에서 '지워지도록' 강요되었는지 즉, 검열당국이 검열의 '흔적지우기'를 행했는지를 살펴보기 위해서는 당시에 발행된 지면으로서 현재 확인 가능한 지면에서 검열의 작동과 검열이 지워지는 일련의 과정을 확인할 수 있어야 한다. '삭제' 처분이 반영되고 당국의 지시로 인해 '흔적'까지 지워지는 데에는 몇 단계에 걸친 지면의 '변형'이 필요한데, 최종적으로 독자에게 도달한 지면 혹은 보존되어 남아 있는 한 판본만을 확인할 수 있다면 지면의 '변형'이 신문사의 의도에 의한 것인지 검열당국의 의도에 의한 것인지 알 수 없을 것이다. 따라서 여기에서는 발행일 신문의 2판씩과 삭제된 지면의 원본까지도 수록해 놓은 『동아일보』를 대상으로 검열의 '흔적지우기'가 어떻게 나타났는지를 살펴보고자 한다.

먼저, 1934년 10월부터 1935년 2월까지 『동아일보』에서 삭제된 기사의 내용과 부분을 대략적으로 살펴보면 조간보다는 석간에서 삭제된 기사를 많이 찾을 수 있고 삭제의 형태가 기사 내용의 한 단어에서부터, 몇 줄, 단락, 기사 전체, 제목의 몇 단어 등에 이르기까지 매우 다양하다는 것을 알 수 있다. 1935년 중반에 이르면 기사 중의 단어 한 개를 삭제하고 이를 삭제로 보고한 예도 많이 찾아볼 수 있다.[156] 이는 검열의 실행과 보고 및 기록이 이전보다 상세해졌음을 의미한다. 게다가 『월보』에 '삭제'로 보고되었지만 실제 지면에는 삭제되지 않고 남아있는 기사가 거의 없다. 앞에서 검토해본 바 있는 『월보』 발행 직후의 상황, 즉 1920년대 후반에 삭제로 보고된 기사의 상당수가 지면에 남아있었던 것과는 상당히 대조적인 경향이다. 검열의 실행이 보다 엄밀해진 결과라고 할 수 있을 것이다.

기사가 삭제된 형태를 살펴보면 제목이나 본문에서 몇 글자가 삭제된 경우는 이전과 동일하게 글자를 긁어낸 듯한 흔적을 찾아볼 수 있지만 기사 전체가 삭제되었을 때는 한 자 한 자 글자의 흔적이 남아있지 않도록 비교적 깨끗하게 삭제되어 흰 공간으로 남겨졌다. 롤러와 같은 것으로 밀어서 글자모양이 남지 않도록 한 특이한 형태도 있다(〈그림 12〉).

지금부터는 당시 신문에 대해 검열의 '흔적지우기'가 실행되었는지를 검열기록과 신문지면을 통해 들여다보자. 1934년 10월분부터 1935년 12월분까지 『월보』에서 확인 가능한 52건의 '삭제' 처분 중 지면에서 문제가 된 기사를 찾아볼 수 있는 사례는 48건이고[157] 이 중 석간1판의 기사가 '삭제' 처분의 대상이 된 경우가 33건으로 약 70%를 차지했다. 그 날 가장 먼저 발행된 판본인 만큼 검열당국으로서도 해당 신문에 주

---

156 예를 들어 삭제로 보고된 『조선일보』 1935년 4월 2일 자 기사 「인가에 피신한 순사를 또 포위 맹습」이나 같은 해 5월 4일 자 기사 「다사도 철도문제」 등은 '일부 삭제'로 기록되어 있고 실제 지면을 찾아보면 각각 한 단어가 삭제되어 있다.

157 4건에 대해서는 지면이 누락되거나 압수 등의 이유로 마이크로필름에 남아 있지 않아 찾을 수가 없었다.

〈그림 12〉 롤러로 민 삭제 형태 『조선일보』 1934년 12월 4일 자 3면 연재소설 「광인기」 삭제 부분

의를 기울였기 때문일 것이다. 석간1판에서 '삭제' 처분을 받은 기사들은 지면에 빈 공간을 남겼다. 이 삭제의 '흔적'은 기사 제목의 일부를 삭제한 것(1935년 2월 22일 자)에서부터 기사 전체를 삭제한 것(1934년 11월 29일 자), 기사의 한 단어를 삭제한 것(1934년 10월 26일 자)에 이르기까지 그 크기가 다양하다. 삭제된 형태 역시 글자를 긁어낸 형태(1934년 11월 8일 자), 긁어낸 글자의 형태를 남기지 않고 하얀 빈 공간으로 만든 형태(1934년 11월 9일 자), 롤러와 같은 것으로 밀어 덮어버린 형태(1934년 10월 31일 자) 등으로 다양했지만 분명한 것은 뒤로 갈수록 기사의 형태나 내용을 짐작할 수 없도록 삭제 부분 자체를 하얀 빈 공간으로 만들어 버리는 경우가 많다는 점이다. 1판에서 지면으로부터 삭제되어 빈 공간을 남겼던 이들 기사들은 2판에서는 해당 기사를 변형하여 삭제 흔적을 지우거나 다른 기사로 대체해 빈 공간을 사라지게 만들었다. 조간1판에서 '삭제' 처분을 받은 기사의 경우 역시 조간2판에서 삭제 부분을 수정하거나 다른 기사로 대체되었고, 사례가 많지는 않지만 석간2판에서 '삭제' 처분이 떨어진 기사는 조간1판에서 수정, 제시되었다.

구체적인 '삭제' 기사를 놓고 '삭제' 처분이 지면에 어떻게 반영되는지 살펴보자. 먼저 1판에서 삭제의 흔적을 남겼던 기사들이 2판에서는 변형되어 삭제 흔적 없이 나타나는 대표적인 경우는 1934년 10월 16일 자 석간1판 2면이다. 해당 면에서는 세 부분이 삭제되어 있는 것을 확인할 수 있는데, 『월보』에는 '신문지 삭제 주의 기사 일람표'에 간단히 제목이 제시되어 있는 외에, '조선문 신문지 삭제 기사 요지'에서 다음과 같은 내용을 찾아 볼 수 있다.

동아일보 10월 16일부

1. 발발한 직접행동 농성(農城),[158] 환영회, 송하(松下)살인등

1. 수천명이 적기를 날리며, 출옥동지 환영 '데모'

　소작료 감하(減下)를 강요

1. 밀고한 모친타살

딸형제 공모해서 척정(擲井)

자식은 정처없이 유랑의 길[159]

　마이크로필름에 함께 수록되어 있는 삭제 전의 지면을 보면, 위 기록에서 각 항의 앞부분에 해당하는 '발발한 직접행동', '수천 명이 적기를 날리며', '밀고한 모친타살 딸형제 공모코 척정' 문구가 삭제된 것을 확인할 수 있다. 그런데 석간2판을 보면 '발발한 직접행동' 부분은 '농성, 환영회, 송하살인 등'이라는 부제만 남기고 빈 공간을 없앴으며, '수천명이 적기를 날리며' 문구가 있던 자리는 '채권債權을 절취竊取 소각燒却'이라는 문구로 대체되었다. 마지막 '밀고한 모친타살 딸형제 공모코 척정' 부분은 '송하松下살인사건'으로 바뀌어 석간2판 2면에서는 어떤 삭제 흔적도 찾아볼 수 없게 되었다.(〈그림 13〉 참조)

　『월보』에 '삭제'로 보고된 1934년 10월 31일 자 『동아일보』 1면도 비슷한 경우다. 『월보』는 '삭제' 처분을 받은 해당 기사에 대해, '신문지 삭제주의기사 일람표'에 "존폐문제를 싸고도는 일영미日英米의 잠수함이라

158　지역이름인 것으로 보인다.
159　경무국 도서과, 『조선출판경찰월보』 74, 1934.10.

〈그림 13〉『동아일보』1934년 10월 16일 자 석간1판 2면(좌), 석간2판 2면(우)

고 제목한 자구와 사진"이라고 간략히 기록했다. 마이크로필름에 수록
된 1934년 10월 31일 자『동아일보』1면을 살펴보면 석간 1판에서는 1
면 중앙에 롤러로 밀어 지운 흔적이 선명하게 남아 있는 것을 볼 수 있
다.(〈그림 14〉가운데) 다시 원지면을 찾아보면 이것이 바로 문제가 된 세
장의 잠수함 사진과 캡션임을 알게 된다. 해당 기사는 1면 기획기사로 보
이는 일본, 영국, 미국의 '군비축소회의' 관련기사의 일부였다. 그런데 마
이크로필름에 수록된 석간 2판의 1면에서는 롤러로 밀어 지운 흔적을 깨
끗하게 없애고 군비축소와 관련된 다른 기사 "五五三 현행비율을 미국
은 절대고집"을 메워넣어 삭제된 흔적을 찾아볼 수 없는 완전한 지면으
로 바꿔 놓았다.(〈그림 14〉)

　　삭제되었던 기사가 2판에서는 아예 다른 기사로 대체되는 경우도 종
종 보인다. '삭제' 처분된 1934년 11월 29일 조간1판 2면의「통천 모사건

<그림 14>『동아일보』, 1934.10.31. 석간1판 1면(좌), 원지면(중), 석간2판 1면(우)

피의자를 강력전기로 치사」라는 기사는 조간1판에서는 관계 기사 2개
가 모두 삭제되어 커다란 빈 공간을 남겼으나 조간2판에서는 빈 공간은
물론이고 관련 기사도 모두 사라졌다. 또한, 1934년 10월 30일 자 조간1
판 1면의 사진 기사는 좌측에 기재되었던 3줄 정도의 캡션이 모두 삭제
되었다. 삭제 전의 지면이 수록되어 있지 않아 캡션의 내용을 알 수는 없
으나 사진은 날카로운 농기구를 손에 든 사람들이 일렬로 줄지어 서 있
는 장면을 묘사했다. 『월보』는 이에 대해, 「집단농장의 가을」이라는 제목
아래 각종 재해로 일본은 전국이 미증유의 부작기근不作飢饉에 직면했지
만 소연방은 대체로 풍작을 거두었다는 내용이었다고 기록해 두었다.[160]
해당 사진 기사는 조간2판 1면에서는 사라지고 다른 기사가 그 자리를
메우고 있다.

　1판에서 문제되었던 기사가 2판에서도 삭제 형태는 달라졌으나 여전

160　『조선출판경찰월보』, 74, 1934.10.

히 빈 공간으로 남은 사례도 있다. 1934년 11월 9일 자 석간1판 1면을 보면, 우측에 5단에 걸친 기사 하나가 통째로 삭제되어 있다. 이는 「우리 역사상에 나타난 전공과 훈업勳業」이라는 기사로 현상윤의 연재기사 마지막 편이었다. 석간2판 1면에서는 「지령 오천호 기념」이라는 문패역할을 하는 작은 그림판화와 「내 자랑과 내 보물」이라는 해당란의 제목, 1판에서와 같은 연재기사의 제목, 그리고 필자의 이름만 보이고 기사 내용은 여전히 빈 공간으로 남아 있다. 문제가 된 부분을 수정하여 2판에 재수록하려고 했는데 또 문제가 되어 삭제된 것으로 보인다.

한편, 2판의 기사가 '삭제'의 대상이 된 예는 많지 않으나 이들은 삭제된 채로 남아 있거나 다른 날 혹은 간행시간을 달리하여 재조판되기도 했다. 예를 들어 사진 캡션의 일부가 삭제된 1934년 11월 17일 자 석간2판 2면의 사진 기사 「황량한 덕수궁의 겨울빛」은 '황량한' 부분이 삭제되어 좌측에 세로로 위치한 캡션이 약간 아래로 치우친 느낌이 있는데, 조간1판 2면에서는 왼쪽에 있던 사진 기사가 오른쪽으로 이동되고 '덕수궁의 겨울빛'이라는 캡션이 사진 우측 중앙으로 변형되어 재조판되었다.

〈표 14〉는 1934년 10월부터 1935년 12월까지 『월보』에 기록된 52건의 '삭제' 처분을 받은 기사 중에서, 처음에 삭제의 흔적을 남겼던 기사가 다음 판본에서 삭제의 흔적을 지운 주요 사례를 표로 정리한 것이다. 앞에서 이미 언급한 바와 같이, 『동아일보』는 석간 및 조간의 2판을 마이크로필름에 수록할 때는 1, 2면과 마지막면(4면 또는 6면)만을 수록했기 때문에 석간 혹은 조간 1판의 1, 2면이 아닌 경우 2판에서 삭제 흔적이 지워졌는가의 여부를 확인할 수 없었기 때문에 다음 판본에서 검열 흔

〈표 14〉 삭제된 흔적이 지워진 주요사례(『동아일보』 1934년 10월~1935년 12월)

발행연월일	삭제 기사에 대한 『월보』의 기록내용	마이크로필름 지면현황
1934.10.16	1. 澎湃하는 직접행동 1. 수천명이 적기를..	석간1판 2면 두 기사 제목 일부 삭제 석간2판에서 제목에서 삭제 부분 사라짐
1934.10.30	횡설수설란 일부	석간1판 1면 해당 기사 부분 삭제 석간1판 1면에서도 빈 공간으로 남아있으나 긁어낸 흔적을 지움
1934.10.30	집단농장의 秋	석간1판 1면 사진 기사의 캡션 삭제 석간2판 1면 사진 기사 사라짐
1934.10.31	존폐문제를 둘러싼 일영미의 잠수반이라 고 제목한 자구와 사진	석간1판 1면 전체 삭제 석간2판 1면 삭제 부분 사라짐
1934.11.9	吾史上에 나타난 전공과 勳業	석간1판 1면 기사 전체 삭제 석간2판 1면 제목만 있고 기사 부분은 빈 공간
1934.11.17	「황량한」덕수궁의 겨울색의 괄호안	석간2판 2면 사진 제목 일부 삭제 조간1판 2면에서 삭제 부분수정
1934.11.29	通川 모사건 피의자를 강력전기로 치사	조간1판 2면 기사 전체 삭제 조간2판 2면 삭제 부분 사라짐
1934.12.22	백의는 未世事	석간1판 2면 기사 전체 삭제 석간2판에서 삭제 부분 사라짐
1934.12.24	軍糧軍資징수하려고 조선○○군활동	석간1판 2면 기사 전체 삭제 석간2판에서 삭제 부분 사라짐
1935.1.21	기근의 東邊道에 인심 극도로 험악 운운 의 일부	석간2판 2면 제목 일부 삭제 22일 석간1판에 동일기사 수정게재
1935.2.4	장래의 세계대전에 중국의 대책	석간1판 1면 기사 일부 삭제 석간2판에서 기사가 약간 변형되었으나 삭제 부분이 남아 있음
1935.2.17	對中항공권에 대한 열국간의 쟁탈전	조간1판 1면 기사일부 삭제 조간2판 1면 삭제 부분 사라짐
1935.2.22	중앙고보4년생 駭擧 백이명을 총검거 운 운한 중 일부	석간1판 2면 제목 일부 삭제 석간2판 2면 삭제 부분 사라짐
1935.2.28	국경의 兩도시에서 밀정 본거지 발견	석간1판 2면 기사 전체 삭제 석간2판 2면 삭제 부분 사라짐
1935.5.2	일본생산당 자객잠입 총독이하○○ 계획	석간1판 2면 기사 전체 삭제 석간2판 2면 삭제 부분 사라짐
1935.5.24	금회당선된 의원 대개가 3류인물	석간2판 2면 기사 전체 삭제 조간1판 2면 삭제 부분 사라짐
1935.6.11	김구일파오명입만(入滿)	석간1판 2면 기사 전체 삭제 석간2판 2면 삭제 부분 사라짐
1935.6.23	안동현으로부터 밀수은괴 팔만판천육백 여관	석간2판 2면 기사 전체 삭제 조간1판 2면 삭제 부분사라짐
1935.7.22	운전수와 결탁 은괴밀수출	석간2판 2면 기사 전체 삭제 석간2판 2면 삭제 부분 사라짐
1935.11.1	피고는 ○○만세호창	석간1판 2면 제목 일부 삭제 석간2판 2면 제목 변경
1935.12.15	금회의 노회금지 당국도 기의독	석간1판 2면 기사 전체 삭제 석간2판 2면 삭제 부분 사라짐
1935.12.19	종교유사단체에철퇴	석간2판 2면 기사 전체 삭제 조간2판 2면 삭제 부분 사라짐

적의 삭제 여부를 확인할 수 있는 지면 위주로 정리하였다. 이처럼 '삭제' 처분을 받은 기사들의 흔적은 대부분 다음 판본에서 문제가 된 문구를 다른 것으로 변경하거나 아예 다른 기사로 대체되는 등을 통해 지면으로부터 사라졌다. 만약 제1판은 고려하지 않고 신문의 2판만을 검토한다면, 검열로 인해 삭제된 '흔적'은 찾기 힘들 정도이다. 지면은 누구도 개입한 적이 없는 것처럼, 어떤 외부의 힘도 작용하지 않은 것처럼 자연스럽다. 이는 기록되지 않은 삭제의 흔적을 포함해서 상당수의 검열 흔적을 찾아볼 수 있었던 1920년대의 지면 상황과 상당히 대조적이다. 앞에서 지적한 바와 같이, 신문매체와 관련해서는 '삭제된 곳의 흔적'을 남기지 말라는 지시가 있었다는 직접적인 언급은 현재까지 찾아볼 수 없다. 그렇지만 문제가 된 기사를 연판에서 깎아내고 인쇄를 계속하기만 하면 별 탈 없이 신속하게 신문을 발행할 수 있었던 신문사가 굳이 시간과 비용이 드는 조판을 새롭게 해가면서 신문지면을 '자연스럽게' 보이도록 했던 것에는 검열당국의 외압이 작용했기 때문일 것이다. 이와 관련해서, 조선총독부 도서과가 남긴 다른 기록들이나 일본 국내의 검열 관련 기록 등에서 이를 뒷받침할 좀 더 직접적인 근거를 찾아내지 못한 것은 아쉽지만 주요잡지에 내려진 삭제의 흔적을 지우라는 지시나, 실제 신문 지면에서 삭제의 흔적이 사라진 점 등을 고려할 때 1930년대 중반 조선어 민간신문에도 검열의 '흔적지우기'가 실행되었다고 볼 수 있다.

비록 1판, 2판으로 나누어 지면을 보존하고 있지는 않지만 같은 시기 『조선일보』의 '삭제' 기사가 지면에 어떻게 나타나고 있는가를 살펴보는 것은 이러한 경향을 일반화하는 데 도움을 줄 것이다. 이 시기 『조선일보』마이크로필름에 수록된 지면은 모두 2판이기 때문에 최종적으로 독자의 손에 들어간 지면으로 추측된다는 점에서도 이를 살펴볼 필요가 있다.

〈표 15〉는 1934년 10월부터 1935년 2월까지 『월보』에 보고된 『조선일보』의 '삭제'기사 보고내용과 이들 기사가 실제 신문의 지면에 어떻게 나타났는지를 정리한 표이다. 『조선일보칠십년사』에 따르면 『조선일보』는 1933년 8월부터 조간 4면, 석간 4면, 특간 4면을 발행했고 1936년부터 특간판을 확대하여 조간 4면, 석간 8면을 발행했다고 되어 있으나 1934년의 마이크로필름에는 조간 4면 석간 6면으로 수록되어 있고, 『조선일보』'아카이브'에는 조간, 석간의 구분 없이 면수별로 기재되어 있으므로 다음 〈표 15〉에서는 마이크로필름의 구분을 따랐다.

앞에서 살펴본 『동아일보』와 유사하게 우선 눈에 띄는 경향은 '삭제' 처분을 받은 기사가 지면에 그대로 온존하는 경우가 많지 않다는 것이다. '삭제' 처분의 대상이 된 기사들은 대부분 전체 혹은 일부가 삭제되어 있거나 해당 기사를 지면에서 찾아볼 수 없다. 『동아일보』와 마찬가지로 삭제의 유형은 한 단어에서부터 기사의 몇 줄, 단락, 기사 전체, 제목의 일부분 등으로 다양하고 1935년 후반으로 갈수록 지면에서 '삭제' 처분을 받은 기사를 찾을 수 없는 경우가 빈번해진다. 이렇게 지면에서 문제의 기사를 찾을 수 없는 것은 앞서 살펴본 바와 마찬가지로 검열당국의 '검열의 흔적'을 남기지 말라는 지시로 인한 것일 수도 있고, 혹은 신문사가 지면에 남아있는 빈 공간을 의도적으로 다른 기사로 채운 것일 수도 있으나 『동아일보』나 잡지의 상황에 비추어 본다면 역시 검열당국의 '흔

〈표 15〉 『월보』의 『조선일보』 삭제기록과 『조선일보』 마이크로필름의 지면 상황

발행연월일	월보에 기록된 삭제 기사	지면 삭제 여부
1934.10.10	사형을 받고 哄笑하는 서원준 운운의 기사중 홍소의 문자	석간2면 부분 삭제
1934.10.21	원경부소로에서 징역2년을 구형이라고 제목한 기사는…	석간5면 해당 기사 잔존
1934.11.10	草根木皮도 皆盡「坐而待死 오만명」 괄호안	석간5면 제목 부분 삭제
1934.11.15	1.東權 회수금문제로 營口 이주농민 대불평 2. 大仁川건설反面에 불량주택	조간2면 두 기사 모두 잔존
1934.11.21	창작 생명(2)	석간4면 전체 삭제
1934.11.28	1. 피고의 사형판결에 모친은 법정에서 기절 2. 기근지옥에 빠진 鬱島 아사자속출	조간2면 두 기사 모두 잔존 (2번은 제목이 약간 다름)
1934.12.4	광인기(10)	석간3면 기사 전체 삭제
1934.12.4	만주 대이민 계획과 주목해야 할 현지회의	관련 기사는 있으나 제목이 다름
1934.12.9	장려와 폭행(사설)	조간1면 전체 삭제
1934.12.20	色衣장려에 분개 한학자 단식 자살	석간2면 기사 전체 삭제
1934.12.21	북조선의 토지는 동척이 점차 呑盡	석간5면 완전 삭제 기사
1934.12.22	조선○○군 출장 의무금 징수중	찾을 수 없음
1934.12.30	□北태평양 상에서 해군 대연습 계획*	찾을 수 없음
1935.1.1	1. 일본의 정치동향 2. 인도국민회의파의 정치방향전환	신년호其二 2면 기사 일부 삭제 신년호其四 1면 기사 일부 삭제
1935.1.8	낙동강 치수공사	조간1면 사설 일부 삭제
1935.1.15	寺內式 農振운동의 전면적 수정으로 운동제의	찾을 수 없음
1935.2.8	1. 명천서 비상소집으로 이천여명 청년검거 2. 문천군 윤림 화전민 이천명이 瀕死상태	1. 석간5면 제목 중 일부 삭제(한 단어) 2. 조간3면 제목 중 '빈사' 부분 삭제
1935.2.14	1. 문맹에 방황하는 문교조선한심상 2. 玄海를 넘어 북조선으로 2백만 대이민군	1. 조간3면 제목 삭제 2. 찾을 수 없음
1935.2.17	갈등만은 시인 謀害는 절대 부인	조간3면 기사 일부 삭제
1935.2.22	1. 중앙고보의 대불상사운운 중 일부 2. 대토벌중에도 불구하고 對岸土兵 출몰 운운 3. 중앙고보맹휴사건현장사진	세기사 모두 석간 2면 1. 제목 일부 및 기사 내용 일부 삭제 2. 제목 일부 삭제 3. 사진 및 제목 삭제
1935.2.24	5년의 刻苦精勵 一盃酒로 수포화의 일부	조간3면 제목 일부 삭제

* □는 판독불가

적지우기'의 일환으로 볼 수 있겠다.

그러나 발행 전에 검열을 받는 잡지들과 달리 신문에서 검열의 '흔적'을 완벽하게 지우는 것은 불가능했던 것으로 보인다. 이는 다음에 살펴볼 지면 삭제 상황에서 검토해 볼 것이다.

(3) 기록되지 않은 검열의 '흔적'

『월보』에 기록된 조선어 신문에 대한 '삭제' 기록에 근거해 실제의 지면을 살펴보면 대부분의 '삭제' 처분을 받은 기사가 실제로 삭제되어 있거나 지면에서 찾아볼 수 없기 때문에 검열로 인한 처분에 대한 보고 및 실행이 이전에 비해 완벽해진 듯하다. 그러나 당시의 지면을 하나하나 들여다보면 이전과 마찬가지로 보고되지 않은 삭제 기사가 적지 않다는 것을 알게 된다. 〈표 16〉은 『월보』에 '삭제' 처분에 대한 세부기록이 다시 나타나는 1934년 10월부터 1935년 2월까지 『동아일보』 지면 전체를 검토하여 '삭제'로 보고되지 않았으나 지면에는 전체 혹은 일부가 삭제되어 있는 기사들의 지면 상황을 표로 정리한 것이다. 1920년대 후반에 비하면 보고되지 않은 채 삭제되어 있는 기사의 수는 많지 않다. 또한 그 내용도 상당수가 제목의 일부가 삭제되거나 기사의 한두 줄, 한 단락 정도의 삭제이고 기사 전체가 삭제된 경우도 짧은 단신이거나 호외에 게재된 기사가 많아 상대적으로 중요도가 떨어지거나 '삭제'로 보고하기 힘든 경우가 많다. '삭제'로 보고되지 않은 삭제 건수는 5개월간 19건인데 이 중 두 건은 '차압'기사로 기록되었으므로 이들을 제외한 총 17건 중에서 호외, 단신을 제외하고 기사 전체가 삭제된 사례는 3건이다. 따라서 검열에 대한 기록이 이전에 비해 세밀해졌다고 해도 무리가 없을 것이다.

그럼에도 불구하고 1934년 1월 26일 자 조간1판 2면의 기사 삭제나 1934년 12월 28일 자 및 1935년 1월 13일 자의 사진 및 캡션의 삭제 등은 지면의 큰 부분이 삭제되었음에도 이에 대한 보고를 찾을 수 없다. 검열에 대한 기록체계가 정립되기 시작한 1920년대 말엽과 마찬가지로 검열당국은 처분을 내린 모든 '삭제' 기사들을 기록한 것이 아니라 중요하다고 판단한 것만 기록하고 있었던 듯하다. 비록 보고되지 않은 삭제 기사의 건수가 이전에 비해 적어졌고 삭제된 부분의 크기도 미세하기는 하나 검열에 대한 기록체계가 30년대 중반에 이르기까지도 실제의 처분 건수와 이에 대한 기록 건수가 일치하지 않는, 즉 완전한 의미의 검열기록체계는 갖추어지지 못했다고 결론지을 수 있다. 위에서 살펴본 기간이 비교적 '삭제' 보고 건수가 많은 시기였다는 점에서 더욱 그러하다. 더불어 검열의 '흔적지우기' 역시, 2판이 발행되었다면 대부분 1판의 삭제 흔적이 사라지기는 했지만 미세한 크기의 삭제가 많았던 만큼 검열의 흔적을 신문지면에서 완전히 지우는 것은 불가능했던 것으로 보인다.

요컨대 1930년대 중반, 당시에 발행된 신문지면을 직접 검토해 봄으로써 검열의 실행에 어떤 특성이 있었는지를 검토해 보면, 검열당국의 '삭제'나 '압수' 처분으로 인해 초기 발행에서는 빈 공간으로 남아 있었던 삭제된 기사들이 2판에서는 기사의 내용이 변하거나 다른 기사로 대체되어 '빈 공간' 자체가 사라지는 경우가 많았다. 이는 당시에 잡지나 단행본 등에 내려진 검열당국의 '흔적지우기' 지시가 신문에도 동일하게 내

날짜	『동아일보』지면 삭제 상황	원문 혹은 재판 여부	비고
1934.10.6	조간1판 4면 「황혼의 은은한 총성과 밀수단의 혈투극」 마지막 한 단락 삭제	없음	
1934.10.21	석간1판 2면 단신 전체 삭제	원문 없음 2판에서 삭제 흔적 사라짐	
1934.10.22	호외 2면「搜査는 水陸 十六班 조직」기사 두 단락 제외 나머지 모두 삭제	없음	
1934.11.9	석간1판 3면「西歐途中記」기사 전체 삭제	원문 있음	차압으로 보고
1934.12.22	석간2판 1면 「맹렬한 軍擴熱로 평화운동대두」제목 일부 삭제	없음	
1934.12.27	호외 2면 최하단 전체 삭제	없음	
1934.12.28	조간1판 2면 사진 및 설명기사 전체 삭제	2판에서 삭제 흔적 사라짐	
1935.1.10	석간1판 6면 「전수확도 作料에 부족」제목 일부 삭제	없음	
1935.1.10	조간1판 3면 단신 전체 삭제	없음	
1935.1.13	석간2판 2면 기사 전체 삭제	없음	
1935.1.24	석간1판 1면 「幾多問題橫在 전도는 다난」일부 삭제	2판에서 삭제 흔적 사라짐	사진으로 보임
1935.1.24	조간1판 1면 「사법부 자신의 권력남용은 한심」일부 삭제	2판에서 삭제 흔적 사라짐	사진으로 보임
1935.1.24	석간2판 2면 관련 기사 전체 삭제	원문 있음	차압으로 보고
1935.1.26	조간1판 2면 기사 전체 삭제	2판에서 삭제 흔적 사라짐	
1935.2.3	석간2판 2면「실연하고 음독」제목 일부 삭제	없음	
1935.2.14	석간2판 1면 「총예산안은 명일 貴,衆 양원통과」제목 일부 삭제	없음	
1935.2.18	석간1판 1면 사설 한 줄 삭제	없음	
1935.2.19	석간2판 2면「拉去된 東興주민 생환자 십명」기사의 두 줄 정도 삭제	없음	
1935.2.27	호외 1면 기사 전체 삭제	없음	

려진 결과, 즉 검열당국의 정책에 의한 것이었다. 그러나 또한 신문에서 미세하게 삭제된 부분이 초판이든 재판이든 지속적으로 나타나고 있다는 점에서 신문의 특성상 검열의 흔적을 신문에서 완벽하게 지우는 것은 힘든 일이었던 것으로 보인다. 게다가 '삭제'나 '압수'로 보고된 기사 외에도 삭제된 빈 공간이 여전히 지면에 나타난다는 것은 1930년대 중반에 이르기까지도 검열에 대한 기록체계가 검열로 인한 처분 모두를 기록하는 '완전한' 의미의 기록체계는 아니었음을 시사한다.

4. 중·일전쟁 이후 제국적 검열 네트워킹의 형성

1931년 만주사변을 계기로 강화된 일본 및 식민지 조선에서의 언론 통제는 일제가 중일전쟁을 일으켜 대륙침략을 위한 본격적인 전쟁에 돌입하면서 전례없이 강해졌다. 민족을 대변하는 민족지로서의 기능을 거의 상실한 조선어 민간신문은 결국 1940년에는 폐간에 처해졌고 이후 해방까지 조선어 민간신문은 발행되지 못했다. 그런 의미에서 본다면, 제국 지배자의 검열과 이에 대한 식민지 저항이라는 대립적 구도는 이 시기에 적합하지 않은 것이 사실이므로, 이 절에서는 식민지 조선이 전체 일본 제국의 검열 네트워킹에 편입해 들어가는 과정에 대해 살펴보고자 한다. 이 시기에는 검열로 인한 행정 및 사법처분 자체가 큰 의미가 없기도 하지만, 전쟁으로 인해 검열당국의 기록도 거의 남아 있지 않다. 따라서 본 장은 당시의 언론 관련 사설 및 기사와 검열관들이 남긴 기록 등을 주로 활용하였다.

1) 중일전쟁 이후 언론통제와 조선어 민간신문의 폐간

1937년 7월 일본이 중국을 침략하여 중일전쟁이 시작되었을 무렵, 일본 국내를 비롯한 식민지에서의 언론통제는 더욱 강해졌다. 그러나 조선어 민간신문들은 1936년 소위 '일장기 말소사건'으로 이미 민족을 대변하는 민족지로서의 기능을 거의 상실한 상황이었다. 『조선중앙일보』는 1937년 11월 폐간되었고, 『동아일보』는 9개월간의 긴 정간 후 1937년 6월 복간되면서 "대일본제국의 언론기관으로서 공정한 사명을 다"할 것을 속간사고에 내걸었다.[161] 이후 『조선일보』와 『동아일보』가 조선총독부의 식민통치에 일익을 담당하는 '친일'의 길을 걸었다는 것은 주지의 사실이다. 검열관 히로세가 1939년 11월 『경무휘보』에 게재한 「지나사변 발생당시의 언문신문의 회고支那事變發生當時の諺文新聞の回顧」를 보면 당시 이러한 조선어 민간신문에 대한 인식이 잘 드러나 있다. 히로세는 먼저 조선어 신문에 대해 "당국의 지시에는 유유낙낙唯唯諾諾으로 순종하지만 이것은 당국에 반항하는 것이 결국 손해라는 타산적 생각 때문"이고 여기에는 "하등의 성의"를 인지할 수 없다며 "가능한 범위에서 악질의 기사를 가득 게재하여 민중에 영합"하려고 하는 것이 조선어 신문이라고 비판하였다. 흥미로운 것은 만주사변 발생 당시부터 중일전쟁이 있은 후까지 조선어 신문의 변화에 대한 기술이다.

그러한 견지에서 나는 언문신문의 지면의 개선정화의 완벽을 보는 것에

---

161 「속간에 임하야」, 『동아일보』, 1937.6.3, 석간 1면.

는 상당 긴 세월을 요하는 것이라고 예단한 것입니다만 겨우 1년여 사이에 나의 예상이 멋지게 빗나가 버린 것으로, 그것은 부끄럽기도 하지만 실로 기쁜 일입니다.

그것은 만주사변에 의해 새로이 건국된 만주국이 월일과 함께 건전한 발전을 이루고 있는 사실을 목격하고 있는 조선의 민중이 금회의 지나사변을 계기로 홀연히 깨달은 바가 있고 제국의 국위신장(國威振張), 국력의 발전이 바로 조선민족의 행복을 가져오는 것이라는 것을 깊이 인식하고 내선인의 이해는 완전히 일치하는 것을 알기에 이른 것이고, 그것으로 인해 금일의 언문신문의 상태를 가져온 것입니다만 이 사이에 2개년 정도의 간격을 둔 언문신문의 경향을 비교해 보면 완전 금석(今昔)의 감(感)에 견딜 수 없는 것이 있습니다.[162]

만주사변 이후 달라지기 시작한 조선 민중은 중일전쟁을 계기로 제국의 힘을 인식함과 동시에 일본인과 조선인의 이해가 일치한다는 것을 깨닫게 되었고 이러한 변화에 의해 조선어 신문도 그 태도를 일변하였다는 것이다.

이러한 상황에서 일제는 1936년 '조선불온문서취체령'을 시작으로 '조선사상범 보호관찰령' 등을 계속 공포하여 언론통제를 더욱 강화했고, 1937년 발간의 『조선출판경찰개요』부터는 '검열표준'을 공식화하여 기록함으로써 분명하게 하달된 가이드라인을 통해 내용에 대한 통제도

---

162 廣瀬四郎, 「支那事變發生當時の諺文新聞の回顧」, 『警務彙報』 403, 1939.11, 15면.

강화했다. 이같은 강압적인 분위기로 인해 조선 내에서 발행하는 일본어 잡지에서조차 '언론'을 주제로 내 건 글은 찾아볼 수 없게 되었다. 대륙 침략이 본격화하면서는 경무국 도서과에서 경성부 안의 신문사 대표들을 불러 전쟁에 대한 협력을 요구하기도 하고, 다음에서 좀 더 자세히 살펴볼 '편집에 관한 희망 및 주의사항'을 전달하기도 했다. 조선어 민간신문들은 이에 적극 협조했던 것으로 보이지만, 1939년부터 시작된 신문 통제정책의 일환으로 1940년 8월 『조선일보』와 『동아일보』는 결국 폐간에 처해졌다. 미쓰하시三橋 경무국장은 이에 대해 『매일신보』에 다음과 같은 담화를 게재했다.

본부는 시국의 추세에 감(鑑)하야 언론의 지도, 물자의 절감, 기타 각반 (各般)의 국책적 견지로부터 언론기관 통제의 긴요함을 인정하고 신중 고구 (考究)한 결과 먼저 언문신문의 통제를 단행하기로 결정하야 구랍(舊臘) 이래 조선일보사와 간담 협의하얏든 바 동사(同社)는 시국의 대세를 양해하고 자진하야 국책에 순응하려는 태도로 나와 일절(一切)의 사정을 포척(抛擲)하고 동아일보와 동시 폐간을 희망하고 허락의사를 표하얏다. 이어서 동아일보사에 대하야 절충을 거듭햇스나 동사 간부 중에 당국의 진의를 오해한 자가 잇서서 협의가 진척되지 못하야 그후 다소의 우여곡절이 잇섯스나 금회 마침내 석연히 당국의 방침을 양득(諒得)하고 자발적으로 폐간하기로 된 것은 통치상 실로 동경(同慶)에 불감(不堪)하는 바이다.[163]

---

163 「조선, 동아의 양지(兩紙) 명일부터 폐간」, 『매일신보』, 1940.8.11, 1면

즉, 국책의 일환으로 『조선일보』와 『동아일보』를 폐간하게 되었다는 것으로, 이후 해방 때까지 다른 민간지는 발행되지 않았다.

2) '제국'적 출판경찰 체제로의 편입 강화

조선어 민간신문들이 민족적 대표성을 잃고 일제의 정책에 협조하다 폐간되기까지의 기간은 일본 본국을 중심으로 한 제국적 출판경찰 체계에 식민지 언론이 보다 강하게 편입되어 간 시기이기도 했다. 여기서부터는 중일전쟁을 전후한 시기에 일본을 중심으로 한 제국의 검열체계가 어떠한 과정을 거쳐 식민지 조선에 이식되었고, 식민지 조선의 검열이 전체 일본 제국의 출판경찰 네트워크 안에서 어떠한 역할을 했는지에 대해 알아보고자 한다.

(1) 제국 출판경찰 체계의 전이(轉移)

'제국'적 차원에서 출판경찰 네트워킹을 구성하고자 했던 일본 출판경찰의 노력은 1920년대 말부터 시작되었다. 정근식 · 최경희는 1926년 도서과의 설립 자체가 조선 내의 필요에서가 아니라 제국적 차원의 필요에서 진행되었을 가능성을 이야기한 바 있으며,[164] 정근식의 연구에 따르면 도서과가 1928년 확장되고 강화되는 것은 특고경찰의 강화에 따른 조치로, 일본에 한정된 것이 아니라 대만, 조선, 만주에 걸쳐 거의 동시에 이루어진 것이었다. 1928년 5월 제55회 의회에서 식민지 특고경찰기구

---

164 정근식 · 최경희, 「도서과의 설치와 일제 식민지출판경찰의 체계화」, 『한국문학연구』 30, 한국문학연구소, 2006.

확대를 위한 예산으로 조선총독부, 대만총독부, 관동청에 각각 예산이 상정되어 통과되었다는 것이다.[165] 이 예산의 일환으로 경보국 도서과는 월보 형식의 『출판경찰보』를 발행하기 시작하게 되는데 이에 대해서는 뒤에서 더 자세히 살펴보게 될 것이다.

이러한 상황에서 일제의 만주침략은 군사정보통제를 모든 문제의 상위에 위치시키면서 일본 '제국' 영역의 경계에서 이입 혹은 수입되는 출판물들에 대한 경계를 강화시켰고, 자연히 일본 국내의 출판경찰과 식민지 출판경찰과의 협의가 중요한 사안으로 떠올랐다. 나카조노中園裕는 만주사변 이래 일본의 검열당국은 만주국의 정당성을 유지하기 위해 일본군의 침략성과 만주국의 괴뢰성에 대한 기사가 게재되지 않도록 이에 대한 기사를 검열했다고 언급했다.[166] 이를 위해서는 일본 국내에서만이 아니라 만주, 만주와 인접한 조선에서의 협력이 필요했을 것임은 두말할 필요가 없을 것이다. 앞에서 잠시 언급했던 『내무성신문기사차지자료집성內務省新聞記事差止資料集成』에 '만주사변'과 관련하여 내무성 경보국 도서과에서 조선총독부 경무국장과 대만총독부 경무국장, 관동부 및 화태부 장관에게로 보내는 '신문기사게재차지사항'이 등장하는 것이 이를 실질적으로 입증한다.[167]

식민지 조선의 검열이 일본을 중심으로 한 제국적 검열체계로 편입

165 정근식, 「『조선출판경찰월보』의 비교연구」(성균관대 동아시아학술원 국제학술회의 '근대검열과 동아시아' 발표문), 2010.

166 中園裕, 앞의 책, 406~407면.

167 粟屋憲太郎·中園裕 編集·解説, 『內務省新聞記事差止資料集成』3, 日本図書センター, 1996.

해 들어가는 것을 보여주는 보다 직접적인 사례는 각종 법률이나 규정이 일본에서 도입된 직후 그대로 식민지 조선에서도 시행되었다는 점이다. 일본에서 1936년 6월 공포된 '불온문서임시취체법'은 8월에 '조선불온문서임시취체령'이라는 명칭으로 제령 제13호로 바로 도입되었다. 그 내용을 보면 일본에서 공포된 "불온문서임시취체법에 의한다"라고 되어 있어 일본의 '불온문서임시취체법'을 '조선'이라는 단어만 붙여 그대로 가져왔음을 알 수 있다. 일본에서 시행된 '불온문서임시취체법'의 주요 내용은 발행 책임자의 인적사항을 기재하지 않거나 출판법 혹은 신문지법에 의한 납본을 하지 않은 문서나 도화를 제재하기 위한 것으로, 당시 급증하고 있었던 선전 전단지를 규제하기 위한 것이었다.

'검열표준'의 공식화 역시 유사한 맥락에서 이해가능하다. 일본 국내에서는 1930년 초반에 이미 '검열표준'이 검열당국의 기록들에 등장하기 시작했다. 그러나 식민지 조선의 경우, 1930년대 초반에는 공식화되지 않다가 1937년 12월에 간행된 『조선출판경찰개요』에 처음으로 '현행의 일반검열표준'이라며 다음과 같이 세 부분으로 나뉘어 있는 검열표준을 수록했다.

> 제1 안녕질서(치안)방해의 사항
>
> 1. 황실의 존엄을 모독할 우려가 있는 사항
>
> 2. 신궁(神宮) 황릉(皇陵) 신사(神社) 등을 모독할 우려가 있는 사항
>
> 3. 조국(肇國)의 유래 국사(國史)의 대체(大體)를 곡설(曲說)분경(紛更)하고 기타 우리 국체관념(國體觀念)을 동요(動搖)시킬 우려가 있는 사항

4. 국기(國旗) 국장(國章) 군기(軍旗) 또는 국가에 대해 이를 모독할 우려가 있는 사항

5. 군주제를 부인하는 것과 같은 사항

6. 법률 재판 등의 국가권력작용에 관해 계급성을 고조하거나 이를 곡설하고 기타 국가기관의 위신을 실추시킬 우려가 있는 사항

7. 비합법적으로 의회제도를 부인하는 사항

8. 공산주의 무정부주의의 이론 내지 전략전술을 지원하고 선전하거나 기타 운동의 실행을 선동하는 사항

9. 혁명운동을 선동하거나 이것을 상양(賞揚)하는 것과 같은 사항

10. 폭력직접행동, 대중폭동 또는 각종 쟁의, 동맹파업, 동맹휴교 등을 선동하고 지원하거나 상양하는 것과 같은 사항

11. 납세 기타 국민의무를 부인하는 사항

12. 외국의 군주 대통령 또는 제국에 파견된 외국사절의 명예를 훼손하고 이로 인해 국교상 중대한 지장을 초래할 우려가 있는 사항

13. 군사 외교상의 기밀에 미치거나(瓦) 국가에 불이익을 초래하는 듯한 우려가 있는 사항

14. 국군 존립의 기초를 동요시키거나 그 통제를 문란(紊亂)하게 할 우려가 있는 사항

15. 군질(軍秩)을 문란시키거나 군민이간(軍民離間) 및 반군(反軍)사상을 선동 고취하는 사항

16. 전쟁도발의 우려가 있는 사항

17. 반만(反滿) 항일(抗日) 또는 배일(排日)을 시사(示唆) 선동하거나 이

를 상양하는 듯한 사항

18. 재계(財界)를 교란(攪亂)하고 기타 현저하게 경제계의 불안을 야기시킬 우려가 있는 사항

19. 범죄를 선동 혹은 곡비(曲庇)하거나 범죄인 혹은 형사피고인을 상휼구호(賞恤救護)하는 사항

20. 공개되지 않은 관청의 문서 및 의사(議事)에 관한 사항

21. 공판에 부쳐지기 이전에 중죄(重罪) 경죄(輕罪)의 예심에 관한 사항 및 방청을 금한 재판에 관한 사항

22. 중대범인의 수색상 심대한 지장을 초래하거나 그 불검거로 인해 사회불안을 야기하는 것과 같은 사항

23. 조선의 독립을 선동하거나 그 운동을 시사하거나 이를 상양하는 것과 같은 사항

24. 내지인과 조선인의 대립을 시사 선동하거나 이를 선전해서 내지인과 조선인 간의 융화를 저해할 우려가 있는 사항

25. 조선민족의식을 앙양(昂揚)하는 것과 같은 사항

26. 조선총독의 위신을 훼손하거나 조선통치의 정신에 배반(背反)하는 것과 같은 사항

27. 조선민족의 경우를 곡설하고 이를 모멸(侮蔑)하고 기타 조선통치상 유해하다고 인정되는 사항

28. 기타 안녕질서(치안)을 방해하는 사항

제2 풍속괴란 신문지출판물 검열표준

1. 춘화(春畵) 음본(淫本)의 류

2. 성, 성욕 또는 성애(性愛) 등에 관한 기술로서 음외(淫猥) 수치(羞恥)
의 정(情)을 일으켜 사회의 풍교(風敎)를 해하는 사항

3. 음부를 노출시킨 사진 회화 그림엽서의 류(아동은 제외)

4. 음부를 노출시키지 않아도 추악도발(醜惡挑發)적으로 표현시킨 나체
사진 회화 그림엽서의 류

5. 선정적 혹은 음외 수치의 감정을 유발할 우려가 있는 남녀 포옹 접문
(接吻)(아동은 제외)의 사진 회화의 류

6. 난륜(亂倫)하는 사항

단 난륜하는 사항을 기술해도 조사(措辭) 평담(平淡)으로서 조금도 선정
적 혹은 음외한 자구(字句)의 사용이 없는 것은 풍속을 해하는 것이라고 인정
하지 않음

7. 타태(墮胎)의 방법 등을 소개하는 사항

8. 잔인한 사항

9. 유리(遊里) 마굴(魔窟)의 소개로서 선정적이거나 호기심을 도발하는
것과 같은 사항

10. 서적 또는 성구(性具) 약품 등의 광고로서 현저히 사회의 풍교를 해하
는 사항

11. 기타 선량한 풍속을 해하는 사항

제3 특수검열표준

1. 출판의 목적

2. 독자의 범위

3. 출판물의 발행부수 및 사회적 세력

4. 발행당시의 사회사정

5. 반포구역

6. 불온개소의 분량

다음 해에 발간된 『조선출판경찰개요』에서는 좀 더 체계화하여 전체 조항들을 1. 일반검열표준과 2. 특수검열표준으로 나누고, 일반검열표준의 하위 항목으로 '제1 안녕질서(치안)방해의 사항'과 '제2 풍속괴란의 사항'을 제시하는 것으로 바뀌었다. 식민지 조선의 검열표준은 뒤에서 살펴볼 일본 국내에서 공개된 검열표준에 비해 항목도 많고 더 자세한 내용을 담고 있다. 일본 국내 검열표준이 '일반'과 '특수'로 대별되는 것이 아니라, 크게 '안녕문란'과 '풍속괴란'으로 나누고 각각을 다시 일반적 표준과 특수적 표준으로 나누었다는 점도 상이하다. 그러나 일본 국내의 검열표준에 해당하는 내용들은 모두 식민지 조선의 검열표준에 그대로 준용되었고, 이외에 다수의 항목이 추가되어 확대된 내용으로 전달되었다. 추가된 내용들은 대부분 식민지 조선의 통치와 관련된 것들이었다.

한 가지 더 살펴볼 것은 중일전쟁기에 조선어 신문사들에게 전달된 '편집에 관한 희망 및 그 지시사항'이다. 나카조노에 따르면 중일전쟁기에 일본은 국내의 신문들에 대해 '기사편집상 주의사항'이라는 것을 전달하여 신문에 게재할 수 없는 사항들을 상세히 지시하였다.[168] 세부내용은 다르지만 비슷한 시기 조선어 신문사에도 편집과 관련된 주의사항이 전달되었는데, 그 내용은 다음과 같다.

검열기준은 확고부동한 것이 아니라 시세의 변천에 따라 당연히 변할 것으로 이미 출판허가가 있었던 것이라도 차압 혹은 재판(再版)을 인정하지 않은 경우가 있는 것으로 이 점 오해가 없도록 주의하라

1. 황실의 존엄을 모독할 우려가 있는 기사와 사진은 일절 취급하지 말 것
2. 왕공족(王公族)에 관한 기사, 일한병합 후 기술한 문장에는 左의 제점(諸點)을 주의할 것
    가. 조선역대왕의 호(號)에다 성상(聖上) 금상(今上)의 자구를 사용치 말 것
    나. 고종 순종 동비(同妃)에 대하여는 황제 황후를 사용하지 말 것
3. 조선통치정신에 위반되는 기사
    가. 역사에 관하여
        (1) 일한병합후 기술한 문장에 아조(我朝) 본조(本朝) 대명(大明) 황명(皇明) 천명(天明) 천사(天使) 등의 문구를 사용하지 말 것
        (2) 배일의 자료를 제공하려는 기사, 일한병합 전후의 내선관계의 사실에 대하여 비분강개의 문장, 자구
        (3) 일한병합에 반대한 인물의 성명을 다수 나타내는 것

---

168 中園裕, 앞의 책, 221면.

(4) 고려말기의 충신 전사(戰士)를 칭찬하는 문장으로써 병합이후 제작 기술하여 병합전후의 상황에 비유하려 하는 기사

(5) 일한병합의 당사자 공로자의 기사는 말살하지 말 것

나. 연호

(1) 일한병합후 기술한 문장에는 원칙적으로 황기(皇紀) 또는 명치(明治) 대정(大正) 소화(昭和) 연호를 사용하고 서력, 중국력은 보충적으로 사용할 것

(2) 서력은 정치, 역사적 의미가 없는 것과 세계적 기사에 한하여 사용할 것

4. 내선일체 및 내선융화에 관한 기사는 그 예가 극히 적은 것은 유감이다. 이후로는 형식적으로 흐르지 말고 성의를 가지고 차종의 선량한 기사를 취급할 것

5. 내선관계문자에 있어서 일본내지(內地) 일본내지인(內地人) 동경유학생 등 마치 내지를 외국과 같이 취급하는 경향이 있으나 이는 온당치 않으므로 주의할 것

6. 총독부의 국어장려에 순응하여 이후(爾後) 될 수 있는대로 국어기사를 많이 취급할 것

7. 사회주의 또는 민주주의자로서 운동중인 소작(所作)은 전향 후에는 출판하지 말 것

내용을 들여다보면, 조선의 왕과 왕비를 지칭할 때 '황제'나 '황후', '성상', '금상'과 같은 특정 단어를 사용하지 말 것을 지시하는 등 매우 세

밀하게 편집방향을 '지시'하고 있다는 것을 알 수 있다. 이미 조선어 민간 신문들이 배일 혹은 항일의 기조를 버린 상황에서 이와 같은 내용이 조선어 신문사들에게 전달된 것은 보다 구체적으로 기사 내용에 대한 '지시사항'을 전달함으로써 단순히 신문을 검열하는 것에서 나아가 전시상황에서 모든 신문을 직접적인 통제 아래 두고자 했기 때문이었다. 나카조노 역시 중일전쟁기에 '기사편집상 주의사항'이 통첩된 것은 '신문지도指導'를 위한 것이었다고 언급했다. 즉, 전시상황에서 일본 국내를 비롯해 식민지의 신문들까지 공통된 편집통제 아래에 두고자 했던 전제국적 출판경찰 통제의 일면을 보여주고 있는 것이다.

(2) 제국 경계에서의 검열 강화

식민지 조선의 출판경찰이 '제국'적 출판경찰 체제로 편입되는 과정은 또한 '제국'의 경계에서의 검열강화로 나타났다. '제국'적 출판경찰 체제란 곧 전체 제국의 영역을 구분짓는 제국의 경계를 분명히 하고 이 경계를 드나드는 출판물에 대한 통제를 강화하는 것으로 연결되었기 때문이다. 실제로 만주사변 이후 식민지 조선에서도 영역의 경계를 넘어 들어오는 이입 및 수입 출판물에 대한 통제가 중요한 사안으로 떠올랐다는 것을 당시 신문기사들을 통해 알 수 있다. 먼저 1933년 7월 11일 자『동아일보』에서는 사상대책으로 출판물을 '취체'하기 위해 다음 해부터 "조선의 관문인 부산에 있는 경남 경찰부 검열계를 승격시켜 도서과로 만들고 관부연락선으로 들어오는 사상 서적을 세밀히 검열하여 부산 이북으로 들어오지 못하도록" 하기로 했다는 기사를 찾아볼 수 있다.[169] 『동아일보』는 곧 이어 「신의주에도 검열과 독립」이라는 제목의 기사를 게재했다. 기사의 내용은 다음과 같다.

> 신의주에도 검열과 독립 사상 출판물을 취체코저 내년도에 실시복안
> [신의주] 평북 고등경찰과에서는 만주국 실현으로 인하야 홍수와 같이 몰려들어오는 출판물을 재래와 같은 검열제도로는 도저히 이에 당할 수 없어 래년도에는 총독부의 복안에 따라 경남도와 같이 검열과(檢閱課)를 고등경찰과로부터 분립시켜 이에 충당케 하기로 내정되엇다 한다.[170]

이들 기사는 부산이나 신의주와 같은 제국의 '경계' 지역에서 이입 혹은 수입되는 출판물의 증가로 인한 검열상의 곤란을 해결하기 위해 독립된 '검열과'를 설치하기로 했다는 내용으로, 제국의 경계를 넘나드는 출판물에 대한 경계가 강화되고 있었다는 것을 보여준다. 그러나 독립된 '검열과'를 신설하는 것은 실행되기 쉬운 일은 아니었던 것으로 보인다. 다음 해인 1934년 『조선일보』 기사에서 확인할 수 있는 이들 경계지역에서의 검열강화는 여전히 계획 중인 상태이다.

> 적색서적 방지코저 3관문에 검열진(檢閱陣)
> 부산, 신의주, 도문에 속관배치하고 취체

---

169 「출판물에 숨은 사상 검열망으로 철저 단속」, 『동아일보』, 1933.7.11, 석간2면.
170 「신의주에도 검열과 독립」, 『동아일보』, 1933.7.18, 석간3면.

적색사상의 좌익출판물은 근래 일본내지로부터는 물론 만주 기타의 외국으로부터 교묘한 수단으로 우송되여오며 또는 밀수입을 하는 것이 격증하는 실정임으로 총독부 도서과에서는 이에 대한 검열진의 정비를 도모하게 되야 명년도 신규예산으로 신의주(新義州), 부산(釜山), 도문(圖們)의 세 관문에 배치할 속관급의 검열관 세 명의 증원을 요구하게 되엇다는데 전긔 세 관문에 주재하는 검열관은 우편국 세관 등과 련락하야 합법적 좌익출판물의 검열과 내외지로부터 우송되는 비밀출판물의 압수 등을 엄중히 하야 적색출판물의 검열진을 공교히 하게 되엿다 한다.[171]

1933년에 언급되었던 '도서과'나 '검열과' 신설에 대한 내용은 찾아볼 수 없고 속관급의 검열관을 증원하여 검열을 공교히 하게 되었다는 내용이다. 그러나 검열관 증원 역시 다음 해 '신규예산'으로 증원을 요구하게 되었다는 계획에 지나지 않았다. 1934년 9월 26일 자 『동아일보』의 기사는 '도서과' 신설이나 검열인원 증원이 예산문제로 인해 쉽게 성사될 수 없었음을 보여준다.

일본내지에서 이입되는 신문잡지 기타 각종출판물은 만주사변 이래 놀랄만한 세로 격증하고 잇는 중인데 개중에는 밀송한 불온성을 띈 출판물이나 팜플렛등이 검열선을 잠행하야 당국자들의 두통을 더하게 하고 잇는 중이다.

---

171 「적색서적 방지코저 3관문에 검열진(檢閱陣)」, 『조선일보』, 1934.6.10, 조간2면.

입구 관문인 부산에서의 검열은 경남도 경찰부 고등과 1부에서 적은 인원으로 한시간쯤되는 동안에 검열을 마침으로 검열의 능률을 발휘할 수 없다하야 경무국에서는 명년도에 경남도에 검열과를 두던지 그러치 안으면 도서과 분실을 신설할 의향으로 금년도 예산에 실현못되면 추가예산으로 요구할 의향이라 한다.[172]

이와 같은 경계지역에서의 검열망 확장 혹은 검열담당과 독립의 기사들은 공통적으로 '만주국 실현'이나 '만주사변' 이후에 이입 혹은 수입되는 출판물이 증가했다는 것을 검열망 확장이나 검열진陣 정비의 이유로 들고 있다. 시기별로 볼 때, 일본의 만주침략 이후가 경계지역에서 검열이 강화된 시기임을 보다 확실히 알 수 있다.

검열당국에서는 검열담당과의 신설이나 검열담당 인원수를 증가시키는 외에도 이입되거나 수입되는 신문 및 잡지에 '허가제도'를 도입하는 것도 고려했던 것으로 보인다. 1934년 10월 31일 자『조선일보』에 게재된 기사에 따르면, 경무국에서는 일본 내지 및 기타 조선 밖으로부터 수입되는 신문과 잡지, 팸플릿에 대한 검열망을 확충하는 동시에 이들에 대해 허가제를 실시할 예정으로 조사 중에 있었다. 이 기사에 따르면, 최근 조선과 만주 등 식민지 독자를 대상으로 한 신문, 잡지, 팸플릿이 일본 국내로부터 조선으로 '폭주'하고 있어 이것이 조선사상에 미치는 영향이 크기 때문에 허가제를 도입하여 허가된 신문, 잡지, 팸플릿 이외의 것은

---

172 「불온서 격증, 검열망 확장」, 『동아일보』, 1934.9.26, 석간2면.

금지하고자 한다는 것이다.[173] 허가제의 실현을 위해서는 관련법이 개정되어야 하는데, 관련법들이 개정되지 않았으므로 이입 및 수입 출판물에 대한 허가제는 실현되지 못한 것으로 보인다.

1933년부터 신문에서 언급되기 시작한 검열망 확충이나 검열진의 정비 등은 1935년에 이르러서야 일련의 성과를 보였다. 1935년 8월 9일 『동아일보』는 다음과 같은 기사를 2면에 게재했다.

> 요전 의회를 통과하야 7월 15일부터 저작권법(著作權法) 개정에 따라 조선에서도 칙령으로 동법이 실시하게 되엇는데 경무국 도서과에서는 속관 2명을 증원하는 동시에 부산(釜山), 청주(淸州), 신의주(新義州), 나진(羅津), 웅기(雄基), 여수(麗水) 등 7개소에 검열기관을 두어 신문, 잡지, 서적 등 출판물을 검열하기로 하얏다 한다.[174]

구체적인 실행방안은 보이지 않고 여전히 검열당국의 의향을 전달하는 것에 머무르고 있지만 1935년 11월 29일 자 『조선일보』의 보도기사에서도 경무국이 경남, 전남, 평북, 함북 등의 관문에 검열진(檢閱陣)을 확충해 외국이나 일본 내지로부터 수입되는 신문잡지 기타 도서의 검열을 엄중히 하게 되었다고 언급하고 있는 것으로 보아 이들 경계지역에서의 검열을 강화한 것은 확실하다.[175] 특히 이 기사는 이러한 일련의 조치를 '신

---

173 「수이입 신문잡지 허가제도 실시계획」, 『조선일보』, 1934.10.31, 석간2면.
174 「출판물검열소 7개처에 신설」, 『동아일보』, 1935.8.9, 조간2면.
175 「수기단속주의로 언론검열을 강화. 지방관문의 수입도서 검열진도 동시확충」, 『조선일보』, 1935.11.29, 석간2면.

문잡지 기타 도서의 검열강화'라고 구체적으로 지칭하였다.

만주사변 이후부터 진행되어 온 이와 같은 경계지역에서의 검열강화는 중일전쟁이 발발하자 보다 시급한 문제가 되었다. 1937년 10월 5일 자 『동아일보』에서는 중일전쟁 이후 외부에서 많은 '불온문서'가 유입되었다고 언급했다.

지나사변 발발 후 경성부내에는 상해 혹은 남경, 북경 등지에서 각종의 불온문서와 불령선인이 잠입 잠행하는 흔적이 있어 경기도 경찰부를 위시하여 시내 각서가 맹활동을 계속 중이라 함은 누보하였거니와 3일 오후 8시 30분 경기도 경찰부에서는 부내 모처에서 상해로부터 들어온 불온잡지도 또 발견하고 즉시 부내 각서와 서점, 우편국소에 동 잡지의 발견 즉시 압수하라는 통지를 하는 동시에 더욱 맹렬한 활동을 계속 중이라 한다.[176]

그러나 이전부터 논의되어 왔던 검열관 증원이나 출장검열소 설치 등에 대해서는 여전히 별다른 결과보고를 찾을 수 없다. 이러한 상황에서 전국단위의 협의회가 개최되기 시작한 것도 눈여겨 볼 필요가 있다. 1937년 6월 25일 자 『동아일보』에는 다음과 같은 기사가 게재되었다.

출판검열 사무협의회
경무국 도서과에서는 출판경찰 사무의 연락 철저를 도(圖)키 위하여 명

---

176 「불온문서와 잡지 발견코 압수」, 『동아일보』, 1937.10.5, 석간2면.

(明) 25일부터 2일간 총독부 회의실에서 경기, 강원, 충북 4도 경찰부 계관 (係官)과 경무국 도서과와의 협의회를 개최, 계속하여 좌(左)의 일정으로 각 도 경찰부와 협의회를 열기로 되어 경무국 도서과로부터 각기 계관(係官)이 출석할 터이다.

29, 30 양일 광주에서(전남북), 7월 6, 7 양일 부산에서(경남북), 13, 14 양 일 함흥(함남북), 20, 21 양일 평양에서(평남북, 황해).[177]

기사의 내용은 경무국 도서과에서 출판경찰 관련 연락을 보다 철저히 하기 위해 각 도의 관계 경찰들과 총독부에서 협의회를 개최한 후 지방을 돌면서 협의회를 계속한다는 것이다. 즉, 출판물이 이입 혹은 수입되는 경계지역의 검열을 강화하는 동시에, 검열의 중심이라고 할 수 있는 경무국 도서과와 지방 담당자 간의 연락을 보다 긴밀하게 함으로써 중앙집중화를 꾀한 것이다. 이는 뒤에서 살펴볼 대만의 검열이 지방에서의 출판물 통제를 중요시했던 것과 일맥상통하는 면이 있다. 대만의 검열 역시 제국의 관문으로서 이입 및 수입되는 출판물의 통제에 그 초점이 있었기 때문이다. 중일전쟁 이후 중국으로부터의 소위 '불온문서'는 계속 조선으로 유입되어 빈번하게 각지에 유포되었고,[178] 이에 협의회는 '간담회'와 같은 방식으로 명칭을 바꿔가며 이후로도 계속 진행된 것으로 보인다.

177 「출판검열 사무협의회」, 『동아일보』, 1937.6.25, 조간3면.
178 「지나(支那)의 불온서문 각지에 유포 빈빈 금후 엄중취체를 통고」, 『동아일보』, 1938.5.6, 조간2면.

출판검열 사무의 만전 도모코자 간담회

경무국 도서과에서는 시국 아래 출판경찰 사무의 만전을 꾀하고자 다음 일정대로 오전 중에는 각 도 검열사무 담당자, 오후에는 일간 신문사의 편집 책임자를 제각기 청하여 고천(古川) 도서과장 임석 아래 간담회를 열기로 되었다. 12일(평양), 평남북, 황해, 13일(경성), 경기, 충청, 강원, 함남북[179]

당시 도서과 검열관들이 잡지에 게재한 기사를 보면 중국으로부터 유·수입되는 출판물들에 대한 검열당국의 경계심을 보다 확실하게 느낄 수 있다. 도서과에서는 중일전쟁이 시작되기 전부터 중국출판물들의 논조에 신경을 쓰고 있었는데, 경무국 도서과 '○생生'이라고 필명을 밝힌 한 검열관은 만주사변 이후 '배일排日·항일抗日'의 슬로건을 내건 중국 출판물이 많다며 이러한 괴격문怪檄文을 더욱 엄중히 취체할 것을 주장했다.[180] 중일전쟁이 시작된 직후인 1937년 10월에는 검열관 시미즈淸水正藏가 「일지사변과 외국신문日支事變と外國新聞」이라는 제목으로 중일전쟁을 합리화하고, 조선 내에 이·수입되는 외국신문의 배일적 논조를 정리해 제시하는 기사를 게재하기도 했다.[181] 중일전쟁 직전인 1937년 4월 만주에서 열린 경무청장회의에 조선총독부의 경찰관들이 초청되어 갔던 것도 비슷한 맥락에서 해석될 수 있다.[182]

한편, 1939년과 1940년의 『조선출판경찰개요』의 도입부에는 〈그림

---

179 「출판검열 사무의 만전 도모코자 간담회」, 『매일신보』, 1939.12.13, 3면.
180 ○生, 「最近支那出版物の論調」, 『警務彙報』 365, 1936.9, 71~72면.
181 淸水正藏, 「日支事變と外國新聞」, 『警務彙報』, 378, 1937.10, 55~57면.
182 下村進, 「滿洲國警務廳長會議に列席して」, 『警務彙報』, 372, 1937.4, 2~4면.

15)와 같은 지도가 수록되어 있다. '신문, 잡지, 출판물이 조선 내에 이수입되는 주요한 지방'이라고 제목을 붙인 이 그림을 보면, 남양南陽, 청진淸津, 만포진滿浦鎭, 신의주, 인천, 여수, 부산에 '이수입지'로 표기가 되어 있음을 알 수 있다. 이들은 식민지 조선의 경계이자 바로 일본 '제국'의 경계로서 소위 '불온문서'가 유입되는 중요 경로로 요주의 대상이었던 것이다.

이상의 내용을 요약하자면, 만주사변 및 중일전쟁의 발발로 제국 내 정보통제가 더욱 중요해진 일제는 정보가 드나드는 관문 즉 경계지역의 검열을 강화하는 동시에 지방과 중앙의 연락망을 공고히 하고자 했고, 이에 따라 식민지 조선의 검열은 전체 일본 제국 내 검열의 일환으로 편입되어 갔다고 할 수 있다.

新聞雑誌其ノ版物ノ朝鮮内ニ移輸入セラルル主ナル地方

〈그림 15〉 출판물이 이수입되는 주요 지방

조선총독부 경무국 도서과, 『조선출판경찰개요』, 1939, 1면

제4장 /

일제 본국에서의 검열

1940년 이전까지를 중심으로

1. 제국기 일본 국내 검열 연구 및 검열 자료의 현황

일제가 조선을 비롯한 식민지에서 시행한 미디어 검열을 보다 체계적으로 이해하기 위해서는 '내지內地' 즉 일본 국내에서 이루어진 검열에 대해 살펴볼 필요가 있다. '신문지법'이나 '출판법' 등 식민지 조선과 대만에서 이루어진 검열의 주된 근거로 작용한 법률들은 대부분 일본에서 먼저 제정, 실시되어 식민지에 도입되었고, 검열기구 역시 조선에서는 1926년 이후에 검열 업무를 담당하는 독립적인 도서과라는 부서가 생겼지만 일본에서는 1893년부터 경보국 도서과가 검열을 담당하고 있었다. 일본 정부의 검열경험이 식민지에서의 검열에 영향을 미쳤을 것임을 쉽게 짐작해 볼 수 있다. 일본 국내의 검열을 연구하는 것은 또한 식민지에서 이루어진 검열을 이것과 비교함으로써 보다 분명하게 그 성격을 규정하기 위해서도 반드시 필요한 작업이다.

그러나 국내는 물론이고 일본에서조차 일본제국기의 언론통제나 검열에 대한 연구는 별로 이루어지지 않았다. 일본 내부에서 이루어지고 있는 검열에 대한 연구는 미군정기 검열 연구나 전쟁기 프로파간다 연구에 집중되어 있어서 이전 시기에 일본에서 이루어진 검열의 양상이나 실제에 대한 연구는 많지 않다. 일본에서 시행된 사상통제 혹은 언론통제에 대한 연구는 일본연구자들보다는 일본 외부, 특히 일본에 관심을 가진 서구학자들에 의해 이루어졌다. 리처드 미첼Richard E. Mitchell이나 카사Kasza의 연구가 대표적인데, 먼저 리처드 미첼은 두 권의 저서를 통해 일본에서의 사상통제와 검열에 대해 연구한 바 있다.[1] 저서 *Thought Control in Prewar Japan*에서는 1941년 이전까지 치안유지법을 통한 사상의 통제 및 이를 이용한 일본정부의 반체제파 단속과 여론조정을 다루었고, 또다른 저서 *Censorship in Imperial Japan*에서는 도쿠가와 시대의 유산에서부터 소위 '15년전쟁기'[2]에 이르기까지 일본 내부에서 이루어진 검열에 대해 출판관련 주요법령을 중심으로 고찰했다. 카사Kasza는 1918년에서 1945년 사이의 시기를 민주적 정권시대(1918~1932)와 군국관료주의 정권시대(1937~1945)로 나누고, 민주적 정권시기가 시민의 자율성이나 언론의 자유 등을 보호한 시기라고 일반적으로 인식되고 있지만 언론통제의 기본적 기반들이 마련된 시기였다고 주장했다.[3] 또한 영Young은 만주

---

1 Mitchell, R. H., *Thought Control in Prewar Japan*. Cornell University Press, 1976; Mitchell, R. H., *Censorship in Imperial Japan*. Princeton University Press, 1984.

2 이는 1931년 만주사변 발발부터 1945년 태평양 전쟁 종전에 이르기까지의 시기를 일컫는 것으로 보인다.

3 Kasza, G. J., *The State and the Mass Media in Japan 1918-1945*, University of California Press, 1988.

사변과 관련하여 당시 일본 내부의 '전쟁 열기'와 미디어의 관계를 논한 바 있다. 미디어가 상업적인 동기에서 국민들을 전쟁동원으로 몰아갔다는 점에 주목하고 있지만, 이 과정에서 정부가 '치안유지법' 등을 이용해 어떻게 좌파언론을 억압하였는지 보여주었다.[4]

일본 국내의 연구도 많지 않지만 찾을 수 있다. 오쿠다이라奧平康弘는 1945년 이전의 출판경찰법규를 다룬 바 있고,[5] 나카조노中園裕는 주로 만주사변 이후를 중심으로 신문검열 관련 제도의 내용과 당국의 제도 운용에 대해 고찰한 바 있다.[6]

이처럼 제국기 일본 국내 검열에 대한 연구는 주로 일본에 관심을 가진 외부 학자들에 의해 부분적으로 이루어져 왔다. 그러나 중요한 것은, 실제 검열기록에 대한 분석을 바탕으로 일본 제국 전체의 맥락에서 식민지 검열에 응용된 일본 국내 검열의 제도적 기반과 검열 실태를 살펴보는 일일 것이다. 이를 위해서 먼저 분석가능한 일본 내 검열기록에는 어떤 것들이 있는지 검열 자료의 현황을 검토해 보자.

검열을 담당했던 도서과가 소속되어 있었던 내무성 경보국에서는 '출판물' 혹은 '출판경찰'이라는 명칭이 들어간 다양한 검열기록들을 연간 혹은 월간으로 간행하고 있었다. 월간 보고서 형식이었던 『출판경찰보』가 1928년부터 정기적으로 발행되기 이전까지는 부정기적으로 연

4   Young, Louise, *Japan's Total Empire: Manchuria and the Culture of Wartime Imperialism.* University of California Press, 1998.

5   奧平康弘, 「檢閱制度」, 鵜飼信成 外 編集, 『日本近代法發達史』 11, 勁草書房, 1967, 133~205면.

6   中園裕, 『新聞檢閱制度運用論』, 清文堂出版, 2006.

보형태의 검열기록을 남겼는데, 현재 확인 가능한 가장 오래된 검열기록은 1920년에 간행된 『최근출판물의 경향最近出版物の傾向』이다. 1921년과 1922년에는 『최근출판물의 경향과 취체상황最近出版物の傾向と取締狀況』이라는 제목으로 간행되었으며, 1923년과 25년에는 전년도 취체상황을 정리하여 '(大正)~년 출판물의 경향과 취체상황'이라는 제목으로 발행되었다. 1922년의 상황을 정리해서 1923년 3월에 간행한 『대정 11년 출판물의 경향과 취체상황大正11年出版物の傾向及び取締狀況』과 1924년분을 기록한 1925년 1월 발행의 『대정 13년 출판물의 경향과 취체상황大正11年出版物の傾向及取締狀況』이 그것이다. 1923년에 발생한 관동대지진의 영향 때문에 1923년분의 내용은 『진재 후에 있어서 출판물 취체개황震災後に於ける出版物取締概況』(1923년 12월 발행)과 『출판물의 경향과 취체상황개략出版物の傾向及取締狀況概略』(1924년 2월 발행)으로 정리되었다. 1926년 3월 발행의 검열기록은 『최근에 있어서 출판물의 경향最近に於ける出版物の傾向』이라는 제목으로 1925년의 검열상황을 기록했다.

그러다 쇼와기에 들어서면서부터는 제목이 『출판물의 경향 및 그 취체상황出版物の傾向及其ノ取締狀況』으로 정리되었다. 역시 전년도 취체상황을 정리하여 1927년 2월, 1928년 1월, 1929년 7월에 간행되었다. 1929년부터는 다시 제호를 정비하여 이후 연보형식의 검열기록은 『출판경찰개관出版警察概觀』이라는 제목으로 통일되어 발행되었다. 흥미로운 것은 이 '출판경찰개관'류에도 두 종류가 있다는 사실이다. 등사판에 인쇄되어 다소 부정기적으로 발행된 '출판경찰개관'이 1929년부터 1932년까지 간행된 것을 확인할 수 있고, 활판인쇄를 이용하여 취체대상이 된 해의

다음 1월에 정기적으로 간행된 '쇼와 ○년 중에 있어서 출판경찰개관'이 1930년부터 1935년까지의 발행된 것을 확인할 수 있다. 전자는 후자가 정비될 때까지의 과도기적 기록형태였던 것으로 보인다.

요컨대 연보 형식의 검열기록들은 '출판물의 경향'과 '취체상황'이라는 관련 제목들을 필요에 따라 사용해 가며 1920년을 전후한 시기부터 부정기적으로 간행되었고, 1930년경부터는 '출판경찰개관'이라는 제목으로 정비되었다.

이처럼 부정기적이기는 해도 꾸준히 검열기록을 남기고 있었던 일본 검열당국이 연보 형식의 기록 이외에 월별로 보고서를 작성하게 된 데에는 특별한 이유가 있었던 것일까? 출판경찰 관련 자료들에 대한 해설을 집필한 바 있는 유이 마사오미曲井正臣 등에 따르면 여기에는 1928년 보통선거로 정권을 잡은 다나카田中 내각의 입김이 작용했다. 다나카 내각은 1928년 3월 15일 공산당 관계자를 탄압하기 위해 대규모 검거를 행한 소위 3·15사건을 일으켰고, 제55 임시의회에서 내무성에 추가예산을 배정해 특고경찰조직의 확대를 도모했다. 당연히 전국 특고경찰의 중심이었던 내무성 경보국도 확충되었는데, 도서과의 경우 이 시기에 인원이 두 배 이상으로 늘었고, 동시에 도서과 업무도 검열, 서무, 조사의 세 부분으로 나뉘어 검열체계도 확립되었다. 늘어난 예산을 사용하기 위한 또 다른 방책이 새로운 잡지를 도서과에서 발행하는 것이었는데 이것이 바로 1928년 10월부터 발행되기 시작한 『출판경찰보』였다. 『출판경찰보』는 1937년 중일전쟁이 발발한 이후에는 합병호가 불규칙하게 발간되기도 했으나 기본적으로는 매달 발행되었다. 내용은 주로 '금지 출판물 목록 및 금지요항'에 상당 부분을 할애하고 있었고, '삭제, 분할환부 및 주의처분', '사상관계 단행본 해제', '주요잡지논문요지', '주요신문잡지기사일람' 등이 함께 게재되었으며 당시 사상의 흐름思潮에 대한 서술이나 연구자료가 함께 수록되기도 했다. 내무성 경보국 발행 검열기록 중 가장 자세한 내용들을 담고 있는 만큼, 도서과의 구성이나 사무분장, 도서과 인원의 변동 등에 대한 세세한 내용들도 기록되어 있어 매우 중요한 사료라고 할 수 있다.

월보 형태로 발간된 또 다른 검열기록도 있다. 『출판경찰자료出版警察資料』가 바로 그것으로, 1935년 6월부터 제47호(1940.6)까지 발간되었다. 내용은 제1호의 경우, ①연구, ②출판물의 내용경향, ③주요출판물납본류월별표主要出版物納本類月別表, ④주요신문잡지기사일람, ⑤자료로 구성되어 있었다. '①연구' 부분은 '최근의 저널리즘에 나타난 지식계층론'이라는 제목으로 20페이지에 가까운 연구내용이 게재되어 있고, '②출판물의 내용경향'은 신문잡지, 단행본, 선전인쇄물로 나누어 그 내용의 경향을 '농촌문제', '금융자본의 최근의 경향' 등 주제별로 살펴보았다. '③주요출판물납본류월별표'의 경우 표로 간단히 제시하고 있는 형태가 아니라, 정치, 법률, 경제, 사회, 통계, 종교, 철학 등으로 나누어 출판물의 제호와 저역자, 발행소, 체재, 정가 등을 자세히 기록했다. '④주요신문잡지기사일람' 역시 좌익이론잡지, 학생신문, 우익이론잡지, 좌익신문지, 문예잡지, 보통잡지 등으로 나누어 제호와 기사 제목, 기사 작성자 이름을 세세하게 나열하였다. '⑤자료'에는 「유럽대륙에 있어서 검열제도개관ヨーロッパ大陸に於ける檢閱制度槪觀」이라는 제목 아래 7월 6일 발행 *The China*

*Weekly Review*에 게재된 통신원 월터 듀란티[Walter Duranty]의 논문이 요약 게재되었다. 전반적으로 볼 때, 검열보고서 형식인 『출판경찰보』와는 달리 검열이나 당시 사상경향을 이해하는 데 참고할 수 있는 자료들이 정리되어 게재되었음을 알 수 있다. 제호 그대로 '출판경찰자료'에 충실한 간행물이었던 것이다. 1호의 경우 3월, 4월, 5월분을 동시에 수록하고 있어 분량이 매우 많은 편인데 이전부터 발행을 준비하고 있었음을 알 수 있는 부분이다. 이와 같은 내용구성은 5호부터는 크게 연구, 출판개황出版槪況, 자료로 대별되는 것으로 바뀌었으나, 출판개황의 내용을 살펴보면 '주요 신문잡지의 내용경향 및 주요기사해제', '주요출판납본류별월표', '주요신문잡지기사일람'으로 이전과 대동소이하다. 다만 자료 뒷부분에 '쇼와昭和 10년 이래의 납본 통계로 본 출판 상황'이라는 제목 아래 납본수에 기초해 출판현황을 일괄한 표들이 추가되기 시작했다는 점이 이전과 다르다. 8호부터는 출판경향 부분이 체계화되어 '출판물의 발행상황'과 '출판물의 내용경향'으로 나누어졌다. 전자에서는 개설槪說과 함께 각종 통계표와 주요 신문 및 잡지의 변동사항(창간, 제호변동, 폐간 등)을, 후자에서는 이전처럼 출판물의 내용경향을 보다 자세하게 서술하였고, 이전에 출판개황에 포함되었던 '출판물납본류별표'나 '신문잡지기사일람'이 자료의 하위범주로 이동하였다. 그 외에도 '휘보'가 추가되어 '일본도서관협회추천도서목록'이 게재되기도 했다. 이후에도 『출판경찰자료』의 구성은 조금씩 변하지만 내용은 대체로 유사하다.

　『출판경찰자료』 역시 동일 제목의 다른 출판물이 존재한다. 월보 형태의 『출판경찰자료』가 발행되기 전 부정기적으로 한 해에 한 번 정도 같은 제호의 출판물이 간행되었고, 대략 1929년부터 1936년까지 7집 정도가 발견되었다. 특정 주제의 연구내용을 자세하게 기록한 형태로, '출판물에 나타난 국제적색일(1집)', '무산계급운동에 있어서 합법과 비합법-노동농민당해산부터 노농당결성까지(2집)' '파시즘의 이론(4집)' 등을 확인할 수 있다. 월보 형태의 『출판경찰자료』가 정기적으로 발행되기 시작한 이래 발행을 멈춘 것으로 보이며, 역시 월보 『출판경찰자료』 발행 이전의 과도기적 형태였던 것으로 생각할 수 있다.

이상에서 살펴본 바와 같이, 제국시기 일본은 국내 검열과 관련하여 꾸준히 많은 기록을 남기고 있었다. 이 기록들에 대해 제대로 알 필요가 있는 것은 두 가지 이유에서이다. 첫째는 제국기 일본 국내에서 행해진 검열의 실상을 알려주는 직접적인 자료이기 때문이고 둘째는 이 검열기록의 체계가 식민지로 이전되거나 식민지 검열기록과 상호작용하며 함께 변화해갔기 때문이다. 이와 같은 검열기록의 전이와 변용은 단순히 식민 본국의 제도가 이동해 간 경로를 보여주는 것이 아니라, 식민본국과 식민지의 검열이 긴밀한 네트워킹을 통해 '제국의 검열'이라는 하나의 체계로 작동하고 있었음을 보여주는 것이라고 할 수 있다. 검열이라는 언론통제 메커니즘은 식민 본국과 식민지에서 각각 별개의 역할을 수행했던 것이 아니라 각자의 역할을 통해 전 제국적 필요에 기여하고 있었던 것이다.

다음에서는 본격적으로 검열을 통한 언론통제 실태를 살펴보기 전에, 일본 국내 검열의 기초가 된 법률의 내용 및 검열기구 등 제도적 기반에 대해 검토해 볼 것이다. 일본 국내 언론관련법은 그 근간이 그대로 식민지에 적용되어 언론검열을 작동시키는 실질적 기초가 되었기 때문에 이를 제대로 검토하는 작업이 꼭 필요하다. 일본 국내 언론관련법이야말로 식민지 언론검열을 가능하게 했던 근원적 기제였기 때문이다.

2. 일본 국내 검열의 제도적 기반

검열의 제도적 기반으로는 검열시행의 근거가 되는 관련법들과 검열 실행을 위한 기구를 들 수 있다. 주지하다시피 근대의 검열은 이를 합리화하는 제도적 기반을 갖고 있다는 점에서 그 특이점을 찾을 수 있다. 일본 역시 메이지유신을 통한 근대화 과정에서 언론관련법의 기초를 마련했고, 법률체계의 미비를 들어 불평등 조약을 개선하지 않으려는 서구 열강들과의 힘겨루기 과정에서 입헌을 서두르며 언론관련법들도 정비해 나갔다. 흥미로운 것은 이러한 법 정비의 일환으로 일본 국내의 신문들에 대해서는 다소 완화된 통제방식이 도입되었으나, 식민지에는 정비이전의 엄격한 통제법규들을 그대로 적용하고 긴 식민통치 기간 동안 거의 개선하지 않았다는 점이다. 식민지의 언론관련법들은 그야말로 '제국적 필요'에 의해서 도입되고 운용되었던 것이다. 먼저 제국기 일본 국내언론 검열의 기초가 되었던 언론관련법의 내용에 대해 살펴보자.

1) 일본 국내 검열의 법적 근거

일본 국내 검열의 주된 근거가 된 법률은 출판법과 신문지법이었다. 이 외에도 형법, 치안경찰법, 기타 제법규 중에 산재한 규정들이 있었지만[7] 주로는 출판법과 신문지법이 논의되고 있다. 이 두 법은 각각 1893년, 1909년에 제정되었고 이후 별다른 개정없이 제2차 세계대전 패전시까지 운용되었다. 그런데, 두 법이 구체적으로 제정되기 오래 전부터 이 법들의 원형이라고 할 수 있는 출판물과 관련된 많은 법조항들이 존재했었기 때문에 이에 대해 검토할 필요가 있다.

내무성 경보국이 1925년 발행한『신문지 및 출판물 취체법규 연혁집新聞紙及出版物取締法規沿革集』을 보면, 그 기원은 1868년까지 거슬러 올라간다. 태정관 포고 제358호로 발포된 '관의 허가를 받지 않은 새로운 저작과 번역서류 차지에 관한 건官許無之新著幷飜刻書類差止之件이 바로 그것이다. 구체적으로 신문지법 및 출판법의 전형이 되는 법은 1869년 출판조례와 1873년 신문지조목新聞紙條目에서 찾을 수 있다. 일본의 출판경찰 관련 법들은 초기부터 대상을 일반 출판물과 신문지로 나누어 그 내용을 규정하고 있고 이러한 구분이 식민지 조선과 대만의 언론관련법 형성에도 반영된 만큼 이를 출판법 계통과 신문지법 계통으로 나누어 접근해 보고자 한다. 출판법 계통이 신문지 관련법보다 먼저 체계화되었으므로 이를 먼저 살펴보자.

(1) 보통출판물 통제에 대한 법적 근거 - 출판법

'출판'이라는 용어를 내걸고 처음 공포된 법은 1869년의 '출판조례'였다. 이것은 기본적으로 관의 허가를 받아야만 출판물의 발행이 가능한

---

7   生悦住求馬,『出版警察法槪論』. 松華堂, 1935.

허가주의였다. 내용이 보다 구체화되는 것은 1872년의 '출판조례'였다. 주된 조항은 다음 제4조였다.

제4조 도서를 출판하기 전에 그 서명 저술 출판인의 씨명 주소 책의 대의 등을 갖추어 문부성에 제출하고 문부성에서 검인을 그것에 붙인다. 이것이 곧 면허장이고 이 면허의 간지월일(干支月日)을 함께 새겨야 한다.

곧, 출판을 위해서는 관에서 허가를 받아야 했고, 허가의 주체는 문부성이었다. 허가를 받고 인쇄를 마친 후에는 3부를 문부성에 제출해야 했고(제6조), 허가를 받지 않고 출판하면 그 판목板木과 제본을 몰수하고 벌금을 부과했으며(제7조), 거짓으로 이 면허를 도용하여 출판하는 자는 벌금을 내야 했다(제8조). 1872년의 '출판조례'는 주로 이 허가에 대한 내용으로서, 특정 내용을 '금한다'고 명하는 게재금지사항과 같은 조항은 나타나지 않고 있다. 이러한 사항은 1875년의 '출판조례'에서 주목할 만한 변화를 보이게 되는데 이는 조문 제1조에서 바로 나타난다.

제1조 도서를 저작하거나 외국의 도서를 변역해서 출판하고자 하는 자는 출판 전에 내무성에 계출(届出)해야 한다.

우선 관리의 주체가 문부성에서 내무성으로 바뀌었음을 알 수 있고, 무엇보다 허가를 받을 필요 없이 신고届出만 하도록 법의 내용이 바뀌었다. 물론, 신고라고는 하나 내무성에서는 초고나 납본을 검사해서 해롭다고 인정되면 출판 또는 판매를 금지할 수 있었고(제4조) 8조에 달하는 '출판조례벌칙'이 부가되어 있었다. 그렇다고는 해도 출판법이 적용되는 보통출판물에 관해서는 이른 시기에 허가제에서 신고제로 전환되었다는 점에는 주목해 볼만 하다. 이는 자유민권운동이 전개되고 국회개설 및 입헌정치에의 요구가 힘을 얻고 있던 당시 일본의 정치 분위기와 무관하지 않을 것이다.

출판관련 법조문은 1887년 발포된 '출판조례'에서 체계적으로 자리를 잡게 되고, 이 기본선은 이후 큰 변화없이 지속되어 1893년에는 '출판법'이 되었다. 1887년의 '출판조례'는 우선 출판물의 개념을 구체화하는 것으로 시작해서(제1조) 출판법의 대상을 분명히 하고(제2조) 제3조에서 '계출주의'를 명확히 하고 있다. 주목해야 할 것은 제16조에 명시한 금지 조항이다.

제16조 치안을 방해하고 풍속을 괴란(壞亂)한다고 인정되는 문서도화를 출판한 때는 내무대신이 발매반포를 금하고 그 각판(刻版)과 인본(印本)을 차압(差押)할 수 있다.

1887년의 '출판조례'부터 내무대신의 '발매반포금지권' 및 '차압'이 명기되기 시작했던 것이다. 뒤이은 17조부터 20조까지가 모두 출판해서는 안 되는 범죄나 군기밀 관련사항에 대한 조문이고, 21조에서는 위 제3조를 따르지 않은 출판물에 대한 처벌로 '5엔 이상 100엔 이하의 벌금'을 명시했다. 제24조는 '정체正體를 변괴變壞하고 조헌朝憲을 문란紊亂'하게 하는 문서출판에 대한 금고 및 벌금을, 제25조는 외설문서에 대한 금고 및 벌금을 명시했다. 이처럼 내무대신의 발매반포금지권이 명기된 점과 '치안방해' 및 '풍속괴란'과 같은 게재금지사항이 등장한 것은 한편으로는 '계출주의'를 표방함으로써 사전검열을 폐지하여 언론의 자유를 인정하는 모양새를 취하면서도 내무대신의 발매반포금지권을 토대로 검열을 지속시키고 게재금지사항을 통해 문제가 되는 내용을 언제라도 통제할 수 있도록 한 것이었다.

1887년의 '출판조례'는 1893년 '출판법'으로 공포되었다. 총 35조에 달하는 출판법의 주된 조문은 다음과 같다.

> 제1조 무릇 기계 화학 기타 어떤 방법으로든지 문서도화를 인쇄해서 이를 발매 또는 반포하는 것을 출판이라고 하고, 그 문서를 저술 또는 편찬하거나 도서를 만드는 자를 저작자라고 하고, 발매반포를 담당하는 자를 발행자라고 하고, 인쇄를 담당하는 자를 인쇄자라고 한다.
>
> 제2조 신문지 또는 정기로 발행하는 잡지를 제외하고 문서도화의 출판은 모두 이 법률에 의한다.
>
> 다만 오로지 학술, 기예, 통계, 광고류를 기재하는 잡지는 이 법률에 의해 출판할 수 있다.
>
> 제3조 문서도화를 출판할 때는 발행의 날로부터 도달할 일수를 제하고 3일 전에 제본 2부를 첨부해 내무성에 계출해야 한다.
>
> 제19조 안녕질서를 방해하거나 풍속을 괴란(壞亂)하는 것이라고 인정되

는 문서도화를 출판한 때는 내무대신이 그 발매반포를 금하고 그 각판(각판)과 인본(印本)을 차압할 수 있다.

제26조 정체(正體)를 변괴(變壞)하고 국헌을 문란시키려는 문서도화를 출판한 때는 저작자, 발행자, 인쇄자를 2월 이상 2년 이하의 가벼운 금고(禁錮)에 처하고 이십 엔 이상 이백 엔 이하의 벌금을 부가한다.

제27조 풍속을 괴란하는 문서도화를 출판한 때는 저작자, 발행자를 11일 이상 6월 이하의 가벼운 금고 또는 십 엔 이상 백 엔 이하의 벌금에 처한다.

내무대신의 발매반포금지권이 지속되고, '안녕질서 방해', '풍속괴란', '정체변괴', '국헌문란'과 같이 검열의 주된 근거로 작용하는 근거들이 구체적으로 명기되었으며, 전반적으로 금고형이나 벌금의 무게는 이전의 '출판조례'에 비해 약간 줄어들었다.

(2) 신문잡지 취체에 대한 법적 근거 - 신문지법

다음으로 신문지관련 조항들을 살펴보자. 이미 언급한 바와 같이 '신문지'라는 구체적인 명칭이 처음 드러나는 것은 1873년의 '신문지조목'에서이다. 제9조에서 관의 허가를 받지 않은 신문지의 발행을 금하였지만, 제4조에서 일단 관의 허가를 일단 받은 것은 매호 검사를 받을 필요가 없음을 또한 명기하고 있다. 제6조에서는 출판 후 1부씩을 문부성과 관할청에 납본해야 한다고 규정하고 있어 신문지 관련 허가의 주체 역시 초기에는 문부성이었음을 알 수 있다. 주목할 만한 것은 제10조에서 제15조에 이르는 게재금지사항들이다. '국체國體를 헐뜯고 국률國律을 강론'하는 것이나 '정치법률 등'에 대해 거짓으로 비평을 가하는 것, '중심衆心을 동란動亂'하는 것 등을 구체적으로 금지하고 있다.

출판관련법이 먼저 구체적인 법 형태를 띠고 나타난 이후에 '신문지조목'이 따로 등장하고 이후 신문지 관련법들이 보통출판물과는 대별되어 지속되는 것은 일본 정부가 신문지 혹은 정치잡지를 일반출판물과는 다르게 취급하고자 했음을 보여준다. 특히, 방금 살펴본 것과 같이 신문지 관련 조항들이 초기부터 다수에 이르는 게재금지사항들을 규정하고 있는 것은 처음부터 특정 내용들을 통제하는 데 주된 목적이 있었음을 의미한다. 그러나 '신문지조목'에는 아직 발행을 금지하는 것과 같은 행정처분은 나타나지 않고 있다. 다만 마지막 조문에서 금지사항을 어겼을 때는 법률에 비추어 처단한다고만 되어 있어 사후처벌적인 성격이 강함을 알 수 있다.

신문지 관련법은 이후 1875년 '신문지조례'에서 보다 구체화되었다. 이 '신문지조례'의 내용을 보면 우선 제1조에서 그 대상과 허가주의를 분명히 하고 있다.

> 제1조 무릇 신문지와 때때로 출판하는 잡지잡보를 발행하고자 하는 자는 지주(持主) 또는 사주(社主)로부터 그 부현청(府縣廳)을 경유하여 원서를 내무성에 올려 윤준(允準)을 받아야 한다. 윤준을 받지 않고 발행한 자는 법사(法司)에 부쳐 죄를 논하고 발행을 금지하고

지주 또는 사주와 편집인 인쇄인 각각에게 벌금 백 엔을 과한다. 허가 관준(官准)의 명칭을 모방하는 자는 각각 벌금 백 엔 이상 이백 엔 이하를 과하고 또 인쇄기를 몰수한다.

신문지조례의 대상이 되는 것은 신문지와 잡지, 잡보였고, 출판조례에서와 마찬가지로 이 시기에 발행허가권이 문부성에서 내무성으로 이전되었다. 같은 시기에 발포된 '출판조례'에서는 허가제를 폐지하고 신고제를 도입한 것에 반해 '신문지조례'에서는 비록 허가의 주체가 문부성에서 내무성으로 바뀌었으나 여전히 허가제를 유지하고 있어 신문지 및 잡지에 대한 정부의 태도를 더욱 극명하게 보여준다.

제13조와 제14조에서는 '정부를 변괴變壞하고 국가를 전복'하려는 내용 및 '성법成法을 비훼誹毁'하고 '형법에 저촉되는 범죄를 곡비曲庇'하는 등의 내용에 대한 사후처벌 사항이 구체적으로 등장했다. 그러나 아직 행정처분 규정은 나타나지 않고 있어 이 시기까지의 신문관련 취체는 사후처벌에 의존하고 있음을 알 수 있다.

'신문지조례'의 제정은 당시 일본의 정치현실과 깊은 관련을 갖고 있다. 해당 시기 일본은 정부에 반감을 가진 옛 무사들이 여기저기서 일으킨 반란을 막 잠재운 후였고, 이러한 반정부운동의 흐름이 앞에서 언급한 바와 같은 입헌정치 및 민권운동으로 발전하고 있었다. 정부는 이러한 흐름에 대해 강온양면으로 대처하고 있었는데, 반정부 인사를 정부에 영입하는 한편, '신문지조목'이나 '참방율'과 같은 강력한 법을 제정함으로써 이를 억압하고자 했던 것이다.

보다 구체화된 1883년의 '신문지조례'에서는 몇 가지 변화가 눈에 띤다. 주된 조항은 다음과 같다.

제1조 신문지를 발행하고자 하는 자는 그 발행소의 관할청을 경유하여 내무경(內務卿)에게 원(願)을 제출해서 준허(准許)를 받아야 한다.

제8조 신문지의 발행을 원출(願出)할 때는 보증으로 다음의 금액을 납부해야 한다. 다만 오로지 학술, 통계 및 관령, 혹은 물가보고에 관계된 것은 이에 해당하지 않는다.

　　　도쿄에서는 천 엔

　　　교토, 오사카, 요코하마, 효고, 고베, 나가사키에서는 7백 엔

　　　(…중략…)

제14조 신문지에 기재한 사항이 치안을 방해하거나 풍속을 괴란하는 것이라고 인정될 때는 내무경은 그 발행을 금지하거나 정지할 수 있다.

제15조 각 지방에서 발행하는 신문지가 전조에 저촉되는 것이라고 인정될 때는 부현지사(府縣知事) 현령(縣令)은 그 발행을 정지하고 내무경에 구상(具狀)해서 그 지휘를 청해야 한다.

제16조 신문지의 발행을 금지 또는 정지할 때는 내무경은 그 신문지를 차압 또는 발매를 금지하고 사정이 중(重)한 것은 인쇄기를 차압할 수 있다.

제17조 일인 또는 일사(一社)에서 수 개의 신문지를 발행하는 자가 한 개의 신문지를 정지당한 때는 그 정지 중에 다른 신문지를 발행할

수 없다.

제18조 신문지에 기재하는 사항에 관한 범죄는 지주, 사주, 편집인, 인쇄
인 및 필자, 역자는 공범으로 논한다.

이전과 마찬가지로 허가제를 유지하는 것에서 나아가, 새롭게 보증
금제도와 내무대신의 발행금지권이 명기되었으며 심지어 지방의 신
문지는 부현지사나 현령에 의해서도 발행정지될 수 있었다. 또한 관계자
에 대한 처벌이나 대책도 강화되어 대체신문을 막기 위해 여러 개의 신
문을 발행할 경우 하나만 정지되어도 모든 신문을 발행할 수 없게 하였
으며, 문제가 있는 신문에 대해서는 관계자들을 모두 공범으로 간주할
수 있도록 했다. 이외에도 이전과 같이 '정체를 변괴하고 조헌朝憲을 문란'
하게 하는 논설이나(37조) '성법을 비훼'하는 내용(38조), '외설의 문서도
화' 등에 대해 가벼운 금고와 벌금을 부과하였다. 즉, 이전에 비해 1883
년의 '신문지조례'는 보증금이나 내무대신의 발행금지권, 인쇄기 차압
등을 명기함으로써 통제의 강도를 높였고, 대체신문을 막는 조항이나 관
련범죄의 공범조항 등의 구체적인 조항을 통해 법의 치밀도를 더했음을
알 수 있다. 또한 출판법에서는 1887년의 '출판조례'부터 구체적으로 드
러나는 내무대신의 권한이 1883년 '신문지조례'에서는 치안방해 혹은
풍속괴란을 근거로 발행 금지 혹은 정지권으로 먼저 제시되기 시작했다
는 것도 눈에 띈다.

이러한 신문지 관련 법령의 내용은 1887년 획기적인 변화를 보이게
된다. 바로 허가주의에서 '계출주의'로의 전환이다.

제1조 신문지를 발행하고자 하는 자는 발행일로부터 2주일 이전에 발행
지의 관할을 경유해서 내무성에 계출해야 한다.
제8조 발행인은 보증으로써 다음의 금액을 계서(屆書)와 함께 관할청에
납부해야 한다.
도쿄에서는 천 엔
교토, 오사카, 요코하마, 효고, 고베, 나가사키에서는 7백 엔

이전과 같은 수준의 보증금을 요구하고 있기는 하지만 허가를 받을
필요 없이 신고만 하면 신문지를 발행할 수 있도록 한 것은 이전의 허가
주의, 즉 사전검열제도가 폐지되었음을 의미한다. 출판관련법에서는 이
미 폐지했던 허가주의를 지속해 오다가, 이 시기에 이르러 계출주의로 전
환했다는 것은 의미심장한 일이다. 그러나 한편으로는 내무대신에 의한
'발매반포금지권'이 명확히 법에 규정되었다는 점에 주목해 볼 만하다.

제19조 치안을 방해하거나 풍속을 괴란한다고 인정되는 신문지는 내무
대신이 그 발행을 금지하거나 정지할 수 있다.
제20조 신문지의 발행을 금지하거나 정지할 때는 내무대신은 그 신문지
의 발매반포를 금하고 그 신문지를 차압할 수 있다.
제21조 외국에서 발행한 신문지로서 치안을 방해하거나 풍속을 괴란한
다고 인정될 때는 내무대신은 그 신문지의 내국에서의 발매반포
를 금하고 그 신문지를 차압할 수 있다.

즉, 내무대신은 치안방해나 풍속괴란을 근거로 신문의 발행을 금지하거나 정지할 수 있었고, 이러한 신문에 대해 이전에는 차압하거나 발행을 금한다고만 규정했었으나 1887년 '신문지조례'에 이르러서는 '발매반포를 금'한다는 내무대신의 발매반포금지권을 분명히 제시하였다. 또한 이전에는 막연히 금고형과 벌금만을 규정했었던 '정체를 변괴하고 조헌을 문란'시키는 논설이라든지 '외설'적인 내용들에 대해 제32조와 33조에서는 좀 더 구체화하여 대상을 제시하였다. 정체를 변괴하고 조헌을 문란했을 때에는 그 발행인, 편집인, 인쇄인을 모두 처벌할 수 있도록 하였고, 외설에 대해서는 발행인, 편집인만을 처벌하도록 하였다. 형량은 약간씩 줄어들었다.

1887년의 '신문지조례'는 이처럼 양면적인 성격을 띠고 있다. 한편으로는 허가주의를 철폐하여 사전검열을 없앴지만 다른 한편으로는 행정권에 의한 검열의 기초가 된 내무대신의 '발매반포금지권'을 조문화한 것이다. 이러한 양면적인 성격은 일본헌법의 제정을 앞두고 있었던 당시의 정치적 현실에서 기인한 것이었다. 정부가 반정부적 운동의 일환이었던 입헌을 서둘렀던 것은 당시 일본정부가 외국과 맺고 있었던 불평등조약을 개선하기 위한 것이었다. 일본과 불평등조약을 맺었던 열강들은 조약을 개선할 수 없는 이유로 일본 법률체계의 미비를 들었고, 이에 일본정부는 일본헌법을 제정하고 관련 법령들을 정비함으로써 이 불평등조약을 개선하고자 했던 것이다. 이러한 법 정비의 일환으로 신문지 관련 규제 역시 정비되어 엄격한 허가주의가 아닌 신고주의로 전환하는 형태를 띠었으나 언론에 대한 실질적인 통제의 끈을 놓지 않기 위해서 내무대신의 발매반포금지권을 명기하기에 이른 것이라고 해석할 수 있다. 뒤에서 다시 논하겠지만 내무대신의 발매반포금지권은 사법권과 완전히 독립해서 행사되는 행정권력이었고, 때문에 다른 방법으로 구제받을 수 없는 자의적이고 절대적인 권력이었다.

이와 같은 변화를 거쳐 신문지 취체법은 1909년 45조에 달하는 '신문지법'(법률 제41호)으로 규정되었다. 이미 언급한 바와 같이 '신문지법'은 '출판법'과 함께 별다른 개정없이 전쟁이 끝날 때까지 적용되었기 때문에 그 구체적인 내용을 살펴볼 필요가 있다. '신문지법'은 우선 제1조에서 법의 대상을 보다 명확히 규정했다.

> 제1조 본법에서 신문지라고 칭하는 것은 일정한 제호를 사용해 시기를 정하거나 6개월 이내의 기간에서 시기를 정하지 않고 발행하는 저작물과 정한 시기 이외에 본 저작물과 동일한 제호를 사용해서 임시발행하는 저작물을 이른다.
> 동일제호의 신문지를 다른 지방에서 발행할 때는 각 다른 종의 신문지로 간주한다.

즉 정기적으로 발행하는 정기간행물이 기본적으로 '신문지법'의 대상이 되었고, 호외와 같이 동일 제호를 사용해서 임시로 발행하는 것도 대상에 포함되었다. 출판법에서 '신문지 또는 정기로 발행하는 잡지'가 제외된 것을 고려해 보면 바로 이 부분이 신문지법의 대상이었다고 할 수 있을 것이다. '신문지법'은 이전의 '신문지조례'와 마찬가지로 '계출주의'를 기본으로 하고 있었다. 주된 조문은 다음과 같다.

제4조 신문지의 발행인은 다음의 사항을 내무대신에게 계출해야 한다.

1. 제호

2. 게재사항의 종류

3. 시사에 관한 사항의 게재 유무

4. 발행의 시기, 또는 시기를 정하지 않을 때는 그 취지

5. 제1회 발행의 연월일

6. 발행소 및 인쇄소

7. 지주(持主)의 씨명 또는 법인일 경우에는 그 명칭 및 대표자의 씨명

8. 발행인 편집인 및 인쇄인의 씨명 연령

단 편집인 2인 이상일 경우에는 주된 편집사무를 담당하는 자의 씨명 연령

전항의 계출은 지주 또는 그 법정대리인이 연서한 서면으로 제1회 발행일 로부터 10일전에 관할지방청에 차출(差出)해야 한다.

제11조 신문지는 발행과 동시에 내무성에 2부, 관할지방관청, 지방재판소 검사국 및 구(區)재판소 검사국에 각1부를 납부해야 한다.

제12조 시사에 관한 사항을 게재하는 신문지는 관할지방청에 보증으로써 다음의 금액을 납부하지 않으면 이를 발행할 수 없다.

1. 도쿄시, 오사카 및 그 시외 3리(里) 이내의 지역에서는 이천 엔

2. 인구 7만 이상의 시 또는 구 및 그 시 또는 구외 1리 이내의 지

역에서는 천 엔

　3. 기타 지방에서는 오백 엔

　전항의 금액은 일개월에 3회 이하 발행하는 것에서는 그 반액으로 한다.

위의 조항들을 보면, 신문지나 잡지를 발행하기 위해서는 일련의 내용을 갖추어 내무성에 미리 신고를 해야 했고 시사를 다룰 경우 이전보다 늘어난 금액의 보증금을 내야 했다. 중요한 것은 발행과 동시에 내무성과 지방청은 물론이고 재판소 검사국에도 신문을 제출해야 했다는 점인데, 이는 허가주의가 아닌 신고주의 체제에서 이미 발행된 신문이 문제가 있을 경우 신속하게 대처하기 위한 것이었다. 제19조, 20조, 21조는 신문지에 게재할 수 없는 사항에 대한 것들이고, 제23조와 24조는 내무대신의 발매반포금지권을 규정한 것이다.

　제23조 내무대신은 신문지게재의 사항으로 안녕질서를 문란하게 하거나 풍속을 해하는 것이라고 인정되는 때에는 그 발매 및 반포를 금지하고 필요한 경우에는 이를 차압할 수 있다.
　전항의 경우에 내무대신은 동일 취지의 사항의 게재를 차지(差止)할 수 있다.

이전의 '신문지조례'에서 등장한 내무대신의 '발매반포금지권'이 보다 구체적으로 명기되었고 외국이나 일본 내에서 발해된 모든 신문이 그

대상이었다(제24조). '신문지법'은 또한 '안녕질서 문란'과 같은 기존의 게재금지조항 이외에 '황실의 존엄을 모독'하는 사항을 추가하였고(제42조) 특히 황실의 존엄을 모독하고 조헌을 문란시킨 신문지에 대해서는 그 발행인, 편집인, 인쇄인 모두를 2년 이하의 금고와 벌금에 처할 수 있도록 했다. 이 경우 재판소는 해당 신문의 발행을 금지할 수 있었다.

이렇게 정립된 '출판법'과 '신문지법'은 그 후 큰 변화없이 지속되었다. 출판법의 경우만 1회 개정되어 '황실의 존엄을 모독'하는 사항이 금지사항으로 추가되었고, 레코드가 새로운 규제의 대상으로 포함되었다.

요컨대, 일본에서 출판경찰의 주된 법적 근거는 일반출판물에 대한 것과 신문잡지에 대한 것으로 나누어져 있었고 각각은 오래전부터 그 법체계를 갖추어 왔다. 관련법이 제정되기 시작한 초기에는 비교적 엄격하게 허가주의를 채택하고 있었고 이는 곧 사전검열을 통해 출판물들을 통제했음을 의미한다. 그러나 본격적으로 법이 체계화되면서 '허가주의'에서 '계출주의'로 형태를 바꾸어 사전검열보다는 사후검열적인 성격이 강하게 되었고, 이에 문제가 되는 출판물, 특히 신문지와 같이 시의성 있는 정기간행물들을 신속하게 단속하기 위한 조치들이 법조항에 나타났다. 체계화된 '출판법'과 '신문지법'은 안녕질서를 문란하게 한다거나 풍속을 해하고, 성법을 비난하는 등 이후 출판물 검열의 주된 근거가 된 사항들을 명문화했고, 특히 '신문지법'은 게재금지사항으로 '황실의 존엄을 모독'하는 내용을 추가했다. 또한 이 법들에 내무대신의 '발매반포금지권'이 명문화되면서 사법 외적인 검열의 기반이 되었다. 전반적으로 볼 때, 출판관련 법규가 먼저 생성되고 후에 신문지 관련 조항들이 만들어진 점, 신문지 관련 조항들은 제정 초기부터 특정 내용을 신문지에 게재하지 못하도록 하는 통제에 초점을 맞추고 있었던 점, 출판관련법이 비교적 이른 시기에 허가주의를 폐지하고 신고주의를 채택한 것에 반해 신문지 관련조항들은 일본의 헌법이 제정되는 시기까지 이 '전환'을 늦춘점, 신고주의를 채택함과 동시에 내무대신의 발매반포금지권 등을 통해 검열의 기반을 마련한 점 등을 고려한다면 일본 출판경찰의 기반이 된법은 보통출판물보다는 정치를 논하는 신문지나 잡지를 통제하는 것에 초점을 두고 있었다고 하겠다.

또한 위에서 살펴본 바와 같이 출판경찰의 근거가 된 법들은 그 형태나 내용이 고정된 것이 아니라 변화를 거쳐 최종적으로 '출판법'과 '신문지법'으로 규정되었다. 이러한 변화는 30~40년에 걸친 긴 시간 동안 이루어졌고, 변화의 내용은 당시 일본의 정치적 상황과 연관을 맺고 있는 것이었으나 전체적인 흐름은 관련 법규들을 통해 출판통제를 합리화하는 방향이었다고 할 수 있다. 즉, '허가주의'를 통해 일방적으로 출판물을 규제하던 종래의 경향에서 나아가 '신고주의'의 도입을 통해 한편으로는 출판물 규제를 완화한 듯한 모양새를 취하고 이를 대외적으로 과시했지만, 다른 한편으로 내무대신의 '발매반포금지권'이나 각종 게재금지사항 등을 명문화함으로써 검열의 기반을 마련하고 언론통제의 방식을 세밀화했던 것이다.

지금까지 살펴본 일본 국내 언론관련법 관련 논의를 식민지로 확장해볼 때 생각해보아야 할 것은 식민지에 변용된 것과 그렇지 않은 것 사이의 간극이 표상하는 제국의 필요이다. 식민본국과 식민지의 언론관련법이 동일하지 않다는 것은 언론관련법이 제국적 필요에 호응해 식민지에 변용되었다는 것을 보여준다.

우선 가장 근원적으로는 출판물 관련 법규가 정치를 논할 수 있는 신문 등의 정기간행물 관련법과 그 이외의 일반 출판물 관련법으로 나뉘는 2중 구조가 모두 식민지에 그대로 적용되었다는 점을 생각해 보자. 이는 정치적 이슈를 다루는 것이 가능했던 신문과 잡지를 일반 출판물과 차별하여 더 강하게 통제하고자 했던 일본 정부의 의도를 반영한 것으로 식민본국과 식민지에 동일하게 적용되었다. 전 제국을 원활히 통치하기 위해서는 식민본국와 식민지를 가리지 않고 정치적 언변들을 강력하게 통제할 필요가 있었던 것이다. 그런가 하면, 일본 국내에서는 법이 정비되는 과정에서 폐기되었던 허가주의가 식민지에는 긴 통치 기간 내내 변함없이 유지되었다. 더욱 흥미로운 것은, 일본 국내에서는 허가주의가 폐지되면서 사법적 통제에 한계가 생기자 이를 보완하기 위한 수단으로 등장했던 내무대신의 '발매반포금지권'이 식민지에는 허가주의가 유지되었음에도 적용되었다는 것이다. 허가주의와 사전검열을 통해 문제가 될 소지가 있는 출판물을 사전에 틀어막는 것은 물론이고, 직접적인 행정권력의 발동을 통해 언제든 문제의 출판물을 통제할 수 있도록 2중으로 철벽을 치고 있었던 것이다.

2) 검열기구와 검열표준

(1) 검열기구의 구성과 담당사무

그렇다면 이러한 법을 기초로 검열을 행한 주체는 어떻게 구성되어 있었는가? 기본적으로 검열의 주체는 내무성-경보국-도서과로 이어지는 행정관료들이었다. 지방에 있어서는 내무대신-경보국장-지사-경찰부장 혹은, 내무대신-경보국장-특고과장으로 연계되어 실제 검열은 말단의 경찰들이 행했을 것으로 추정해 볼 수 있다. 조선에서는 1926년 이후에 검열 업무를 담당하는 독립적인 도서과라는 부서가 생겼지만 일본에서는 1893년에 이미 경무국의 도서과가 검열을 담당하고 있었다.[8] 중앙기관이었던 내무성 경보국 도서과의 초기구성을 알 수는 없으나 1928년부터는 과장 아래 검열괘檢, 조사괘, 기획괘로 구성되었고 그 중 중추를 이룬다고 할 수 있는 검열괘는 다시 세분화되어 신문검열계, 출판검열계, 축음기레코드검열계, 외자外字출판물검열계로 나누어져 있었다. 1932년의 경우 검열계원 사무분담은 두 부문으로 대별되었고, 크게 주로 안녕관계 출판물을 담당했던 '지방신문검열담당'의 제1부와 풍속관계출판물 담당의 제2부로 구성되어 있었다. 1936년 발간된『출판경찰보』제89호에서는 다음과 같이 검열괘 및 기획괘의 구성을 확인할 수 있다.

---

8   Mitchell, R. H., *Censorship in Imperial Japan*. Princeton University Press, 1984, p.148.

검열괘

신문검열계

통할(統轄)(사무관 1)

검열의견에 대한 심사(이사관 1)

안녕계 속(屬) 8

풍속계 속 4

서무계 속 2, 고(雇) 3

출판검열계

통할(사무관1)

속 9, 촉탁 3

축음기레코드검열계

통할(출판검열계 사무관이 겸임)

속 1 , 고 2

외자(外字)출판물검열계

신문지관계통할(신문검열계 사무관이 겸임)

출판물관계통할(출판검열계 사무관이 겸임)

이사관1(신문검열계 이사관이 겸임)

속 1, 촉탁 5, 고 1

기획괘

통할(사무관 1)

출판경찰조직에 관한 사항 속 1

출판경찰사무운용에 관한 사항 속 5, 촉탁 2, 고 4

서무에 관한 사항 속 1, 고 4 [9]

검열괘 안의 각 계에는 이를 통할하는 계장격인 사무관이 각각 배치되어 있었는데 전체 검열괘를 두 명의 사무관이 겸임을 통해 나누어서 일을 맡아하고 있었다. 검열괘 안의 각 계 중에서도 신문검열계에 가장 많은 인원이 배치되어 있었고 여기에는 보좌관격인 이사관도 배치되어 있었던 점으로 미루어보아 신문검열에 큰 비중을 두고 있었음을 알 수 있다. 실무는 계장 아래 속관이나 촉탁, 고원들이 맡아 했고, 출판검열계와 외자출판물검열계에 촉탁이 있는 것은, 어학이나 책력, 고전문학과 같이 전문적인 지식이 필요한 업무들을 맡기기 위해서였다.

좀 더 구체적으로 담당 업무를 살펴보면, 신문검열계의 안녕계와 풍속계에 속한 관리들은 정치, 외교, 경제, 사회, 문예, 부인婦人 등 전문검열 분야를 갖고 있었고, 또한 전국의 각 지역을 나누어 맡아 해당 지역에서 발행되는 신문지 및 잡지의 검열을 담당하였다. 서무계는 신문지기사 차지差止에 관한 사항과, 검열상 필요한 조사들, 처분요항의 작성, 일반 서무 등을 담당하고 있었는데, 재미있는 것은 처분 등을 신속히 진행하기 위해 숙직사무 담당자가 따로 지정되어 있는 점이다. 출판물이 수시로 발행되었고, 출판물 처분과 관련하여 지방에서 올라오는 요청도 있었기 때문에 이에 대비하기 위함이었을 것이다. 출판검열계에 속한 이들은 법

---

9 내무성 경보국, 『출판경찰보』 89, 1936.2, 219~225면. 실제 『출판경찰보』에는 담당자의 이름까지 모두 기재되어 있으나 여기서는 생략하였다.

〈표 17〉『내무성경찰통계보고(內務省警察統計報告)』에 제시된 경보국 도서과 인원배치표

연도	서기관	사무관	이사관	속관	촉탁	고	계
1924	1	2		8	5	9	25
1925	1	1		7	4	9	22
1926	1	1		7	5	10	24
1927	1	1		6	6	10	24
1928	1	3		24	8	25	61
1929	1	3		23	7	24	58
1930	1	3		20	7	24	55
1931	1	3		24	6	19	53
1932	1	2		24	7	23	57
1933	1	3		29	10	27	70
1934	1	3	1	37	9	32	83
1935	1	4	1	43	19	39	107
1936	1	4	1	46	19	41	112
1937	1	4	1	41	20	38	105
1938	1	4	1	42	19	36	103
1939	1	4	1	43	19	34	101
1940	1	4	2	45	21	37	111

大日方純夫,「內務省の檢閲と第二次世界大戰前日本の出版文化」,
鈴木登美 外,『檢閲・メディア・文学』, 新曜社, 2012, 74면.

률, 정치관계, 일반문학계로 나누어 일을 맡았고, 고전문학이나 신서神書, 종교, 회화, 사진포스터, 수찰守札, 책력曆, 성性과학과 같은 전문분야는 촉탁에게 맡겼다. 축음기 레코드 검열계는 1인이 검열을, 2인이 현물의 정리보관을 맡았으며, 외자출판물검열계는 러시아어, 불어 및 에스페란토어, 독일어, 중국어, 영어 등 언어별로 전문가인 촉탁이 검열을 담당하고 있었다. 이처럼 1932년을 기준으로 볼 때, 도서과의 구성은 매우 체계화되어 있었고, 특히 전국의 모든 신문지 잡지를 검열하는 방대한 업무와

행정처분을 맡고 있었던 신문검열계가 큰 비중을 차지하고 있었다.

지방에서는 처음은 고등과, 후에는 특별고등경찰과에서 검열을 취급했고, 내무성으로부터의 훈령에 기반해 발행자에게의 통달, 출판물의 차압과 같은 집행을 주로 했다. 지방에서 발행된 신문은 해당 지역의 특별고등경찰과 혹은 경시청에서 검열하고 문제가 되는 것은 내무성에 지시를 청했다.

〈표 17〉은『내무성경찰통계보고內務省警察統計報告』에 제시된 1924년부터 1940년까지의 도서과 인원배치를 표로 나타낸 것이다. 도서과의 총인원수가 점점 증가해갔고 검열이 강화되기 시작한 1920년대 말과 중일전쟁을 전후한 시기에 인원이 급격하게 늘었음을 표를 통해 알 수 있다.

(2) 검열표준

앞에서 살펴본 검열의 법적 근거로서의 '출판법'과 '신문지법'은 내무대신의 '발매반포금지권'을 규정하고 있었고, 이는 곧 행정청에 의한 검열의 기반으로서 내무성-경보국-도서과로 연결되는 행정구조 속에서 도서과가 검열을 행하는 법적 근거가 되었다. 실제의 적용 근거는 안녕질서를 문란하게 하거나 풍속을 해하는 것(신문지법) 혹은 안녕질서를 방해하거나 풍속을 괴란하는 것(출판법)으로 규정되어 있었지만, 문제는 '안녕질서' 혹은 '풍속괴란'이라는 것이 적용범위가 매우 넓은 애매모호한 개념이었다는 점이다. 여기에서는 내무성 경보국 발행의 각종 검열기록들에 나타나는 '검열표준'들을 검토하여 실제 행정처분의 기반이 된 이들 개념의 구체적 범위에 대해 살펴보고자 한다.

경보국 도서과 발행의 검열기록들에서는 행정처분을 제시하기에 앞서, '신문지법 제23조 제1항, 출판법 제19조에 의한 발매반포금지'에 기초해 행정처분을 다루고 있음을 분명히 언급하고 있다.[10] 이들 조항이 곧 검열처분의 주된 근거였음을 명확히 한 것이다. 여기에서 중요한 것은 각 법조항에서 발매반포금지의 근거로 내세우고 있는 '안녕질서'를 '방해' 혹은 '문란'하거나 '풍속'을 '괴란' 혹은 '해'한다는 개념이다. 이들은 적용 대상에 따라 광범위하게 응용될 수 있는 종류의 것이었기 때문에 실제 검열에 어떻게 적용되었는가는 검열관들에게 하달된 검열표준을 살펴보면 알 수 있다.

내무성 경보국이 이른 시기부터 발간한 검열기록들을 보면, 검열시 참고하기 위한 일종의 기준으로서의 검열표준은 '표준'이라는 명칭으로 전달되기 이전부터 일종의 항목으로 존재했다는 것을 알 수 있다. 검열이 행해진 것은 명문화된 '출판법'과 '신문지법'이 등장하기 이전부터이고 두 법이 1900년대에 이미 성립되어 있었음을 고려한다면, 이른 시기부터 검열에 참고하기 위한 일종의 기준이 존재했을 것임을 짐작해 볼 수 있다. 1920년 자료를 바탕으로 내무성 경보국에서 1921년 1월에 발간한 『최근 출판물의 경향과 취체상황最近出版物の傾向と取締状況』을 살펴보면, 검열표준으로 제시되어 있는 것은 없으나 '안녕질서문란'과 관련하여 발매반포금지처분을 받은 출판물을 그 기재내용에 의해 사항별로 분류하여 제시한 표를 찾아볼 수 있다. 그 항목은 다음과 같다.

---

10   內務省 警保局, 『大正十一年出版物の傾向及取締状況』, 1923, 71면.

1. 황실의 존엄을 모독하는 것

2. 우리 국체(國體)를 저주하는 것

3. 혁명을 동경하거나 이를 암시하는 것

4. 폭동을 선동하거나 이를 유발할 염려가 있는 것

5. 암살을 교사(敎唆)하거나 이를 유발할 염려가 있는 것

6. 무정부주의, 공산주의, 기타 과격불온한 주의사상을 선전하는 것

7. 계급투쟁 또는 직접행동을 유발할 염려가 있는 것

8. 동맹파업을 선동하거나 태업을 유발할 염려가 있는 것

9. 허위의 사실을 보도하거나 사실을 과장해서 인심을 혹란하거나 사회
   의 불안을 야기시키는 것

10. 국교를 해할 염려가 있는 것

11. 군사 또는 외교상의 기밀사항을 게재한 것

12. 조선, 대만의 통치상 유해한 것

13. 기타[11]

그러나 '풍속괴란'과 관련해서는 내용별 항목을 제시하지 않았기 때
문에 그 내용을 알 수 없다.

이렇게 검열관들이 실제 검열을 시행할 때 참고하도록 하기 위해 정
리해서 기록했던 항목들은 1930년을 전후한 시점부터는 '검열표준'이라
는 분명한 명칭 아래 직접적으로 제시되기 시작했다. 1931년 1월 발행된

---

11   内務省 警保局, 『最近出版物の傾向と取締狀況』, 1921, 15~16면.

『쇼와 5년 중에 있어서 출판경찰개관昭和五年中に於ける出版警察概観』에 게재된
1930년 당시의 출판검열의 구체적 표준은 다음과 같다.

(A) 안녕문란 출판물의 검열표준

(갑) 일반적 표준

일반적 표준으로 다음의 각항은 안녕질서를 문란하게 하는 것으로 인정하고 있다.

(1) 황실의 존엄을 모독하는 사항

(2) 군주제를 부인하는 사항

(3) 공산주의, 무정부주의 등의 이론 또는 전략, 전술을 선전하고 혹은 그 운동의 실행을 선동하거나 이런 종류의 혁명단체를 지지하는 사항

(4) 법률, 재판소 등 국가권력작용의 계급성을 고조하고 그 외 현저하게 이를 곡설(曲說)하는 사항

(5) 테러, 직접행동, 대중폭동 등을 선동하는 사항

(6) 식민지의 독립운동을 선동하는 사항

(7) 비합법적으로 의회제도를 부인하는 사항

(8) 국군존립의 기초를 동요시키는 사항

(9) 외국의 군주, 대통령 또는 제국에 파견된 외국사절의 명예를 훼손하고 이로 인해 국교상 중요한 지장을 초래한 사항

(10) 군사외교상 중대한 지장을 초래할 수 있는 기밀사항

(11) 범죄를 선동 또는 곡비(曲庇)하고 혹은 범죄인 또는 형사피고인을

상휼 구호하는 사항

(12) 중요 범인의 수사상, 심대한 지장을 초래하고 그 불검거(不檢擧)
에 의해 사회의 불안을 야기함과 같은 사항.

(13) 재계(財界)를 교란하고, 기타 현저하게 사회의 불안을 야기함과
같은 사항

(을) 특수적 표준

특수표준으로 고려하고 있는 주요한 것은 대략 다음과 같다.

(1) 출판물의 목적

(2) 독자의 범위

(3) 출판물의 발행부수 및 사회적 세력

(4) 발행당시의 사회사정

(5) 반포지역

(6) 불온개소(不穩箇所)의 분량

(B) 풍속괴란출판물의 검열표준

(갑) 일반적 표준

(1) 외설인 사항[12]

(2) 난륜(亂倫)인 사항

(3) 타태(墮胎)방법 등을 소개하는 사항

(4) 잔인한 사항

---

12 이 항목에는 외설과 관련된 5가지 세부사항이 있으나 여기서는 생략하였다.

(5) 유곽, 마굴(魔窟) 등을 소개해서 선정적으로 호기심을 도발하는 사항

(을) 특수표준

특수표준으로 고려하는 것은 안녕금지의 경우에 있어서와 대동소이하다.[13]

물론 이러한 검열표준은 당시로서는 출판경찰 관계자들에게만 전달된 극비사항이었다. 그 내용을 살펴보면 행정처분의 근거가 크게 '안녕문란'과 '풍속괴란'의 두 가지였음을 알 수 있고 구체적으로 어떤 내용이 각각에 해당하는지 알 수 있다. 특히, '안녕문란'과 관련된 표준들이 더 많고 상세한 것으로 보아 출판검열의 상당 부분이 여기에 집중되어 있었다고 하겠다. 검열의 표준이 일반적 표준과 특수적 표준으로 나뉘어 있었던 것은 일반적 표준에 저촉된다고 하더라도 특수적 표준에 비추어 그 발매 부수나 독자 수 등이 미미한 수준이면 불문에 부치기도 했기 때문이었다.

검열표준은 큰 변화없이 지속된 것으로 보이는데, 1935년의 검열표준을 보면, 안녕문란출판물의 검열표준에 다음 두 가지 사항이 추가되어 있다.

(14) 전쟁도발의 우려가 있는 사항

(15) 기타 현저하게 치안을 방해하는 사항[14]

---

13 內務省 警保局, 『昭和五年中に於ける出版警察槪觀』, 1931, 26~28면.
14 內務省 警保局, 『昭和十年中に於ける出版警察槪觀』, 1935, 206면. 이 간행물에는 발행연도표기가 따로 없으나 편의상 간행물의 내용이 다루고 있는 해를 발행연도로 표기하였다.

이처럼 출판경찰의 출판물 검열은 내무대신의 '발매반포금지권'을 규정한 '신문지법'과 '출판법'의 조항에 의해 시행되었고, 법에 규정된 금지사항은 '안녕질서를 방해'하거나 '문란'하게 하는 것, 그리고 '풍속을 괴란'하거나 혹은 '해'하는 것이었지만 실제 이를 검열에 적용할 때는 '안녕질서문란'과 '풍속괴란'에 해당하는 세부사항을 규정한 검열표준에 따랐다. 검열표준은 구체적인 표준으로 전달되기 이전부터 일종의 항목으로 존재했으며, 대략 1930년 무렵에는 '검열표준'으로 명시되어 관계자들에게 전달되었다. 그 내용을 보면 '풍속괴란'보다는 '안녕질서문란'에 더 큰 비중을 두어 검열이 행해졌음을 알 수 있다. 따라서 당시 출판경찰의 주된 목적은 정치적 언론의 통제에 있었다고 하겠다.

3. 시기별 검열의 양상
― 메이지 시기부터 태평양 전쟁 이전까지

1) 메이지 시기(1868~1912) 검열의 실행 – 도쿠가와 시대의 유산

일본 국내 검열 자료에 대해 살펴볼 때 밝힌 바와 같이, 검열당국의 공식적인 검열기록이 나타나기 시작하는 것은 1920년을 전후한 시기부터이기 때문에 메이지 시기 어떻게 검열이 실행되었는지를 검열기록을 통해 살펴볼 수는 없다. 그러나 언론관련법의 기틀이 마련된 시기로 이 법규에 기초한 검열이 행해졌고 사전검열이 사후검열로 바뀌어간 시기인 만큼 이 시기 사상통제에 대해 간략하게나마 살펴보자. 메이지 시기 검열은 출판물 및 신문지에 대한 규제법이 변해가는 과정을 통해서도 볼 수 있겠으나 개괄적인 법제의 변천은 앞에서 이미 살펴보았으므로 여기에서는 도쿠가와 시대의 유산을 시작점으로 하여 개괄적인 언론통제의 내용에 대해 검토해 보고자 한다.

　메이지 시기 일본정부의 언론통제는 이전 시기, 즉 도쿠가와 시대(1603~1867)의 경험을 토대로 한 것이었다. 이 시기 검열의 기본적인 역할은 체제를 전복시키려는 사상이나 도쿠가와 정치체제에 대한 비판을 막는 것이었다. 도쿠가와 시대 인쇄물에 대한 최초의 검열은 1630년으로까지 거슬러 올라간다. 이후 인쇄물이 늘어나자 도쿠가와 정부는 풍속을 문란하게 하는 서적이나 도쿠가와 가문에 대한 서적을 인쇄하기 전에 정부의 허락을 받도록 했고, 메이지 시기에 제정될 언론관련법의 토대가 되는 법조항들도 만들어냈다. 출판물에 대한 도쿠가와 정부의 강압적인 태도는 다음 정부에도 그대로 연계되었다. 서구열강을 견제하면서 '천황'을 중심으로 한 새로운 정치체제를 만들어내야 하는 중대과제를 안고 있었던 초기 메이지 정부는 국민적 지지를 이끌어내기 위해 자유주의적 방법보다는 도쿠가와 시기에 이미 경험한 바 있는 권위주의적 방법을 이용했다. 앞에서 살펴본 것과 같은, 신문지와 일반 출판물을 규제하기 위한 법들이 속속 형태를 갖추어 갔으며, 검열을 담당하는 행정기구도 구체화했다. 1869에 검열을 담당하는 행정기관이 만들어졌고, 1875년에는 내무성 경보료警保寮(후에 경보국)에 검열관이 배치되었다.[15] 1869년 '출판조례'를 시작으로 어떻게 언론관련법이 정비되어 갔는지는 앞에서 살펴본

15　Mitchell, R. H., *Thought Control in Prewar Japan*. Cornell University Press, 1976, p.22.

바와 같다. 언론관련법이 '출판법'과 '신문지법'으로 정비되어 가는 과정은 대외적 명분을 위해 허가주의를 신고주의로 바꾸어 가는 과정이었기 때문에 일견 언론통제를 완화하는 것처럼 보이기도 한다. 그러나 다른 한편으로 행정권의 발동에 의한 발매 및 반포금지권을 명기함으로써 시간이 걸리는 사법적 제재보다 훨씬 즉각적인 통제가 가능한 시스템을 만들었다. 즉, 대외적 명분과 통제의 실리를 모두 얻을 수 있는 방향으로 법개정이 진행된 것이었다. 그 결과, 미첼Mitchell이 지적한 바와 같이, 사법적 제재에 의존했던 서구와는 달리 일본에서는 경찰의 금지명령에 의한 행정적 방법을 이용하는 특이한 언론통제 방식이 성립하게 되었다.[16]

그렇다면 실제로 이러한 행정권은 얼마나 발동되었을까?[17] 메이지 후기에 해당하는 1903년부터 1912년 사이의 기간 동안, 내무대신이 신문지에 대해 내린 발매반포금지 건수는 연도별로 다음과 같다.

〈표 18〉 메이지 시기 신문에 내려진 발매반포금지 건수

연도	1903	1904	1905	1906	1907	1908	1909	1910	1911	1912
건수	10	7	6	4	8	46	29	82	94	38

내무성 경보국, 『금지단행본목록』 II; *Censorship in Imperial Japan*, p.154에서 재인용

---

16   위의 책, p.24.
17   가와하라(河源理子)에 따르면 일본에서 신문·잡지의 검열체제가 만들어 진 것은 1891년 소위 '오쓰사건'이 계기가 되었다. 일본을 방문한 러시아 황태자가 오쓰에서 경비담당 순사에게 칼부림을 당해 부상을 입었던 사건으로, 이로 인해 신문지, 잡지 등에 대한 내무대신의 사전검열을 명기한 긴급칙령이 공포되었고 이후, 청일전쟁 및 러일전쟁을 거치면서 유사한 내용의 칙령이 공포되어 검열이 체제화되었다는 것이다.(가와하라 미치코, 이상복·오성숙 역, 『전쟁과 검열』, 맑은생각, 2017, 170~173면)

전반적으로 볼 때 많은 경우에도 100건 미만으로 한 해 동안 발매반포금지에 처해진 신문 수가 많다고 할 수는 없으나 행정권이 명목상으로 존재했던 것이 아니라 금지처분을 내리는 실질적 언론통제 권력이었다는 것을 이 표를 통해 알 수 있다. 또한 후반으로 갈수록 처분 건수가 늘어나고 있다는 점도 중요한 의미를 갖는다. 신문지 수가 늘어난 탓도 있겠지만 발매반포금지를 내리는 행정권력도 점차 해당 권력의 발동에 적응해 갔음을 또한 보여주고 있기 때문이다.

같은 기간, 출판법에 의해 발매반포가 금지된 출판물 건수는 다음과 같다.

〈표 19〉 메이지 시기 출판물에 대한 발매반포금지 건수

연도	1903	1904	1905	1906	1907	1908	1909	1910	1911	1912
치안	14	12	75	33	39	20	35	135	21	3
풍속	127	204	1578	1773	916	1029	259	146	317	167

내무성 경보국, 『금지단행본목록』 II; *Censorship in Imperial Japan*, p.156에서 재인용

여기에서 출판물이란 책과 같은 단행본과 선전 전단지, 도화, 광고, 달력 등, 정기적으로 간행하는 신문, 잡지를 제외한 대부분의 인쇄물을 의미하기 때문에 신문지에 비해 전체 건수가 훨씬 많았던 것은 당연해 보인다. 흥미로운 것은, '치안'과 '풍속'이라는 항목별로 건수를 살펴볼 때 '풍속'에 해당하는 건수가 훨씬 많다는 점이다. 출판법에 의해 발행되는 일명 보통출판물은 신문지법에 의해 발행되는 정기간행물과는 달리 정치적 의견을 개진할 수 없었기 때문에 치안방해에 해당되는 경우가 많지

않았을 것이다. 그렇다고는 해도, 1930년대가 되면 신문, 잡지와 보통출판물을 모두 합쳐도 '안녕'관계 발매반포금지 건수가 '풍속'관계 발매반포금지 건수보다 압도적으로 많아지는 것과 대조적이라고 할 수 있다.

2) 다이쇼大正 데모크라시와 언론자유의 확장

다이쇼 시기는 다이쇼 천황이 즉위한 1912년부터 1926년까지를 말한다. 이 시기 일본 국내에서는 정치, 사회, 문화 각 분야에서 자유주의적이고 민주주의적인 흐름이 나타났고, 이를 배경으로 보통선거를 기반으로 한 정당정치도 실시되었다. 1920년대 후반 세계 경제공황의 여파로 군부가 부상하기 전까지, '다이쇼 데모크라시'라고 지칭되었던 이러한 흐름 속에서 언론자유도 일견 확장되는 듯 보였다. 제1차 세계대전이 끝날 무렵 언론인들과 지식인들은 정부의 검열정책에 도전하는 분위기를 형성했고, 『개조改造』와 같은 중요한 잡지들이 이 시기에 발행되기 시작했다. 내무대신의 발매반포금지권을 규정한 법령을 개정하고자 하는 움직임이 나타나 개정안이 국회에 상정되기도 했다. 그러나 1910년대부터 1920년대 중반까지의 급격한 사회변화는 각종 사회문제를 만들어냈고 이는 쌀소동이나 공산당 결성, 황태자 저격 시도 사건 등으로 터져 나왔다. 1923년에는 대지진까지 겹치면서 위기감이 고조되자 결국 1920년내 후반부터는 다시 언론통제가 강화되었다.

다이쇼 시기 실제 신문에 대해 내려진 행정처분에 대해서는 1920년을 전후해 발행되기 시작한 경보국 도서과의 검열기록을 참고할 수 있다. 여러 자료가 산발적으로 발행되었고 내용체계도 동일하지 않았기 때

〈표 20〉 다이쇼 시기 신문지 행정처분 및 주의 건수

	행정처분				주의 건수			
	안녕	풍속	발행차지	계	안녕	풍속	기타	계
1920	327	12	2	341	430	215	105	750
1921	411	34	5	450	226	181	122	529
1922	70	28	4	102	221	296	150	667
1923	不明	不明	不明	822	不明	不明	不明	1,088
1924	267	32	6	305	240	344	94	678
1925	154	21	16	191	287	376	126	787 (오기)
1926	251	44	13	308	319	434	131	884
1927	331	24	17	372	328	355	90	733
1928	345	44	4	393	292	189	77	558
1929	377	66	5	448	383	396	219	998

내무성 경보국, 『출판경찰개관』, 1930.1, 35면

문에 체계적인 표를 찾아볼 수 있는 것은 『출판경찰개관』류의 연보가 발행되면서부터였다. 〈표 20〉은 1930년 1월에 발행된 『출판경찰개관』에 수록되어 있는 1920년부터 10년간 신문지 행정처분 및 주의 건수이다. 표에서 행정처분이라 함은 발매반포금지를 의미하며 이를 주로 '안녕'과 '풍속'으로 구분하여 제시하였다. 행정처분 아래 추가되어 있는 '발행차지'란 『출판경찰개관』의 설명에 따르자면, 신문지법 제22조에 의해 지방장관이 발행을 차지差止시킨 것을 말한다. 신문지법 제22조는 일정한 수속을 밟지 않고 발행된 신문에 대해 적절한 수속을 거칠 때까지 우선 지방장관이 그 발행을 차지할 수 있도록 규정하고 있다. 즉, 발매반포금지와 함께 검열당국이 행할 수 있는 중요한 행정처분의 하나였던 것이다.

1923년의 수치가 불분명하고 다른 시기에 비해 처분 건수가 많은 것

〈표 21〉 신문지법 제정 이래 발행금지 건수

	明治 40년	明治 41년	明治 42년	明治 43년	明治 44년	明治 45년	大正 2년	大正 3년	大正 4년	大正 5년	大正6~ 昭和2년	昭和 3년
존엄 모독	-	-	-	-	2	-	-	1	-	-	-	-
안녕	1	2	3	1	-	-	-	1	1	-	-	1
풍속	-	-	1	-	1	1	1	-	1	1	-	-
계	1	2	4	1	3	1	1	2	2	1	-	1

내무성 경보국, 『출판경찰개관』, 1930.1, 29면.

은 관동대지진이 발생한 해였기 때문이었다. 같은 형식의 표는 아니지만 검열당국의 다른 기록에서는 쌀소동이 있었던 1918년 행정처분 건수도 찾아볼 수 있는데, 한 해 동안의 발매반포금지 건수가 513건으로 매우 높은 수치를 나타내고 있다.[18] 쌀소동이나 관동대지진과 같은 정치적 사안이 발생했을 때 검열이 강화되었음을 보여준다.

1920년대 후반으로 갈수록 행정처분 건수가 늘고 있고 이후 1930년대에는 이 행정처분 건수가 급격히 늘어나는 점을 고려한다면, 전반적으로 볼 때 다이쇼 시기 검열이 상대적으로 느슨했던 것은 사실인 듯하다.

한편, 같은 『출판경찰개관』에서는 '신문지법제정이래의 발행금지조調'라는 제목 아래 〈표 21〉과 같은 흥미로운 표도 발견할 수 있다. 우선 눈에 띄는 것은 일반적인 행정처분 사유인 '안녕'과 '풍속' 이외에 '존엄모독'이 제시되어 있고, 이에 해당되어 발행금지를 당한 실례가 표기되어 있다는 점이다. '발행금지'는 신문에게는 사형과도 같은 처분이기 때문

---

18   內務省 警保局, 『震災後に於ける出版物取締概況』, 1923.12, 페이지 불명.

에 매우 중대한 사안이고, 이에 신문지법이 제정된 이래의 전체 기록이 남아있는 것으로 보인다. '존엄모독'이라는 것은 앞에서 살펴본 검열규준에서 제시된 바와 같이, 황실의 존엄을 모독했다는 의미일 것이다. 검열규준에는 '안녕'관련 사항으로 분류되어 있는데 이를 굳이 별도의 항목으로 제시하고 있는 것은 그만큼 중대한 사안으로 취급했다는 의미로 해석된다.

눈길을 끄는 부분은 1917년(다이쇼 6년)부터 1927년(쇼와 2년)까지의 기간에는 발행금지된 신문이 없었다는 사실이다. 기록이 없어 확실하지 않은 것이었다면 다른 표에서와 같이 '불명不明'으로 표기했을 것인데 건수가 없는 다른 사례에서처럼 숫자를 비운 것으로 보아 실제 1917~1927년 사이에는 발행금지를 당한 신문이 없었던 것으로 보인다. 다이쇼 데모크라시의 분위기를 가장 잘 보여주는 사례라고 할 수 있다. 그러나 이미 언급한 바와 같이 1920년대 후반부터는 사회에 대한 위기감이 고조되었고 위험사상들을 통제하기 위해 언론검열을 강화할 필요성이 제기되기 시작했다. 이에 대해서는 다음 절에서 살펴보도록 하자.

3) 만주사변 이후 언론검열의 강화

메이지 후기부터 다이쇼 초기까지의 기간은 러·일 전쟁에서 승리한 뒤 조선을 병합하고, 제1차 세계대전에 참가하는 등 성장의 시기였지만 동시에 과격한 서양사상의 유입으로 불안감이 고조된 시기이기도 했다. 급격한 산업성장은 물가의 폭등을 낳았고, 이로 인해 누적된 불만은 1918년 쌀소동을 불러왔다. 1922년 공산당이 결성되자 불안감을 느낀

정부는 1925년 국회에서 '치안유지법'을 통과시켰고, 사회주의 사상이나 무정부주의 등 국체國體(고쿠타이)에 위협이 된다고 여겨지는 사상들을 통제하고자 했다. 이러한 상황에서 1920년대 후반에는 경제공황의 여파와 정당정치의 혼란을 틈타 군부가 급부상했고, 1931년 만주사변이 발발한 이후로는 군국주의 세력이 정권을 장악하게 되었다. 당연하게도 위험사상의 유포를 막기 위해 언론을 통제하려는 시도는 점점 더 강해졌고 이에 따라 검열도 강화되었다.

검열이 강화되어 가는 과정은 1920년대 말 검열기록에서 볼 수 있는 출판물 취체방식의 세분화에서도 확인할 수 있다. 우선, 1920년대 초 발간된 연보류에는 기재되지 않았던 '주의注意'처분이 1927년 무렵부터 검열기록에 등장하기 시작한다. 1923년에 발행된 『다이쇼 11년 출판물의 경향 및 취체상황大正11年出版物の傾向及取締狀況』에는 '발매반포금지처분'만이 행정처분으로 제시되어 있었다. 당시에는 행정처분으로서 '금지처분'을 행하고 이외에 법규정에 따라 '차압처분'도 행했다고 하는데, 차압처분은 참고삼아 부록으로만 제시하였다. 그러던 것이 1924년에 간행된 『다이쇼 13년 출판물의 경향 및 취체상황大正13年出版物の傾向及取締狀況』에서는 '금지처분' 뒤에 매우 간략하게 '기사주의 건수'가 추가되기 시작했다. 설명에 따르면 내용이 불온한 정도가 금지처분의 정도에 달하지 않을 경우에 발행인에 대해 주의처분을 내린 것으로 되어 있다. 이후 '취체상황'을 제목에 내걸지 않고 출판물의 경향만을 기록한 기록들에는 행정처분 자체가 제시되지 않다가, 1927년 2월에 간행된 『출판물의 경향 및 그 취체상황出版物の傾向及其ノ取締狀況』을 보면, '주의'가 '취체상황'을 보여주는 독립

된 유목의 하나로 자리잡았음을 알 수 있다. 제3장 '취체상황'이 제1절 행정처분과 제2절 사법처분, 그리고 제3절 '주의'로 구성되어 있는 것이다. 금지처분 정도에는 이르지 않지만 안녕과 풍속을 해할 우려가 있는 기사나 수속을 위반한 것으로 사법처분을 받지 않은 것에 대해 그 발행인에게 주의를 주어 타이르는 것을 주의처분이라고 한다는 설명은 이전과 비슷하지만 좀 더 구체적이고, 수속위반 문제까지 포함하는 것으로 진전되었다. 1928년 1월과 7월에 각각 발행된 동일 제목의 검열기록에도 '취체상황'이 행정처분과 사법처분, 주의의 3장으로 구성되는 동일한 경향이 나타난다. 여기에, 쇼와 3년(1928년)에 간행된 『출판경찰개관』 시리즈부터는 취체상황에 제4절 분할환부分割還付가 추가되어 제시되기 시작했다. 『출판경찰개관』의 설명에 따르면 분할환부란 발매반포금지 차압에 처해진 출판물이라고 하더라도 발행자의 신청이 있으면 일정한 조건 아래 문제가 되는 부분을 삭제하고 돌려주는 것이라고 한다. 또한, 1931년의 자료를 바탕으로 발간된 『쇼와 6년 중에 있어서 출판경찰개관昭和六年中に於ける出版警察概觀』부터는 행정처분 및 사법처분과 별도로 제시되었던 '주의' 및 '분할환부'가 행정처분의 하위항목에 포함되기 시작했다. 다시 말해, 행정처분은 '발매반포금지' 및 이에 따른 '차압'이 주된 처분이었으나 발매반포의 금지나 차압으로 인해 출판업자들이 입을 수 있는 피해를 줄이기 위해 '주의'나 '분할환부'와 같은 추가적인 조항들이 행정처분의 보조적 취체수단으로 생겨났던 것이다.

중요한 것은 검열에 대한 각종 처분들이 1920년대 후반부터 세분화되어 갔다는 점이다. 이는 실제 검열을 실행하는 과정에서 검열의 '틈'을 막고 검열처분으로 불이익이 발생하게 되는 발행인들의 편의를 도모하기 위한 조처들로 검열이 강화되어 가는 과정의 일환이었다고 할 수 있다.

좀 더 명확하게 행정처분에 해당하는 내용들을 살펴보기 위해 이케즈미生悅住求馬의 『출판경찰법개론出版警察法槪論』에 제시된 설명을 참고해보자. 1935년에 집필된 내용이기 때문에 위와 같은 세분화과정을 거쳐 최종적으로 행정처분이 어떻게 구분되었는지 알려준다. 이에 따르면, 출판물에 대한 행정처분은 크게 2가지로 대별되는데, 하나는 수속의 위반에 대한 것이고 다른 하나는 내용의 위법성이다. 전자는 출판법 2조에 규정한 범위를 벗어나는 사항을 게재하는 잡지, 혹은 신문지법의 계출屆出, 보조금 규정을 지키지 않고 발행된 신문지에게 행해지는 처분으로 발행(출판)차지이다. 후자는 출판법 19조, 20조 그리고 신문지법 23조 1항, 24조 1항에 의한 발매반포의 금지 및 차압과, 신문지법 23조 2항에 의한 동일취지의 게재차지差止, 신문지법 24조 2항에 의한 수입 또는 이입금지이다.[19] 이 중에서 수입 또는 이입금지는 외래外來출판물에만 한정된 것이었다. 출판경찰법에 대한 설명을 토대로 한 이 책의 행정처분 부분에 발행차지와 발매반포금지 및 차압에 대한 것은 있으나 주의나 분할환부에 대한 설명은 없는 것으로 보아 해당 처분들은 법에 근거하지 않은 편의적 처분들이었음을 알 수 있다.[20]

---

19 生悅住求馬, 『出版警察法槪論』, 松華堂, 1935.8, 1면.

20 이 외에, 출판물의 기재사항 중에 불온하거나 불량한 부분이 있을 때 그 분량이 비교적 근소하다면 영업자의 이익을 위해 이를 금지하지 않고 당국이 지정하는 부분을 삭제해서 발행하도록 하는 '삭제' 처분도 있었던 것으로 보이는데 신문지가 아닌 일반 출판물에만 적용되었던 것으로 보인다.

다양한 검열처분 중에서도 가장 중요한 것은 발매반포금지 및 차압 처분이었다. 이는 내무대신이 행사하는 행정권력으로서 사법처분과 병행해서 행사되었고 동시에 이것과 완전히 독립해서 행해지는 처분이었기 때문이었다. 따라서 발매반포금지는 여러 자료집의 취체상황 보고 중에서도 가장 중요하게 언급되었다. 출판물의 게재사항이 안녕질서를 문란하게 하거나 풍속을 괴란하는 것으로 인정될 때, 그 발매반포를 금지하고 필요할 때에는 이를 차압하는 것이 바로 이 발매반포금지 및 차압으로 이를 규정하는 기준이 앞에서 제시한 검열표준이다. 가장 중요한 행정처분이었던 만큼 발매반포금지처분을 받은 출판물 건수를 『출판경찰개관』에 제시된 자료를 기초로 제시해 보면 〈표 22〉와 같다.

발매반포금지 건수는 점점 증가하여 1932년에 최고조에 달했다가 이후 감소하는 추세를 보이고 있는데,[21] 전체 발매반포금지 건수에서 신문지가 차지하는 비중이 가장 크고 일반 단행본 금지 건수는 이에 비하면 미미하다는 점이 눈에 띈다. 선전인쇄물은 안녕계열에서만, 광고포스터는 풍속계열에서만 다루어지고 있는 점, 1930년대 초반 선전인쇄물의 금지 건수가 신문지 관계 건수를 넘어서고 있는 점 등도 주목할 만하다. 전반적으로 볼 때, 1930년대 발매반포금지 건수가 1920년대에 비해 확연히 많다는 것을 확인할 수 있으며 이는 앞에서 이야기한 검열강화의 결과였다고 하겠다.

1936년부터는 『출판경찰개관』과 같은 연보류 검열기록이 발견되지

---

21 1932년에 금지 건수가 많은 것은 5 · 15사건 때문인 것으로 보인다.

〈표 22〉 1923년~1935년 발매반포금지 건수

	안녕					풍속							
	총수	신문지	단행본	출판잡지	선전인쇄물	도화	총수	신문지	단행본	출판잡지	광고포스터	도화	위임에의한금지	합계
1923	913	791	11	4	107		1,445	51	24	8	2	454	906	2,358
1924	346	267	15	6	58		933	32	15	9	6	139	732	1,279
1925	225	154	25	8	38		722	21	36	15	5	140	505	947
1926	412	251	39	35	84	3	922	44	27	20	3	44	784	1,334
1927	547	331	44	23	147	2	1,035	24	32	14	7	64	894	1,582
1928	829	345	58	29	397		349	44	66	11	5	177	46	1,178
1929	1,309	374	95	27	812	1	280	68	58	25	8	75	46	1,589
1930	2,171	504	154	50	1,456	7	294	39	61	15	26	84	69	2,465
1931	3,076	832	182	70	1,980	1	381	49	46	9	63	167	47	3,457
1932	4,945	2,081	217	227	2,420		858	165	46	18	529	85	15	5,803
1933	4,008	1,531	197	239	2,041		770	201	44	27	404	81	13	4,778
1934	1,702	589	75	73	565		558	196	29	13	235	42	43	2,260
1935	1,074	653	75	34	312		969	272	19	17	81	552	28	2,043

자료는 1932년부터 1935년 사이에 발행된 『출판경찰개관(出版警察槪觀)』에서 재구성

않았기 때문에 (혹은 집필될 여력이 없었기 때문에) 연도별 발매반포금지 건수는 알 수 없다. 확실한 것은 1931년 만주사변을 계기로 군부가 정국의 주도권을 쥐게 되고, 점점 파시즘적인 성향이 짙어져 가던 일본이 1936년의 2·26사건이나 1937년 중일전쟁을 계기로 준전시 상태에 접어들었고 이에 따라 언론 검열은 더욱 강화되었다는 점이다. 〈표 23〉은 1941년 4월 내무성 경보국 검열과, 정보국 제4부 제1과의 기록에서 확인할 수 있는 1936년부터 1940년까지의 금지 건수들이다. 전체 금지 건수에서 가장 높은 비중을 차지하고 있는 것은 역시 신문지 관계 건수이다. 1936년 금지 건수가 높은 것은 2·26사건의 영향인 것으로 보이며, 전

<표 23> 1936년~1940년 출판물 종류별 발매반포금지 건수

	단행본 팸플릿	삐라(ビラ)	신문지	잡지	통신	계
1936	319	246	783	181	86	1,615
1937	70	135	459	128	81	873
1938	173	66	647	95	193	1,174
1939	76	107	463	81	173	900
1940	321	216	596	176	228	1,538

內川芳美 編,『マスメデイア統制 2』, みすず書房, 1991, 344~345면

반적으로 볼 때 전체 금지 건수가 1940년에 이르러 늘어나기는 했으나 1930년대 전반에 비해 많다고 할 수는 없다. 그러나 금지 건수를 내용별로 구분해 보면 새로운 경향을 발견할 수 있다.(〈표 24〉)

<표 24> 1936년~1940년 내용별 발매반포금지 건수

	안녕	풍속	기사차지	성령(省令)관계
1936	833	254	528	
1937	505	120	248	
1938	606	436	87	45
1939	623	168	29	80
1940	1351	94	40	54

內川芳美 編,『マスメデイア統制 2』, みすず書房, 1991, 343~344면

1936년의 특수한 사항을 제외하고 볼 때, 1937년 이후로 풍속이나 기사차지 관계 건수는 줄어들고 있는 반면 안녕 관계 사항이 점점 늘어나고 있다. 게다가 새롭게 성령省令 관계사항이 1938년부터 제시되기 시작했다. 여기서 말하는 성령이란 곧 군 해군성과 육군성의 명령을 뜻하

므로 전쟁 관련 금지 건수였다고 할 수 있다. 도서과 역시 사변事變 이래 게재금사항이 격증하고 취체가 강화되었다고 언급하며 특히 취체에 현저하게 나타나는 기사의 경향으로 정치불신기사, 내각의 퇴각을 주장거하거나 외교방침을 비방, 공격하는 것이 많았다고 지적하였다. 1937년 중일전쟁 발발 이후부터 언론검열은 지속적으로 강화되어 갔던 것이다.

전쟁기 검열이 실제 어떻게 실행되었는가는 이시카와 다쓰조石川達三의 필화사건을 다룬 가와하라河源理子의 저서『전쟁과 검열戰爭と檢閱』을 통해 들여다 볼 수 있다. 문학작품에 대한 검열을 주로 다루고 있기는 하지만 잡지에 게재된 작품들의 필화를 다루고 있어 '발매금지'에 처해진 잡지들이 어떻게 대처했는지에 대해 잘 알 수 있다. 이에 따르면, 이시카와 다쓰조의 소설「살아있는 병사」가 게재될 예정이었던『중앙공론』1938년 3월호가 발매금지에 처해졌다. 그러자 이미 서점에 배포된 잡지를 각 경찰서에서 압수해 갔고, 잡지를 팔지 않으면 수입을 얻을 수 없었던 잡지사는 문제작품만 잘라내고 나머지를 발매하기 위해 '분할환부'를 신청했다. 신청이 받아들여지면 경찰서에 가서 해당 잡지에서 문제가 되는 페이지를 잘라내고 잡지를 받아 발매했다고 한다. 처음에는 자를 대고 잘라내었으나 나중에는 발매금지 잡지 삭제전용의 도구를 만들어 냈을 정도였다고도 언급했다. 결국 신청이 받아들여져 '절제 후 분할환부'가 허락되었고, 잡지사의 "절제팀"이 출동해 소설을 잘라낸 후에야 잡지를 다시 서점에 돌려놓을 수 있었다.[22] 잡지가 발매금지에 처해지면 어떻

---

22 가와하라 미치코, 이상복·오성숙 역,『전쟁과 검열』, 맑은생각, 2017, 58~62면.

게 되는지 잘 묘사되어 있고, 지금도 때때로 발매금지를 당하는 꿈을 꾼다는 편집장의 언급도 재미있다. 이 소설은 중앙공론사가 이시카와를 중일전쟁에 특파하여 완성한 것이었는데, 부대명이나 장병이름 등을 모두 가상의 것으로 했고 창작품임을 분명히 밝혔음에도『중앙공론』의 발행인과 편집자, 작가가 모두 육군형법과 신문지법 위반으로 검사국에 송치되었다. "허구의 이야기를 마치 사실처럼 공상하고 집필한 것은 안녕질서를 어지럽히는 것"이라는 것이 주된 이유였다고 한다.[23]

1941년 태평양 전쟁에 들어서면서부터는 지속된 전쟁으로 물자부족이 현실화되어 출판물의 수가 줄어들고 그나마 월간으로 발행되던『출판경찰보』도 여러 달치가 합본으로 발행되는 등, 당국의 공식적인 검열기록을 통해 검열상황을 파악하기가 쉽지 않게 되었다. 게다가 미첼에따르면, 내무성 관계자료들은 연합군의 일본 점령 전 1945년 8월 중 일주일 동안 대량으로 소각되었다고 한다.[24] 또한, 전쟁 중의 검열과 관련해서는 검열당국의 기록뿐만 아니라 전쟁이라는 복잡한 정치적 상황을 고려해야 하는 또 다른 커다란 과제이므로 차후 새로운 연구에서 다루어보고자 한다.

---

23   위의 책, 29면.
24   Mitchell, R.G., 앞의 책, 1976, 14면.

제5장 『대만출판경찰보』를 통해 살펴본 식민지 대만의 신문검열

    대만은 '청일전쟁'에서 중국이 패한 결과로 1895년 일본 최초의 식민지가 되었다. 일본제국의 식민통치는 1945년까지 지속되었으므로 대만은 한국보다 더 오랜 기간 일본의 식민통치 아래 놓여 있었다. 당연히 대만의 언론들도 식민통치 기간 동안 식민정부인 대만총독부의 통제 아래 있으면서 검열을 받았다. 그러나 식민지 시기 대만에서 이루어진 검열과 관련된 자료는 많이 발견되지도 않았을 뿐만 아니라 이에 대한 연구도 많지 않은 실정이다. 대만이 조선과 함께 일본의 중요 식민지로서 오랜 기간 유사한 상황에 놓여 있었다는 점을 고려한다면 식민지 시기 대만의 신문검열 연구가 왜 중요한지에 대해 새삼 강조할 필요가 없을 듯하다. 대만에서 이루어진 신문검열의 특성을 밝힌다는 것은, 이를 식민지 조선 및 일본 국내에서 이루어진 검열과 비교해 봄으로써 제국 일본-식민지 대만 혹은 식민지 조선이라는 종縱적 검열체계와, 같은 식민지였던 대만-조선으로 연결되는 횡橫적 검열체계에 접근해 볼 수 있는 기회를 제공한다. 즉 식민지 대만이라는 지역에 기초한 검열 연구를 통해 전체 일본 제국에서 이루어진 검열의 특성에 접근해 볼 수 있는 것이다. 이 장에서는 식민지 시기 대만에서 이루어진 신문검열에 대해 알아보고자 한다. 일제하 대만 신문검열에 대한 기초적인 이해를 위해 검열의 근거가 되었던 관련법규의 내용과 검열실행을 위한 제도적 장치에 대해 살펴보고 검열당국이 남긴 기록을 분석해 봄으로써 당시 신문검열의 특성에 접근해 볼 것이다. 검열 관련 법규나 검열기록은 일본 국내나 식민지 조선과의 유사성 및 차이점에 대해서도 검토해 볼 것이다.

1. 식민지 대만 검열의 법적 기반과 검열기구

1) 대만 검열의 법적 기반 – '대만신문지령'과 '대만출판규칙'

근대의 검열이 제도적 기반을 갖는다는 점에서 식민지 대만에서 시행된 검열 역시 언론관련법령들을 그 근거로 갖고 있었다. '대만신문지령臺灣新聞紙令'과 '대만출판규칙臺灣出版規則'이 바로 그것인데, 이들 역시 일본 국내의 언론관련법을 식민지 대만에 적용시켜 통치에 용이하도록 변용해 만든 것들이었다. 이 중 신문에 대한 사전검열의 직접적인 근거가 된 것은 역시 '대만신문지령'으로, 그 전신은 1898년 입안되어 1900년 1월에 율령 제3호로 공포된 '대만신문지조례'였다. 이 '대만신문지조례'에 대만 밖에서 이입 혹은 수입되는 신문이나 잡지에 대한 규정을 더한 것이 1917년 12월에 율령으로 제정된 '대만신문지령'이다. 1910년 식민지가 된 조선의 '신문지법'이 1907년 제정되었다는 점을 고려한다면 대만에서는 식민지가 되고서도 꽤 시간이 지난 후에야 신문관련법이 정비되었다고 할 수 있다. 언론통제 법령의 또 다른 축을 구성하고 있었던 '대만출판규칙'은 1900년 총독부 부령府令으로 반포되었는데 반포 이후 별다른 개정 없이 신문이나 잡지 이외의 출판물에 대한 규제의 근거로 이용되었다. 이 '대만신문지령'과 '대만출판규칙'은 식민지 조선이나 일본 국내에서 적용된 언론관련법들과 같은 맥락에서 일본 제국 내의 언론을 통제하기 위해 마련되었으나 그 면면을 살펴보면 조선이나 일본과는 다른 특이한 점들을 찾아볼 수 있다. 우선 그 법의 내용을 좀 더 상세히 들여다보자.

(1) 신문검열의 주요 근거로서의 '대만신문지령'

'대만신문지령'이라는 명칭 중에서 '신문지'란 일간신문과 정기 혹은 비정기적으로 발행되는 잡지를 포함하는 개념으로 일본 국내의 '신문지법'에서 지칭하고 있는 신문지의 개념과 동일하다. 1917년 제정된 '대만신문지령' 34조항의 내용을 대략적으로 구분한다면, 신문발행의 허가 및 발행 전 납본규정, 게재금지사항, 위반 시의 처벌규정, 대만 밖에서 발행된 신문의 이입 및 수입제한이라고 할 수 있다. 이 중 식민지 발행의 신문과 잡지를 강력하게 규제하는 근거로 작용했던 조항들은 신문발행의 허가를 규정한 제2조와 발행 전에 납본하게 함으로써 사전검열을 가능하게 했던 제10조였다. 먼저 제2조의 내용을 살펴보면 다음과 같다.

> 제2조 신문지를 발행하고자 하는 자는 좌(左)의 사항을 갖추어 대만총독의 허가를 받아야 한다.

여기에서 '좌의 사항'이란 제호, 제1회 발행일, 발행소 및 인쇄소, 발행인의 이름 및 생년월일과 주소 등을 의미한다(제2조 제1항). 중요한 것은 신문지를 발행하기 위해서는 대만총독의 허가를 받아야만 했다는 점이다. 가장 강력한 통제는 통제할 대상 자체를 허가하지 않음으로써 통제의 필요성 자체를 없애버리는 일일 것이다. 이른 시기에 허가제에서 신고제로 전환한 일본 국내와 달리, 도입시기부터 통치기가 끝날 때까지 신문지에 대해서는 허가제가 유지된 이유도 바로 여기에 있다. 가와하라 河原功는 『대만출판경찰보台湾出版警察報』에 대한 해제에서, 식민지 대만에서 신문발행에 허가가 필요했던 것은 두 가지 이유에서였는데, 신문사의 경영을 보호하기 위한 것이 하나였고 다른 하나는 대만인의 민족의식을 고양시킬 수 있는 대만인 주체의 신문을 인정하지 않기 위한 것이었다고 언급했다.[1] 일본 국내에서도 신고제였던 것을 신문사 경영 문제를 이유로 허가제를 도입한 것은 다소 억지스러운 느낌이 있다. 이 신문사라는 것도 모두 일본인 경영의 것들이었고, 결과적으로 하나의 지역에 하나의 일간지만을 허용해 대북, 대중, 대남, 화련항에 각각 하나의 일본인 경영 신문사만 허용했으므로 이 역시 결국은 신문발행을 통제하기 위한 것이었다고 보아야 할 것이다. 특히, 1932년에 이르기까지 대만인 경영의 일간신문이 허용되지 않았다는 점에서 식민지 언론을 통제하기 위한 방책이었던 것이 확실하다.

대만의 신문은 대만총독부의 '허가'라는 허들을 넘은 후에도 당국의

---

1   河原功, 『台湾出版警察報 解說 · 發禁圖書リスト』, 不二出版, 2001, 7~8면.

직접적인 사전검열을 받아야만 했다. 그 근거는 다음 10조에 명기되어 있다.

> 제10조 발행인은 신문지의 발행 때마다 그 전에 대만총독부에 2부, 소할 및 관할지방법원 검사국에 각 1부를 제출해야 한다.

식민지 조선에서와 마찬가지로 신문은 발행에 앞서, 총독부와 관할 관청 및 검사국 등 검열담당자들에게 발행할 신문을 제출해야 했다. 신문발행과 동시에 납본하면 된다고 규정되어 있었던 일본 국내의 '신문지법'과는 확연한 차이를 보인다. 주지하는 바와 같이, 제작부터 독자의 손에 이르기까지 일분일초가 급한 신문사의 입장에서 볼 때, 발행 후가 아니라 발행 전 당국으로부터 검열까지 받아야 한다는 것은 신문발행을 더욱 어렵게 하는 일이 아닐 수 없다. 물론 검열당국의 입장에서는 문제의 여지가 있는 기사를 사전에 통제할 수 있고, 신문 제작자들에게 심리적 압박을 가해 궁극적으로는 자기검열을 강화하는 효과적인 통제 방안이었을 것이다.

다음 '대만신문지령' 제11조는 신문에 게재하는 것이 허가되지 않는 사항들에 대한 내용이다.

> 제11조 좌의 사항은 신문지에 게재할 수 없다.
> 1. 황실의 존엄을 모독하고, 정체를 변개하고, 또는 조헌을 문란하게 하는 사항

2. 예심 중의 피고사건의 내용, 검찰관이 차지(差止)시킨 조사 중 혹은 예심 중의 피고사건에 관한 사항 또는 공개를 정지시킨 소송의 변론에 관한 사항

3. 범죄를 선동 혹은 곡비하고 범죄인 혹은 형사피고인을 함해(陷害)하는 사항

4. 공개되지 않은 관문서, 상서(上書), 건백(建白) 혹은 청원서 또는 관청의 의사에 관한 사항으로서 허가받지 않은 것

5. 법령으로써 조직된 공회의 공개를 정지시킨 의사(議事)

신문게재 금지사항들은 식민지 조선이나 일본 국내의 신문관련법에서도 그 유사한 내용들을 찾아볼 수 있다. 다만, 조선의 '신문지법'에는 제11조에서 제15조까지 개별 조항으로 규정되어 있고 좀 더 자세하게 금지사항들이 명기되어 있지만 '대만신문지령'에서는 제11조 아래 5개 항목으로 나열되어 있다는 점이 다르다.

흥미로운 것은 제11조에서 보이는 것과 같은 일반적 게재금지사항 외에 별도의 조항으로 부가되어 있는 특별금지사항이다.

제12조 대만총독은 외교군사 기타 비밀을 요하는 사항의 게재를 금지시킬 수 있다.

일본 국내 '신문지법'의 경우, 외교와 군사에 관한 기사게재 금지권을 각 관할 대신에게 일임하고 있다. 그런가 하면 조선의 '신문지법'에는 따

로 '외교'나 '군사'를 언급하고 있는 조항은 없고 대신 내부대신이 안녕질
서를 방해하거나 풍속을 괴란한 신문지에 대해 발매반포를 금지할 수 있
게 되어 있다. 일본 국내나 조선의 신문지법과 달리 외교와 군사 사항을
특정하고, 이들 외에 '기타 비밀을 요하는 사항'까지 덧붙여 대만총독에
게 게재금지 권한을 부여하고 있는 것은 일반적 게재금지사항과는 별개
로 해당 내용들을 더 강력하게 규제하고자 하는 의도를 보여준다. 나아
가 검열과 관련해서는, 대만총독의 권한까지 빌어 외교나 군사 관련 기
사들을 사전에 검열하여 규제하는 것이 가능하도록 했다고 할 수 있다.

다음으로 위반 시의 처벌규정은 제14조에 명기된 행정처분을 의미하
는데, 주로는 제11조와 제12조의 규정을 위반했을 때 어떤 처분이 가해
지는지 기술하고 있다.

> 제14조 신문게재의 사항 제11조의 규정에 위반하거나 제12조의 규정에
> 의한 금지를 위반한 때에는 대만총독은 그 발매반포를 금지한다.
> 신문지게재의 사항이 안녕질서를 어지럽히고 풍속을 해하는 것
> 이라고 인정될 때는 대만총독은 그 발매반포를 금지하고 발행인
> 에 계고(戒告)할 수 있다.
> 제1항의 규정에 의한 금지를 하는 때 혹은 제2항의 규정에 의해 금지를
> 할 때에도 또한 동일 주지의 사항을 게재하는 때에는 대만총독은 발행의 허
> 가를 취소 혹은 기간을 정해 발행을 정지할 수 있다.
> 제6조의 규정에 위반해 신문지를 발행한 때는 제1항 및 제3항과 같다.

제11조와 제12조에 규정된 게재금지사항 이외에 조선의 '신문지법'에서 보이는 것과 같은 '안녕질서' 및 '풍속'을 해하는 사항에 대한 규정이 함께 기입되어 있고, 발매반포를 금지하거나 허가 취소 혹은 발행정지를 명하는 주체로 대만총독을 언급하고 있다. 즉, 검열과 이로 인한 처분의 모든 권한은 궁극적으로는 대만총독 1인에게 주어져 있었던 것이다.

'대만신문지령'에서 가장 눈에 띄는 것은 이·수입 신문지에 대한 다음 규정들이다.

> 제15조 전조 제1항 및 제2항의 금지에 관한 규정은 본도(本島) 외에서 발행하는 신문지에 이것을 준용한다.
>
> 전항의 규정에 의해 금지를 하는 경우에는 대만총독은 신문지의 이입 혹은 수입을 금지하거나 기간을 정해 이것을 정지할 수 있다.
>
> 제1항의 신문지이면서 제12조의 사항을 게재하는 것은 대만총독이 그 이입 혹은 수입 및 발매반포를 금지할 수 있다.
>
> 제16조 대만총독은 본도 외에서 발행하는 신문지이면서 주로 본도 내에서 발매반포함을 목적으로 한다고 인정되는 것은 이를 고시(告示)한다.
>
> 대만총독은 취체상 필요하다고 인정하는 때는 전항의 규정에 의해 허가를 받은 대행인의 대행과 무관한 것은 이입 혹은 수입을 금지할 수 있다.

신문지에 대한 규정이 정비될 때부터 대만 밖에서 발행되어 이입 또는 수입되는 신문에 대한 규제규정이 두 개 조항에 걸쳐 자세하게 명기되어 있다. 이를 조선 '신문지법'의 내용과 비교해 보면, 보다 확실하게 그 특성을 이해할 수 있다. 조선의 '신문지법'의 경우, 처음 '신문지법'이 공포될 때는 이·수입 신문지에 대한 규정 자체가 없었고, 다음 해 개정을 통해 부가된 3개 조항 중 제34조에서도 '외국에서 발행한 국문 혹은 국한문 또는 한문의 신문지와 외국인이 내국에서 발행한 국문 혹은 국한문 또는 한문의 신문지'로 치안방해나 풍속괴란의 혐의가 인정된 때에 내부대신이 발매반포를 금지할 수 있는 내용이 있을 뿐 이입 혹은 수입 신문지에 대한 직접적인 규정은 없었다. 무엇보다 이 34조는 외국인이 국내에서 발행했던 『대한매일신보』에 대한 통제를 위해 도입했던 것으로, 일본 제국 내에서 혹은 외에서 들어오는 신문이나 잡지를 규제하기 위한 것은 아니었다. 그러나 대만의 신문지 관련법에서는 대만총독이 대만 내에서 발행하는 신문지에 대해 발동할 수 있었던 행정권을 제국 내외에서 들어오는 모든 신문에 대해서도 행사할 수 있도록 규정했을 뿐만 아니라, 대만 섬 밖에서 발행되어 주로 대만 섬 내에서 배포되는 신문에 대해서는 허가를 받은 대행인에 한해서만 이를 허용하였다. 즉, '대만신문지령'은 처음부터 대만 밖에서 발행되어 이입 혹은 수입되는 신문 및 잡지에 대해 강력하게 통제하고자 하는 의도로 제정되었다고 할 수 있다.

(2) '대만출판규칙'

검열의 근거가 된 법률의 또 다른 축은 '대만출판규칙'이었다. 대만에서도 일본 국내나 식민지 조선과 마찬가지로 정치적인 의견을 개진할 수 있었던 신문이나 잡지를 신문관계법으로 규제하고, 이 외의 출판물들은 출판관련법으로 규제하는 이원적인 언론관계법이 시행되었다. 이 책에서는 주로 신문 관련 검열을 살펴보고 있지만 '대만출판규칙'의 내용을 간략하게나마 살펴본다면 검열 관련 법적 근거의 일반적 특성을 좀 더 잘 이해할 수 있을 것이다. '대만출판규칙'의 내용은 출판신고와 납본규정, 출판물 게재 제한사항, 지방장관에 의한 발매반포정지 및 차압의 권한으로 요약된다. 가장 흥미로운 것은 역시 출판물에 대한 '신고원칙'의 도입이다. 다음은 신고와 납본의무를 규정한 '대만출판규칙' 제2조의 내용이다.

> 제2조 문서, 도화(圖畵)의 출판자는 관할지방관청을 경유해 대만총독부에 계출(屆出)하고 동시에 제본 2부를 납부해야 한다.
> 전항의 계출은 발매 또는 반포의 일로부터 적어도 3일 전에 관할지방관청에 도착을 요한다.

제2조에 규정된 출판물은 문서, 도화로 대표되었지만 궁극적으로는 '대만신문지령'의 규제대상이 아닌 모든 출판물이라고 보아야 할 것이다. 중요한 것은 신문지에 관한 법이 허가제를 채택했던 것과는 대조적으로 계출(屆出)제, 다시 말해 신고제를 도입하고 있다는 점이다. 식민지 조선에서는 '신문지법'과 '출판법' 모두가 허가주의였고, 일본에서는 반대로 양자가 모두 신고제였다는 점을 고려한다면 흥미로운 부분이라고 할 수 있다. 이를 이전에 살펴본 '대만신문지령'의 특성과 연계하여 고려해 보면 식민지로서의 대만의 특성이 드러난다. 정치적인 이슈를 다루는 신문 및

잡지에 대해서만 허가주의를 도입하고 특히 이입 및 수입 신문·잡지에 대한 규정을 강화한 것은 곧 제국 내에서 정치적 정보의 흐름을 차단하고자 했던 제국의 의도, 즉 관문적인 성격이 강했던 식민지 대만의 위치를 보여주는 것이라고 할 수 있다. '대만출판규칙' 제9조, 제10조, 제11조에 명시된 출판물 게재제한사항들이 제12조에 의해 대만 섬 이외의 '제국 영토' 내에서나 외국에서 출판한 문서에 대해서도 적용되었던 것 역시 같은 맥락에서 이해할 수 있다. 다음은 제9조부터 제11조의 내용이다.

제9조 좌의 사항을 기재한 문서도화는 그것을 출판할 수 없다.

1. 공판에 부쳐지기 전 중죄 경죄의 예심에 관한 사항 및 방청을 금지한 소송에 관한 사항

2. 형사피고 혹은 범죄인을 구호하거나 상휼(賞恤)하고 혹은 범죄를 곡비하는 사항

3. 방청을 금지한 공회의 의사(議事)

제10조 좌에 기재한 것은 당해관청의 허가를 얻을 수 없으면 출판할 수 없다.

1. 일반에게 공개된 관의 문서도화 및 관청의 의사(議事)

2. 외교 및 군사의 기밀에 관한 문서 도화

제11조 좌의 사항의 하나에 저촉되는 문서도화는 그 발매반포를 금하고, 그 각판 및 인본을 차압할 수 있다.

1. 황실의 존엄을 모독하고 정체를 변개하고 혹은 국헌을 문란시키는 것

2. 안녕질서를 방해하거나 풍속을 괴란하는 것

3. 제9조 제10조에 위배되는 것

구체적으로 명시된 위의 게재제한사항들은 출판물 검열 시에 일종의 검열표준으로 작용하였을 것임을 쉽게 짐작할 수 있다.

'대만출판규칙'에서 찾을 수 있는 또 다른 특이한 규정은 지방장관에 의한 발매반포정지와 임시 차압권을 규정한 제13조 조항이다. 조항의 내용은 다음과 같다.

제13조 전2조의 경우에 있어서 필요하다고 인정될 때는 지방장관은 먼저 발매반포를 정지하고 각판(刻版)과 인본(印本)을 임시로 차압할 수 있다.

지방장관이 '먼저' 발매반포를 금지하고 각판과 인본을 임시로 차압할 수 있게 한 것은 제2조에 명기된 바에 따라 관할 지방관청을 경유해 대만총독부에 도달하는 과정을 거쳤던 출판물에 대한 처분을 빠르게 하기 위함이었다. 대만총독부에서 문제의 출판물에 대한 처분을 내리기 이전에 먼저 발매반포를 정지하고 각판과 인본을 임시로 차압해 둠으로써 신속하게 처리하고자 했던 것이다. 이는 일본 국내 출판법에서는 찾아볼 수 없는 조항으로, 대만총독부의 처분이 내려지기 전 문제가 되는 출판물이 인쇄되어 배포되는 것을 막기 위한 일종의 이중조치였다고 할 수 있다. 식민지에서는 더 철저하게 출판물을 규제하고자 했던 것이다.

2) 식민지 대만의 검열기구와 담당 업무

『대만출판경찰보』 표지를 보면 제호 좌측에 '경무국 보안과 도서괘'라고 적혀 있는 것을 볼 수 있다. 『대만출판경찰보』의 작성주체로서 당시 검열을 담당하고 있었던 부서의 이름을 표기한 것이다. 일본 국내나 식민지 조선에서와 같이 검열은 경무국, 즉 경찰이 담당하고 있었던 업무의 하나였다. 대만 통치는 '경찰정치'로 불릴 만큼, 경찰이 거의 모든 식민지 정책을 일선에서 직접 선전하고 집행했으므로[2] 검열이 경찰 업무 중 하나였던 것은 당연한 일이었을 것으로 보이나, 일본 국내나 식민지 조선에서는 검열을 담당하는 별도의 '도서과'가 설치되었던 것에 반해 대만에서는 보안과 아래 부서의 하나로 머물러 있었다는 점은 눈여겨볼 만하다.

최말순에 따르면, 대만의 검열기관은 1896년 총독부 민정국 보안과의 고등경찰괘에서 시작해 1901년 경찰본서 고등경찰괘, 1919년 경무국 보안과 특별고등괘를 거쳐 1928년 경무국 보안과 도서괘로 정착되었다.[3] 민족자결주의와 3·1운동의 영향 등으로 1919년을 전후한 시기에 총독부 관제 및 경찰제도의 대대적인 개혁이 있은 후, 중앙의 경찰기관은 경무국 산하에 경무과, 보안과, 이번理蕃과, 위생과의 4과 체제로 정비되었는데, 사무분장규정도 몇 차례의 개정을 거쳐 보안과에서 '집회, 결사, 언론에 관한 사항' 및 '신문지, 잡지, 출판물 및 저작물에 관한 사항'을 담당하게 되었다. 또한 1921년 7월 제정된 경무국 규정에 의해 보안과에

---

2   손준식, 「일제 식민지하 대만 경찰제도의 변천과 그 역할」, 『중국근현대사연구』 47, 중국근현대사학회, 2010, 49~75면.

3   최말순, 「『대만출판경찰보』를 통해 본 식민지 대만의 언론 검열과 조선 문제」(대만 만주 조선의 식민주의와 문화 교섭 국제 심포지움 발표문), 2017.

고등괘, 특별고등괘, 보안괘, 사법괘를 두도록 했고, 이 중 특별고등괘의 업무로 신문지, 잡지, 기타 출판물 및 저작물에 관한 사항을 담당하도록 하여, 검열 업무 담당부서가 보다 명확해졌다. 눈길을 끄는 부분은 특별 고등괘 담당 업무에 '조선인에 관한 사항'이 함께 들어 있었다는 점이다. 대만의 경찰기구가 '조선인에 관한 사항'을 업무에 명기하고 있는 것도 놀라운데, 이를 검열담당부서의 소관사항으로 둔 것은 의미하는 바가 크 다. 통역과 같은 문제로 조선어가 가능한 직원이 배치되어 조선인에 관 한 사항과 조선에서 이입되는 출판물에 대한 사항을 함께 담당했을 가능 성이 있지만 중요한 것은 조선과 관련된 정보에 대만경찰이 특별한 신경 을 기울이고 있었다는 점이다.

검열을 주된 업무로 하는 독립된 부서가 생긴 것은 1928년 8월 개정 된 경무국 처무규정에 의해서였다. 대만총독부 경무국에서 발간한 『대만 총독부경찰연혁지台湾總督府警察沿革誌』 4권을 보면, 각종 처무處務 숙직宿直에 관한 사항을 정리해 놓은 부분이 있는데 '쇼와 3년 8월의 일부개정' 제3 조를 보면 보안과에 고등, 특별고등, 도서의 3괘를 둔다고 되어 있다. 이 중 도서괘가 담당하는 사항은 다음과 같다.

① 신문지 잡지 기타 출판물 및 저작물에 관한 사항
② 활동사진 필름 검열에 관한 사항
③ 어문장(御紋章), 어초상(御肖像) 훈장 및 기장(記章) 취체에 관한 사항[4]

---

4   台湾總督府 警務局, 『台湾總督府警察沿革誌』 4, 1934, 69면.

즉, 1928년 8월부터 보안과가 고등괘, 특별고등괘, 도서괘로 나누어 지고, 도서괘가 신문 잡지 기타 출판물 및 저작물에 관한 사항과 활동사진 필름 검열 등을 담당하게 된 것이다. 가와하라河原功에 의하면 1929년 판『대만총독부 및 소속관서 직원록』에는 보안과 직원이 모두 30명으로, 사무관 4인, 번역관 1인, 속屬 14인, 촉탁 4인, 고雇 7인으로 구성되어 있었다고 한다.[5] 직원록에는 도서괘 소속 직원이 따로 표기되어 있지는 않으나 임시직이었던 고나 촉탁보다는 속屬이 실제 검열을 담당했을 것으로 생각해 볼 수 있다. 도서과에만 20명이 넘는 인원이 배치되어 있었던 조선의 경우와 비교할 때, 많은 인원수라고 할 수는 없으나 출판물이 증가하면서 보안과의 규모도 지속적으로 커졌다.

이 외에도 지방검열기관으로는, 1920년 지방관 관제개혁으로 5주州 2청으로 재편된 이래, 주에는 경무부, 청에는 경무과, 군에는 경찰과를 두어 검열을 담당하게 했고 또한 전진기지로서 경찰서, 경찰분서, 분실, 파출소, 주재소 등이 설치되어 있었다. 앞에서 언급한 1929년판 직원록에서 확인 가능한 바, 5주의 하나였던 타이베이주의 고등경찰과 경부 및 경부보 4명이 중앙의 속屬을 겸임하고 있었다는 사실은 중앙과 지방의 경찰기구가 연결되어 긴밀하게 검열을 실시하고 있었음을 의미한다.[6]

---

5   河原功, 앞의 책, 17면.
6   위의 책, 17면.

2. 『대만출판경찰보』의 체계와 대만 신문검열의 초점

1) 검열 자료로서의 『대만출판경찰보』의 의미와 그 체계

일제는 일본 국내나 식민지 조선에서 검열과 관련된 방대한 자료를 남겼다. 앞에서 살펴본 바와 같이, 여러 종류의 연간보고서로도 모자라 검열기구가 정비되거나 예산이 확보된 후에는 월간보고서 형식의 검열 기록을 꾸준히 발간했다. 그러나 식민지 대만에서 현재 확인 가능한 검열 관련 기록은 『대만출판경찰보』가 거의 유일하다고 해도 과언이 아니다. 연보류가 발간되었지만 발견되지 않았을 가능성도 염두에 둘 수는 있지만 연보류를 발간했다는 기록도 없고 부분이나마 한두 권이 발견될 수 있음에도 현재까지 흔적을 찾을 수 없는 것으로 보아, 대만에서의 검열기록은 『대만출판경찰보』가 유일한 것으로 보인다.

『대만출판경찰보』에 대한 해제를 쓴 가와하라河原功는 고도의 기밀성을 갖는 『대만출판경찰보』가 공공연하게 대북제국대학 도서관의 장서본이 된 이유는 불분명하지만, 고등교육기관에 소속된 교육자가 검열의 일익을 담당하고 있었기 때문이거나 학생의 '사상조사'에 필요한 자료였기 때문일 것이라고 했다.[7] 재미있는 것은 패전시에 파기되었어야 할 기밀서류가 현존하고 있다는 것은 당국자의 무방비함을 나타낸다고 하는 지적이다. 실제로 현존하는 『대만출판경찰보』도 발행본 전체가 남아있지는 않고 제6호에 해당하는 1930년 1월분부터 제35호(1932년 6월분)까지

---

7   위의 책, 6면.

총 30호가 전부이다. 1~5호는 발견되지 않았고. 36호부터는 발간되었는지 여부도 확실하지는 않으나 일본이나 조선에서도 월보류가 패전 시까지 지속적으로 발간된 것을 보면 대만에서도 역시 발간되었을 것으로 보아야 할 것이다. 표지에 찍혀 있는 '비秘'라는 도장이 『대만출판경찰보』가 기밀서류였다는 것을 실제적으로 보여주고 있지만 기록이라는 특성상 일단 기록으로 남겨지면 '당국자의 무방비함'에 의해서건 도서관 보존상황에 의해서건 전승될 가능성이 높다는 면에서 일종의 아이러니라 하지 않을 수 없다.

　『대만출판경찰보』라는 표제 역시 검열기록의 성격을 어느 정도 반영한다. 일본 국내의 경우, 『출판경찰개관』과 같은 연보가 발간되는 동시에 『출판경찰보』라는 제목으로 월간보고서가 발간되었고 『출판경찰보』를 보충하듯 후에는 또 다른 월보형식의 『출판경찰자료』가 발행되었다. 조선에서도 연보로 『조선출판경찰개요』가, 월보로 『조선출판경찰월보』가 발행되었다. 조선의 검열기록의 경우 일본 국내 기록체계를 거의 그대로 가져와 '조선'이라는 지역명만 덧붙인 것처럼 느껴진다. 반면에 대만에서는 연보류는 찾을 수 없고 일본식 월보명인 『출판경찰보』 앞에 대만이라는 지역명만 붙여 『대만출판경찰보』가 월보로 발행된 것이 전부였다. 다른 검열기록을 찾을 수 없기 때문에 『대만출판경찰보』의 중요성이 더욱 커지는 부분이지만, 동시에 대만에서의 검열 업무가 일본이나 조선에서보다 상대적으로 적었던 것으로 파악되는 지점이기도 하다.

　일본과 조선, 대만의 월보들이 비슷한 시기에 발행되기 시작했다는 점에 대해서도 생각해 볼 필요가 있다. 일본과 조선에서는 이른 시기부터 이미 연보가 발행되고 있는 상황에서 추가적으로 1928년 후반기부터 월보가 발행되기 시작했다. 『조선출판경찰월보』가 1928년 9월부터 발행되었고, 일본의 『출판경찰보』는 1928년 10월부터였다. 조선의 경우 독립된 검열부서인 도서과가 설치되고 얼마 지나지 않아 월보가 발행되기 시작해 검열이 체계화되는 과정의 일부로 생각되었다. 그러나 일본 『출판경찰보』의 발행 과정을 들여다보면 월보류 발행의 배경을 보다 구체적으로 파악할 수 있다. 일본 출판경찰 관계 자료에 대한 해설을 집필한 유이 마사오미 등은 『출판경찰보』의 발행배경에 대해 우선 1928년이라고 하는 시대적 상황을 들었다. 즉, 3·15사건으로 공산당 관계자가 대거 검거되고 치안유지법을 강화하려는 움직임이 이는 가운데, 특고경찰에 대한 추가예산이 임시의회를 통과함에 따라 특고경찰조직을 확대하게 된 것이다. 당연히 특고경찰의 중심이었던 내무성 경보국도 확충되었다. 당시 도서과장이었던 쓰치야土屋正三는 도서과의 예산을 배로 하라는 국장의 지시에 사무관이나 검열관을 늘리고 새로운 잡지를 발행하는 것으로 대응했고, 바로 이때 발행된 잡지가 『출판경찰보』였다.[8] 조선의 경우도 크게 다르지 않았을 것이다. 1925년 일본에서 먼저 제정·시행된 '치안유지법'은 곧 조선에도 도입되었고, 1926년 4월 독립된 검열부서인 도서과가 경무국에 설치되었다. 물론 검열해야 할 출판물이 늘어난 것도 독립된 검열부서를 설치하게 된 이유의 하나였지만 조선에서도 공산당 관련 사건이 늘어나고 있었다는 점을 고려한다면 일본의 상황이 상당

---

8   由井正臣 外, 『出版警察關係資料 解說 総目次』, 不二出版, 1983, 14~15면.

부분 반영된 것으로 보아야 할 것이다. 『조선출판경찰월보』가 1928년 9월분부터 발행되어 한 달 먼저 발행된 것처럼 보이지만 일본 『출판경찰보』 제1호도 발행이 1928년 10월일 뿐, 1928년 8월분의 취체 내용을 10월에 발간한 것이었으므로 오히려 더 일찍 발행이 준비된 것이라고 할 수 있다. 『대만출판경찰보』의 경우 1년 후인 1929년 8월부터 발행되었는데, 이 역시 지난달의 취체상황을 반영하여 작성되었다. 일본 국내나 조선에서 찾아볼 수 있는 것과 같은 연보류는 전혀 발행되지 않고 있었던 상황에서 『대만출판경찰보』가 월별로 발행된 것은 이 자료가 갖는 대표성을 잘 보여준다. 일본 국내나 조선처럼 연보에 월보류까지 발행해야 할 정도로 검열을 통한 언론통제가 심각한 문제가 아니었다고도 할 수 있겠으나 그렇다고 『대만출판경찰보』가 갖는 중요성이 축소되지는 않는다. 무엇보다, '출판경찰보' 시리즈들의 발행 자체가 일본 국내와 조선, 대만을 잇는 거대한 출판경찰 네트워킹이 실제로 작동하고 있었음을 보여주는 대표적 사례라는 점을 생각한다면 『대만출판경찰보』가 갖는 중요성을 쉽게 짐작할 수 있다. 마지막에 발행된 『대만출판경찰보』는 출판경찰보 시리즈의 완성형이었다고 할 수 있기 때문이다.

『대만출판경찰보』의 내용체계는 비교적 단순하다. 크게는 ①출판경찰개황概況, ②금지요항, ③자료로 구성되어 있고, 이 중 핵심은 ①에 해당하는 출판경찰개황이었다. '출판경찰개황' 부분은 구성이 조금씩 달라지기는 하지만 6호의 경우, '①출판물(정기)납본월표', '②출판물(단행본)납본월표', '③출판물 검열 수 및 행정처분 건수', '④신문지 검열 수 및 행정처분 건수', '⑤발매반포금지 출판물 일람표', '⑥발매반포금지 신문지 일람표', ⑦출판물로서 경고 반포를 저지당한 것', ⑧신문지로서 반포 전 경고 말소시킨 것'의 8부분으로 이루어져 있다. 이 중 ③출판물 검열 수 및 행정처분 건수는 7호부터는 '단행본'과 '정기'로 나누어 따로 제시 하였고, ⑦은 '출판물에 관한 설유說諭 주의注意 경고警告'로, ⑧은 '신문지 에 관한 설유 주의 경고'로 바뀌어 제시되었으며, 마지막에 '주요출판물 납본일람표'가 추가로 기록되었다.

금지요항은 발매반포금지 처분을 받은 출판물이나 신문지에 대해 그 내용을 대략적으로 설명한 것으로, '출판경찰개황'에서는 파악할 수 없 는 실제 기사의 내용을 엿볼 수 있는 부분이다. 그러나 발매반포금지 처 분을 받은 출판물과 신문지 전수를 기록하고 있지는 않고, 크게 내지內地 간행물, 본도本島간행물, 외국간행물로 나누고 각각을 또한 단행본과 신 문지, 그리고 단행본과 신문지를 다시 '안녕'과 '풍속'으로 나누어 주요 기사의 내용을 요약해 수록하였다. 가장 많은 부분을 차지한 것은 주로 '외국간행물' 부분이었다. 자료부분은 취체상 도움이 될 수 있는 내용들 을 조사보고서처럼 작성한 것으로 예를 들어 6호에는 '성냥갑燐標 취체에 대해'와 '처분정도에 이르지 않은 요주의 신문기사의 실제'가 수록되어 있다. '자료' 부분은 게재되지 않는 경우도 있었지만, 이와 같은 체계는 확인이 가능한 35호까지는 변하지 않고 유지되었다.

2)『대만출판경찰보』를 통해 본 대만 검열의 양상

현재 남아 있는『대만출판경찰보』는 6호부터 35호까지 총 30호가 전 부다. 이는 2년 6개월에 해당하는 기간으로 짧다고 할 수는 없지만 일제가 대만을 지배한 긴 시간에 비하면 전체 검열의 양상을 파악하기에는 부족해 보인다. 그러나 식민지 대만에서 발행되어 현재까지 전해지는 식민당국의 공식적인 검열기록이『대만출판경찰보』외에는 없는 상황에서『대만출판경찰보』는 제국 일본이 식민지 대만에서 행한 검열의 양상을 파악할 수 있게 해 주는 거의 유일한 자료라고 해도 과언이 아니다. 비록 식민지 전 기간에 걸친 검열의 양상과 변동사항은 아니라 하더라도, 검토가능한 1930년 1월분부터 1932년 6월분의『대만출판경찰보』를 통해 대만 검열의 양상을 들여다보자.

우선 고려해야 할 사항은 문화정치의 도입과 함께 조선어 민간신문이 허용되었던 조선과 달리, 3·1운동의 영향으로 역시 문관총독이 부임해 왔음에도 대만에서 대만인들이 발행하는 민족주의적 일간신문이 발행되기 시작한 것은 1932년에 이르러서였다는 점이다. 따라서『대만출판경찰보』를 통해 대만 내 민족신문에 대한 제국의 통제를 살펴보기는 어렵다. 그러나 다음 표에 나타나듯이 대만 내 검열의 주안점은 대만으로 이입 혹은 수입되는 신문에 대한 통제에 있었기 때문에 대만 민족신문에 대한 검열보다는 이·수입 신문에 대한 통제 양상을 들여다보아야 할 것이다.

〈표 25〉를 보면 전체 검열 건수의 대부분을 일본 국내에서 발행되어 이입되는 신문이나 외국 발행 신문지가 차지하고 있음을 알 수 있다. 대만 내 신문지 검열 건수의 경우 203이라는 숫자가 자주 눈에 띄는 것이 흥미롭다. 1932년으로 넘어오면서 숫자가 늘기는 하지만 전반적으로 200을 전후한 숫자가 지속적으로 기록되어 있는 것은 대만 내 발행 신문

<표 25> 『대만출판경찰보』에 나타난 신문지 검열 건수 및 행정처분 건수

	내지(內地)			도내(島內)			외국		
	검열 수	행정처분 건수		검열 수	행정처분 건수		검열 수	행정처분 건수	
		안녕	풍속		안녕	풍속		안녕	풍속
1929년 12월분	1,335	216	1	201	1	–	87	61	–
1930년 1월분	865	121	–	203	2	–	60 (1,127)	54	
1930년 2월분	724	24	–	188	4	–	68 (668)	55	–
1930년 3월분	795	18	–	205	2	–	44 (2,294)	36	–
1930년 4월분	753	15	–	198			46 (1,993)	34	–
1930년 5월분	808	30	1	203	3	–	1,702	85	–
1930년 6월분	778	25	–	198	1	–	1,096	48	–
1930년 7월분	926	16	1	203	1	–	1,257	13	–
1930년 8월분	806	14	1	203	3	–	1,058	16	–
1930년 9월분	794	23	1	196	–	–	1,012	28	–
1930년 10월분	806	42	1	203	5	–	968	19	–
1930년 11월분	809	109	5	203	11	–	1,075	57	–
1930년 12월분	810	98	1	203	2	–	1,177	48	–
1931년 1월분	936	85	–	203	1	–	916	17	–
1931년 2월분	808	43	–	188	1	–	986	12	–
1931년 3월분	935	15	1	203	1	–	1,985	28	–
1931년 4월분	912	21	–	198	–	–	1,761	42	–
1931년 5월분	934	26	1	203	1	–	2,112	71	–
1931년 6월분	909	46	4	198	4	1	1,767	51	–
1931년 7월분	1,085	57	1	206	2	–	1,682	143	–
1931년 8월분	1,075	38	1	206	–	–	1,726	299	–
1931년 9월분	1037	50	1	201	–	–	2,419	185	–
1931년 10월분	956	69	–	206	2	–	2,053	336	–
1931년 11월분	802	76	1	201	4	–	2,061	459	–
1931년 12월분	1,009	117	4	205	1	–	3,046	634	–
1932년 1월분	995	55	1	265	5	–	688	424	–
1932년 2월분	1,060	72	1	188	6	–	565	258	–
1932년 3월분	1,057	89	5	257	3	–	2,123	384	–
1932년 4월분	968	107	3	231	–	–	1,301	458	–
1932년 5월분	1,041	107	2	262	1	–	1,279	407	–

※ 도내 신문지 검열 수 및 행정처분 건수는 30년 6월분부터, 기존의 정기출판물에 포함되었던 무보증신문지를 신문지에 포함시켜 표에 따로 제시하기 시작했다. 이를 도내에 포함시킬 수도 있으나 표에서도 따로 제시되고 있고 행정처분 건수가 미미하여 본 표에서는 제외하였다.

『台湾出版警察報』 제6호~35호(1930.1~1932.6)

지 수가 한정되어 있었다는 것을 의미한다. 반면에 일본 국내나 외국 발행 신문지에 대한 검열 건수는 1천 건에서 3천 건 사이를 오갈 정도로 많고 시기별 격차도 나타난다.

외국 발행 신문지의 검열 수 기록과 관련하여 11호(1930년 5월분)에서 기존의 잘못된 계산을 바로잡는 '정정訂正' 표를 찾아볼 수 있다. 이유는 따로 설명하지 않은 채, 신문지 검열 수와 행정처분 건수 표의 오신誤算을 바로잡는다고 하며 표를 제시해 놓았고, 지난 1월부터 4월까지의 표를 다시 정리해 수록하였다. 기존의 표와 대조해 보면, 외국발행 신문지 검열 수만 급격하게 늘어난 것이 확인된다. 괄호 안에 표기된 수가 정정 표에 제시된 숫자로, 이후의 검열 수가 이와 유사하게 진행되는 것으로 보아 외국발행 신문지 검열 수의 산정방법을 바꾼 결과였던 것으로 보인다. 6호에 게재된 29년 12월분의 신문지 검열 수는 정정되지 않았다는 점도 이를 뒷받침한다. 한 가지 더 살펴볼 것은,『대만출판경찰월보』가 7호(30년 1월분)부터 금지요항 혹은 자료 다음 마지막장에 따로 게재하기 시작한 '지나출판물취급건수조那出版物取扱件數調'[9] 표이다. 이 표에는 대만 내 각지역을 통해 들어온 중국 발행 신문지의 수입수와 검열 수가 기입되어 있는데, 이 중 지룽基隆구 검열 수가 위 표의 외국발행 검열 수와 정확하게 일치한다. 이는 확인 가능한『대만출판경찰보』 전수에서 동일하게 나타나는 양상이므로,『대만출판경찰보』가 7호부터 외국발행 신문지 검열 수를 지룽구를 통해 들어온 중국출판물 취급 건수로 산정하기 시작

---

9   18호(30년 12월분)부터 '지나'라는 명칭을 '중화민국'으로 변경해서 제시하였다.

했음을 보여준다.

전반적으로 볼 때, 대만 내 검열 수가 200건 내외로 적을 뿐만 아니라 한정적이고, 행정처분 건수가 미미했던 것에 비해 내지와 외국발행 검열 수는 그 몇 배에 달할 정도로 많고 행정처분 건수 또한 집중되어 있다. 검열인력이 대부분 여기에 투입되었을 것을 쉽게 짐작할 수 있다. 요컨대, 식민지 대만의 신문지 검열은 대만 내 민족운동을 통제하려는 의도보다는 대만을 통해 유입 혹은 수입되는 외부 신문을 규제하려는 의도가 강했다고 할 수 있다. 특히 1930년대 초는 일본의 대륙침략이 본격화하기 시작하는 시기였으므로 제국 일본의 입장에서 보면 대만은 남진의 전초기지였기 때문에 더욱 그러하였을 것이다. 1931년 후반부터 외국 발행 신문지의 검열 수와 행정처분 건수가 급격하게 늘어나기 시작하는 것도 이러한 경향을 반영한다.

표를 살펴보면, 검열 수 대비 행정처분 건수는 31년 전반기까지 '내지'발행 신문지가 '외국'발행 신문지보다 높다는 것을 쉽게 파악할 수 있다. 일본 내 발행 신문지 중에서 '발매반포금지신문지 일람표'에 자주 등장하는 신문은 일본 내에서도 주요 일간지였던 오사카아사히大阪朝日신문, 오사카마이니치大阪日日, 도쿄아사히東京朝日신문, 도쿄니치니치東京日日신문, 후쿠오카니치니치福岡日日신문이었고, 호치報知신문이나 만조보萬朝報, 중앙신문中央新聞, 시사신보時事新報 등도 눈에 띈다. 발행지는 고베, 구마모토, 후쿠오카 등 다양하지만 도쿄와 오사카가 가장 많았다. 금지요항에 나타나는 금지 이유로는 공산주의(7호, 8호), '죽림사건', '우서사건'과 같은 대만 내 항일사건(10호, 17호) 등을 찾아 볼 수 있다.

흥미로운 것은 '내지' 출판 신문지에 포함되어 있는 조선 발행 신문들이다. 『대만출판경찰보』의 출판경찰개황 내 '발매반포금지신문지일람표'는 안녕부분과 풍속부분으로 나누어 각각 내지 발행, 도내 발행, 외국 발행 신문의 명칭과 날짜, 발행지가 표로 기록되어 있는데 이 중 '내지 발행'에서 발행지가 경성, 부산 등 조선인 신문들을 확인할 수 있다. 1929년 12월분인 6호에만 7건이 목록에 올라 있다. 각각 『조선신문』(12월 10일), 『조선신문』(12월 11일), 『경성일보』(12월 11일), 『부산일보』(12월 12일), 『조선신문』(12월 12일), 『경성일보』(12월 23일), 『조선신문』(12월 23일)이다. 명칭과 날짜만 기록되어 있고 문제가 된 신문기사의 제목은 표에 나타나 있지 않을 뿐만 아니라 금지요항에도 기록되어 있지 않기 때문에 어떤 기사가 문제가 되었는지 알 수 없다. 그러나 7호에서 무려 19건이나 되는 경성 발행 신문지 발매반포금지 건수를 확인할 수 있고, 건수가 많은 탓인지 짧게나마 금지요항에서 다음과 같은 언급을 찾아볼 수 있다.

내지 및 조선일간신문

1월중 150건

어느 쪽이나 조선에 있어서 내선 중등학생의 분쟁에 기인한 민족적 반항 운동기사로 번져 본도의 민족의식을 부추길 염려가 있음으로 인함[10]

즉, 조선에서 발생한 광주학생운동과 관련해서 조선발행 신문은 물

---

10   台湾總督府 警務局, 『台湾出版警察報』 7, 1930. 2, 13면.

론이고 이를 보도한 일본 국내의 신문까지 대략 150건이 대만 내 발매반포를 금지당한 것이다.

모든 호수의 내지 발행 발매반포금지 신문지 목록에서 조선 내 발행 신문지를 확인할 수 있는 것은 아니고 특정한 사건이 발생했을 때 그러했던 것으로 보인다. 8호와 10호~16호에서는 한 건도 찾을 수 없고 9호에도 한 건이 기록되어 있을 뿐이다. 이후 많은 건수를 찾아 볼 수 있는 것은 17호에서부터 20호까지이다. 바로 대만 원주민의 반일봉기가 문제가 된 우서霧社사건 때문이었다. 17호부터는 이전과 다르게 '발매반포금지신문지일람표'에 적요摘要라는 항을 추가해 발매반포금지를 당한 신문지의 내용을 매우 간략하게 기입하기 시작했는데 우서사건이 영향을 미친 것으로 보인다. 17호(30년 11월)에는 4건, 18호 5건, 19호 3건, 20호 2건으로 주로 우서사건 및 이로 인한 대만총독과 관리들의 진퇴문제를 다루었다. 요컨대, 조선 발행 신문이 대만 내에서 발매반포금지를 당한 주된 이유는 광주학생운동 보도나 우서사건 보도 모두 대만 내 민족의식을 부추길 수 있다는 우려에서 비롯된 것이었다고 하겠다.

이상에서 살펴본 바를 토대로 식민지 대만에서의 검열의 특성을 정리해 보자면, 일본 제국의 관문으로서 이를 통해 들어오는 외부 정보의 흐름을 차단하고, 제국 내 식민지 간 민족의식을 자극할 수 있는 보도를 통제하는 데 대만 검열의 초점이 있었다고 하겠다. 민족일간지가 조선에 비해 늦게 발행되기 시작하고 그 수도 적어 검열기구나 검열기록이 일본 국내나 조선에 비해 규모가 작았던 것은 사실이나 전체 제국적 검열의 시각에서 본다면 조선보다 먼저 일본의 식민지가 되었고 제국 남쪽의 경계지역에 있었던 대만의 언론을 제국의 통제 아래에 두는 것은 결코 간과할 수 없는 중요한 일이었을 것이다. 특히 일본이 제국적 침략의도를 본격화하기 시작한 1930년대에 들어서면서부터는 식민지 본국과 식민지 사이의 정보교환을 보다 긴밀하게 하고 외부에서 들어오는 정보는 효과적으로 차단하기 위해 식민지의 검열을 전체 제국적 검열이라는 체계적 통제 아래 시스템화하는 것이 중요해졌을 것이다. 이러한 필요 아래 검열을 체계화하는 과정이 일본 국내에서 식민지 조선을 거쳐 대만에서 완성되었고, 일본 국내와 각 식민지의 검열이 제국이라는 거대한 수레를 굴러가게 하는 연결된 바퀴로 작용하고 있었던 것이다.

1. 누구를 위한 검열인가

역사적으로 다양한 형태의 검열이 존재해왔다. 검열은 특정 사회의 권력이 필요로 하는 바에 따라 구성되어왔기 때문에 국가나 문화에 따라 그 형태가 다르고 같은 국가나 문화권 내에서도 역사적 경험에 따라 내용과 형태를 달리해왔다. 멀리 고대의 소크라테스부터 최근의 인터넷 검열까지, 서구 민주주의 국가의 뉴스 검열에서부터 공산주의 국가의 전체주의적 미디어 검열까지, 자신에게 불리한 여론을 잠재우고자 하는 권력이 존재하는 한 검열은 앞으로도 계속 지속될 것이다.

역사 속에서 등장한 수많은 형태의 검열 중에 19세기 후반부터 20세기 초반 특유의 팽창적 성격을 지니고 역사무대에 등장한 제국들은 어떤 검열을 행했을까? 그리고 제국의 검열을 살펴보는 것은 어떤 의미가 있을까? 캐어풋에 따르면 특정 검열은 궁극적으로 특정 장소와 시간에서의 사회적 터부를 반영하는 것으로서,[1] 검열체계를 분석하면 역사적 과정을 드러낼 수 있다. 다시 말해, 제국의 검열체계를 분석함으로써 제국이 갖는 역사적 의미, 실체에 접근해 볼 수 있는 것이다. 캐어풋의 지적처럼 검열이 특정 장소와 시간에서의 사회적 터부를 반영한다는 점을 고려한다면, 검열을 통해 제국이 무엇을 꺼려했는가를 밝힐 수 있다. 제국이 터부시한 내용이야말로 제국이 드러내고 싶어 하지 않았던 실체에 가까운 것이었다고 할 수 있기 때문이다. 또한, 제국의 검열체계가 팽창을 지속하려는 제국의 요구에 어떻게 부응했는가를 살펴보는 것도 검열을 통해 제국의 특성을 들여다볼 수 있는 방법의 하나다.

근대의 제국이 '식민지'를 빼놓고는 성립할 수 없는 특성을 지녔었다는 점에 대해서도 생각해 볼 필요가 있다. 커틴은 식민주의를 '타문화 출신 사람들에 의한 지배'라고 정의내린 바 있다.[2] 식민주의를 어떻게 정의할 것인가에 대해서는 추가적인 논의가 필요하겠지만, 여기에서 중요한 두 가지 개념은 '지배'와 '문화적 타자성'이다. 오스터함멜Osterhammel 역시 식민주의에 대해 "집단 간의 지배 관계로서, 이 관계에서는 종속민의 삶에 관련된 근본적인 결정이 문화적으로 이질적이며 적응 의지가 거의 없는 소수 식민자에 의해 이루어진다"고 설명하였다.[3]

1   Carefoote, P. J., *Forbidden Fruit: Banned, Censored, and Challenged Books from Dante to Harry Potter*, Lester, Mason & Begg Limited, 2007, p.26.

2   Curtin, P. D., "The Black Experience of Colonialism and Imperialsim", S. W. Mintz Ed., *Slavery, Colonialism, and Racism*, W · W · Norton & Company, 1974, p.23

3   위르겐 오스터함멜, 박은영 · 이유재 역, 『식민주의』, 역사비평사, 2006, 34면.

식민주의란 문화적 환경을 공유하는 특정 영역에서, 이 문화적 환경을 공유하는 집단이 아닌 외부의 집단에 의해 지배가 이루어지는 것으로, 식민주의가 문제가 되는 것은 이와 같은 '타자의 지배'가 바로 '타자'의 이익을 위해 이루어진다는 점에서 비롯된다. 로마와 같은 고대의 식민주의와 달리 근대 식민주의에서 특징적인 것은 새로운 지배자가 종속된 사회를 문화적으로 배려하지 않았기 때문에 헬레니즘적인 문화융합이 나타나지 않았다는 점이다.[4] 다시 말해 식민주의 사회에서는 하나의 사회 전체가 자체의 역사 발전의 기회를 박탈당하고 타인에 의해 조종되며 식민지의 필요, 무엇보다 경제적인 필요와 이해에 종속된다. 식민자들은 식민본국의 이해, 즉 식민지 외부의 이해관계를 우선적으로 고려해서 결정을 내리고 실제로 이를 관철시키기 위해, 그리고 이익을 얻을 수 있는 식민관계의 유지를 위해 가능한 모든 방법을 동원했다. 예를 들어, 식민지에서 경제적 이득을 얻고자 했던 영국의 인도지배는 정복에 따른 독점을 통해 인도의 모든 경제체제를 영국에 유리하도록 만듦으로써 가능했고 결국 인도농민은 궁핍에 빠졌다.[5] 영국은 또한 정치적·경제적 이유에서 아일랜드를 식민지로 유지하기 위해 여러 정책들을 펼쳤고, 아일랜드인들의 요구를 수용하기 보다는 아일랜드에서 혁명이 일어나는 것을 막기 위해, 즉 식민지 유지를 위해 이러한 정책들을 행사했다.[6] 프랑스 역시 알제리 식민지를 유지하고 경제적 이득을

---

4 위의 책, 32면.
5 날리니 타네자, 「제국주의 식민통치 성격 비교 영국-인도」, 『역사비평』 30, 역사비평사, 1995, 169~176면.
6 신혜수, 「제국주의 식민통치 성격 비교 영국-아일랜드」, 『역사비평』 30, 역사비평사,

얻기 위해 법령을 이용하였으며, 농촌토지를 해체하고 농민을 착취하였다.[7]

식민정부가 원하는 목적을 달성하기 위해 가능한 모든 수단을 동원한다는 점에서 언론도 예외가 아니었다. 통신의 발달이 제국을 연결시키는 데 무엇보다 큰 역할을 함으로써 식민지배에 공헌한 것은 주지의 사실이다. 전신망이나 우편제도, 증기선과 철도 등이 식민정부가 식민 내부에 침투하는 것을 도왔고 또한 식민지에서 저항이나 혁명이 일어났을 때 이에 대해 효율적으로 대체할 수 있는 수단이 되어 주었다.[8] 이 책의 서두에서 언급한 바와 같이 제국이 팽창과 식민지 유지를 위한 '선전'을 필요로 했다는 점에서도 언론을 통제 아래 두는 것은 제국에게 필수적이었다.

요컨대, 식민주의는 '타자의 지배'이기 때문에 식민지 외부의 이익을 우선시하는 식민정부는 식민지를 유지하고 경제적 이득을 착취하기 위해 가능한 모든 수단을 동원하게 되고, 필연적으로 식민지의 언론을 적극적으로 통제하여 자신들의 정당성을 선전하고 식민지 민중의 저항담론을 미연에 방지하고자 하게 된다. 제국적 검열이야말로 식민지 언론통제를 위한 가장 직접적이고 효과적인 방식이었던 것이다.

우리가 이 책에서 살펴본 일제 검열의 모든 측면들은 이상에서 논의한 바를 충실히 반영한다. 20세기 초 등장한 '일본 제국'이 식민지에서

　　1995, 169~176면.

7　　이재원, 「제국주의 식민통치 성격 비교 프랑스-알제리」, 『역사비평』 30, 역사비평사,
　　1995, 157~168면.

8　　박지향, 『제국주의』, 서울대 출판부, 2000.

일본 본국을 위한 이득을 지속적으로 취하면서 식민지를 유지하고, 동시에 팽창을 지속하기 위해서는 검열을 통한 식민지 언론통제가 필수적이었다. 특히 조선의 경우, 제국 일본의 가장 중요한 식민지로서 유례없이 강압적인 검열이 행해졌다. 일본이나 심지어 다른 식민지인 대만에서보다 가혹한 언론관련법이 도입되어 철저한 사전·사후 검열이 행해졌고, 일본에서는 허가주의를 철폐하면서 도입한 행정명령 성격의 발매반포 금지권이 조선에는 허가주의와 함께 이중으로 적용되었다. 검열에 저촉되어 지면에서 사라진 기사들의 내용을 들여다보면, 일본 제국의 식민지배 성격이 더욱 명확히 드러난다. 식민지 주민을 실험의 도구로 삼고, 사고를 당하면 일본인만 구하고 조선인은 죽도록 내버려두었으며 심지어는 목욕을 오래한다고 트집을 잡아 '불령선인'의 낙인을 찍었다. 그러면서 '내선융화'를 저해한다고 판단되거나 식민통치를 비판하는 기사들은 모두 압수하거나 삭제했다. 식민통치자들이 원하는 환상에 맞지 않는 현실은 묘사하는 것조차도 금지되었던 것이다. 실제 현실과 통치자들이 내세우는 이상과의 간극이 클 때 검열을 통해 실제 현실을 드러내는 것을 차단하게 된다는 커리의 주장은 식민지 조선의 상황에 정확하게 들어맞는다.[9]

일제의 검열은 고정적인 것이 아니라 식민지 상황에 따라 유동적으로 변화해 간 것으로, 조선어 민간신문이 발행되기 시작한 초기에는 강력한 행정처분으로 이들을 길들이는 데 초점을 두었고 독립된 검열부서

---

9   Curry, j. L., "Conclusion : Media Management and Political System", J. L. Curry & J. R. Dassin Eds, *Press control around the world*, Praeger Publishers, 1982, p.257.

가 체계를 갖춘 후에는 민족운동과 같은 식민지배체제를 위협할 수 있는 사건들을 견제하는 데 힘을 쏟았다. 1930년대에 들어서면서 검열 자체에 대한 저항을 줄이기 위해 검열의 '흔적'마저도 지우라고 지시하는가 하면, 일제가 대륙침략을 감행하면서부터는 전체 제국 내 검열망의 연결성을 강화하고 제국 내로 들어오는 외부 정보를 차단하기 위해 경계지역의 검열을 강화하였다. 식민지배를 유지하거나 외부로 팽창해 나가야 하는 제국의 필요에 따라 식민지 조선의 검열양상도 변화해 간 것이다. 식민지 대만에서의 검열이 언론관련법의 도입부터 적용에 이르기까지 제국 외부에서 이입 혹은 수입되는 정보의 흐름을 차단하고 제국 내 식민지 간 민족의식을 자극할 수 있는 보도를 통제하는 데 주안점을 두었다는 점도 역시 일제의 검열이 식민지배 유지와 제국의 팽창적 욕구에 충실했음을 보여준다.

일본이 제국적 침략의도를 본격화하기 시작한 1930년대에 들어서면서부터는 일제 검열의 제국적 특성이 보다 명확하게 드러나기 시작했다. 식민지 본국과 식민지 사이의 정보교환을 보다 긴밀하게 하고 외부에서 들어오는 정보는 효과적으로 차단하기 위해 식민지의 검열을 전체 제국적 검열이라는 체계적 통제 아래 시스템화하는 것이 중요해졌다. 이러한 필요 아래 검열을 체계화하는 과정이 일본 국내에서 식민지 조선을 거쳐 대만에서 완성되었고, 일본 국내와 각 식민지의 검열이 제국이라는 거대한 수레를 굴러가게 하는 연결된 바퀴로 작용하게 되었다.

검열의 정의는 간단하지 않다. 세계 커뮤니케이션 백과사전the international encyclopedia of communication에 따르면 말하기speech나 인간표현의 다른 형태를 통제하는 행위가 검열이다. 그러나 말하기를 포함한 인간표현의 모든 형태에 대한 발화제한을 검열로 파악할 경우, 어디까지를 검열이라고 할 것인가 하는 문제가 생긴다. 예를 들어 젠슨은 도서관이 책을 선정하거나 학교 교재를 선택하는 것도 검열에 속한다고 보았다.[10] 이에 검열을 기준에 따라 구분하여 접근해야 한다는 주장이 제기되기도 했다. 그러나 중요한 것은 검열의 좁은 정의로 언급되는 '정치적 검열'이다. 정치적 검열의 기본적인 목적은 권력의 유지로서 권력의 속성이 무엇인가의 문제를 떠나서 권력이 존재하는 한 어떠한 형태로든 검열은 지속될 수밖에 없다. 제국주의하의 검열은 전체주의적 검열로서 가장 억압적인 형태를 띤 검열의 전형이었다. 식민본국의 이익만을 추구하는 식민정부가 식민지에서 행한 검열이야말로 인류의 역사에서 전례를 찾아볼 수 없는 폭압적인 성격의 검열이었던 것이다. 또한 그 유산이 식민사회에 남아 아직도 영향을 미치고 있다는 점을 고려한다면 검열에 대한 연구는 앞으로도 지속되어야 할 것이다.

---

10   Jansen. S. C., "Non-Government Censorship", E. Barnouw Ed., *International Encyclopedia of Communications*, 1989, Oxford University Press, pp.249~252.

2. 한 장의 신문이 들려주는 검열이야기

여기 한 장의 신문이 있다.

여기저기 글자가 깎여나가 '정상적'이지 않아 보이는 한 장의 신문.

지면에서 깎여 의미를 잃어버린 글자들은 아무 말도 전할 수가 없지만 그 침묵의 형태로 많은 이야기를 들려준다. 이 책은 그 깎여버린 글자들의 이야기이다. 나중에는 깎여나간 흔적마저 지울 것을 강요당했던 신문지면 글자들의 이야기 말이다.

원래라면 깨알같은 글자들의 시끄러운 중창이었을 신문지면은 왜 군데군데 깎여나갔을까?

처음 그 지면을 만든 이들이 의도하지 않은 결과였음은 확실하다. 그렇다면 자기 손으로 만든 신문연판을 깎아내게 만들 정도의 힘이 있는 누군가가 있었다는 이야기가 된다. 20세기 초반 동북 아시아의 작은 나라에서 만들어진 신문을 한 장 한 장 미시적으로 들여다보는 일은 이제 그 신문의 지면을 '변형'시킨 힘, 제국이라는 권력의 작동을 거시적으로 살펴보는 일로 연결된다.

제국의 권력이 신문에 작동하는 방식이 필요에 따라 달라졌다는 점도 지면을 들여다보면 알게 된다. 처음에는 글자들이 말을 하지 못하게 하는 것이 주된 목적이었다. 쓸데없는 소리, 권력에 불리한 소리를 해서 사람들의 마음을 시끄럽게 하지 못하도록 말이다. 하얗게 비어버린 지면이든 깎이다 만 글자들이 기하학적 형태로 남아 눈을 어지럽게 하는 지면이든 벽돌로 쾅쾅 찍어 아예 벽처럼 되어버린 지면이든 신문지면의 형

『조선일보』, 1929.1.1, 3면

태는 상관하지 않고 침묵시키는 데에만 집중했다. 그러한 침묵의 시도가 역으로 사람들의 시선을 더욱 강하게 잡아채고 힘을 잃었어야 할 신문의 목소리에 힘을 실어주는 결과가 되었다는 것을 알고 있었을까? 깎여버린 글자들이 소곤소곤 사람들에게 무언가를 말하는 것처럼 느껴져서였을까? 깎여나간 글자들이 빈 공간에서 '침묵시위'를 벌이지 않도록 이제 권력은 그 지워진 흔적마저 지우라고 지시하기에 이른다. 아무 일도 없었던 것처럼 보이는 신문. 글자는 침묵에 동의하지 않았지만 마치 침묵에 동의한 것처럼 지면으로부터 완벽하게 사라졌다. 신문들도 어느새 권력이 원하지 않는 소리는 하지 않게 되었다.[11]

물론 글자들의 이야기가 여기에서 끝난 것은 아니다. 완벽히 침묵하게 만들었다고 해서 그것이 권력의 승리를 의미하는 것은 아니기 때문이다. 언어가 다른 글자들이 만들어낸 침묵의 중창도 존재했다. 그러나 어떻게 글자들이 이후의 이야기를 엮어갔는가는 여기에서 다루지 않았다. 글자들의 이야기는 항상 현재진행형이기 때문에 지금도 지속되고 있을 것이다.

제 목소리를 낼 수 없었던 글자들의 이야기를 마무리하는 단계에서, 본 연구의 한계를 짚고 넘어가지 않을 수 없다. 신문검열텍스트를 구분

---

11 검열방식의 변화가 검열을 통해 드러나는 권력의 성격과 어떻게 연관되는지에 대해서는 다음 논문을 참고할 것. Minju Lee & Keunsik Jung, "Practice and Recording of Censorship in Colonial Korea: A Critical Review of the *Chosŏn Publication Monthly Police Report*", *Sungkyun Journal of East Asian Studies* 16-2, Academy of East Asian Studies, pp. 223~242.

하는 새로운 방법론적 시도를 바탕으로 기존의 연구들이 다루지 않았던 조선어 민간신문의 지면을 실제로 들여다 보았던 점이나, 조선어 민간신문에 대한 가장 자세한 기록을 담고 있는『월보』의 내용을 지면과 대조해 기록의 특성을 파악해보고자 한 점, 검열이라는 문제를 조선이라는 하나의 식민지에 국한하지 않고 제국 본국 및 다른 식민지인 대만의 그것과 연계하여 살펴보고자 한 점 등은 기존의 검열연구들과 본 연구가 차별되는 지점이다. 특히, 현재 검토가능한 신문사료를 기초로 하여 신문검열 텍스트를 '원지면', '음성적자료', '양성적자료'로 구분하고 이들의 비교·대조를 통해 검열의 실행문제에 접근해 보고자 한 것은 새로운 방법론적 시도로서 이후 신문검열연구에서 다양하게 활용될 수 있을 것이다. 검열기록에서 출발하여 실제 지면을 살펴보는 '기록검증형' 접근방법과 지면에서 시작하여 기록 여부를 검토하는 '지면검증형' 접근방법을 병행하여 보다 정밀하게 검열의 실행에 접근하는 방법 역시 마찬가지이다. 기존의 검열연구들이 실제 신문지면을 하나하나 직접 살피기보다는 검열당국의 기록에 의존하는 경향이 컸다는 점을 고려할 때, 지금까지 완벽해 보였던 일제 검열당국의 기록이 실은 허점투성이일 수 있다는 점에서 더욱 그러하다.

그러나 근대시기의 언론과 출판이 '자본화'라는 특성을 지니고 있었다는 점을 본 책에서는 고려하지 못했다. 1930년대 조선어 민간신문사들이 상업화되기 시작했다는 것은 주지의 사실이다. 상업화로 인해 기자와 경영진이 분리되고 각각의 요구가 달라지자 검열에 대한 대응도 보다 복잡한 양상을 띠게 되었다. 본고에서는 조선어 신문들이 경영상의 이유로 검열을 내면화하는 과정을 일부 다루기는 했으나, '경영'을 전제로 하는 민간 상업지로서의 성격을 구체적으로 파악하여 시기별로 어떻게 검열에 대응했는지 살펴보지는 못했다. 이런 상황에서 제시되는 실증적인 내용분석 결과들은 오해의 여지가 있으며 해석에도 한계가 있는 것이 사실이다. 즉, 좀 더 큰 맥락에서 검열당국과 신문자본 간의 다층적인 관계를 고려하는 복합적인 연구가 보충될 필요가 있다.

전체 제국 내 검열의 영향력을 살펴보고자 했으나 (팔이 안으로 굽어서인지) 내용이 양적으로 식민지 조선에 치우친 점도 지적하지 않을 수 없다. 제국기 일본 국내나 대만에서 행해진 검열에 대한 연구가 많지 않은 탓도 있지만 그렇기에 더욱 심층적 연구를 필요로 하는 부분이었다는 점에서 아쉬움을 금할 수 없다.

이 외에도 연구대상이었던 조선어 민간신문이『동아일보』와『조선일보』에 한정되어,『시대일보』를 시작으로『조선중앙일보』로까지 연결되었던 다른 하나의 민간신문 및 조선어 기관지였던『매일신보』를 다루지 못한 점, '압수' 처분을 받은 기사의 내용분석은 이루어졌으나 '삭제' 처분을 받은 기사의 복원과 내용분석은 시행되지 못한 점, 검열로 지면에서 사라진 원본기사와 신문사가 검열을 회피하기 위해 사용한 '복자'의 내용을 어떻게 복원해 낼 수 있을 것인지에 대한 논의가 부족한 점 등이 본 연구의 한계로 언급될 수 있다. 언젠가 후속연구로 보충될 수 있지 않을까 조심스럽게 예측해 본다.

이 책에서 알아보고자 했던 것은 검열이라는 언론통제의 기제가 어떻게 제국이라는 권력에 이용되었는가, 제국의 필요에 부응해 어떤 일들을 할 수 있었는가였다. 궁극적으로는 일제의 검열이 식민지 조선에 국한되지 않고 전제국에 걸쳐 제국의 팽창·유지에 기여하고 있었음을 보여주고자 하였다. 그러나 권력이 검열을 이용했다는 것이 곧 검열당한 신문들이 권력에 저항했다는 것을 의미하는 것은 아니다. 다시 말해, 검열로 각종 행정 및 사법처분을 받고 지면에서 기사가 지워지는 수모를 당했다고 해서 이들이 모두 권력에 저항한 결과는 아니라는 뜻이다. 소위 '팩트'는 '팩트' 자체로 의미있는 것이지만 사회적 맥락이 고려되지 않은 '팩트'는 사실여부를 떠나 오해를 낳을 수 있다. 검열에 대한, 사회적 맥락을 전제로 한 더 많은 '팩트'들이 모여 제국이 침묵시켰던 모든 목소리들을 드러낼 수 있게 되기를 바라본다.

부록 1 _ 연도별 도서과 소속 직원

연도	이름	관직	관등
1926	吉田正一	屬	5등
	綿勇武雄	屬	
	福江鹿好	屬	
	李源讚	屬	월70
	崔奎鎭	囑託	월수당113
	黃再洛	囑託	월수당73
	小野綱方	通譯生	6등
	杉生榮三	屬	7등
	魏鍾冀	屬	월70
	西村眞太郎	通譯官	6등8급
1927	近藤常尙	事務官	4등4급
	高安彦	事務官	6등
	吉田正一	屬	4
	西村眞太郎	通譯官	6등8급
	福江鹿好	屬	5
	魏鍾冀	屬	6
	龍興昇	技手	9
	川尻忠	囑託	월수당80
	黃再洛	囑託	월수당73
	崔奎鎭	囑託	월수당113
	岡稠松	屬	8
	李源讚	屬	6
	森川直惠	屬	5
	線引武雄	屬	5
	小野綱方	通譯生	5
1928	近藤常尙	事務官	3등3급
	西村眞太郎	通譯官	5등7급
	吉田正一	屬	4

연도	이름	관직	관등
1928	宮原猪一郎	屬	
	森川直惠	屬	4
	李源讚	屬	6
	黃再洛	屬	6
	岡稠松	屬	월60
	小野綱方	通譯生	5
	朴鍾浩	囑託	월수당50
	崔興善	囑託	월수당70
	崔奎鎭	囑託	월수당118
	龍興昇	技手	8
	川尻忠	屬	7
	魏鍾冀	屬	6
	福江鹿好	屬	5
	綿引武雄	屬	4
	高安彦	事務官	5등
1929	野世溪閑了	事務官	5등8급
	草梁常治	事務官	6등
	岡文一	屬	
	吉田正一	屬	4
	西村眞太郎	通譯官	5등7급
	綿引武雄	屬	4
	福江鹿好	屬	4
	魏鍾冀	屬	5
	川尻忠	월70	월70
	朴鍾浩	囑託	월수당60
	崔奎鎭	囑託	월수당118
	廣瀬四郎	通譯生	9
	太田三孝	通譯生	월70
	小野綱方	通譯生	4
	龍興昇	技手	8
	岡稠松	屬	월60
	黃再洛	屬	6
	李源讚	屬	5

연도	이름	관직	관등
1929	森川直惠	屬	4
	朴利治	屬	월60
	崔興善	囑託	월수당75
	近藤常尙	事務官	3등3급
1930	立田淸辰	事務官	3등3급
	草深常治	事務官	6등
	松本悟三郎	屬	7
	磯崎廣行	屬	6
	大野太郎	屬	6
	富樫吉十郎	屬	5
	岩田織三	屬	4
	上野盛一	屬	3
	齋藤幸太郎	技師	5등
	高尾國助	技手	
	立田淸辰	事務官	3등3급
	草深常治	事務官	6등
	西村眞太郎	通譯官	5등6급
	森川直惠	屬	3
	綿引武雄	屬	3
	岡文一	屬	
	福江鹿好	屬	4
	黃再洛	屬	5
	李禎基	屬	6
	王熙弼	囑託	월수당60
	崔奎鎭	囑託	월수당123
	廣瀨四郎	通譯生	월60
	淸水正藏	通譯生	7
	小野綱方	通譯生	4
	龍興昇	技手	7
	兼田要	屬	8
	朴鍾浩	屬	7
	岡稠松	屬	월70
	金志淵	囑託	월수당58

연도	이름	관직	관등
1930	川尻忠	屬	6
	魏鍾冀	屬	5
1931	池田國雄	囑託	월수당75
	草深常治	事務官	5등
	王熙弼	囑託	월수당65
	金志淵	囑託	월수당63
	立田淸辰	事務官	3등3급
	森川直惠	屬	3
	線引武雄	屬	3
	西村眞太郎	通譯官	5등6급
	美座流石	事務官	3등2급
	福江鹿好	屬	3
	小野綱方	通譯生	4(월97)
	龍興昇	技手	7
	兼田要	屬	월60
	朴鍾浩	屬	7
	岡稠松	屬	월70
	李禎基	屬	6
	川尻忠	屬	6
	黃再洛	屬	5
	岡文一	屬	
	崔奎鎭	囑託	월수당117
	廣瀨四郎	通譯生	월60
	淸水正藏	通譯生	7
1932	淸水重夫	事務官	4등5급
	草深常治	事務官	5등8급
	福江鹿好	屬	3
	李禎基	屬	6
	川尻忠	屬	5
	山口政一	屬	
	西村眞太郎	通譯官	4등6급
	岡稠松	屬	6
	金志淵	囑託	월수당63

연도	이름	관직	관등
	王熙弼	囑託	월수당65
	池田國雄	囑託	월수당75
	廣瀨四郎	通譯生	7
	小野綱方	通譯生	4(월97)
	龍興昇	技手	월70
1932	安樂兼行	屬	10
	兼田要	屬	월60
	廣瀨四郎	屬	
	黃再洛	屬	5
	淸水正藏	通譯生	월70
	淸水正藏	屬	
	西村眞太郎	通譯官	4등5급
	福江鹿好	屬	3
	山口政一	屬	
	黃再洛	屬	4
	淸水正藏	屬	
	廣瀨四郎	屬	
	岡田順一	屬	월63
	湯淺伊三郎	技手	11
	淸水正藏	通譯生	월70
	金榮世	囑託	월수당51
1933	金志淵	囑託	월수당63
	池田國雄	囑託	월수당80
	小野綱方	通譯生	3
	安樂兼行	屬	9
	兼田要	屬	7
	王熙弼	屬	월70
	岡稠松	屬	6
	李禎基	屬	5
	川尻忠	屬	5
	廣瀨四郎	通譯生	7
	淸水重夫	事務官	4등4급
1934	金榮世	囑託	월수당55

연도	이름	관직	관등
1934	清水重夫	事務官	3등4급
	下村進	事務官	3등5급
	福江鹿好	理事官	7등7급
	西村眞太郎	通譯官	4등5급
	岡綢松	屬	5
	和栗博	屬	6
	廣瀨四郎	屬	
	岡田順一	屬	7
	安樂兼行	屬	8
	金志淵	囑託	월수당68
	池田國雄	囑託	월수당85
	鳥山直市	通譯生	8
	廣瀨四郎	通譯生	월70
	清水正藏	通譯生	6
	湯淺伊三郎	技手	10
	鳥山直市	屬	
	金宅源	屬	7
	兼田要	屬	월70
	王熙弼	屬	6
	清水正藏	屬	
	李禎基	屬	5
	川尻忠	屬	4
	山口政一	屬	
1935	柳生繁雄	事務官	3등5급
	福江鹿好	理事官	7등7급
	川尻忠	屬	4
	清水正藏	屬	5
	岡綢松	屬	5
	李禎基	屬	5
	西村眞太郎	通譯官	4등5급
	王熙弼	屬	6
	安倍幸市	通譯生	60
	廣瀨四郎	通譯生	6

연도	이름	관직	관등
1935	湯淺伊三郎	技手	9
	池田國雄	屬	
	安倍幸市	屬	
	安樂兼行	屬	60
	岡田順一	屬	70
	兼田要	屬	70
	廣瀨四郎	屬	
	金榮世	囑託	월수당60
	尹萬重	囑託	월수당65
	金志淵	囑託	월수당73
	池田國雄	通譯生	9
1936	西村眞太郎	通譯官	3등4급
	池田國雄	屬	
	尹萬重	囑託	월수당70
	岡田順一	屬	6
	金榮世	屬	월60
	安倍幸市	屬	
	山崎福男	屬	8
	湯淺伊三郎	技手	8
	廣瀨四郎	通譯生	6
	池田國雄	通譯生	8
	柳生繁雄	事務官	3등4급
	兼田要	屬	6
	廣瀨四郎	屬	
	王熙弼	屬	6
	清水正藏	屬	5
	岡稠松	屬	4
	李禎基	屬	4
	川尻忠	屬	4
	福江鹿好	理事官	6등6급
	木野藤雄	事務官	6등8급
	金聲均	囑託	월수당60
	安倍幸市	通譯生	월60

연도	이름	관직	관등
1936	大熊潤	技手	10
	中島義雄	屬	9
1937	中島義雄	屬	8
	安部幸市	屬	
	安倍幸市	通譯生	7
	古川兼秀	事務官	4등5급
	丹下郁太郎	事務官	3등4급
	岡稠松	屬	4
	清水正藏	屬	5
	西村眞太郎	通譯官	3등4급
	福江鹿好	理事官	6등6급
	廣瀨四郎	屬	
	兼田要	屬	6
	橫畠寧來	屬	10
	岸加四郎	屬	9
	布田正	屬	월60
	池田國雄	屬	
	山崎福男	屬	월60
	金榮世	屬	7
	高久勇	屬	월70
	竹丸喜一	屬	6
	岡田順一	屬	6
	張悳永	囑託	월수당55
	金鳳圭	囑託	월수당60
	金聲均	囑託	월수당65
	尹萬重	囑託	월수당75
	池田國雄	通譯生	월60
	鈴木宗一郎	通譯生	
	廣瀨四郎	通譯生	5
	篠原司	技手	11
	大熊潤	技手	9
	湯淺伊三郎	技手	월60
	張斗萬	屬	5

부록 2 _ 주요 잡지에 게재된 검열관 기사 목록

이름	기사 제목	게재지, 호수	게재일	비고
立田淸辰	一九三〇年の朝鮮出版界の回顧	警務彙報, 297	1931.1	
吉田正一	我か國の政黨發達の道程	警務彙報, 265	1928.5	
	滿蒙に旅して	警務彙報, 265	1928.5	
小野綱方	朝鮮語硏究	警務彙報, 180~187	1920.5~12	
西村眞太郎	受驗界: 朝鮮語爛試驗を離れて	警務彙報, 293	1930.9	
	洋は朝鮮語かどうか	警務彙報, 297	1931.1	
	干支に因む鷄の語源	警務彙報, 321	1933.1	
	朝鮮語の硏究	警務彙報, 368	1936.12	
	鄭鑑錄	警務彙報, 373 · 375	1937.5 · 7	
	言語學上から見た曾戶茂梨	警務彙報, 384	1938.4	
	國語朝鮮語數詞同一論	朝鮮, 277	1938.6	
	天地日月の信仰と其の言語を 究し明內鮮一體を立證す	朝鮮, 278	1938.7	
	諺文の起源	朝鮮, 279	1938.8	
	張丞の起り	朝鮮, 280	1938.9	
	つかみひとの話	警務彙報, 390	1938.10	
	音と其の類語	朝鮮, 284	1939.1	
	干支に因む兎の話	警務彙報, 394	1939.2	
高安彦	巡閱の所感	警務彙報, 300	1931.4	
	フイルム檢閱雜感	朝鮮, 152	1928.1	
川尻忠	檢閱上より見たる出版物の趨勢	警務彙報, 363	1936.7	
廣瀨四郎	諺文新聞紙の歷史及び其の現況	警務彙報, 362	1936.6	
	支那事變發生當時の諺文新聞 の回顧	警務彙報, 403	1939.11	
近藤常尙	出版界より見たる朝鮮	朝鮮, 140	1927.1	도서과장

이름	기사 제목	게재지, 호수	게재일	비고
岡稠松	映畫管見	警務彙報, 363	1936.7	
	時局發生以來治安維持に對する諸施設並に其の活動の狀況	警務彙報, 382	1938.2	
	朝鮮に於ける映畫の檢閱に就て	朝鮮, 190	1931.3	
	映畫檢閱雜感	朝鮮及滿洲, 305	1933.4	
	映畫を巡るナンセンス	朝鮮及滿洲, 308	1933.7	
草深常治	思想動搖に關する一つの見方	警務彙報, 260	1927.12	
	ある日の會話-善惡の決定と職業と型とに關する考察	警務彙報, 265	1928.5	
	物質の天國と思想の天國	警務彙報, 276~279	1929.4~7	
	街頭に向つて我等は叫ぶ	警務彙報, 283	1929.11	
	偶感片々	警務彙報, 307	1931.11	
	天道敎瞥見	朝鮮, 192	1931.5	
	時代と思想	警務彙報, 309	1932.1	
	考試試驗に對する感想	警務彙報, 312	1932.4	
清水正藏	思想革命の急變	警務彙報, 317	1932.9	
	論語とスターリン	警務彙報, 352	1935.8	
	ソ聯邦共産黨統制下に於ける新聞, 出版物の狀勢	警務彙報, 364	1936.8	
	常識から見たソヴイエート聯邦	警務彙報, 367	1936.11	
	蘇聯邦最近の動靜	警務彙報, 370	1937.2	
	所謂露西亞的なるもの	警務彙報, 373	1937.5	
	日支事變と外國新聞	警務彙報, 378	1937.10	
	亂れ飛ぶ	警務彙報, 385	1938.5	
池田國雄	禊の修行に就て	警務彙報, 349	1935.5	
	檢閱上より見たる朝鮮に於ける最近の映畫界	朝鮮, 273	1938 2월	
	朝鮮の映畫界を語る	朝鮮, 320	1942 1월	
清水重夫	倫敦警視廳に於ける巡査の採用及敎養訓練	警務彙報, 309	1932.1	도서과장
	警察官と武器の使用	警務彙報, 310	1932.2	도서과장
	海外警察閑話1~4	警務彙報, 311·314·317·318	1932.3·6·9·10	도서과장
	思想革命の急變	警務彙報, 317	1932.9	
	交通道德から交通法規へ	警務彙報, 319	1932.11	

이름	기사 제목	게재지, 호수	게재일	비고
清水重夫	非常時と警察	警務彙報, 324	1933.4	
	特別警察官(在鄉警察官)制度に付て	警務彙報, 325	1933.5	
	內務省令自動車取締令1~3	警務彙報, 330·331·332	1933.10·11·12	도서과장
	日本警察精神の檢討	警務彙報, 338	1934.6	도서과장
	都市の噪音とその防止1~2	警務彙報, 340·341	1934.8·9	도서과장
岡田順一	蓄音機'レコード'取締に就いて	警務彙報, 326	1933.6	
	改正出版法の概要	警務彙報, 339	1934.7	
	映畵檢閱の概況	警務彙報, 360	1936.4	
	朝鮮映畵令の槪說	警務彙報, 412	1940.8	
下村進	アメリカ合衆國の警察に就て	警務彙報, 339·340·342	1934.7·8·10	
	滿洲國警務廳長會議に列席して	警務彙報, 372	1937.4	후에 보안과장
兼田要	新聞の取締に就いて	警務彙報 365	1936.9	
安倍幸市	在住外國人發行の朝鮮文出版物の概況	警務彙報, 376	1937.8	
岸加四郎	半島邦文出版界を語る	朝鮮, 295	1939.12	
	朝鮮出版文化小觀	朝鮮, 329	1942.10	
金宅源	諺文定期出版物出版許可申請手續改正に關して	警務彙報, 330	1933.10	
金聲均	朝鮮映畵小考	朝鮮, 285	1939.2	
	昭和十六年の半島文學の回顧	朝鮮, 320	1942.1	
경무국도서과	最近十年間に於ける諺文出版物の趨勢	警務彙報, 288	1930.4	
	朝鮮姓氏錄	警務彙報, 332	1933.12	
	諺文出版物に現はれたる農村振興運動狀況	警務彙報, 335	1934.3	
도서과 S生	檢閱室の隅から	警務彙報, 255	1927.7	
도서과 KN生	革命初期の露國の民謠	警務彙報, 293	1930.9	
도서과 O生	最近支那刊行物の 論調	警務彙報, 365	1936.9	
도서과 T屬	諺文刊行物を通して見たる共産主義運動の動向	警務彙報, 365	1936.9	
朝倉昇	脚本の檢閱に就て	警務彙報, 284	1929.12	경기도 보안과장
宮本元	新聞紙刑事犯の特質と犯意	警務彙報, 257	1927.9	고등법원판사
生悅住求馬	出版界往來	警務彙報, 294	1930.10	내무국 사무관

	1920.9.5	우열한 총독부 당국자는 하고로 우리 일보를 정간시켰나뇨
	1920.12.2	언론의 자유
	1921.1.17~18	조선잡지계
	1921.9.10	언론과 출판의 자유
	1922.12.24	언론과 사상에 대한 당국의 정책
	1923.1.12	신생활 발행금지에 대하야
	1923.1.29	일본언론계의 사상취체반대
	1923.2.9	문화기관과 민중의 정신 상
	1923.2.10	문화기관과 민중의 정신 하
	1923.3.25	신문지법과 출판법개정기성회
	1923.4.23	활동사진을 취체함에 대하야
	1923.8.7	언론기관과 일반의 여론
	1923.9.9	금회 동경진재에 대한 당국의 언론취체
	1923.9.15	유언비어의 근본적 관찰
『조선일보』	1923.11.21	신문에 대한 경찰당국의 무리한 취체
	1924.8.9	정당한 언론
	1925.2.12	무력본위의 사상취체
	1925.2.21	본사기자 로국 특파에 임하여
	1925.3.21	조선신문지법 급 출판법 개정에 대하여
	1925.4.15	조선기자대회 개최에 임하여
	1925.4.16	다시 기자대회에
	1925.6.14	신문지법 개정에 제하여
	1925.8.3	개벽지의 발행 정지에 대하여
	1925.11.12	언론압박에 관하야
	1925.12.7	언론취체의 신경향
	1926.1.22	언론의 자유
	1926.3.8	동아일보발행정지
	1926.3.24	각지 기자대회에 임하여
	1927.7.12	소위사상취체

	1927.11.17	사상취체에 대하여
	1928.2.4	언론기관 정책의 필요
	1928.9.21	본보 속간에 임하여
	1928.12.8	중외일보의 정간
	1929.12.15	언론과 자유
	1930.3.25	결사구속의 산물
	1930.4.26	언론집회는 완화되지 않는가?
	1931.3.13	언론 자유의 요구
	1931.5.15	언론기관의 부족
	1931.7.7	민중적 여론을 발전케하라
	1931.9.5	집회 결사문제 再議
『조선일보』	1932.3.22	사상 경찰의 확충
	1932.5.12	출판법규 개정의 필요
	1933.11.3	신문과 독자
	1934.8.8	영화취체법규 공포
	1934.8.19	신문지법의 개정
	1934.12.1	신문지법급 출판법 개정문제
	1935.6.21	동아일보의 광태난무
	1935.7.8	신문전람회의 의의
	1935.11.29	사상취체의 전환
	1936.8.12	불온문서취체령의 조선실시
	1936.12.13	조선 사상범 보호관찰령 발포
	1937.7.16	유언비어에 대하여
	1937.8.9	조언비어의 엄중취체
	1920.4.19	원고검열을 폐지하라, 언론자유의 일단을 논함
	1920.5.29	언론자유, 정치적, 사회적 자유
	1921.10.18	만국기자대회에 與하노라 공정한 여론은 평화의 선구라
	1922.1.17	언론자유에 철저하라, 치안방해의 정도여하
『동아일보』	1922.5.30	경무당국자에게, 언론탄압이 심하다
	1922.7.7	초안 不撓出이 치안방해인가
	1922.8.14	경무국장의 경고에 대하야 언론압박의 제1보인가
	1922.9.2	개벽의 頻頻한 필화, 경무당국에 고함
	1922.9.18	언론취체에 대하야, 형식과 내용
	1922.11.20	사상비판의 표준, 언론계 현상에 감하야

	1922.11.26	언론계의 被禍, 신천지 신생활 양사 사건
	1922.11.30	언론정책의 失正, 당국소견이 여하
	1922.12.17	언론과 생활의 관계를 논하야 재등총독에게 고하노라 신생활又復押收
	1923.1.11	신생활의 발행금지, 주의상 충돌
	1923.3.24	조선현행출판법급 신문지법개정의 건의, 시대의 순응, 차별의 철폐
	1923.6.6	신사회원고의 연차압수
	1923.6.15	신문잡지엄중취체단행할 심산, 신장고등과장담
	1923.6.29	언론을 무시하는 풍조
	1923.7.19	언론의 취제, 무정견한 당국의 방침
	1924.2.2	언론의 자유, 압박과 간섭은 죄악
	1924.5.30	압수에 대하야, 우리의 감상
	1924.6.7	자유없는 언론
	1924.6.9	압박과 항거
	1924.6.10	항거와 효과, 언론집회압박 탄핵회에 대해
	1924.6.22	언론집회압박 탄핵대회 금지
『동아일보』	1924.7.4	압수하는 당국을 향하야
	1924.7.30	다시 언론압박에 대하야, 정견없이 방황
	1924.9.23	기사방청금지 하동군수의 망거
	1925.1.26	언론자유를 존중하라 문화와 무단의 차이
	1925.4.5	언론기관에 대하야
	1925.4.15	전조선기자대회
	1925.4.23	집회자유의 박탈, 언론권위의 蹂?을 자행하는 관권의 횡포, 철저히 규탄하라
	1925.8.4	사회의 동정과 언론기관 개벽잡지 발생정지와 출현된 사회표상
	1925.9.10	조선일보발생정지에 대하야 유출유혹
	1925.11.9	유출유혹한 언론취체
	1926.8.2	개정중의 출판법
	1926.8.4	개벽 발행금지를 보고
	1927.1.14	경무국의 당황: 동척폭탄사건의 보도관제에
	1928.1.27	언론과 문화의 관계
	1928.7.18	출판계의 현상 부진의 원인과 그 대책
	1928.8.4	금지된 출판물을 삭제 환부

	1929.3.13	언론집회의 자유와 금지 일관의 경찰
	1929.8.6	극단으로 제한된 언론집회
	1929.12.14	다시 언론탄압에 대하야
	1929.12.16	조선과 언론의 자유
	1930.1.30	이 대조를 보라 언론자유
	1930.2.1	전보삭제차압
	1931.1.9	이건 너무 심하다 당국의 언론취체
	1931.6.19	권력의 남용 대구서의 언론압박
『동아일보』	1931.7.17	법정투쟁과 보안법 악법령은 왜 철폐안는가
	1931.9.10	언론집회결사의 자유 악법을 개정하라
	1933.7.12	사상대책과 출판물의 취체
	1934.1.6	민중과 여론
	1934.4.23	레코드와 유행가요
	1935.3.11	잡지홍수시대
	1935.5.20	문화기관의 확충
	1936.7.25	조선영화금지에 대하여
	1937.6.3	속간에 임하여
	1937.7.27	유언비어의 사회적 영향

신문	처분연월일	『월보』 기사 제목	『차압기사집록』의 제목	'아카이브' 지면 및 지면내 위치 (삭제 여부)
『동아일보』	1928.9.23.	적년의 차별대우로 조선인관리불평	좌동	2면 중중
『동아일보』	1928.10.10.	淺利경무국장이 東天子를방문(오기)	좌동(車天子)	2면 중하
『조선일보』	1928.11.7.	정주나 안주도 역시 예비검속	좌동	2면 중간
『동아일보』	1928.11.8.	중국之혁명(기고문)	좌동	1면 좌중
『동아일보』	1928.11.20.	조선과 조선인(사설)	좌동	1면 사설
『동아일보』	1928.11.29		경찰정치의 이 폐해	2면 우상
『조선일보』	1928.12.4.	南漕鴨島 주민가에 군대가 강제 衝火	좌동	2면 중하
『동아일보』	1928.12.24.	신중국의해부:인류이상의집성	좌동(25일 자)	1면 좌중(25일)
『동아일보』	1929.1.6.	신흥민족의 현세(4)	좌동	3면 좌상
『동아일보』	1929.1.31.	원산파업과 경찰(사설)	좌동	1면 사설
『동아일보』	1929.2.2.	지구전 중의 원산대파업	좌동	2면 우상
『동아일보』	1929.2.17.	신국면을 타개하자(사설)	좌동	1면 사설
『조선일보』	1929.2.20.	상경한 김위원장 각방면에 의견진술	무죄자를 처벌할 수 없을 것이다 (『동아일보』 기사와 동일)	2면 중중
『동아일보』	1929.2.20.	옥중최초발신 김경식씨 서간	좌동	2면 중중
『조선일보』	1929.2.23.	효두에 돌현한 壯漢 2명 경찰습격 총기탈거	좌동	2면 우상(삭제)
『조선일보』	1929.2.28.	동일 중외일보의 차압기사와 동양	대구 모중대사건 3년 만에 진범 체포 (『중외일보』 차압기사와 동양)	2면 좌중
『동아일보』	1929.3.12.	당국의 자가당착(사설)	좌동	1면 사설
『동아일보』	1929.3.16.	좌공립과 권태석 등 양사건 작일 개정	좌동	2면 우상
『조선일보』	1929.3.20.	경북영천에서 폭탄2개압수	좌동	2면 우상(삭제)
『조선일보』	1929.3.31.	수업료의 취급을 폐하고 어학시간을 줄이라	좌동	4면 좌상
『조선일보』	1929.4.18.	협동조합 운동에 대하여	좌동	1면 사설
『조선일보』	1929.4.20.	경계망돌파 모서관내에 또 돌현	권총강도사건 금지기사(호외)	호외

신문	처분연월일	『월보』 기사 제목	『차압기사집록』의 제목	'아카이브' 지면 및 지면내 위치 (삭제 여부)
『동아일보』	1929.4.20.	범인 1명 필경 피착 20일 밤 11시 반 본정에서	권총강도사건	호외(4월 21일 자, 지면 확인 불가)
『동아일보』	1929.4.21.	本町飲食店에 범인돌현	권총강도사건	2면 중상
『동아일보』	1929.4.30.	淺利국장의 알선한 三矢협약 확장안	좌동(조약) (5월 1일)	2면 우하(5월 1일)
『동아일보』	1929.5.1.	淺利국장의 알선한 三矢조약 확장안		
『동아일보』	1929.5.8.	재만조선인압박은 자연의 추이에 방임	외무당국의 소위 방임주의	1면 사설
『동아일보』	1929.5.11.	담소자약으로 囚車에	태연한 태도로 담소자약으로수차에	2면 중중
『동아일보』	1929.5.13.		노농로서아의 동방정책개요	1면 좌중
『동아일보』	1929.6.4.	서울청년계 중심으로 제4차조선공산당검거 금지기사	결당의 때에 발표한 선언과 강령(호외)	1면 우상
『동아일보』	1929.7.11.	조선의 현상과 종교단체(사설)	좌동	1면 사설
『조선일보』	1929.7.23.	농작한 馬鈴薯도 燒失 아사경의 천여의 주민	좌동	2면 우상
『조선일보』	1929.8.15.	모 사건관련의 최성환 검거 압송 (금지기사)	좌동	2면 좌하
『동아일보』	1929.8.19.	국민부 元成의 제1보로서 7개단체의 근멸을 결의함	좌동	2면 우상
『동아일보』	1929.8.21.	박람회와 경계 전후모순의 致하는 바(사설)	좌동	1면 사설
『동아일보』	1929.11.1.	공산당사건 기사 중 미해금의 기사	좌동	찾을 수 없음
『조선일보』	1929.11.1.	『동아일보』와 동일기사	공산당사건미해금 기사(호외)	찾을 수 없음
『동아일보』	1929.11.7.	광주고보, 중학생 충돌사건	좌동	2면 우상 (삭제3~4개처)
『조선일보』	1929.11.7.	학생충돌사건	좌동	3면 중하
『조선일보』	1929.12.5.	삼백동지의 환영리에 신간회 위원장 내청 청진 단식사건 조사	좌동	3면 좌상
『조선일보』	1929.12.6.	모사건의 관련으로 中東학교도 동맹휴학 (격문사건)	좌동(호외)	찾을 수 없음 (1면압수공고)
『동아일보』	1929.12.7.	화동 안국 일대에 기마경관대 집중	좌동(호외)	찾을 수 없음
『조선일보』	1929.12.8.	7일 오전 중 경관 육십 명 출동 기마순사까지 요소마다에 경계	학생맹휴사건기사	2면 상단 전체, 사진(삭제)

신문	처분연월일	『월보』 기사 제목	『차압기사집록』의 제목	'아카이브' 지면 및 지면내 위치 (삭제 여부)
『동아일보』	1929.12.8.	앞과 같은 기사	학생맹휴사건 (동일부 다른 언론 신문과 동일기사)	2면 상단 전체, 사진(삭제)
『동아일보』	1929.12.13.	신간회를 필두로 각 단체 엄중경계	좌동	2면 우상 우하, (삭제2개처)
『조선일보』	1929.12.14.	경찰부 돌연 긴장 각단체 간부검거	좌동	2면 우하
『동아일보』	1929.12.14.	종교사회 각 방면 중요인물 속속 검거	좌동	2면 우상
『동아일보』	1929.12.29.		광주사건의 의의	1면 사설
『동아일보』	1929.12.31.	세모(사설)	좌동	1면 사설
『동아일보』	1930.1.11.	문단의 회고전망	좌동(논설)	4면 우상
『동아일보』	1930.1.15.	정문을 파괴하고 배화생 痛器함	좌동(학생소요사건 기사) (16일)	2면 (16일자,삭제다수)
『동아일보』	1930.1.16.	여자상업생 십여 명 부상(右 사실무근기사)	좌동(호외)	2면(삭제)
『동아일보』	1930.1.18.	공주서에 유치중인 개성상업학생 자살	좌동	2면(삭제다수)
『조선일보』	1930.1.18.	공주서에서 취조를 받은 개성상업생 사망	좌동	2면 중하
『조선일보』	1930.1.18.		진주 고보와 일신여교 만세고창하며 일제 시위	2면 좌하 제목외 삭제
『조선일보』	1930.1.19.	부산 조방맹파를 일으킨 경찰당국에 일언함	좌동(논설)	찾을 수 없음 (다른사설)
『동아일보』	1930.1.19.	정주 오산 고보 동요 삼백 학생 만세시위 경찰문전에 殺倒 통기중	좌동(到)	2면 우상 (제목 일부 삭제)
『동아일보』	1930.1.21.	이십일 일 오전 십일 시경 평양대학교 동요	좌동(호외)	찾을 수 없음
『동아일보』	1930.1.22.	전조선에 파급된 학생사건	좌동	2면 우상 (일부 삭제)
『조선일보』	1930.1.22.	평양의 남녀학교 만세시위	(학생만세사건기사) (활자가 큰 등 관련 한 지시에 반한 것)	2면 우상
『조선일보』	1930.1.22.	만세시위 참가학생 삼천명 운운	남녀 십학교에서 참가학생이삼천여명	2면 중상
『동아일보』	1930.1.25	메소포타미아 제족 혁명운동	좌동	1면 우상
『동아일보』	1930.1.25.	1월 25일 자 위 기사에 포함되어 있음	英斷印의암흑정치는 죄악과 허위로 충만	1면 중상

신문	처분연월일	『월보』 기사 제목	『차압기사집록』의 제목	'아카이브' 지면 및 지면내 위치 (삭제 여부)
『동아일보』	1930.1.26.	기능을 정지시킨 평양 商議所	좌동	3면 우중
『조선일보』	1930.2.16.	질적 생활의 철학관을 駁함	좌동	4면 좌중
『조선일보』	1930.2.20.	광주 학생 공판 기사	철옹성과 같은 경계리에 광주학생 대공판 개정(게재방법과 대로서 선동적임에 의함)	2면 우상
『동아일보』	1930.2.21.	광주 학생 공판 기사로서 게재 방식이 과대에 빠져 선동적인 것	盛水不洩의 엄계리에 광주학생공판개정. (3월 20일)	2면 우상(20일 자)
『동아일보』	1930.2.21.	광주 학생 공판 화보라고 제목한 사진 및 설명 기사	(광주학생공판화보라고 제목한 사진 및 설명기사)	2면 좌상(삭제)
『동아일보』	1930.2.26.	反古籠	反古籠欄	찾을수없음
『동아일보』	1930.2.27.	'명륜학원' 시대착오의 擧	좌동(논설)	1면사설 1개만 삭
『동아일보』	1930.2.27.		의연한 엄폐책(논설)	제되어 있음
『동아일보』	1930.3.2.	비도독립안	좌동(논설)	1면 사설
『동아일보』	1930.3.2.		영화노동자의 사회적 지위와 임무(5)	5면 중중
『동아일보』	1930.3.2.		새로운 날(시)	4면 중중
『동아일보』	1930.4.1.	국민은 장래를 보지 않으면 안된다 로만스는 애국주의의 해독…	최후로 모든 민족운동의 해독은, 로만스(영문)	부록2면(삭제)
『동아일보』	1930.4.1.		점진주의로 자유연맹결성	부록2면(삭제)
『동아일보』	1930.4.1.		자각적 운동, 멀지 않은 조선의 봄	부록2면(삭제)
『동아일보』	1930.4.1.		회고 없는 전진 현재 미래 통찰	부록2면(삭제)
『동아일보』	1930.4.4.	불면불휴의 노력, 최요항목	좌동	부록4면 중중
『동아일보』	1930.4.4.		조선문단, 낭만경향이 과학적으로	부록2면 좌중
『동아일보』	1930.4.4.		횡설수설란	1면 중하

신문	처분연월일	『월보』 기사 제목	『차압기사집록』의 제목	'아카이브' 지면 및 지면내 위치 (삭제 여부)
『동아일보』	1930.4. (날짜누락)		집회강압에 분개해 규탄하려면 만세시위	2면 좌중(4일 자)
『동아일보』	1930.4.16.	조선의 현상 아래에 귀보의 사명은 중대	좌동	1면 좌중
		『동아일보』 발행정지처분에대해		
『조선일보』	1930.5.15.	제4차 共黨사건	제4차 공산당사건 명일에 예심종결	2면 우상
『조선일보』	1930.6.6.	南岡遺骸(사설)	남강의 유해(논설)	1면사설(삭제)
『조선일보』	1930.6.6.		남강유골표본에 당국이 간섭	2면 좌상(삭제)
『조선일보』	1930.6.16.	함북청년연맹사건, 법정내 포박은..	좌동	2면 좌상
『조선일보』	1930.7.23.	端川사건의 死者십삼명 그 외 부상자도 중태	좌동	2면 우상
『조선일보』	1930.9.12.	해국의 煩悶 윤돈조약의 審査爭ひ(11일 처분)	좌동(논설)	1면 사설
『동아일보』	1930.9.24.	간도용정촌에서 십사명 피살(23일처분)	좌동	2면 우중
『조선일보』	1930.9.28.	붕대와 약품을 갖고 시위 남학생 간호	좌동	2면 중중
『동아일보』	1930.12.6.	5일 처분 이 노모의 심지를 알겠니	'소년소설' 馬童과 그 결심(6일)	5면 우상 (말똥이와그의결심)
『조선일보』	1930.12.12.	팔면봉(11일 처분)	팔면봉란	1면 좌하
『조선일보』	1930.12.12.		소멸한 백산리와 수산리	1면 사설
『동아일보』	1930.12.17.	세계공황 何 何故 何處에(16일 처분)	세계공황	1면 사설
『조선일보』	1930.12.19.	전라북도공산당 예심결정 전문게재(18일 처분)	전북공산당예심 결정전문(19일)	6면 좌중
『조선일보』	1930.12.23.	恩給비 4백2십만원 명년부터 백의인 부담(22일처분)	좌동	2면 중중
『조선일보』	1930.12.23.		핀셋토란 (함북도연맹사건공판)	2면 좌하

출전

"The Circumstances of the Korean Press under Japanese Ruling and the Formation of Discourse on Freedom of the Press in the 1920s", *Journal of Communication Research* 43-1, 2006.

「일제시기 조선어 민간신문의 검열에 대한 연구」, 서울대 박사논문, 2010.

「일본 출판경찰의 법적 근거와 검열을 통한 언론통제」, 『한국언론학보』 54-4, 한국언론학회, 2010.

「일제시기 검열관들의 조선어 미디어와 검열 업무에 대한 인식」, 『한국언론학보』 55-1, 한국언론학회, 2011.

「일본어 잡지기사에 나타난 일제하 언론정책과 언론상황」, 『한국언론학보』 55-6, 한국언론학회, 2011.

"Practice and Recording of Censorship in Colonial Korea: A Critical Review of the Chosŏn Publication Monthly Police Report", *Sungkyun Journal of East Asian Studies* 16-2, 2016.

「검열의 '흔적지우기'를 통해 살펴본 1930년대 식민지 신문검열의 작동양상」, 『한국언론학보』 61-2, 한국언론학회, 2017.

「일제 검열에 대한 조선어 민간신문의 대응양상 연구」, 『한국언론학보』 62-1, 한국언론학회, 2018.

참고문헌

가와하라 미치코, 이상복·오성숙 역, 『전쟁과 검열』, 맑은생각, 2017.

김근수, 「1920년대 언론과 언론정책 – 잡지를 중심으로」, 김근수 편, 『일제 치하 언론 출판
　　　의 실태』, 영신아카데미 한국학연구소, 1974.

김민환, 『한국언론사』, 나남출판, 1996.

김을한, 「일제의 남선북양·산금정책의 내막」, 한국신문연구소 편, 『언론비화50편』, 한국신
　　　문연구소, 1978.

날리니 타네자, 「제국주의 식민통치 성격 비교 영국–인도」, 『역사비평』 30, 역사비평사,
　　　1995.

동아일보사사편찬위원회 편, 『동아일보사사』, 동아일보사, 1975.

박용규, 「식민지 시기 문인기자들의 글쓰기와 검열」, 『한국문학연구』 29, 한국문학연구소,
　　　2005.

박지향, 『제국주의』, 서울대 출판부, 2000.

손준식, 「일제 식민지 하 대만 경찰제도의 변천과 그 역할」, 『중국근현대사연구』 47, 중국근
　　　현대사학회, 2010.

신혜수, 「제국주의 식민통치 성격 비교 영국–아일랜드」, 『역사비평』 30, 역사비평사, 1995.

위르겐 오스터함멜, 박은영·이유재 역, 『식민주의』, 역사비평사, 2006.

이삼성, 「제국과 식민지에서의 '제국'」, 『국제정치논총』 52-4, 한국국제정치학회, 2012.

이재원, 「제국주의 식민통치 성격 비교 프랑스–알제리」, 『역사비평』 30, 역사비평사, 1995.

이재진·이민주, 「1920년대 일제 '문화정치' 시기의 법치적 언론통제의 폭압적 성격에 대
　　　한 재조명」, 『한국언론학보』 50-1, 한국언론학회, 2006.

이하윤, 「폐간만 지켜본 기자생활 6년」, 한국신문연구소 편, 『언론비화50편』, 한국신문연구
　　　소, 1978.

정근식, 「식민지적 검열의 역사적 기원」, 『사회와 역사』 64, 한국사회사학회, 2003.

_____, 「일제하 검열기구와 검열관의 변동」, 『대동문화연구』 51, 대동문화연구원, 2005.

_____, 「대만 출판경찰과 검열텍스트 – 조선과의 비교를 위하여」, 성균관대 동아시아 학술
　　　원·BK21 동아시아 융합사업단 주최 학술회의 '식민지 검열과 근대 텍스트' 발표문,
　　　2009.

_____, 「『조선출판경찰월보』의 비교연구」, 성균관대 동아시아학술원 국제학술회의 '근대
　　　　검열과 동아시아' 발표문, 2010.

정근식·최경희, 「도서과의 설치와 일제 식민지출판경찰의 체계화」, 『한국문학연구』 30, 한
　　　　국문학연구소, 2006.

정진석 편, 『일제시대 민족지 압수기사 모음』 I·II, LG상남언론재단, 1998.

정진석, 『일제하 한국언론투쟁사』, 정음사, 1975.

_____, 『극비조선총독부의 언론검열과 탄압』, 커뮤니케이션북스, 2007.

조선일보70년사편찬위원회 편, 『조선일보칠십년사』, 조선일보사, 1990.

주요한, 「만보산 사건과 송사장과 그 사설」, 한국신문연구소 편, 『언론비화50편』, 한국신문
　　　　연구소, 1978.

최기영, 「광무신문지법에 관한 연구」, 서강대 석사논문, 1980.

최말순, 「『대만출판경찰보』를 통해 본 식민지 대만의 언론 검열과 조선 문제」, '대만 만주 조
　　　　선의 식민주의와 문화 교섭' 국제 심포지움 발표문, 2017.

최은희, 「남성밀림에서 특권 누린 여기자」, 한국신문연구소 편, 『언론비화50편』, 한국신문
　　　　연구소, 1978.

최준, 『한국신문사논고』, 일조각, 1980.

한만수, 「일제 식민지시기 문학검열과 원본 확정」, 『대동문화연구』 51, 대동문화연구원,
　　　　2005.

조선어 잡지 기사

「담배한대 피여물고」, 『삼천리』 15, 1931.5.

「두 달 동안」, 『별건곤』 7, 1927.7.

「사고」, 『철필』 1, 1930.7.

「편집여언」, 『동광』 22, 1931.6, 면수 미상.

「편집후기」, 『삼천리』 4-12, 1932.12.

설의식, 「조선은 어데로 가나? – 언론계」, 『별건곤』 34, 1930.11.

염상섭, 「최근 학예란의 경향」, 『철필』 2, 1930.8.

유광렬, 「사회면 편집에 대한 의견고심란」, 『철필』 2, 1930.8.

영문 자료

Blasi, Vincent, "Toward a Theory of Prior Restraint: The Central Linkage", *Minnesota Law Review* Vol.66, 1981.

Carefoote, P. J., *Forbidden Fruit: Banned, Censored, and Challenged Books from Dante to Harry Potter*, Lester, Mason & Begg Limited, 2007.

Choi, Kyeong-Hee, "Regime of Self-Effacement: A Shift of Censorship Policy from 1920s and the 1930s", Conference paper for ICAS4 Conference at Shanghai, 2005.

Curry, j. L., "Conclusion: Media Management and Political System", J. L. Curry & J. R. Dassin Eds, *Press control around the world*, Praeger Publishers, 1982.

Curtin, P. D., "The Black Experience of Colonialism and Imperialsim", S. W. Mintz Ed., *Slavery, Colonialism, and Racism*, W. W. Norton & Company, 1974.

Dassin, J. R., "Press censorship and the Military State in Brazil", J. L. Curry & J. R. Dassin Eds., *Press control around the world*, Praeger Publishers, 1982.

Kasza, G. J., *The State and the Mass Media in Japan 1918-1945*, University of California Press, 1988.

Mitchell, R. H., *Thought Control in Prewar Japan*, Cornell University Press, 1976.

_____, *Censorship in Imperial Japan*, Princeton University Press, 1984.

Milton, John, *Areopagitica*, Cambridge University Press, 1644/1918.

Rose, Tania, *Aspects of Political Censorship 1914-1918*, The University of Hull Press, 1995.

Scammell, Michael, "Censorship and Its History-A Personal View", Kevin Boyle Ed., *Information, Freedom, and Censorhsip(World Report)*, Times Books, 1988.

Young, Louise, *Japan's Total Empire: Manchuria and the Culture of Wartime Imperialism*, University of California Press, 1998.

일본어 자료

영인본잡지

『警務彙報』

『朝鮮』(朝鮮及滿洲社)

『朝鮮』(朝鮮總督府)

『朝鮮公論』

『朝鮮及滿洲』

『朝鮮彙報』

조선총독부(통감부) 발행자료

『新聞紙出版要項』, 1928.

『일제 식민관료가 분석한 조선인』, 1927(하종근 역, 1995).

『日帝下法令輯覽』.

朝鮮文刊行物行政處分例,『朝鮮に於ける出版物槪要』, 1930.

『諺文新聞差押記事輯錄』, 1932.

『諺文新聞差押記事輯錄』, 1937.

『朝鮮總督府及所屬官署職員錄』, 1910~1937.

『朝鮮に於ける出版物槪要』, 1929~1932.

『朝鮮出版警察槪要』, 1933~1938.

『朝鮮出版警察月報』, 1928.10~1930.12.

내무성 경보국 발행자료

『最近出版物の傾向』, 1920.

『大正11年出版物の傾向及取締狀況』, 1923.

『大正13年出版物の傾向及取締狀況』, 1925.

『新聞紙及出版物取締法規沿革集』, 1925.

『出版物の傾向及其の取締狀況』, 1927.

『昭和五年中に於ける出版警察槪觀』, 1931.

『昭和六年中に於ける出版警察槪觀』, 1932.

『昭和七年中に於ける出版警察槪觀』, 1933.

『昭和八年中に於ける出版警察槪觀』, 1934.

『昭和九年中に於ける出版警察槪觀』, 1935.

『昭和十年中に於ける出版警察槪觀』, 1936.

『出版警察報』

대만총독부 발행자료

『台湾出版警察報』12~35, 1930.7~1932.6.

『台湾總督府警察沿革誌』V.

일본어 잡지기사

岡田順一, 「改正出版法の槪要」, 『警務彙報』 339, 1934.7.

兼田要, 「新聞の取締に就いて」, 『警務彙報』 365, 1936.9.

高安彦, 「フイルム檢閲雜感」, 『朝鮮』 123, 1928.1.

廣瀨四郎, 「諺文新聞紙の歷史及び其の現況」, 『警務彙報』 362, 1936.6.

_____, 「支那事變發生當時の諺文新聞の回顧」, 『警務彙報』 403, 1939.11.

金宅源, 「諺文定期出版物出版許可申請手續改正に關して」, 『警務彙報』 330, 1933.10.

近藤常尚, 「出版界より見たる朝鮮」, 『朝鮮』 111, 1927.1.

「今以て言論の自由を許るされぬ朝鮮」, 『朝鮮及滿洲』 254, 1928.4.

「今の日本に言論の自由あるか」 『朝鮮及滿洲』 323, 1934.10.

金義用, 「朝鮮思想統治の一考察」, 『朝鮮公論』 197, 1929.8.

圖書課 T屬, 「諺文刊行物を通して見たる共産主義運動の動向」, 『警務彙報』 365, 1936.9.

東邦生, 「朝鮮の新聞雜誌界と其人物」, 『朝鮮及滿洲』 185, 1923.4.

白馬山人, 「朝鮮新聞紙の現狀」, 『朝鮮及滿洲』 345, 1936.8.

「寺內總督と對言論政策」, 『朝鮮』 32, 1910.10.

「三矢警務局長談」, 『朝鮮』 103, 1926.5.

釋尾東邦, 「反日本思想を基本とする文字や併合の大精神に反する言議の取締を論ず」, 『朝
　　　　鮮及滿洲』 228, 1926.11.

松崎時勉, 「言論の開放と內鮮兩民融和の機關が必要」, 『朝鮮及滿洲』 144, 1919.6.

「新聞雜誌及出版物の取締に就て」, 『朝鮮及滿洲』 243, 1928.2.

立田淸辰, 「一九三〇年の朝鮮出版界の回顧」, 『警務彙報』 297, 1931.1.

庄司文雄, 「朝鮮言論界の動向」, 『朝鮮公論』 268, 1935.7.

千葉了, 「言論の自由と取締」, 『朝鮮公論』 88, 1920.7.

淸水正藏, 「日支事變と外國新聞」, 『警務彙報』, 378, 1937.10.

下村進, 「滿洲國警務廳長會議に列席して」, 『警務彙報』, 372, 1937.4.

恒綠, 「朝鮮に於ける出版物の考察」, 『警務彙報』 293, 1930.9.

＿＿＿,「朝鮮に於ける出版物の考察」,『警務彙報』294, 1930.10.

＿＿＿,「朝鮮に於ける出版物の考察」,『警務彙報』296, 1930.12.

〇生,「最近支那出版物の論調」,『警務彙報』365, 1936.9.

XYZ,「朝鮮言論界の新傾向」,『朝鮮公論』244, 1933.7.

일본어 단행본 및 논문자료

大日方純夫,「內務省の檢閱と第二次世界大戰前日本の出版文化」, 鈴木登美 外,『檢閱·メ
　　　ディア·文学』, 新曜社, 2012.

山室信一,「出版·檢閱の實態とその遷移－日本から滿洲國へ」,『東洋文化』86, 東洋文化學
　　　會, 2006.

生悅住求馬,『出版警察法概論』, 松華堂, 1935.

釋尾春芿,『朝鮮併合史』, 朝鮮及滿洲社, 1926.

粟屋憲太郎, 中園裕 編集·解說,『內務省新聞記事差止資料集成』, 日本図書センター, 1996.

奥平康弘,「檢閱制度」,『日本近代法發達史』11, 1967.

由井正臣 外,『出版警察關係資料 解說 總目次』, 不二出版, 1983.

中園裕,『新聞檢閱制度運用論』, 清文堂出版, 2006.

河原功,『台湾出版警察報 解說發禁圖書新聞リスト』, 不二出版, 2001.

신문자료

『동아일보』 아카이브 http://www.donga.com/pdf/archive/

『동아일보』 마이크로필름(서울대학교 중앙도서관 소장)

『조선일보』 아카이브 http://archive.chosun.com

『조선일보』 마이크로필름(서울대학교 중앙도서관 소장)

보도기사

『동아일보』,「조선일보 피소」, 1921.9.8.

『동아일보』,「재로 공산당의 신계획」, 1924.5.12.

『동아일보』,「언론집회압박탄핵회」, 1924.6.9.

『동아일보』,「언론집회압박탄핵회에서 실지조사」, 1924.6.15.

『동아일보』, 「민중대회는 명일 언론집회압박탄핵회」, 1924.6.19.

『동아일보』, 「'압박탄핵회'를 또 압박」, 1924.6.22.

『동아일보』, 「때리기 맞기 이것이 일본인과 조선인의 처지」, 1924.6.29.

『동아일보』, 「언론집회압박탄핵 단체회의 결의문」, 1924.6.30.

『동아일보』, 「岩泰소작쟁의 가장 냉정히 임하라」, 1924.7.16.

『동아일보』, 「천통지곡할 국경 대참화 사건」, 1924.9.27.

『동아일보』, 「전조선기자대회 무명회주최로 2월경 개최」, 1925.2.2.

『동아일보』, 「전조선기자대회」, 1925.4.15.

『동아일보』, 「피난민 차별구제」, 1925.7.15.

『동아일보』, 「윤전기까지 압수, 사원은 매일출사 해정운동도」, 1925.9.15.

『동아일보』, 「본보지국을 상대로 초산 경찰이 고소」, 1925.9.20.

『동아일보』, 「노농 노서아의 현상」, 1925.11.7.

『동아일보』, 「함흥서 사건으로 무명회 분기」, 1925.11.12.

『동아일보』, 「고소한 사실을 발표했다고 본보기자 또 피소」, 1925.11.14.

『동아일보』, 「서산서 순사 고소한 본보 관계 사건」, 1925.11.24.

『동아일보』, 「암호문서의 내용 폭로로 검거는 전국적 확대」, 1926.7.25.

『동아일보』, 「돈화문전 만세고창」, 1926.6.10.

『동아일보』, 「부내 관공립학교 입학, 須知 본사 사회부 학사계 조사」, 1927.2.12.

『동아일보』, 「조선공산당사건 예심 종결」, 1927.4.1.

『동아일보』, 「유아 제기(嗁飢), 부모 기진(氣盡) 완연한 지옥광경」, 1927.12.16.

『동아일보』, 「사회부 기자회 본정서가 금지」, 1928.1.22.

『동아일보』, 「검거이래 6백일 만에, 모 중대사건 예심 종결」, 1929.10.29.

『동아일보』, 「積年의 차별대우에 조선인 관리 불평」, 1928.9.23.

『동아일보』, 「중요 계통 3파를 망라한 제3차 후계 공산당」, 1929.11.1.

『동아일보』, 「재차 동요한 시내 남녀학교 14교 남녀학생 만세 고창코 일제 시위」, 1930.1.16.

『동아일보』, 「잡지업계가 분기 검열개선을 요구」, 1931.3.12.

『동아일보』, 「출판물에 숨은 사상, 검열망으로 철저단속」, 1933.7.11.

『동아일보』, 「신의주에도 검열과 독립」, 1933.7.18.

『동아일보』, 「불온서 격증 검열망 확장」, 1934.9.26.

『동아일보』, 「야밤 여상 기숙사에 순사대 월장 돌입」, 1935.1.24.

『동아일보』, 「출판물검열소 7개처에 신설」, 1935.8.9.

『동아일보』, 「속간에 임하야」, 1937.6.3.

『동아일보』, 「출판검열 사무협의회」, 1937.6.25.

『동아일보』, 「불온문서와 잡지 발견코 압수」, 1937.10.5.

『동아일보』, 「지나(支那)의 불온서문 각지에 유포 빈빈 금후 엄중취체를 통고」, 1938.5.6.

『매일신보』, 「출판검열 사무의 만전 도모코자 간담회」, 1939.12.13.

『매일신보』, 「「조선, 동아의 양지(兩紙) 명일부터 폐간」, 1940.8.11.

『시대일보』, 「처녀 유부녀 30여명 강간 능욕, 강계 어뢰면 주재소 순사의 만행」, 1924.9.26.

『시대일보』, 「파괴암살 목적으로 의열단원 3명 입경」, 1925.2.26.

『시대일보』, 「혁명의 부(父) 레닌」, 1925.11.7.

『시대일보』, 「적로 혁명의 금일과 경향 가 단체 기념」, 1925.11.7.

『시대일보』, 「메이데이와 국제농민조당의 축전」, 1926.4.24.

『조선일보』, 「상해의 조선정부」, 1920.7.8.

『조선일보』, 「조선인 독립운동」, 1921.8.2.

『조선일보』, 「태평양 회의를 기해 상해임시정부 다시 활동」, 1921.8.24.

『조선일보』, 「무명회 성립」, 1921.11.29.

『조선일보』, 「목욕을 오래 해도 불량조선인」, 1922.1.7.

『조선일보』, 「○○범인은 원산에 잠복」, 1923.4.5.

『조선일보』, 「잔소리」, 1923.11.19.

『조선일보』, 「인도 독립당 서고국민서를 독(讀)하고」, 1924.4.8.

『조선일보』, 「기자단 부활 계획」, 1924.8.19.

『조선일보』, 「위원 학살사건 현장답사 실기」, 1924.9.27.

『조선일보』, 「광복단 천마부장 최시흥의 2심 공판」, 1924.11.13.

『조선일보』, 「철필구락부 조직」, 1924.11.21.

『조선일보』, 「경남도 평의회」, 1925.2.20.

『조선일보』, 「시내 모처를 대수색」, 1925.2.27.

『조선일보』, 「순사단이 과부를 늑탈」, 1925.3.18.

『조선일보』, 「무리한 집회금지와 사진반 구타건으로 법조와 무명회 분기」, 1925.4.22.

『조선일보』, 「전조선기자대회를 마치고」, 1925.4.28.

『조선일보』, 「노총리 병세위독」, 1925.6.26.

『조선일보』, 「노농 혁명일과 각 단체 강연금지로 다화회」, 1925.11.7.

『조선일보』, 「노자전선상에서 직접 투쟁 」, 1926.1.8.

『조선일보』, 「메-데-를 앞에 두고, 국제농민조합 활동」, 1926.4.24.

『조선일보』, 「다년의 방랑생활」, 1926.5.2.

『조선일보』, 「만세관계학생처벌로 조고관계자 분기탄핵 」, 1926.7.11.

『조선일보』, 「검거광란 전국에 파급, 관계자 3백명 이상」, 1926.7.25.

『조선일보』, 「80여개 수리조합, 조선농민 착취기관?」, 1926.12.9.

『조선일보』, 「타도! 타도! 제국주의 타도!」, 1927.3.13.

『조선일보』, 「상해 점령의 주동력은 누백(累百) 노동자의 보혈」, 1927.4.12.

『조선일보』, 「죽은 이용진에 각 단체 연합장」, 1928.2.2.

『조선일보』, 「희생한 신간회원 수천 환영리 출옥『조선일보』」, 1928.2.27.

『조선일보』, 「농작한 서류도 소실, 아사경의 천여 주민」, 1929.7.23.

『조선일보』, 「모 중대사건 예심 종결, 30명은 공판 회부」, 1929.10.29.

『조선일보』, 「국제 공산당과 연락, 활동하던 제3차 조선공산ML당」, 1929.11.1.

『조선일보』, 「사라진 백산리와 수산리」, 1930.12.12.

『조선일보』, 「15주년을 맞는 사베트 연방의 현상」, 1933.1.3.

『조선일보』, 「적색서적 방지코저 3관문에 검열진」, 1934.6.10.

『조선일보』, 「수이입 신문잡지 허가제도 실시계획」, 1934.10.31.

『조선일보』, 「수기단속주의로 언론검열을 강화」, 1935.11.29.

『중외일보』, 「참사자 속출한 영흥 에메찐사건」, 1927.3.24.

『중외일보』, 「사람을 실험의 도구로」, 1927.3.24.

『중외일보』, 「해남 에메찐에도 중독사자」, 1927.4.5.

『중외일보』, 「고문의 예증, 數種」, 1927.10.17.

『중외일보』, 「5개조를 제출하고 진주 양교 맹휴」, 1928.7.7.

『중외일보』, 「산첩첩 수곡곡한 험지에서 막천석지로 근득 연명」, 1929.7.30.

『중외일보』, 「고려공산당 고모 검거시 단도 자살 미수」, 1929.10.9.

『중외일보』, 「제1, 2차 조선공산당 후계인 제3차(통칭ML) 조선공산당」, 1929.11.1.

『중외일보』, 「송도(松都) 호수돈(好壽敦) 양교 만세 고창 대시위」, 1930.1.10.

『중외일보』, 「궁민구제비 9백원야」, 1936.3.21.

사설

『동아일보』, 「학우회 순회강연단 해산명령과 언론탄압」, 1920.7.22.

『동아일보』, 「대영과 인도」, 1920.9.25.

『동아일보』, 「언론자유에 철저하라」, 1922.1.17.

『동아일보』, 「재등실 군에게 여(與)함」, 1922.4.1.

『동아일보』, 「개벽의 빈빈(頻頻)한 필화, 경무당국에 고함」, 1922.9.2.

『동아일보』, 「言論界의 被禍, 新天地 新生活 兩社 事件」, 1922.11.26.

『동아일보』, 「언론과 생활의 관계를 논하야 재등총독에게 고하노라, 新生活又 復押收」,
          1922.12.17.

『동아일보』, 「신생활의 발행금지, 주의상 충돌」, 1923.1.11.

『동아일보』, 「조선현행출판법 및 신문지법 개정의 건의, 시대의 순응 차별의 철폐」,
          1923.3.24.

『동아일보』, 「재등실군에게 與함」, 1923.4.1.

『동아일보』, 「현대인물투표, 대환영의 신시험」, 1923.5.11.

『동아일보』, 「압수에 대하여」, 1924.5.30.

『동아일보』, 「압박과 항거」, 1924.6.8.

『동아일보』, 「항거와 효과」, 1924.6.10.

『동아일보』, 「언론집회압박 탄핵대회금지」, 1924.6.22.

『동아일보』, 「언론자유를 존중하라」, 1925.1.26.

『동아일보』, 「학교문제」, 1925.1.28.

『동아일보』, 「천인공노할 동척의 죄악」, 1925.2.8.

『동아일보』, 「잔학무도한 동척, 북율면의 참극」, 1925.2.16.

『동아일보』, 「언론기관에 대하여」, 1925.4.5.

『동아일보』, 「사회의 동정과 언론기관, 개벽잡지 발행정지와 출현된 사회표상」, 1925.8.4.

『동아일보』, 「조선일보발행정지에 대하야 유출유혹」, 1925.9.10.

『동아일보』, 「개정중의 출판법」, 1926.8.2.

『동아일보』, 「국지어음(國之語音) 훈민정음 8회갑」, 1926.11.5.

『동아일보』, 「언론과 문화의 관계」, 1928.1.27.

『동아일보』, 「극단으로 제한된 언론집회」, 1929.8.6.

『동아일보』, 「다시 언론탄압에 대하여」, 1929.12.14.

『동아일보』, 「비도 독립안」, 1930.3.2.

『동아일보』, 「속간에 임하여」, 1937.6.3.

『매일신보』, 「언론의 건설성」, 1925.4.25.

『시대일보』, 「제도 불능의 인종적 갈등」, 1924.4.30.

『시대일보』, 「살기(殺氣)에 싸인 문화정치」, 1924.5.22.

『시대일보』, 「실직자 대책은 여하」, 1924.11.18.

『시대일보』, 「문화정치의 금석」, 1925.4.22.

『시대일보』, 「귀임한 재등씨」, 1925.5.18.

『조선일보』, 「교육용 일본어에 대하여」, 1920.5.19.

『조선일보』, 「수인사 연후에 대천명」, 1920.7.15.

『조선일보』, 「우열(愚劣)한 조선총독부 당국자는 하고(何故)로 우리 일보를 정간시켰나뇨」,
    1920.9.5.

『조선일보』, 「언론의 자유」, 1920.12.2.

『조선일보』, 「우리 민의에 소하노라」, 1921.6.12.

『조선일보』, 「지세 및 시가지세를 개정증수함에 대하여」, 1922.10.30.

『조선일보』, 「언론과 사상에 대한 당국의 정책」, 1922.12.24.

『조선일보』, 「신문지법과 출판법 개정기성회」, 1923.3.25.

『조선일보』, 「다시 동척에 대하여」, 1924.11.12.

『조선일보』, 「저주할 동척(시평)」, 1924.11.12.

『조선일보』, 「잔소리」, 1924.4.8.

『조선일보』, 「정당한 언론」, 1924.8.9.

『조선일보』, 「공포정치」, 1924.10.10.

『조선일보』, 「소위 내선융화(시평)」, 1924.11.24.

『조선일보』, 「동척은 무엇이냐?」, 1925.2.9.

『조선일보』, 「기미(己未)이후 유명해진 7호법정 자만담(自慢談)」, 1925.3.1.

『조선일보』, 「朝鮮新聞紙法及出版法改正에 對하야」, 1925.3.21.

『조선일보』, 「신문지법 개정에 제하여」, 1925.6.14.

『조선일보』, 「개벽지의 발행정지에 대하야」, 1925.8.3.

『조선일보』, 「언론의 자유」, 1926.1.22.

『조선일보』, 「동아일보의 발행정지, 극도에 달하려는 언론압박」, 1926.3.8.

『조선일보』, 「대만 독립운동시평 」, 1926.7.31.

『조선일보』, 「영 본국과 애란 자유국과의 관계」, 1926.11.15.

『조선일보』, 「중외일보의 정간」, 1928.12.8.

『조선일보』, 「본보속간에 임하여」, 1928.9.21.

『조선일보』, 「언론과 자유」, 1929.12.15.

『조선일보』, 「언론집회는 완화되지 않는가?」, 1930.4.25.

『조선일보』, 「출판법규 개정의 필요」, 1932.5.11.

『조선일보』, 「신문지법의 개정」, 1934.8.19.

『조선일보』, 「신문지법 및 출판법 개정문제」, 1934.12.1.